사대부시대의 사회사
— 조선의 계급·의식·정치·경제구조

사대부시대의 사회사 – 조선의 계급·의식·정치·경제구조

초판 1쇄 인쇄 2020년 6월 1일
초판 1쇄 발행 2020년 6월 10일

지은이 유승원
펴낸이 정순구
책임편집 조원식
기획편집 정윤경 조수정
마케팅 황주영

출력 블루엔
용지 한서지업사
인쇄 한영문화사
제본 한영문화사

펴낸곳 (주) 역사비평사
등록 제300-2007-139호 (2007.9.20)
주소 10497 : 경기도 고양시 덕양구 화중로 100(비전타워21) 506호
전화 02-741-6123~5
팩스 02-741-6126
홈페이지 www.yukbi.com
이메일 yukbi88@naver.com

ISBN 978-89-7696-556-1   93910

책값은 표지 뒷면에 표시되어 있습니다.
잘못 만들어진 책은 구입하신 서점에서 바꾸어 드립니다.

사대부시대의 사회사

— 조선의 계급·의식·정치·경제구조

유승원 지음

역사비평사

머리말

이 책은 조선시대라는 한 시대를 다룬 시대사이다. 그러나 일반 시대사와 달리 주로 사회 각 분야의 구조를 다루었다. 다시 말하면 조선의 건국과 같은, 사건의 발생이나 전개는 취급하지 않고, 주로 정치·경제·사회·사상 각 분야의 항상적인 체계와 그 동작원리, 국가·사회의 운영원칙 등을 취급하였다. 따라서 본서의 제목으로 사용된 '사회사'는 정치사나 경제사와 대비되는, 부분사로서의 사회사가 아니라 사회구조를 다루는 전체사로서의 사회사이다. 또 여기서 사용된 '사회사'는 조선시대의 지배계급인 사대부의 계급적 속성이나 이해관계를 통해 사회 각 분야의 구조에 접근한다는 의미도 담고 있다.

이 책은 종래의 한국사 체계나 설명에 반영되어 있는 서구중심주의적 관점을 극복하고 새로운 한국사 인식을 모색하는 시도의 일환으로 쓰였다. 우리 사회에는 아직도 서구중심주의사관이 만연해 있다. 서구중심주의사관의 폐해는 무엇보다 우리 민족의 역사적 방향 감각의 상실을 초래하기 쉽다는 데 있다. 서구사를 유일한 모범으로 삼아 서구가 밟아간 길을 그대로 따라가는 것을 우리 사회가 나아갈 방향으로 설정하는 경향이 그것이다. 또한 올바른 한국사 인식에도 커다란 장애가 된다. 서구의 역사는 일직선으로 발전해 나간 인류 역사의 보편적 진보의 발자취로 여기고, 그것과 다른 한국사의 행적은 세계의 진보 노정에서의 일탈로 여김으로써 우리 역사의 발전과 개성은 죽어버리게 되기 때문이다.

한국사 전체를 통관할 때 필자가 항상 염두에 두어온 화두는 다음과 같은 두 가지였다. 세계사에서 유례없이 엄청난 문화적 동화력을 발휘했던 중국과 접하여 오랫동안 그 문화의 압도적인 영향을 받아 오면서도, 한국이 중국에 동화되지 않고 자신의 민족과 고유의 문화를 유지하고 발전시켜 온 힘은 도대체 어디에서 온 것인가? 세계사에서 보기 드물게 장기간 지속된 역대 한국 왕조의 안정성은 도대체 어디에서 온 것인가? 이에 대한 잠정적인 결론은 "역사의 큰 고비 특히 왕조교체기마다 사회를 대대적으로 혁신하여, 시대적 과제를 해결하고 사회 전환을 성공시켰던 역량이 이후의 문화 발전과 왕조 장수의 원동력이 되었다."라는 것이다.

전반적으로 한국사의 발전이 낮게 평가되는 가운데서도 나말여초의 변화는 그런대로 사회 성격을 바꾼 획기적 변화로 학계에서 널리 인정되고 있다. 그러나 여말선초의 변화는 단지 같은 성격의 사회 내의 시기적 변화의 수준을 넘지 못한 것이라는 인식이 많다. 고려사회와 조선사회는 모두 같은 중세사회, 또는 봉건사회였다는 것이다. 면밀한 검토 끝에 내린 결론이라기보다는 서구의 고대-중세-근대라는 3구분법을 따라, 고대는 벗어났으나 근대는 될 수 없는 고려와 조선을 미리 동일한 중세로 한데 묶어 놓고 접근해 간 결과일 개연성이 크다.

한국사에는 3구분법이라는 시대구분법이 적절하지 않으며 조선사회는 서구 중세의 봉건사회의 구조와도, 앞 시대의 고려사회와도 질적으로 다른 사회가 아닌가 한다. 다시 말하면 지배계급의 성격을 기준으로 한국사의 발전을 거시적으로 개관해 볼 때, 원시사회 이후 계급분화의 진전으로 귀족사회가 성립한 다음 나말여초에는 귀족사회에서 문벌사회로, 여말선초에는 다시 문벌사회에서 사대부사회로 사회 전환을 이룩한 것으로 볼 수 있다는 것이다. 이상이 필자가 현재 상정하고 있는 한국사의 진정한 내재적 발전의 기본 줄거리이다.

피지배계급은 제쳐놓고 지배계급의 성격을 통해 사회의 성격을 진단하고 시대를 구분한 데는 이유가 있다. 일차적으로 자료 확보의 편의성이라는 기술상의 이유가 있다. 우리가 이용할 수 있는 자료로서는 지배계급이 중요시하고 남기고자 했던 자료, 즉 지배계급의 동향이나 주장·관점을 담은 자료들이 주로 남아 있어 피지배계급보다는 지배계급의 성격 파악이 상대적으로 용이한 까닭이다. 피지배계급의 성격은 대체로 지배계급의 성격을 통해 간접적으로 유추하게 된다. 둘째, 사회운영의 주도권 문제이다. 결정적인 순간, 역사 진행의 물꼬를 틔우거나 역사적 과업의 성패를 최종적으로 결정하는 것은 민중의 몫이다. 그러나 한 시대의 주도권은 통상 지배계급이 장악하여 그들이 사회를 운영하고 지배이데올로기를 확산시키며 사회의 각 분야에 그들의 이해관계를 관철하게 된다는 것이다.

조선시대의 지배계급인 사대부계급은 '중소 규모의 토지·노비 소유를 표준적인 경제적 토대로 하고, 자신들이 정치의 주체라는 자의식을 강하게 가진 지식계급'이었다. 사대부의 계급적 성격에 대해서는 뒤에서 상세히 소개할 터이지만, 사대부에 대한 이제까지의 이해가 가진 문제점을 네 가지 정도로 지적해 두고자 한다.

첫째, 사대부계급의 일차적인 특성에 대한 이해이다. 즉 물질적 기반과 지식 내지 인문학적 교양 중 그 어느 것이 일차적인 특성이냐 하는 문제이다. 양자는 비중상의 우열을 가리기 어려운 것이지만 굳이 하나를 선택한다면 지식-인문학적 교양이 더 중요하다고 해야 한다. 지주가 아니어도 사대부로 대접받을 수 있지만 지식-인문학적 교양이 없으면 사대부로 대접받기 어려웠기 때문이다. 이에 덧붙여 단순한 지식-인문학적 교양의 소유자가 아니라 위민爲民정치를 구현하는 주체라는 자의식 내지 계급적 정체성을 강하게 가진 사람들이었다는 점도 중요하다. 여기에서 타 시대·타 지역과 다른 사대부

사회 특유의 성향이 나타나게 된다.

둘째, 사대부의 경제적 기반에 대한 이해이다. 단순히 지주계급이라는 이해는 적절치 않다. 사대부의 표준이 중소지주라는 것은 반드시 중소지주의 수가 가장 많다는 산술적인 의미만은 아니다. 중소지주의 이해가 대지주의 이해보다 우선적으로 관철된다는 뜻이다. 이 점에서 부의 크기와 사회적 지위가 직결되었던 서구 중세의 영주계급과 명료히 대조된다. 학계에서는 일찍부터 사대부라는 이 시대의 지배계급이 중소 규모의 토지·노비 소유자에서 발원한다는 것에 착목하기는 하였다. 그러나 그것을 여말과 같은 계급형성기의 이른바 '신진사대부'의 특징으로 간주하거나, 15세기 말~16세기에 세력을 확장한 '사림'의 특징으로 한정시킨 탓으로 조선의 전 시기에 걸쳐 관철되는 사대부의 이해관계를 간과하는 결과를 초래하기 쉬웠다.

셋째, 사대부의 시기별 역사적 역할에 대한 이해이다. 시기마다 나름대로의 역할이 있지만, 가장 대조적인 것은 여말선초에서의 역할과 조선 후기에서의 역할이다. 여말선초에는 사대부가 문벌사회에서 사대부사회로 역사를 한 단계 진전시키는 진보적 역할을 연출했다면, 사대부사회 해체기에 접어들기 시작한 조선 후기에는 사대부가 보수·반동적 역할을 연출했다는 것이다. 후기 지배계급의 반동적 면모는 "민심民心을 잃을지언정 사심士心을 잃을 수는 없다."라는 장유張維의 말에서 단적으로 드러난다. '민심은 천심'이라는 유가의 기본 정신에 정면으로 배치되는 말임에도 불구하고 당대 사대부의 인구에 회자되고 있었던 것이다. 그러므로 그와 같은 조선 후기 사대부의 모습으로 조선사회의 사대부계급을 평가하고 전체 조선시대상을 묘사하는 것은 온당치 않다.

넷째, 사대부와 성리학의 관계이다. 조선의 사대부계급과 성리학은 떼어놓을 수 없고, 사회 각 분야에 미친 성리학의 영향은 지대했다. 문제는 사대부계급의 성향을 비롯한 조선사회의 여러 특징을 지나치게 성리학의 일방적인 영향의 결과로 해석하는 경향이 있다는 것이다. 딱 잘라서 말한다면 성리학이 조선사회를 만든 것이 아니라, 조선의 사대부가 조선시대 성리학의 사회적 성격을 결정하였다. 사회를 운영하는 데, 그리고 자신의 계급적 이해를 충족시키는 데 성리학을 적극 활용하였고, 마침내 조선 고유의 특징을 가진 '조선성리학'을 만들어 내는 데까지 이르렀다. 이제까지의 설명은 주객이 전도되었던 셈이다. 성리학을 도입한 것도, 성리학의 이념을 이용하여 사회체제와 지배정당화의 발판을 구축한 것도, 성리학의 논리를 빌어 군주나 다른 정파를 견제한 것도 다름 아닌 사대부계급이었던 것이다.

조선시대의 사회 구조에 대해서는, 사대부가 지닌 계급적 속성이 반영된 신분·계급구조를 필두로 하여 의식구조·정치구조·경제구조의 총 4개의 부로 나누어 순차적으로 살펴본다. 이 책에서 다루는 각 분야의 구조적 틀과 원리는 중기 이후의 변화를 포함한 사대부시대 전체를 관통하는 것이기는 하지만, 주로 조선 전기 특히 조선 초기에 초점이 맞추어지게 됨이 불가피하였다. 조선 초기는 여말에서 시작된 사대부사회로의 전환이 완료된 시기로서 사대부사회의 구조적인 틀과 원리, 그리고 앞 시대보다 사회수준을 한 단계 격상시킨 역사적 성과를 유감없이 보여주는 시기였기 때문이다. 반면 조선 후기는 사대부사회가 지닌 구조적 모순이 드러난 시기로서 사회 각 분야에 일정한 발전이 있기는 하였으나 질적인 성장이라 말하기에는 부족하며, 도리어 사대부계급이 사회발전을 주도하는 역할을 잃어버리고 보수반동화한 시기다. 조선 후기 사회는 사대부사회를 대체할 새로운 사회를 잉태하고 있기는 하였으나, 당시 사람들이 공감할 수 있는 새로운 사회의 청사진은 아직 제시되지 못한 채 기존 사회의 붕괴기에 나타나는 각종 불합리와 부정부패 등이 횡행하는 시기였다. 사대부사회의 구조적 특성이나 내재적 발전을 보여주기에는 적절하지 않은 시기다. 1부에서 살펴볼, 종래의 조선시대에 대한 부정적 인식은 거의가 조선 후기의 그러한 현상을 바탕으로 형성된 것이다. 문벌사회에서 사대부사회로 전환하는 과정에서 나타난 여말선초의 획기적인 변화, 조선 중기 이후 사대부사회의 고유한 모순이 심화되어 '양반'계급과 그들의 성리학 근본주의가 빚어낸 체제 변화의 모습은 구조의 변동을 다루는 다음의 속편 저술에서 상세히 취급할 예정이다.

각 분야의 구조와 동작원리를 밝히는 데 있어 관련 주제를 망라하는 방식보다는 한두 가지 핵심적인 주제를 통해 접근하는 것이 효율적이라 생각했다. 1부에서는 각 분야의 구조 파악에 앞서 역사 인식에 걸림돌이 되는 조선시대에 대한 잘못된 사회적 통념을 검토하고, 이러한 통념이 형성된 배경을 살펴보았다. 2부 신분·계급구조에서는 먼저 통설과 다른 양·천신분제의 내용을 소개하고, 이러한 양천제론을 비판하는 통설 측의 주장에 대한 반론을 담았다. 이어서 조선사회의 계급구성에 대한 새로운 접근법을 소개했고, 사대부계급의 속성을 통해 계급관계를 파악해 보았다. 3부 의식구조에서는 조선시대 지배 이데올로기의 내용을 맹자와 주자의 이론을 중심으로 소개하고, 그 핵심이 되는 왕도정치론이 조선시대의 사대부계급에게 어떻게 수용되고 국정에 어떻게 반영되었는지를 살펴보았다. 4부 정치구조에서는 조선시대의 관료제에 '근대관료제'의 '합리성'이 구현되어 있음을 소개한 다음, 조선시대 군주가 가진 '제한군주'적 면모와 함께 권력의 3축 사이의 견제와 균형을 살펴보았다. 5부 경제구조에서는 우선 경제제도의 근간이 되는 소유권 문제와 경제정책의 핵심인 토지정책을 살펴보았다. 이어서 이 시대 국가재정과 왕실재정의 관계를 규명하고, 조선시대 부세제의 비교사적 특성을 부각시켜 보았다. 마지막 6부 '종합과 전망'에서는 본론에서의 내용을 요약·정리하고 조선시대가 지닌 고려시대와의 차별성을 소략하게나마 지적해 보았으며, 조선 사대부시대 이후 예정되어 있던 새로운 사회의 시대적 과제를 간단히 전망해 보았다.

이 책은 대학에서의 강의안을 토대로 그 내용을 수정·보완한 것이다. 당초에는 퇴임 뒤 2년 내의 출간을 목표로 구상한 것이었지만, 집필에 착수한 뒤 협소한 안목과 부족한 역량으로 여러 가지 난관에 부딪쳐 좀처럼 작업의 진척을 보지 못하고 몇 년이나 미루어지고 말았다. 만족할 만한 수준에 이르지 못하였으나, 나날이 떨어지는 기억력과 집중력 때문에 잘못하면 구조의 변동을 다루게 될 속편은커녕 본서의 작업마저 끝내지 못할지 모른다는 절박감에서 함량 미달의 부끄러움을 안고 서둘러 일단락 지어 보았다.

이 책을 서술하는 데 몇 가지 원칙을 세웠다. 첫째, 정치·경제·사회·사상의 각 분야 별로 사대부사회 특색을 이해하는 데 가장 핵심이 되는 두어 가지 주제만을 다룬다. 둘째, 지나치게 분량이 많아지는 것을 피하여 이미 잘 알려진 사항, 개설서나 인터넷 등에서 쉽게 확인할 수 있는 사항은 논의의 전개를 위해서 필요한 최소한만 소개하고 대폭 생략한다. 전거도 가급적 생략하거나 축약된 형태로 표시한다. 셋째, 가급적 새로운 내용을 담는다. 그리하여 전문적인 논의는 피하고자 하였음에도 불구하고 기존의 이해나 해석이 가진 문제점의 지적을 위해, 그리고 새로운 입론을 위해, 때때로 다소 세세한 내용까지 다루거나 간략하게나마 논증하지 않으면 안 되는 경우가 있었다. 그리고 군역·부세제의 경우처럼 속편에서 논증되어야 할 내용을 마치 검증이 완료된 사실처럼 전제하고 설명한 대목이 없지 않았던 점 또한 양해를 구하지 않을 수 없다.

차례

1부

조선시대에 대한 기존의 통념과 연구의 반성

1장
조선시대에 대한 사회적 통념, 무엇이 문제인가

1절 통념의 내용

우리의 과거 역사 전반에 대한 사회의 인식은 밝지 못한 편이다. 일반인의 대다수가 우리 역사에 나타난 자랑스러운 점이나 장점을 말하는 것보다 부끄러운 점, 단점을 말하는 것을 훨씬 수월하게 여긴다. 장점을 말할 경우에도 우수한 제도나 전통보다는 한글이나 금속활자와 같은 몇몇 빼어난 문화유산의 열거에 그치는 것이 보통이다. 과거의 여러 시대 중에서도 조선시대는 가장 인기 없는 시대이며 곧잘 매도되는 시대이다. 우리 역사의 모든 허물은 거의 조선사회로 집중되어 있다 하여도 과언이 아니다.

한마디로 우리 사회의 조선시대에 대한 인식은 부정적이다. 여기서 부정적이라 하는 것은 단순히 낮게 평가하는 것을 가리키는 것이 아니다. 제대로 평가하여 낮게 판정되었다면 그것은 엄정한 평가요, 정당한 비판이 될 것이다. 그릇되게 폄하하는 것이 문제가 되는 것이다. 부정적인 인식의 만연은 조선시대에 관한 많은 속단과 오해를 낳았고, 그러한 속단과 오해가 마침내 사회의 일반적 통념이 되어버린 경우가 적지 않다.

조선시대가 지닌 문제점이나 낙후성으로 거론되어 온 것들 중에서 대표적인 것을 분야 별로 한두 개 열거해 본다면 대략 다음과 같다. 우선 정치 면에서 강대국에 둘러싸인 약소국의 처지였다는 것이다. 한국의 지정학적 조건상 부득이 한 면이 있다는 점이 지적되는 가운데 조선시대 이전에는 그래도 어느 정도 자주성을 유지한 반면, 조선시대에는 사대주의 사상의 만연으로 중국에 대한 종속적 처지를 감수했다는 주장을 심심치 않게 접할 수 있다. 심지어 중국의 속국이었다고 오해하고 있는 사람들도 적지 않다. 국왕의 상복 문제 따위를 가지고 많은 희생자를 낳기까지 한 '당쟁'도 많이 지적되는 사항이다. 좀 더 근본적이라 할 만한 것은 서구에서와 같은 민주주의의 싹이나 민권 의식의 부재와 같은 민주주의 미발달이 지적된다. 이와 관련하여 '관존민비官尊民卑' 같은 관용구가 회자된다.

경제 면에서는 '초근목피'로 연명했다는 상투적인 표현 아래 만성적 빈곤에 허덕이는 사회였다는 점이 지적된다. 빈곤은 한국의 전통시대 모두에 해당되는 것으로 인식하지만 조선시대가 표적이 되는 경우가 많으며, 빈곤을 초래한 원인으로는 기술이나 상공업의 천시를 꼽는 것이 보통이다. 정부나 양반의 가혹한 수탈도 빈곤의 중요한 원인으로 지적된다.

무엇보다 사회 면에서 조선시대는 가장 심각한 문제점을 가진 것으로 여긴다. 한국을 세계사에서 낙오하게 만든 원흉으로 조선시대의 폐쇄적이고 엄격한 신분제가 지목되는 것이 그것이다. '지배신분'이었던 '양반'은 모든 특권을 독차지한 반면, '상민'은 아무리 재능이 있어도 신분의 장벽에 가로막힌 채, 양반으로부터 착취와 천대에 신음했음이 자주 지적된다. 남존여비로 상징되는 성차별 역시 극심하여 남자의 경우에는 첩을 거느리고 사는 반면, 여자는 재가나 이혼도 할 수 없고, 심지어 외간 남자에 손목만 잡혀도 목을 맨 사례에 개탄을 금치 못한다.

사상적인 면에서도 예외는 아니다. 성리학이라는 폐쇄적이고 '봉건'적인 사상에 얽매어 진취적인 사고를 할 수 없었다는 것이다. 성리학에서는 무엇보다 상하질서·신분질서가 존중되어 군주나 윗사람에 대한 충성만 강조되었고, 가족윤리가 중시되어 공공선보다는 조상이나 가문·가족 챙기기에 여념이 없었다는 것이다. 조선시대에 주자학 이외의 일체의 이단사상은 철저히 금압하였을 뿐 아니라 같은 성리학자라도 주장이 다르면 사문난적으로 몰았다는 사실도 강조된다. 반상의 차별이나 남존여비는 물론 민권의식의 부재나 상공업이나 기술의 천시 같은 정치·경제적 낙후의 근본적인 원인까지도 모두 성리학에서 연유한다는 것이다. 이른바 유교-성리학 망국론이다.

2절 통념의 검토

전통시대, 특히 조선시대에 대한 위와 같은 사회적 통념의 논거들은 전적으로 잘못된 것이라 할 수는 없다. 지적된 사실들 중 일부는 실재했던 사실이고, 거론된 사항 중에는 오늘날까지도 제대로 해결되지 못한 상태에 있는 사항들도 있기 때문이다. 그럼에도 불구하고 조선시대에 대한 부정적인 인식이 문제가 되는 이유는 무엇인가.

통념에 대한 검토는 적지 않은 논의가 필요하지만 여기서는 개략적인 문제점의 지적으로 그치기로 한다. 통념에서 나타나는 부정적 역사 인식의 문제점은 크게 세 가지로 나눌 수 있다. 우선 통념에는 잘못된 사실을 토대로 해서 생긴 오해들이 내포되어 있다는 점이다. 다음으로는 동서를 막론하고 근대 이전의 모든 사회에 나타나는 일반적인 현상이나 경향을 마치 조선사회 특유의 현상이나 고질적인 병폐처럼 간주하여 비판하는 경우이다. 마지막으로 서구사와 한국사의 해석이나 설명에 다르게 적용되는 이중 기준으로서 한국사에만 유독 엄정한 평가의 잣대를 들이대는 경우이다.

첫 번째, 잘못된 사실을 토대로 하여 오해가 빚어진 대표적인 사례로는 양반에게 주어지지 않았던 특권을 토대로 조선사회의 신분제를 엄격하고 폐쇄적이라 단정하는 것이 있다. 이를테면 평민에게까지 과거科擧와 사환仕宦의 문호가 열려 있었음에도 불구하고, 마치 양반만이 과거를 볼 수 있고 문무 관직을 차지할 수 있었던 것처럼 많은 사람들이 오해하고 있는 것이 그것이다. 조선사회가 가진 개방성이 거꾸로 폐쇄성으로 둔갑된 경우이다. 이러한 오해는 신분제를 다루는 과정에서 상세히 해명될 것이므로 더 이상의 설명은 생략한다.

두 번째, 근대 이전의 일반적인 현상이 조선사회의 특유한 현상처럼 취급되는 사례는 앞에서 부문별로 소개한 조선사회의 병폐라는 것들이 대부분 해당된다. 서구지역을 포함한 거의 모든 지역에서 근대 이전에는 민주주의나 민권의식이 발달하지 못하였고 민중들은 가난에 시달리면서 천대를 감내해야 했다. 그것은 민주주의 발달사에서 가장 선구적이고 모범적인 길을 걸어왔다고 칭송되는 영국의 경우에도 크게 다르지 않았다. 영국에서도 15세기말까지 농민의 상당수가 예속인 신분에 머물러 있었고, 농노제가 폐기된 이후에도 오랫동안 민주주의 발달의 열매는 거의 자산계급에게만 돌아갔다. 19세기에 노동계급이 형성되기 전까지는 민중의 권리의식의 두드러진 성장도 찾아보기 어렵다.

한 번도 벗어나 본 적 없다는 우리 전통시대의 빈곤 문제도 사실은 근대 이전의 모든 지역에 해당하는 문제이다.[1] 서구 중세를 휩쓴 흑사병만 하더라

---

1) 평민의 대부분을 차지하는 농민은 어디에서나 가난했다. 프랑스의 '보방'이라는 사람이 1696년 1월에 본 니베르네Nivernais 지방의 가난한 농민의 생활을 묘사한 구절 하나를 소개한다. "천민(평민과 구분되는 특수 신분이 아니라 예민 상태에 있는 일반 농민을 지칭한 것이다: 필자)으로 불리는 모든 사람은 겨도 털지 않은 보리와 귀리를 섞어 만든 빵을 먹는다. 이것은 귀리의 지푸라기를 섞어 부풀어오르게 한 빵이 있었음을 말한다. 이 빵 외에 그들은 거의 썩은 과일 그리고 호두 기름이나 평지기름을 물에 넣어 끓이고, 소금을 전혀 치지 않거나 아주 조금만 친 수프로 영양을 섭취하는데 …… 대부분의 민중은 거의 술(포도주)을 마시지 못하며, 일 년에 고기를 먹는

도 그것이 그토록 널리 퍼지고 많은 사람들이 감염된 것은 당시 사람들의 부실한 영양 상태와 관계가 있다. 근대 이전에는 어느 지역 할 것 없이 민중들은 빈곤에 시달리며 흉년이 닥치면 기근으로 다수가 사망하였고, 많은 영유아들이 영양실조나 비위생적인 환경으로 말미암아 일찍 죽어 인구증가율이 극히 미미했다. 조선시대의 인구증가율이 타 지역보다 결코 떨어진다고 말할 수 없다는 것만으로도 조선사회가 유독 빈곤했다는 주장은 충분히 의심을 받을 만하다. 누구도 입증한 바 없고 달리 근거를 찾아보기도 어려운 데도 우리 사회의 거의 모든 사람이 과거 우리 민족의 빈곤을 자명한 사실처럼 여기고 있으니 '빈곤의 신화'라 부를 만하다.

사회 면에서 성차별과 같은 현상 역시 이른바 문명권에서는 보편적인 현상이었다. 사상 면에서의 성리학에 대한 평가나 해석에도 재고해야 할 점이 많다. 이단에 대한 불관용은 조선시대만의 것은 아니다. 서구사에서도 쉽게 찾아볼 수 있다. 예컨대 종교 문제로 인한 갈등, 학살과 전쟁이 그것이다. 타종교는 말할 것도 없고 같은 기독교 내에서도 교파를 달리하는 사람들 사이에서 곧잘 일어났다. 국제전쟁으로까지 비화된 16~17세기의 종교전쟁이 대표적이다. 조선 후기 사회에 성리학이 미친 악영향이란 앞머리에서 언급한 바와 같이 성리학 자체의 문제라기보다 사대부계급의 보수반동화의 소치다.

세 번째, 서구사와 한국사에 다르게 적용되는 이중 기준이란 서구사의 사건이나 제도를 해석하거나 설명할 때에는 변화에 주목하고 그 의의를 강조

날이 3일도 안되고, 소금을 거의 사용하지 못한다. …… 그들 중 3/4가량은 겨울이건 여름이건 간에 반쯤 닳거나 썩고 찢어진 무명베옷만을 걸친다. 그리고 그들은 나막신을 신는데, 그 나무신을 신은 그들의 발은 일 년 내내 맨발이다. 설령 그들 중 극소수가 가죽신을 가지고 있더라도, 축제나 주일에 미사를 보러 갈 때만 신는다." 삐에르 구베르 지음, 김주식 옮김, 『앙시앙 레짐』 I, 아르케, 1999, 172~173쪽.

하는 반면, 한국사의 사건이나 제도는 한계나 역기능의 지적에 역점을 두는 것을 가리킨다. 이러한 이중 잣대야말로 한국사에 대한 부정적인 인식을 낳는 가장 근본적인 원인인 동시에 가장 바로잡기 어려운 점이라 할 수 있다. 사실에 대한 오해나 비교상의 불균형 같은 앞의 두 문제는 어느 정도 사실의 소개나 설명에 의해 시정될 수 있는 반면, 확신에 찬 예단에서 나온 이중 잣대의 평가는 좀처럼 설득에 의해 바뀌지 않기 때문이다.

평가의 이중 잣대는 어디서 온 것인가. 식민사관이나 서구중심주의사관의 '확증 편향'에서 온 것이다. 한국사와 서구사의 해석에 이중 잣대를 적용하는 것을 넘어 세계사적 보편성이란 이름 아래 한국사의 체계가 서구사에 짜 맞추어지기까지 한다. 이리하여 서구사와 다른 것일수록 일단 문제가 있는 것으로 여겨진다. 수많은 역사적 사실 가운데 긍정적인 사실은 제쳐두고 주로 부정적인 사실에만 주목하거나, 같은 사실이라도 그것이 지니는 여러 측면 가운데 긍정적인 측면보다는 부정적 측면에 초점을 맞춘 편향적 인식·해석을 토대로 통념이 형성되었던 것이다.

조선사회가 근대 이전의 유럽사회에 비해 치명적인 문제들을 많이 갖고 있었다고 생각되는 경우가 많았던 것은 사실 차원의 문제라기보다는 인식 차원의 문제였다. 서구의 경우에는 성공의 역사·모범의 역사로 상정하여 모범적인 성공 사례의 연원을 끝없이 소급해 올라가는 반면, 한국의 경우에는 실패의 역사·낙후의 역사로 치부하고 제도나 변화의 해석에는 그것이 가지는 긍정적인 면이나 성과보다는 부정적인 면이나 한계 또는 부작용을 지적하여 의미를 매몰시켜버리는 경향이 있다. 매거할 수 없이 많은 역사인식이 확증 편향의 해석에서 연유하지만, 비근한 두어 가지 예를 가지고 평가의 이중 잣대의 구체적인 사례를 보기로 하자.

우리의 민주주의 역사의 일천함을 개탄하고 영국 민주주의의 유구함을 상찬하면서 그 기원을 마그나 카르타까지 소급하는 경우를 종종 접한다. 필자도 학창시절에 그렇게 배웠다. 마그나 카르타의 "자유인은 합법적인 재판이나 국법에 의하지 않고는 체포 또는 구금, 추방, 재산몰수, 공권박탈 등 어떠한 방법으로도 자유권을 침해당하지 않는다."라는 구절은, 후대에 오랫동안 군주나 국가의 압제나 권리 침해에 항거하는 상징과 구호로, 그리고 보호장치로 활용되었다. 영국의 '권리청원'(1628)이나 '인신보호령'(1679)은 물론, 영국을 넘어 미국의 연방헌법과 주헌법에서까지 인용된다고 한다. 그러므로 마그나 카르타의 의의는 결코 작지 않다고 할 수 있다.

그러나 본래 마그나 카르타의 핵심은 귀족들의 동의 없이 군주 마음대로 귀족들에게 세금을 부과해서는 안 된다는 데 있었다. 다시 말하면 그 자체는 민중들과는 무관한 것이고 그 자체가 민주주의와 직접 관련된다고 말하기 어렵다는 점이다. 다만 이것이 프랑스와 같은 대륙의 다른 국가보다 상대적으로 군주의 권력이 강대하여 종종 집권적 봉건제사회로 불리는 이유가 되기도 하는 영국의 군주권을 제약할 수 있는 발판이 되고, 영국 의회 발달의 초석이 되었다는 점이 높이 평가되어 민주주의 발달과 적극적으로 연결시켜진 것이다. 영국에서 의회의 기원이 오래 되었다 하여도 정작 의회민주주의가 내실 있는 발전을 보았다고 인정할 만한 것은 귀족들로 구성된 상원의 권한이 약화되기 시작한 19세기에 들어와서의 일이다. 보통선거가 이루어진 것은 19세기 말의 일이며 그나마 여성의 참정권이 배제된 채 이루어졌다.

조선사회에 대한 평가는 어떠한가. 조선 사대부사회에서 끊임없이 강조되었던 '위민'정치 이념은 모든 정책이나 법제의 기본 정신이 된 것이었지만, 위정자의 기만이나 공허한 구호로만 치부되기 십상이었다. 그러나 위민정치의 이념은 법치주의의 원칙과 함께 군주의 사익추구와 전제권 행사를 효과적으로 견제하고, 평민의 공민권과 재산권에 대한 국가의 보호를 보장할 수 있게 하였다. 이러한 면은 별다른 역사적 조명을 받지 못했다. 단지 조선사회에서의 군주 전제권의 제약은 왕권에 대한 신권의 우위 즉 특권계급인 양반의 강대한 힘을 보여준 것이라는 점만 강조될 뿐이었다.

우리 민족이 대대로 가난했다는 인식은 군주에게 선정을 촉구하면서 중국보다 가난한 조선의 백성의 처지를 대비시킨 조선시대 관원들의 발언에서부터 시작된 것일 수도 있다. 그러나 '빈곤의 신화'는 직접적으로는 일제강점기의 가혹한 수탈을 합리화하는 데서 연유한 것으로 여겨지며, 해방 후에도 지난 시절 독재정치의 합리화에 활용되기도 했다. 근대 이전의 서구의 군주나 귀족의 생활수준이 조선의 군주나 사대부의 생활수준보다 높았던 것이 사실이라면, 그것은 서구인들이 조선인들보다 평균적으로 높은 경제적인 풍요를 누린 때문이라기보다 지배계급이 인구에서 차지하는 비율이 서구사회가 조선사회보다 낮았고 따라서 부의 집중도가 상대적으로 더 높았기 때문이 아닌가 한다.

조선시대에는 노비가 인구의 상당수를 차지하고 있었다. 그리고 조선 후기에 양인 내에서도 반상의 차별이 있었던 것은 움직일 수 없는 사실이다. 그러나 그렇다고 하여 조선사회가 유례없는 폐쇄적인 신분제사회라 할 수는 없다. 유럽의 경우 초기근대까지 귀족사회가 유지되었던 반면, 한국에서는 이미 고려시대부터 세습귀족이 존재하지 않게 되었고, 조선시대에는 법제적으로 평민의 사회이동이 폭넓게 허용되었다. 귀족제의 존재에 강조점을 둘 것인가, 노비제의 존재에 강조점을 둘 것인가에 따라 서구사회와 조선사회의 폐쇄성의 평가는 달라질 수 있다.

3절 통념의 배경

　자국사는 애국심으로 말미암아 미화하기 십상인데 우리의 경우는 어떻게 자국의 역사를 부정적으로 인식하고 폄하하는 일이 횡행하는 것인가. 한마디로 식민사관과 서구중심주의사관의 영향을 직·간접으로 많이 받아 왔기 때문이다. 식민사관이란 일제 및 그 어용사가들이 식민 통치의 합리화·원활화를 위해 한국민에게 주입하고자 했던 왜곡된 사관이다. 그러한 식민사관의 영향을 받아 한국인 스스로가 한국의 역사·민족·문화·전통을 까닭 없이 비하하는 관점도 식민사관의 범주에 든다. 잘 알려진 대로 식민사관은 '타율성'과 '정체성'을 한국사의 특성으로 보았다. 한국사는 외침의 수난으로 점철된 비주체적 역사였으며, 내적 발전이 결여된 낙후된 역사였다는 것이다. 그리고 이 같은 타율적·정체적 특성을 빚어낸 원인으로서는 강대국에 둘러싸인 지정학적 위치를 내세우기도 하고('반도적 성격론'), '당파성'이나 '사대주의근성'과 같은 '민족성'을 거론하기도 했다.

　학계의 식민사관에 대한 본격적인 비판은 1960년대부터 시작되었고 나름대로 성과를 거두었다. 일제강점기에 한국인의 자존심을 크게 손상시키고 자조감에 빠지게 했던 식민사관의 존재가 널리 알려지고 그 주장의 허구성에 대한 일반인의 경각심을 크게 높일 수 있었다. 그러나 아직도 그 철저한 청산은 이루어지지 못하여 일부 사람들은 여전히 식민사관의 주장들을 그대로 믿고 있다.

　식민사관이 유지되는 요인 가운데 학문 외적인 요인은 제외하고 학문 내적인 요인으로 국한하여 말한다면 근본적으로 정체성론이 아직도 위세를 크게 떨어뜨리지 않고 있기 때문이다. 인종주의적 편견이 개입된 민족성론이라든가 타율성론, 그리고 숙명론적 사고를 깔고 있는 반도적 성격론 등의 왜곡이나 오류는 어느 정도 청산이 가능했다. 그러나 정체성론이라는 식민사관의 배후에는 오늘날까지도 우리 사회에 만연해 있는 서구중심주의사관이 버티고 있어 그 극복이 좀처럼 쉽지 않은 것이다.

　서구중심주의사관이란 서구문화를 세계에서 가장 독특하고 우월한 문화로, 그리고 서구의 역사를 가장 선구적이며 모범적인 역사로 간주하여, 서구를 기준으로 타 지역의 문화와 역사를 평가하는 관점이며 이데올로기이다. 세계사의 중심은 고대 오리엔트에서 시작하여 그리스와 로마로 이동하고 다시 기독교적 중세를 거쳐 근대 유럽 여러 국가의 형성으로 발전되어 왔다는, 우리에게 친숙한 세계사의 기본 흐름의 설정이 바로 서구중심주의사관의 본보기이다.

　명치유신 이래 근대국가를 만들기 위한 방안으로 서구 배우기에 전력을 기울였던 일본은 그 과정에서 서구중심주의사관에 빠지게 되었다. 서구중심주의사관의 수용은 일본으로 하여금 서구에 대한 열등감을 갖지 않을 수 없게 하였다. 그러나 일본은 자신들도 서구와 마찬가지로 세계사의 단계적인 발전을 밟아나갔다는 것으로 자위했고, 그 점에서 일본은 아시아에서 예외적 존재라 주장하며 과거 문화적 선진국이었던 중국과 한국에 대한 우월감을 가지려 하였다. 일본의 중세는 서구의 중세와 같은 '봉건사회'였다는 것이 일본사의 세계사적 발전 단계 이행론의 핵심적 논거였다. 이에 따라 한국사의 정체성론의 핵심적 논거도 한국의 '봉건사회결여론'에 두어졌으니 20세기 초 후쿠다 도쿠조福田德三의 주장이 그 선구였음은 일찍이 지적된 바 있다. 그는 당시의 한국사회의 수준을 일본의 고대에 해당하는 '후지와라藤原' 시대—AD 894년 이후 약 3세기에 걸침—에 비정하기까지 하였다.

　식민사관의 뿌리는 이처럼 서구사 발전 과정을 세계 역사의 보편적 발전 과정으로 간주하는 서구중심주의사관에 맞닿아 있었다. 뿐만 아니라 실은 서구중심주의사관 자체가 서구가 비서구 지역을 지배하기 위해 만들어진 일종의 식민사관이라 할 수 있다. 우리 사회에서 식민사관이란 일제의 식민사관을 가리키는 것이지만, 무대를 세계로 확장한다면 서구중심주의사관이 식민사관의 원조에 해당하는 것이다. 서구인들의 서구중심주의는 비서구 지역에 대한 단순한 우월의식에서부터 침략 이데올로기에 이르기까지 넓게 펼쳐져 있다. '오리엔탈리즘'과 표리가 되어 서구와 비서구를 합리와 비합리, 이성과 감성, 정상과 이상 등으로 대조하며 자신들의 정체성을 확인하는 사고·인식이며 이데올로기이다. '백인의 짐(whiteman's burden)'이라는 구호에서 볼 수 있듯이 서구인은 식민지를 경영하면서 자기들이 원주민인 '야만인'을 문명화시키는 사명을 짊어진 것으로 자처했다. 서구중심주의는 서구인들이 가지는 우월의식의 수준을 넘어 비서구 지역에 대한 식민지 지배를 정당화하고 미화하는 도구로까지 확장되었던 것이다.

그렇다면 일제강점기 이래 많은 한국인이 식민사관과 서구중심주의사관을 무비판적으로 수용하면서 자신의 과거 역사에 대해 혹평을 가해온 이유는 무엇일까. 한마디로 우리 민족의 정서 저 밑에 오랫동안 깊숙이 자리 잡아온 외세·외래문화에 대한 민족적 열패감 때문이었다. 외세에 침탈을 당하고 급기야 일제의 식민지로까지 전락된 데서 받은 충격과 상처로 인한 열패감은 자못 컸다.

일본의 한반도 강점은 우리 민족이 유사 이래 처음으로 겪은 역사적 낭패였다. 고대에 중국이 설치한 한사군도 한반도 일부에 미칠 뿐이었고, 고려시대의 원元 간섭기干涉期에도 대몽항쟁을 치열하게 벌인 덕분에 몽고의 침입을 받은 지역 가운데 유례가 드문 자치가 허용될 수 있었으니, 일제의 한반도 강점과는 비교가 되지 않는다. 완전히 국토와 주권을 상실한 것은 한국 역사상 초유의 일이었던 것이다.

외세에 대한 열패감은 민족 자존심에 깊은 상처를 남기며 자학의 감성을 부추겼다. 교육과 학술 활동에 독점적인 위치를 장악한 일제의 세뇌 작업은 국권 상실의 충격 속에서 좌절감에 빠져 있었던 한국인의 감성에 파고들어 와 큰 파괴력을 발휘하게 되었던 것이다.

그러나 일제에만 모든 탓을 돌릴 수는 없다. 우리 민족의 대응에도 문제가 없지 않았던 것이다. 우리 역사에 대한 문제 인식이 식민지전락에 대한 원인 분석이나 자기반성을 넘어 한국사 전체에 대한 자기비하로까지 확대되었기 때문이다. 이러한 문제 인식은 비단 일본에 영합한 친일 인사의 경우에만 그치는 것은 아니었다. 여타의 지도층·지식층 인사에서도 나타난 것이다. 그 이유는 무엇인가.

획기적 사회 전환을 앞두고 있거나 역사적 큰 난관에 부딪친 사회는 통상 이를 헤쳐 나가기 위해 역사에 대한 자기반성 작업을 행한다. 자신의 사회가 지닌 모순이나 한계를 돌아보는 것이다. 그리고 이러한 자기반성의 첫 과정은 통상 과거 역사에 대한 '자기부정'으로 나타난다. 지금까지의 사회를 발전적으로 계승해 나가야 하는 존재로 생각하기보다 일체 연계를 단절해야 할 청산의 대상으로 여기게 된다.

서구의 르네상스인들이 그 좋은 예이다. 그들은 자신들이 이제까지 몸담아 왔던 중세를 암흑시대라 부르며 송두리째 부정하였다. 우리의 경우에도 자기부정이 일어났다. 신채호의 경우가 단적인 예이다. 식민지로의 전락이라는 역사적 재난을 맞게 되면서 항일투쟁에 앞장섰고 한국 근대 역사학의 정초를 놓았던 그마저도, 사대적·보수적 유학사상에 정복되었다 하여 조선시대 전체를 부정하고 마는 일은 피하기 어려웠던 것이다. 문제는 일시적이어야 할 자기부정이, 그리고 직전 시대에 그쳐야 할 자기부정이 자기반성의 통과의례에 그치지 않고 한국사 전체로 확대된 채 오랫동안 지속되었다는 점이다.

바로 이 지점에서 민족개조론을 주장한 이광수를 필두로 한 당시의 유수한 식자층은 자기부정을 고착화한 책임에서 벗어날 수 없다. 그들은 중세를 부인하면서도 고전문명의 계승을 주장한 르네상스인이나 적어도 묘청의 난 이전까지는 민족의 자주성과 진취성을 높이 평가했던 신채호와는 달랐던 것이다. 열악한 민족성이나 낙후된 한국 역사에 대한 뼈저린 인식을 다투어 강조하면서 암울한 현실의 모든 책임을 과거의 고질적인 병폐에 돌렸다. 현실극복의 역할을 충분히 해내지 못하는 데서 오는 죄책감이나 무력감에서 벗어나고자 했던 것이다. 친일파들은 더 나아가서 자신의 행위를 정당화하는 방패로 이용하였다. 이러한 사회적 풍조는 해방 후에도 사라지지 않았다. 식민지 잔재를 청산하지 못하고 외세에 의해 남북이 분단된 채 동족상잔의 전쟁을 치르는 등 역사적 파행이 계속되었기 때문이다.

조선시대 연구의 반성

1절 한국사연구와 서구중심주의사관

한국 역사학계의 경우에도 과거 역사에 대한 총체적 자기부정의 고착화라는 전반적인 사회풍조와 무관할 수 없었다. 자기부정의 이론적 기반이 되는 서구중심주의사관이 별다른 비판 없이 수용되는 경우가 많았던 것이다. 역사학계에 미친 서구중심주의사관의 영향은 연구자의 전공별 분포에서부터 찾아볼 수 있다. 중국사를 제외한 외국사 전공자의 거의 대부분이 그리스·로마·영국·프랑스·독일·미국 등 서구중심주의사관에서 제시하는 세계사의 흐름에서 주도적인 역할을 한 몇몇 나라에 몰린 것이 그 단적인 예다. 오늘날까지도 역사학계의 이러한 지적 편식은 크게 개선되지 못하고 있다.

한국사 영역에서도 서구중심주의사관의 영향은 자못 컸다. 식민사관 비판에는 열의를 보였지만 정작 식민사관의 배후에 놓인 서구중심주의사관에 대한 경각심은 부족했다. 일제강점기에도 식민사관에 정면으로 맞선 학자가 없지 않았고 1960년대에는 식민사관에 대한 학계의 본격적인 비판 작업이 개시되었다. 그러나 정체성론의 극복은 충실히 이루어지지 못했다. 그 배후에 놓인 서구중심주의사관을 극복하지 않고서는 불가능한 일이었기 때문이다.

정체성론에 대한 한국사 연구자들의 대응은 크게 적극적 대응과 소극적

대응의 두 가지 흐름으로 나누어볼 수 있다. 전자를 대표하는 것은 고대 노예 제사회·중세 봉건제(농노제)사회·근대 자본주의사회라는 '사회구성체'에 입각한 서구 삼구분의 시대구분법을 한국사에 적용하여, 민족 내부의 역량으로 우리의 역사가 단계적으로 발전해 왔음을 입증하려는 노력이다. 이른바 '내재적 발전론'이 그것이다. 여기서 강조되는 '내재'와 '발전'은 식민사관에서의 '타율'과 '정체'의 주장을 동시에 타파할 수 있다는 점에서 한국사학계를 넘어 사회 일반의 큰 반향을 불러일으켰다. 한국의 역사 역시 계기적 발전을 이룬 역사라는 자신감을 어느 정도 회복할 수 있었고, 사회의 구조나 성격에 대한 이해의 폭이나 깊이도 달라지게 되었다. 그러나 여기에도 문제가 없지 않았다.

내재적 발전론의 핵심은 조선 후기 자생적 '근대화'의 가능성, 다시 말하면 '자본주의 맹아'를 입증하는 데 있다. 내재적 발전론이 전개되는 과정에서 조선 후기의 농업생산력의 발전이나 상공업의 발달이 제시되고, 실학은 근대 사상의 여러 요소를 담고 있는 것으로 상정되었다. 한국역사상 어느 시기보다 어둡고 타기의 대상이었던 조선 후기는 일약 근대를 태동하는 한국사상 가장 역동적이고 획기적인 시기의 하나로 대두하게 되었다. 역사가의 새로운 관점이 대상 시대의 모습을 얼마나 획기적으로 바꾸어 놓을 수 있는지 절감하게 하는 살아 있는 증거가 될 수 있었다.

그러나 점차 치명적인 문제점도 노출되었다. 서구의 근대화 과정을 모델로 했던 까닭이다. 조선 후기 농민층의 양극 분해나 '경영형 부농'의 존재의 입증과 같은 실증상의 문제도 제기되었지만, 설사 자본주의 맹아가 인정된다 하더라도 왜 우리는 싹만 틔운 채 자본주의를 개화시키는 데는 실패했는가 하는 의문은 다시 제기될 수밖에 없는 것이었기 때문이다.

한국사 전체로 보아도 '내재적 발전론'의 한계는 뚜렷이 드러난다. 서구사와는 다른, 한국의 독자적인 진정한 내재적 발전이 왜곡될 가능성이 크다는 것이다. 서구사의 틀에 한국사의 체계를 맞추게 되면 서구사와 유사한 현상이나 문물제도만 주목하고 이것에 의미를 부여하는 반면—이른바 '부조적浮彫的' 수법— 서구사와 다른 현상이나 문물제도는 관심 밖의 사항이 되거나 낮게 평가되기 마련이어서, 아무리 서구사와 비슷한 발전의 외관을 갖춘다 하여도 애당초 한국사는 서구사에 한참 뒤처져서 비틀비틀 따라가는 모양새를 면하기 어렵기 때문이다.

정체성론에 대한 직접적인 대응을 삼가하고 소극적 대응을 취하는 연구자들은 이론보다는 역사적 사실에 대한 '실증'을 강조했다. 실증은 역사학이 하나의 학문으로 존립하기 위한 최소한의 요건이다. 더구나 본격적인 한국사 연구의 역사가 일천하여 미개척 분야·미지의 기초 사실이 아직도 너무나 많이 남아 있어 도처에서 실증적 작업은 절실하다. 그러나 사전에 아무런 관점이나 가설을 지니지 않은, 무념무상의 상태에서의 가치중립적인 실증이란 실제로는 가능하지 않은 일이다. 연구자 개개인의 주관적 기대와 달리 이러한 실증에 과학성이나 객관성은 결코 보증되지 않는다. 실증을 강조한 연구자들 역시 그 대다수는 실제로는 실증에 앞서 서구사를 암묵적으로 세계사의 모범으로 상정하고 있다는 심증을 갖게 된다. 다음과 같은 두 가지 면에서 그러하다.

첫째, 선험적 예단을 경계하고 실증을 강조하면서도, 그리고 사회구성체론의 수용을 거부하면서도, 고대·중세·근대라는 서구에서 보편화된 삼구분 자체는 수용하는 경우가 많다는 점이다. 잘 알려진 대로 삼구분법은 르네상스인들에게 시작되어 마르크스의 사회구성체론에 이르기까지 서구의 대표적인 시대 구분법으로 자리 잡게 되었다. 마르크스주의와 무관하게 삼구분이라는 시대 구분 자체는 서구 역사학계에서 상당히 일반화되어 있다. 문제는 삼구분법이 설사 서구사에 타당한 시대 구분법이라 하더라도 그것이 어디까지나 서구사를 표본으로 하여 이루어진 이상, 다른 지역·다른 민족의 역사에도 역사 시대를 셋으로 구분하는 것이 과연 적절한지는 반드시 검증을 필요로 한다는 점이다.

과거 한국사의 시대 구분 논쟁에서의 논의는 오로지 중세의 기점을 어디에 잡아야 하는가에만 매달려 있었다 해도 과언이 아니다. 조선시대를 근대로 볼 수 없으니 삼구분법 대로라면 한국사에서는 오직 고대와 중세의 경계선 설정만 문제가 될 수밖에 없었던 것이다. 도대체 우리의 역사시대는 몇 개의 시대로 구분해야 하는 것이 타당한 것인지에 대한 논의는 아예 생략되어 있었다. 서구사를 모범으로 한 선험적 판단의 소산이 아닐 수 없다.

물론 간혹 근세라는 또 하나의 시대를 설정해야 한다는 주장을 펴는 연구자가 있고, 중등과정 국사교과서에도 중세와 근대 사이에 조선시대에 해당하는 근세라는 시대를 넣고 있기는 하다. 그러나 이 역시 삼구분법의 대안으로서의 사구분법이라기보다는 삼구분법의 보완에 지나지 않는다. 우선 어의 면에서 근대와 전적으로 일치하는 '근세'란 애매한 명칭을 사용하는 것부터 그러하다. 근세가 독립된 시대라기보다는 중세와 근대의 요소가 혼재되어 있는 시기로 설명되는 것도 그러하다. 근세에 해당하는 조선시대는 한국사 학계에서 고려와 함께 중세로 취급되는 것이 더 일반적이라는 점에서도 마찬가지다. 종종 '근세'가 서구사의 이른바 '초기 근대(early modern)'—'르네상스'·'종교개혁'·'지리상의 발견' 등으로 특징 지워지고 절대주의 시대로 명명되기도 하는, 중세 봉건제가 무너진 이후 시민혁명과 산업혁명으로 상징되는 본격적인 근대 사이에 낀 시기—에 비정되는 점에서도 그러하다.

둘째, 한국의 전통사회를 일관되게 귀족사회로 간주하는 관점에서 서구 중심주의사관을 엿볼 수 있다는 점이다. 그러한 관점의 이면에 서구에서조

차 근대에 이르기까지 귀족이 항시 존재했으니 한국에서도 당연히 귀족이
항시 존재했을 것이라는 사고가 깔려 있기 때문이다. 서구가 세계에서 가장
모범적이고 선진적인 지역이라 믿어 의심치 않는 서구 역사가들이 그와 유
사한 사고를 가지는 것은 자연스런 일이다. 근대 이전의 모든 사회에서 귀족
이 존재한다는 전제 아래, 귀족은 서구에서 당연히 가장 빨리 소멸되었을 것
으로 생각하는 것이다.

귀족계급은 역사적 실체로서 단일 민족들의 출현과 함께 나타나서 고대,
중세 및 프랑스 혁명에 의해 예시되는 평등주의 경향이 대두된 근대 초기까
지 유지되었다. 중국과 일본, 심지어 유럽국가에서도 러시아와 헝가리에서
는 20세기까지 분명하며 저개발국가에서는 오늘날에도 보인다. 귀족계급이
라는 현상은 거의 모든 사회에서 볼 수 있는 사회계층화 경향의 결과이다."[2]

한국의 연구자들도 오랫동안 모든 전근대사회는 신분제사회이며 신분제
사회에서의 지배층은 귀족이라는 관점을 고수했다. "삼국시대로부터 신라
통일시대와 고려시대 및 이씨조선시대까지를 우리는 귀족시대라 이르고자
하는 것이니, 그것은 그 정치가 온전히 귀족계급에 의하여 지배되었던 까닭
이다."[3] "신라의 진골도 귀족이라 하고 조선의 양반도 귀족이라 칭할 수 있으
며, 따라서 신라와 조선도 귀족제라 할 수 있다."[4] "신라의 골품제사회도 진

---

2) Karl Bosl·Hans Mommsen, "nobility", *Western Society and Marxism Communism: A Comparative
   Encyclopedia*, New York: Herder and Herder, 1973.

3) 손진태, 『국사대요』, 을유문화사, 1949.

4) 변태섭, 「고려귀족사회의 역사성」, 『고려사회의 귀족제설과 관료제설』, 지식산업사, 1985, 66쪽.

골을 지배귀족으로 하고 있는 귀족사회였으며, 조선의 양반사회도 양반을 지배귀족으로 하고 있는 귀족사회였던 것이다."[5] 등이 그것이다. 그러나 실은 신분으로서의 귀족 즉 법제적인 세습귀족은 중국이나 한국에서는 서구보다 각각 2천년, 천년 가까이 앞서서 소멸되었다.[6] 조선시대의 양반은 '신분'이 아닌 '계급'이었던 것이다.

오늘날에도 우리 학계에서 고려시대 귀족사회론과 조선시대 양반신분론—양반신분론을 바탕으로 한 조선시대 양반·중인·상민·천민의 4신분론—은 여전히 그 위세를 잃지 않고 있다. 이하 양반신분론 내지 조선시대 4신분론이 정착되고 유지되어온 과정을 통해 우리 학계가 얼마나 무비판적으로 서구중심주의사관을 수용해 왔는지 살펴보기로 한다.

2절 서구중심주의사관이 빚어낸 잘못된 역사인식의 사례
: 양반 = 귀족신분론

조선시대의 양반은 서구 중세의 귀족과 유사한 특권신분이었다는 인식이야말로 서구중심주의사관이 빚어낸 잘못된 역사인식의 대표적인 사례이다. 별다른 근거도 없이 오랫동안 통설로 자리 잡아 왔고, 근거 없음이 밝혀진 뒤에도 여전히 통설의 지위를 잃지 않고 있기 때문이다. 일반인이 알고 있는 조선시대 신분제의 내용은 대략 다음과 같다. 양반·중인·상민·천민이라는 4개의 신분이 있고, 귀족에 해당하는 양반이 과거응시나 고위 관직 독점의 특권을 가지는 등 각 신분 간에 넘을 수 없는 장벽이 있어 조선시대 개인의

---

5) 이기백, 「개요」, 『한국사』 4, 1974, 9쪽.

6) 유승원, 「고려사회를 귀족사회로 보아야 할 것인가」, 『역사비평』 36, 1997.

운명은 출생 때의 신분으로 결정되었다는 것이다. 한마디로 조선사회는 출생과 동시에 4개의 신분으로 나뉘어지는 엄격하고 폐쇄적인 신분제사회였다는 것이다. 그런데 이러한 조선시대 4신분론의 기원은 사실상 지금으로부터 1세기도 더 전인 1914년의 한 일본인의 강연으로 소급될 수 있다.

1. 일제강점기의 조선시대 신분제 인식

1) 일인 연구자의 인식

일제강점기에는 일인 연구자가 한국사 연구를 독점하다시피 하였다. 그러나 일인 연구자에 의해서도 조선시대 신분제에 대한 연구는 별반 이루어지지 못하였다. 그들이 신분제 연구에 큰 열의를 갖지 않았던 것이 가장 큰 원인이었던 것으로 생각된다. 일본은 도쿠가와德川 막부 이래 엄격한 신분제를 유지하였던 터여서 신분제에 관한 한, 한국에 대한 차별성이나 우월성을 내세울 수 없었다. 일본인 연구자는 애당초 조선시대 신분제 연구에 대한 흥미도 필요성도 느낄 수 없었던 것이다. 조선사회에 대한 연구는 식민지 인민들에게 한국사의 특성이 타율성과 정체성에 있다는 것을 주입시키는 것, 그리고 사대주의나 당파성과 같은 식민지의 열악한 민족성을 부각시키는 것이면 족하였다.

시카타 히로시四方博의 호적에 관한 일련의 연구나 몇몇 연구자가 개인적인 호기심에서 특수한 사항을 다룬 것을 제외한다면[7] 일인들이 내놓은

---

7) 이를테면 稻葉岩吉의 중인에 관한 것, 鮎貝房之進의 백정에 관한 것, 前間恭作의 서얼에 관한 것 등이 그것이다.

신분제에 관한 총괄적인 글이란 거의 잡문의 수준을 벗어나지 못한 것이었다. 그 가운데 가장 초창기의 것이 바로 이마무라 도모今村鞆의 글이다. 좀 더 뒤에 다나카 도쿠타로田中德太郎의 글도 찾아 볼 수 있다. 두 사람의 글은 각각 경찰간부와 조선총독부 통역관으로 재직하면서 강연한 내용을 책에 실은 것이다. 모두 개인적인 의견을 정리한 형식으로 기술되어 있고 주장의 근거도 밝혀져 있지 않아 사실상 연구라기보다 견문기에 가까운 것이라 하겠다.

(1) (조선의 사회계급) 조선에는 옛날부터 사회상으로 엄연히 구별되는 삼대계급이 있다. 즉 양반, 상민, 천민의 셋이다. 혹은 양반과 상민의 사이에 중인이라는 1계급을 집어넣어 4계급으로 하는 사람이 있다. 그것은 보는 방법에 의한 것이므로 어느 것이라도 좋다 …… **1 양반**(굵은 표시: 필자) 명문 및 관리로 될 자격이 있는 가계(家筋) …… **2 중인** 상민 가운데 지식 문지門地가 조금 우수한 자 …… **3 상민** 보통의 농공상에 종사하는 자 …… **4 천민** 이것은 열등한 종족 및 천업에 종사하는 자로서 크게 다음과 같은 종별이 있다. 백정(협주: 생략), 무격(협주: 생략), 배우, 창기(협주: 생략), 승니, 노비(협주: 생략). 이상을 칠반七班의 천민이라 한다 ……**(一) 兩班(양반)** ……**양반의 특권**으로는 과거에 응하여 높은 관직에 나가는 것이다.(중인은 관직에 나갈 수 있어도 의술, 천문, 지리, 수학, 제사, 통역 등의 제한됨이 극심한 관직만으로 위位도 대개 정4, 5품에 그쳤다.) …… 양반의 특전으로 병역이 면제되는 것이 있다 …… 다음에 조세地租 외는 여러 세가 면제되고 또 부역賦役은 모두 면제되고 있었다. 호적은 주로 병역납세의 목적으로 만들어진 것이어서 양반에는 호적이 없었던 것이다. 그리고 상민이나 태형이 부과되어 둔부를 맞는 것이지만 양반은

초달楚撻이라 하여 정강이를 나무의 작은 가지로 때려 구제했다. 후세에 이르러 가복으로 하여금 대신하여 태형을 받게 하는 것도 행해졌다. …… 다음에 재판소에 소환된 때 상민은 땅 바닥에 무릎 꿇고 앉지 않을 수 없지만 양반은 선 채로 답변할 수 있었던 등이다.[8]

   (2) 구한국舊韓國시대에는 왕실, 왕족(종친) 외에 양반, 향반, 중인, 서얼, 상인, 천민의 계급이 있습니다. (一)왕실 …… (二)왕족 …… (三)양반 …… 조선시대에는 양반이 아니면 고위고관이 될 수가 없고 …… 기술관技術官이라든가 그것 이하의 관직에 한해 다른 자를 임용한 것입니다. 따라서 관리등용시험인 과거에도 각자의 신분에 따라 응시할 밖에 없기 때문에 아무리 학식이 있어도 평민이 시험에 응할 수 없고 …… (四)향반 본래 양반이었던 자의 자손이 전사田舍에 물러나 혹 어떤 일정한 곳에 대대로 계속해서 거주하고 농업을 해 온 사람들을 스스로는 양반이라 부르고 지방에서는 향반이라 부르며 경성 양반은 이를 토반이라 부르고 있습니다 … (五)중인 중인이라는 것은 양반과 평민의 중간에 있는 사람을 말하는 의미로 기술관을 세직世職으로 하는 집안의 사람을 가리키는 것입니다 …… (六)서얼 …… (七)상민 일반의 인민을 상민이라고 부릅니다. 이 안에도 관직에 종사하는 자도 상당히 있어서 상민의 사이에도 다소 상하가 있습니다. 즉 제1은 금위영, 훈련도감 어영청의 장교…등은 그것입니다. 제2는 각 관서의 이서(일명 아전) … 제3은 농민, 제4는 시민입니다. …… (八)천민 천민이라 말씀드리는 것은 사회최하층자의 것으로 즉 노비, 배우, 무격, 백정 등을 가리키는 것입니다.[9]

---

8) 今村鞆, 『朝鮮風俗集』, 京城: 斯道館, 1914, 18~31쪽.

9) 田中德太郎, 「朝鮮の社會階級」, 『朝鮮』 제2권 3월호(조선총독부), 1921, 56~61쪽.

앞의 글에서 이마무라가 인민의 등급을 넷으로 나눈 것이나 그 고유 명칭으로 '양반'·'중인'·'상민'·'천민'을 내세운 것, 양반은 과거로 고위관직까지 오를 수 있는 반면 중인은 한품되는 것을 지적한 것, 그 외 양반의 특전으로 병역면제와 지조 외의 제세나 부역이 면제되는 것을 든 것, 천민으로 노비 외에 백정·무격·배우· 창기 등을 들었던 것은 1960~70년대의 우리 개설서의 내용(이하 통설로 표기)과 판에 박은 듯 같다.[10]

뒤의 글에서 다나카는 비록 왕실·왕족 외의 인민을 좀 더 세분하여 양반·향반·중인·서얼·상인·천민의 6개 계급을 들었으나 향반이 하위 양반을 가리키는 것이고 서얼은 광의의 중인에 포함될 수 있음을 감안하면 사실상 그 역시 조선시대 신분구성을 4분법적 구조로 설명한 것이다. 양반만이 고위 고관이 될 수 있다고 설명한 것이나 천민으로 노비 외에 배우·무격·백정 등을 든 것도 이마무라와 대동소이하다. 다만 전문직에 종사하는 관원 즉 중인을 '기술관'이라 부른 것은 특기할 만하다.[11]

결국 1914년에 나온 이마무라의 설명은 조선시대 신분제에 대한 통설의 원형이 되는 셈이다. 조선시대 호적을 통하여 유학층의 급증과 노비층의 격감이라는 사회적 추세를 지적하였던 시카타 역시 "양반·중인·상민·천민의

---

10) 이하 통설의 구체적인 내용에 대해서는 유승원, 「방법론적 검토」, 『조선 초기 신분제연구』, 을유문화사, 1987 참조.

11) 기술관이라는 용어 자체는 19세기 말 고종 대에 사용된 일이 있음을 찾아 볼 수 있다.(『고종실록』 권32, 31년 7월 14일) 당시의 기술관은 奏任(3~6품) 직급의 관원인 '기사技師'와 判任(7~9품) 직급의 '기수技手'로 나누어져 있었는데(『고종실록』 권33, 32년 3월 25일) '의사醫師'나 '번역관繙譯官'은 기사나 기수와 구분되고 있었으므로(『고종실록』 권33, 32년 3월 26일) 당시의 기술관은 중인이 종사하던 관직과 무관한 관직임을 알 수 있다. 따라서 중인을 기술관으로 부른 것은 현재로서는 다나카가 처음인 셈이다.

사대별四大別"에 동의하였다.[12]

주목할 것은 이마무라가 각 등급의 사람을 '신분' 대신 '계급'이라 표현한 이유이다. "법령에 신분의 취득 상실을 확연하게 정한 것도 없고, 일본의 호적에 사족, 평민이라 명기하고 있는 것 같이 그 신분을 표기 증명한 것은 하나도 없다. …… 일본의 유신維新 전 위로 공경公卿에서 아래 햐쿠쇼百姓 죠닌町人에 이르기까지 신분이 판명하여 같은 사 중에도 아시가루足輕라든가 로닌浪人이라든가 고시鄉士라든가 격식이 엄격히 구별된 것 같지 않다. 조선의 양반은 사회상의 칭호이기 때문에 학문상의 정의를 부여하는 일은 심히 곤란하"다고 말했기 때문이다.[13] 일본의 '사족'은 '신분'이라 표시하면서도 조선의 양반은 굳이 계급이라 표시한 것은 양반이 법령에 뚜렷이 규정된 신분이 아니고 '사회상의 칭호'라는 데 있었던 것이다. 비록 이마무라의 설명 가운데는 잘못 파악된 사실들이 들어 있지만 신분과 계급의 범주적 차이를 인식하고 있었음을 보여 주는 부분이다. 이에 반해 뒤의 다나카는 기본적으로 계급으로 표현하기는 했지만 부분적으로 "과거에도 각자의 신분에 따라 응시"에서 보는 것처럼 신분이라는 용어도 혼용했으며, 시카타는 양반·상민·천민을 신분과 계급을 연칭한 '신분계급身分階級'이라는 명칭을 사용하여 집단 범주를 모호하게 표현하였다.

이마무라는 조선에서는 일본의 막부시대처럼 법령에 확연한 신분 표기가 없다는 점을 적시하며 의식적으로 신분 대신 계급이라는 표현을 사용했다. 그렇다고 그가 조선사회의 개방성을 높이 평가한 것은 아니었다. '법제상

---

12) 四方博, 「李朝人口に關する身分階級的觀察」, 『京城帝國大學法學會論集』 10, 1938; 『朝鮮社會經濟研究』, 東京: 圖書刊行會 所收, 1976, 112쪽.

13) 앞의 책, 20~21쪽.

사회상 특권'을 거론하는가 하면 한국사 봉건제결여론을 이용하여 일본의 사족보다 도리어 조선의 양반의 횡포가 심했다고 강변하였다.

> 양반에는 법제상 사회상 특권이 주어진 데서 점점 횡포하게 되었다. 조선
> 에서는 봉건제도의 시대가 없었기 때문에 양반이 횡포하게 되고 인민이 피
> 폐한 것이다. 봉건제도라면 영주는 자기의 민으로서 영내의 민을 사랑하게
> 되고 심히 학대는 할 수 없는 것이다.[14]

2) 한국인 연구자의 인식

개항 이후 밀어닥친 외세·외래문화로 촉발된 민족적 열패감은 한국인 역사연구자에게도 예외가 될 수 없었다. 신채호까지도 일제의 강점이 임박한 1900년대에 '사회진화론'을 수용한 것은 그 뚜렷한 증거가 된다. 열패감은 서구중심주의사관 수용의 사회적 온상이 되었다. 그리고 양반을 서구의 귀족과 같은 지배신분으로 여기는 사고방식도 자연스레 자리를 잡아갔다. 조선 후기 이래 실재해 왔던 반상 차별이 양반이 귀족과 다름없다는 인식을 조장했음은 말할 것도 없다.

연구 자체가 어려운 일제 강점기의 열악한 여건에서도 한국사 연구의 명맥은 끊어지지 않았다. 민족주의 사학 계열에서는 민족정신을 내세워 민족자긍심이나 독립심을 고취하였고, 유물사학은 식민사학의 정체성론이나 특수성론에 대항하여 세계사적 보편성을 강조하면서 한국 역사에 봉건사회의 실재를 강조했다. 문헌고증사학은 특히 고대의 역사적 사실을 두고 일본인

---

14) 위의 책, 32쪽.

과 그 진위 여부를 가리려 하였다. '양반망국론'은 일반인 사이에 회자되었지만 정작 조선시대의 신분제나 양반의 실체에 대한 연구는 이루어지지 못했다. 간간이 양반을 귀족으로 지칭하는 정도였다.

일제강점기에 조선시대의 신분제를 주제로 한 글은 김정실의 「근세조선의 사회계급」을 제외하고는 거의 찾아 볼 수 없다. 이 글은 학술지에 발표된 논문이 아니라 1934년부터 1935년까지 3회에 걸쳐 『신동아』 잡지에 연재되었던 대중적인 글이다. 그러나 그때까지 보기 드문 총괄적이고 체계적인 연구에 해당한다. 이 한편의 글만 가지고 일반화하기는 어려우나 조선시대의 신분제에 대한 한국인 연구자의 평가가 일본인의 평가보다 훨씬 가혹하였다는 것은 예사로운 일이 아니다.

신분제에 대한 설명의 내용은 일인의 경우와 대략 유사하지만 세부적인 면에서는 약간의 차이를 보인다. 그는 양반을 '귀족'이라 지칭했고 4분법적 구성 대신 귀족·평민·노예(노비)의 삼분법적 구성을 주장하였다.[15]

중요한 것은 조선시대 신분제에 대한 평가이다. 이마무라는 일본의 사족보다 양반의 횡포가 컸다는 자의적 주장을 펴기는 했어도 조선사회의 신분제가 유례없이 엄격하고 폐쇄적이라고 평가하지는 않았다. 그 점에서는 다나카나 시카타도 마찬가지였다. 반면 김정실의 경우에는 "계급제도는 복잡하면서도 엄격하야 종縱으로는 귀족 평민 노예의 별別을 생生하고 장유의 서 남녀의 별 적서의 관계는 횡단계급橫斷階級을 성成하였던 것이다."라

---

15) 노비와 함께 천민으로 분류되던 자들을 중인과 함께 평민계급 내의 하위계급에 소속시킨 것은 주목된다. 평민 내의 계급 구분은 생업-직업에 따른 구분으로 상정하여 '기예학술 방면에 종사하는 중인'과 '다소 천시되던 천민계급'을 함께 포함시킨 것이다. 상민과 사회적으로 구분된다는 점만으로 중인, 천민을 상민과 다른 범주로 간주하는 견해에 비하면 방법론상 일보 진전을 보였다고 할 수 있다.

고 하여[16] 조선시대의 신분제의 특성으로 복잡하고 엄격함을 들었다. 또한 서구보다 동양의 신분제가 더 엄격하고 폐쇄적이며 우리나라에서도 도리어 조선시대의 신분제가 이전보다 더 강화되었다고 말함으로써 간접적인 형태로나마 조선시대의 신분제가 유례없이 엄격하고 폐쇄적임을 시사하였다.

동양의 문명은 사회라는 관념과 인연을 멀리한 개인주의적 발달을 해나왔다 …… 유교사상이 문화의 근간을 성成하고 보매 횡으로는 사회적 차서次序의 엄격한 존재가 상호침범을 제지하고 종으로는 계급적 상하구별이 존비의 융합을 결하여 기간其間에 시대추이에 순順하는 발달과 인간고유의 자존향상을 저해하여 나려왔다.

조선도 이 동양문화권내에서 함축된 사상의 일환으로 상하上下 오천재五千載에 수垂하야 다소 경장과 웅비가 사승史乘의 황금시대를 꾸미고 미술과 공예가 우내宇內에 떨치기는 했지마는 근저에 흐르는 이 계급사조는 신라고려조를 거쳐 이씨조에 들면서 그 가장 발달된 형태를 보였다.[17]

계급사조가 "이씨조에 들면서 그 가장 발달된 형태를 보였다."라고 한 것은 차별이 완화되었다는 것이 아니라 강화되었음을 의미하는 것임은 말할 것도 없다.

---

16) 김정실, 「근세조선의 사회계급」 1, 『신동아』, 1934년 10월호, 53쪽.

17) 위의 글 1, 52쪽.

김정실은 근대 사회과학, 특히 사회학에 대한 전문적인 지식도 있으며,[18] "조선도 …… 상하 오천재에 수하야 다소 경장과 웅비가 사승의 황금시대를 꾸미고 미술과 공예가 우내에 떨치기는 했"다 하여 자국의 문화나 역사를 존중하는 의식이 없는 것도 아니었다. 그러나 정서적으로 열패감과 자기부정 감정을 가지고 있었고[19] 역사인식의 면에서 서구중심주의사관에 입각하고 있는 등[20] 일제강점기 지식인의 한 유형을 보여준다. 결국 이러한 정서적·의식적 바탕 위에서 식민사관의 영향력에서 벗어나지 못하게 되었다. 그의 글에는 일제강점기 이래 조선사회에 대한 각종의 부정적 인식 즉 당쟁망국론[21]을

---

18) 계급·계층이론의 여러 가지 견해를 소개하고 계급의 형성과 발달에 대한 나름의 이론적인 입론을 시도하고 있다.

19) "서양의 사상이 일즉(일찌기: 필자) 사회라는 집합성에서 발달되어 민주주의적 자유사조에 질러나온 관계로 오는 시대와 사회를 위하야 즉 이상적 사회의 其건설을 위하야 幼子나 소녀소년 등 미래의 人의 가치가 현재 사회를 구성유지해가는 개체보담도 더 귀중하게 넉인(여긴: 필자) 것이다."(앞의 글 1, 55쪽)라고 한 것이나 "동양사상은 부모를 본위로 한 것임에 반하야 서양도덕은 사회를 위함이 되었고 동양의 사조가 현상의 만족을 위하였음에 비하야 서양인의 의식은 미래에의 동경과 보담 나은 사회의 완성에 있었던 것만은 그 문화의 主潮의 분기점에 가장 중요한 一點이 아니랄 수 없다."(위의 글 1, 55쪽)라고 한 것은 전형적인 오리엔탈리즘에 해당한다. 이것을 신봉한 것은 열패감 때문일 것이며 유교 망국론·양반 망국론·신분제 망국론을 펴고 있는 것은 자기부정의 움직일 수 없는 증거이다.

20) "갑신정변이후 음으로 양으로 유입된 평등박애의 기독교적 민주주의 사상이 이래 오십년간 조선의 舊慣과 制度에 획기적 충돌과 타파가 있어 내려왔다."(위의 글 1, 52쪽)라고 한 것이나 "서양의 사상이 일즉 사회라는 집합성에서 발달되어 민주주의적 자유사조에 질러나온 관계로", "때는 동양이 서구의 문화에서 새로운 각성을 하려던 기회였으므로 만일 이 개혁운동이 공을 奏하였다면 반듯이 사승의 새로운 전개를 보았을 것이다."(위의 글 3, 1935년 7월호, 15쪽)라고 한 것 등은 서구의 역사나 문화가 선진적이며 세계의 모범이라 인식하고 있음을 뚜렷이 보여준다. 이러한 서구중심주의사관은 그의 일본 생활에서 더욱 강화되었을 것이다. 이 원고는 일본에서 집필되었다.

21) 이를테면 "금일 이 민족의 심혈 속에 당파적 색소가 흘러숨었지 않았던덜 금후 오는 자들에게 신고의 한을 더 남기지 않을 것임을 새삼스럽게 느끼게 한다."라는 데서 당파성론의 영향을 뚜

비롯한 양반망국론[22], 유교-주자학망국론[23]이 그대로 반영되어 있으며 식민지근대화론의 경향도 보인다.[24] 이는 식민지로 전락되게 만든 전시대에 대해 비분강개한 때문이기도 하지만 지식인이 현실을 수용하기 위한 합리화의 논리이다.

2. 해방 후의 조선시대 신분제 인식

1) 해방~1970년대 양천제론 제기 이전

해방을 맞이하여 본격적인 한국사 연구의 발판이 마련되었다. 그러나 해방 후의 정국의 혼란은 학계에도 큰 영향을 미쳤고 전쟁으로까지 이어지면서 연구의 어려움은 가중되었다. 1970년대 양천제론이 제기되기 전까지 신

렷이 찾아 볼 수 있다.

22) "계급제도를 악용하야 평민사회를 궁박하는 습은 長하야 人道上斷不許容의 생살여탈의 권까지 掌中에 넣어 橫暴을 자행하고보매 산업계의 원동력이 되고 국가의 基石인 평민사회로 하여금 萎縮退利케 만들어 진보발달의 志氣 대신에 射倖의 依賴와 放逸에 혜매이게만들고 말었든 것이다."(위의 글1, 53쪽)

23) 유교사상이 문화의 근간을 성하고 보매 횡으로는 사회적 차서의 엄격한 존재가 상호침범을 제지하고 종으로는 계급적 상하구별이 존비의 융합을 결하여 기간에 시대추이에 순하는 발달과 인간고유의 자존향상을 저해하여 나려왔다."(위의 글1, 52쪽); "형식을 위주로 하는 유교정주의 학에 중독되어 외적으로는 시대달관의 明을 상실하고 내로는 권력상투에 영일이 없어"(위의 글 2, 1935년 1월호, 119쪽).

24) "갑신정변이후 음으로 양으로 유입된 평등박애의 기독교적 민주주의 사상이 이래 오십년간 조선의 舊慣과 制度에 획기적 충돌과 타파가 있어 내려왔다 … 최근 사회주의적 사조 역시 기계문명의 수입과 함께 양성되어"(위의 글1, 52쪽); " 봉건제도의 뒤를 이은 자본주의 조치에 들면서 구계급이 소멸되고 새로운 계급구성을 보았다."(위의 글 3, 16쪽).

분제를 주제로 한 연구는 별반 이루어지지 못한 채 일제강점기 이래의 엄격하고 폐쇄적인 신분제사회라는 조선사회상은 단단히 고착되고 말았다.

그러한 가운데 눈에 띄는 글이 없지는 않았다. 먼저 비록 짤막한 분량의 글이지만 실증적 근거를 제시해 가면서 조선시대 신분제에 대한 나름대로 독특한 관점을 전개하고 있는 1950년의 고재국의 글이 있다.[25] 그는 계층이론에 조예가 있음을 보여주고 있는데[26] 조선사회 '신분제 계층 기구'의 특성으로 두 가지를 지적하고 있다. 하나는 관직에 접근할 수 있는 상대적인 거리에 의해 계층화되어 있다는 것이며, 다른 하나는 양반 대 상천常賤의 대립관계만이 기본적으로 신분적 지배관계의 중축中軸이 되며 중인·이서는 이 지배관계에 기생하는 존재라는 것이다.

주목할 것은 "양반제는 그 자체 결코 단순히 풍속적인 것도 아니며 또한 단순히 법제적인 것도 아니고 정확히 하나의 사회적인 지배관계를 보유하고 있음을 본다."(65쪽)라고 하여 전형적인 신분제와는 성격이 다른 것임을 지적하였다는 점이다. 좀 더 분명히 "과거제는 외견상 유교적 교양을 싸을(원문대로) 수 있는 한 일반국민에 개방되어 있는 거와 같은 의장擬裝을 베풀고 있다."(66쪽)라고까지 말하고 있다. 그의 신분의 개념이나 지표는 기본적으로 보편적인 신분의 개념과 지표에 입각하고 있었으며 따라서 양반과 상민을 별개의 신분으로 간주할 수 없음을 발견할 수 있었던 것이다.

그러나 그 역시 일제강점기 이래의 열패감과 자기부정을 이길 수 없었다.

---

25) 고재국, 「양반제도론: 이조사회의 형태의 문제」, 『학풍』 2(통권 13), 1950.

26) 사회가 등급화체계로 이루어진 것으로 간주하며 이를 계층으로 표현하는가 하면 계급과 계층을 구분하며 신분제를 계층의 한 형태로 간주한 점 등에서 계층이론에 대한 지식을 엿볼 수 있다.

그리하여 "과거를 위한 학습 유교적 교양의 수습修習 그 용체用體가 일정한 지주적 생활기반 위에 가능하며 더욱이 양반, 신분의 문벌제에 의한 현실적인 제한 등의 제 조건을 정당히 고려할 때 응과應科 사환仕宦의 길이란 결코 모든 계층에 개방된 원망願望은 되지 못하였다."(66쪽)라고 하면서 권리인정의 의미는 부인하였고 마침내 기쿠치 켄죠菊池謙讓의 『조선왕국朝鮮王國』의 한 구절을 인용하면서 식민사학에 동조하고 말았다.

> 이들 상민은 동방 국민의 유일한 희망인 과거에 응할 수 있는 것이 불가능함으로써 원래 정사를 맡을 길이 없으며 …… 국민의 다수는 하나의 해골일 뿐"(67쪽)

1957년에는 북한에서 획기적인 연구가 나왔다. '노비론'·'양인론' 두 편으로 구성된 김석형의 『조선봉건시대농민의 계급구성』이었다. 남북을 통틀어 신분·계급구조를 주제로 한 최초의 저서였다. 이어서 1959년에는 '양반론'도 발표되었다. 앞의 책은 1993년에 남한의 신서원 출판사에서 같은 제목으로 출간되었고, 여기에는 뒤에 발표된 '양반론'이 합본되어 있다. 비록 분단의 제약으로 인해 그의 연구 성과가 남한에 일찍 알려지지는 못했으나, 사실 규명의 면에서만이 아니라 방법론에 있어서도 주목할 만한 점을 가지고 있었다.

우선 사실 규명 면에서 양인의 사환·부거권 보유를 분명히 하여 양인은 "과거를 볼 수 있었으며, 양반으로 될 수도 있는 신분"(위의 책, 172쪽)이었음을 지적하였고, 양인 출신으로 양반이 된 사실을 방증하는 자료까지 찾아 제시했다.(174쪽) "양반·양인 사이의 옷차림에 확연한 차별이 없었"(173쪽)음을 시사하는 자료를 보여주기도 했다.

연구방법론상의 진전도 뚜렷했다. 첫째, 계급과 신분은 서로 다른 사회적 범주임을 분명히 하였다. 신분은 '계급의 법제적 표현'으로 간주했고, "양인을 봉건국가의 법제상에서는 단일한 신분으로 보고 있지만, 우리로서는 결코 동일한 하나의 계급으로 볼 수는 없게 하는 것이다."라고 말했다.(176쪽) 둘째, 신분을 '법제적 규범으로서의 신분'과 '사회통념상의 신분'의 두 가지로 구분했다. 우리가 사용하는 신분이라는 동일한 용어에 내포되어 있는 상이한 개념을 분리하여 구분한 것이다. 셋째, 신분제는 어디까지나 사회통념상의 신분이 아닌, 법제적 신분규범을 토대로 접근해야 함을 지적했다. 넷째, 법제적 신분규범을 기준으로 할 때 양반을 제외한 모든 비노비는 양인 신분 소유자임을 지적하였다. 1) 중인은 법제적 신분이 아닌 사회적 통념상의 신분으로서 상인常人과 마찬가지로 양인이라는 것이며 2) 노비가 아니면서 천민으로 취급되는 자도 양인에 속하는 것임을 분명히 하였다. 한마디로 그는 양반을 법제적 규범의 신분처럼 취급한 부분만 제외한다면 후일 남한에서 제기된 양천제론의 내용과 유사한 조선시대 신분제의 윤곽을 앞서서 제시한 것이다.

그러나 문제점도 가지고 있었다. 첫째, 생산수단의 소유 여부 즉 지주인가 여부만 가지고 '양반'으로 판정하였다. "봉건시대 당시에는 양반이라고 규정받지 않았던 자들까지도 그 사회-경제적 처지로 보아 지주계급이면 다 양반으로 규정하고 출발하자는 것이다."(296쪽) 그 결과 삼국시대부터 조선시대에 이르는 지주계급을 모두 양반으로 통칭하였으며, 양반에 '상층 농민'까지 포함시켰다. 더구나 '지배계급'에 지주가 아닌 자도 포함시킴으로써 지배계급의 실체는 더욱 모호해지게 되었다. 이를테면 "상인(商人: 필자)도 토지와 농노에 대하여 직접적 관계가 없는 경우라 하더라도 직접생산자에 대한 착취자·기생자로서의 또는 봉건영주들의 앞잡이로서의 그 사회-경제적 처지로 보아 지배계급에 소속시켜야 함은 자명하다."(282쪽)라고 주장하였다.

둘째, 양반을 법제적 규범으로서의 신분으로 간주하여 조선시대 법제적 규범으로서의 신분을 양반·양인·노비의 셋으로 주장한 것은 치명적인 한계점이었다. 양반을 양인과 병립시킬 아무런 법제적·논리적 근거를 제시하지 못하였기 때문이다. 신분은 "계급의 법제적 표현"이라는 명제에 지나치게 얽매여 지배계급은 반드시 신분으로 존재해야 한다는 고정관념에서 벗어나지 못한 결과로 여겨진다. 다만 '노비론'·'양인론'보다 늦게 발표한 '양반론'에서는 양반을 법제적 신분 규범으로서의 신분이 아닌, 사회통념상의 신분으로 보아야 할 것으로 자신의 앞선 주장을 수정했다. "양반이라는 말이 신분적 규범이 된 것은 사실이나, 이 규범은 노비나 양인처럼 명확한 법제적 규범이 되지 못하였다."(294쪽), "우선 '사회적 통념'상의 양반이라는 신분규범을 그의 체계에서 종합하여야"(294쪽) 한다고 한 것이다.

그러나 양반·양인·노비라는 조선시대의 3분법적 신분구성 주장은 수정되지 않았으며[27], 이로써 신분이 가진 다중적인 의미를 구분하려한 모처럼의 방법론적 문제제기의 의미는 다시 모호해지고 말았다. 비록 그의 연구가 몇 가지 문제점을 가지고 있기는 하였지만 남한 학계에서 그의 저작이 좀 더 일찍 그리고 널리 활용될 수 있었다면 그간의 조선시대 신분·계급 연구에서의 시행착오를 줄이는 데 크게 기여할 수 있었을 것이다.

남한에서 나온 1960~70년대까지의 개설서들은 조선사회의 신분제가 유

---

27) 그의 소론은 이후 북한 학계의 공식적 견해로 수용되었다. "(조선봉건)사회의 기본계급은 봉건지주계급과 소작농민계급이었다. 봉건지주계급의 신분은 량반이 기본이었고 소작농민을 비롯한 예속농민의 신분은 량인과 노비였다."[사회과학원 력사연구소, 『조선전사』 8, 1979, 103쪽.(청년사, 영인본)]

례없이 엄격하고 폐쇄적임을 단호한 어조로 묘사하고 있었다.[28] "종종의 계급적 차별은 조선에서만 보는 현상은 아니었지만, 근조선처럼 유심히 편협하며 조금도 관용성·융통성이 없는 사회는 드물 것이다.", "이와 같은 신분제는 지나에 비해서도 매우 엄격하여, 가지가지의 폐단을 일으킨 것"으로 본 것이 그것이다. 이러한 단정적인 표현을 사용하지 않은 개설서의 경우에도 신분간의 엄격한 구분 및 특권과 차대差待를 강조하는 점에서는 마찬가지이며, 전 시대인 고려 시대보다 조선시대에 와서 신분제가 오히려 좀 더 엄격해졌음을 시사하는 대목도 눈에 띈다. "여러 가지 특권을 혼자 누리는 양반은 자연 배타적일 수밖에 없었다. 향리층에게까지 널리 열려졌던 사회적 진출의 문은 점점 닫혀지고 제한된 양반의 씨족에게만 허락되었다.", "신분에 대한 차별관은 주자학에서는 훨씬 더 철저했다. …… 주자학의 세례를 받은 왕조 초기의 양반 관료들도 그들이 절대적인 권위와 지배적인 지위를 차지하고 그것을 당연한 것으로 생각했다. 그리하여 그러한 그들의 노력은 여러 가지 규제를 마련하여 각기의 신분적인 제약을 법률적으로 존속시키도록 했던 것이다."와 같은 것이 그것이다. 고려시대에 비해 조선시대의 신분제는 오히려 더 폐쇄적임을 시사하고 있는 것이다.

통설은 시각뿐만 아니라 실증 면에서나 방법론 면에서도 치명적인 문제점을 지니고 있다. 첫째, 실증 면에서 신분간의 차등에 대한 설명은 사실에 반하거나 사실의 뒷받침을 받지 못하는 주장들로 이루어져 있다는 점이다. 가장 대표적인 것이 과거나 관직을 독점한다는 양반의 특권 주장이다. 둘째, 방법 면에서 신분과 계급이나 계층 같은 집단 범주 사이의 차이를 간과하고 모두를 같은 차원에서 다루는 결함을 갖고 있다는 점이다. 계급으로 간주해야 할 양

---

28) 이하의 통설에 대한 설명은 유승원, 『조선 초기 신분제연구』, 을유문화사, 1987, 14~21쪽 참조.

반을 신분으로 간주하는 것이 단적인 예이다. 그 때문에 조선시대에 나타난 모든 사회적인 구분이나 차별은 곧 신분적인 구분이나 차별로 간주하게 된다.

용어나 호칭을 소홀히 취급하는 것도 문제점으로 지적할 수 있다. 의미가 다른 '양인'과 '양민'을 구별하지 않고 사용한다든가, 자주 사용되던 '평민'이나 '상인' 대신 아주 드물게 밖에는 사용되지 않았던 '상민'을 조선시대 평민의 대표적 명칭으로 내세우는 것이 그것이다.

2) 1970년대 양천제론 제기 이후

1970년대에 이르면 마침내 두 가지 방향에서 조선시대 신분제 연구의 중요한 발전의 토대가 마련되었다. 하나는 그동안 막연한 추정의 범위를 넘어서지 못했던 통설의 주장에 실증적 근거를 부여하고 통설의 설명을 체계화하려는 본격적인 연구가 나오기 시작한 것이다. 다른 하나는 기존의 통설을 송두리째 뒤엎는 파격적인 양천제론이 제기된 것이다.

전자를 대표한 연구자는 이성무였다. 정력적인 연구를 발표해 오다 마침내 양반에 초점을 맞춘 종합적인 연구결과를 단행본으로 내놓았다.[29] 양반의 성립 시기, 양반 성립의 배경과 과정, 양반 특권의 입증에 주력한 것이었다.

문무반의 합칭으로 고려 초부터 사용되던 '양반'이란 용어는 고려후기부터 "문·무반을 맡을 수 있는 지배신분층"이라는 의미로 많이 쓰이게 되었고, 고려 후기 양반층의 확대가 신구 세력의 대립으로 나타나 신흥사대부를 문반으로 하고 신흥무장을 무반으로 하는 새로운 양반체제가 성립하였다고 하였다. 조선시대에 들어와 신왕조에 협조하지 않는 관료들을 이족吏族으로 격

---

29) 이성무, 『조선 초기 양반 연구』, 일조각, 1980.

하시키고 향리·서리·기술관·서얼 등의 진출로를 대폭 제한함으로써 양반이라는 지배신분층이 확립되었다고 주장했다. 그리고 양반은 사환에서 군역·토지보유에 이르는 다양한 영역에서 많은 특권을 향유하였음을 역설하였다. 뿐만 아니라 신분제를 설명하는 과정에서 조선시대 관료제 전반에 대한 기초적인 지식과 체계를 제시하는 등 부수적인 성과도 거두었다. 그의 연구는 막연했던 통설의 내용을 크게 보완하여 오늘날까지 4신분설을 지지하는 연구자들은 그의 관점과 논거를 수용하고 있다.

그러나 조선사회는 엄격하고 폐쇄적인 신분제사회라는 종래의 시각 아래 양반지배신분의 타당성을 입증하는 데 주안점을 둔 나머지 그의 입론에는 방법론상·실증상의 무리가 따랐다. 계급·계층이라는 초시대적인 집단범주와 신분이라는 전근대 특유의 집단범주의 차이를 구분하지 않은 것이나, 관원이라는 성취적 지위에 대한 특전을 양반의 신분적 특권으로 주장한 것 등이 그 대표적인 문제점이다.

통설을 부정하는 양천제론을 처음으로 제기한 연구자는 한영우였다. 1971년에 조선 초기 상급서리에 관한 연구에 덧붙인 짤막한 의견표명이었지만 양천제의 주장은 학계에 큰 파문을 던졌다.

조선 초기의 신분체제는 양·천, 즉 양인과 천인의 양대 신분으로 대별되었으며, 양인에게는 입사의 권리와 공역·조세 등의 부담(의무)이 함께 부여되고 있었다. 양반이란 양인 중에서 직을 가진 관인을 가리키는 것이며, 조선 후기처럼 관인이 될 자격이 있는 광범한 신분층을 의미하는 것은 아니었다.[30]

---

30) 한영우, 「조선 초기의 상급서리 「성중관」: 성중관의 녹사로의 일원화 과정」, 『동아문화』 10, 1971,

이어서 조선 초기 '신분계층구조'에 관한 시론을 발표하면서 "양인 내의 신분은 혈통이 아니라 직업의 귀천에 의해 결정되었고 직업의 귀천에 따른 신분 분화는 아주 복잡하면서도 체계적인 계층질서를 형성하고 있었"으며, "16세기 사림이 성장하면서 양반이라는 말을 천시여겨 사족을 많이 썼고 16세말에 이르면 사족과 서족을 족단적으로 구별"하였다고 주장했다.[31]

　　그후 양천제론의 당부를 둘러싸고 벌어진, 한국사학계의 가장 치열한 논쟁의 하나로 꼽히는 이른바 '양반논쟁'이 1980년대까지 전개되었다. 양천제론에 대한 학계의 반응은 지극히 냉담했다. 오랫동안 유지되어 온 조선시대 신분제에 대한 고정관념이 강한 탓이었다. 몇몇 연구자에 의해 평민이 부거의 자격을 가지고 있었다는 사실이 논증되기도 했으나 대세에는 별다른 영향을 미치지 못했다.

　　물론 초창기의 양천제론이 가진 약점도 부정적인 반응의 한 원인이 되었다. 실증이 구비되지 못한 시론의 형태로 제기되었다는 점이나, 조선 초기라는 한정된 시기만 다룬 것이라는 점도 약점이었다. 좀 더 중요한 것은 방법론상의 중요한 결함으로서 신분과 계급·계층의 범주적 차이를 명확히 구분하지 않은 것이다. 그리하여 한영우의 주장은 조선 초기 지배신분의 존재 부인을 넘어 지배계급의 존재까지 부인하는 것으로 취급되었다. 그러나 양천제론에 대한 냉담한 반응은 근본적으로 양반을 일종의 귀족으로 여겨온 사회적 통념을 일거에 깨뜨리려는 시도에 대한 거부감에서 온 것이었다.

　　1980년대 후반에 필자는 기존의 연구방법론을 검토하여 신분과 계급·계

　　4쪽.

31) 한영우, 「조선 초기의 사회계층과 사회이동에 관한 시론」, 『제8회 동양학학술회의강연초』, 1977. (『조선시대 신분사연구』, 집문당, 1997에 재수록)

층을 구분할 필요성을 지적하였다. 그리고 보편적인 신분의 개념과 지표에 입각할 때에 조선 초기 신분제는 오직 노비만을 천인으로 하고 일체의 비노비자非奴婢者는 양인으로 하는 양천 2분법적 체제이며, 조선 초기의 양인 일반은 보편적인 권리·의무를 지녔음을 논증하였다. 그러나 학계의 반응은 여전히 미온적이었다. 부분적으로는 필자의 연구가 가진 한계 때문이지만[32] 양천제는 어디까지나 법제상의 형식에 불과할 뿐 실제적 의미는 거의 없다는 것이 주된 이유였다. 과거는 '사실상' 양반이 독점했고, 경제력이 없는 평민은 '실제로' 과거에 응시하기 어려웠다는 것이 그 골자이다.

학계는 대체로 조선 초기의 양천제의 존재는 일단 인정하였지만,[33] 내용적으로는 조선시대 4신분론을 여전히 지지함으로써 통설의 기본 골격은 크게 바뀌지 않고 오늘날까지 유지되고 있다. 고등학교 국사교과서의 내용 역시 그와 같은 학계의 동향을 충실히 반영하고 있다.

7차 교육과정에 입각한 마지막 국정 국사교과서의 내용은 1960~70년대의 개설서 내용의 골격을 계승하였고, 2014년 발간 이후 현재까지 사용되고 있는 검인정 국사교과서의 내용 역시 직전에 사용된 국정 국사교과서의 내용과 대동소이하다. 한마디로 통설은 오늘날까지 큰 변화 없이 유지되고 있는 셈이다.

물론 부분적으로 약간의 변화는 있었다. 일단 양천신분제의 존재를 인정하여 신분은 양인과 천인으로 크게 양분된다는 것, 양인은 과거에 응시하고

---

32) 신분 문제에만 초점을 맞추어 조선시대의 계급·계층문제는 본격적으로 취급하지 않았던 데다 시기적으로 조선 초기에 국한한 것이 그것이다.

33) 그러나 양천제론의 관점은 물론, 양천제 자체를 인정하지 않는 연구자도 없지 않다. 이에 대해서는 후술한다.

관직에 진출할 권리가 주어졌다는 것을 적시하는 것이 그것이다. 그러나 양천제는 실제상의 의미가 거의 없다는 점을 강조하고, 양천제는 얼마 지나지 않아 양인·중인·상민·천민의 4개의 신분으로 분화되었음을 강조한다. 통설의 틀을 굳건히 지키고 있는 것이다. 신분이나 계급·계층이 뚜렷한 기준 없이 혼용되는 것도 시정되지 않았다.

3절 서구중심주의사관에 의해 표류하는 한국사 해석

우리 학계에 만연한 서구중심주의사관은 한국사연구자로 하여금 부지불식간에 전통시대의 문물제도를 낮게 평가하게 하고 역사발전의 의미를 손상시키는 결과를 낳는다. 다시 말하면 내심 서구의 문화를 가장 선진적이고 모범적인 문화로 여기는 데서 우리 고유의 문물제도가 갖는 순기능보다는 역기능에 먼저 눈을 돌리고, 역사상의 새로운 변화가 갖는 의의나 성과보다는 한계나 부작용에 먼저 관심을 쏟는다는 것이다. 이 점에서는 '실증사학'이나 '내재적 발전론'이나, 보수적 연구자나 진보적 연구자나 크게 다를 바 없다.

과거제를 예로 들어 보자. 과거는 능력 있는 관원을 뽑기 위한 시험, 오늘날로 말하면 국가공무원 채용시험이다. 실적제(merit system) 즉 능력주의 원칙에 따라 공개경쟁에 의해 선발하고, 경력·근무성적에 따라 승진하게 하는 인사제도란 근대 이전의 세계에서는 중국이나 한국·베트남 등의 유교 국가를 제외하면 그 유례를 찾기 어려운 것이었다. 서구에서 시험으로 국가공무원을 채용하는 제도는 중국의 과거제를 모범으로 하여 비로소 채택될 수 있었다. 귀족제가 소멸된 근대에 이르러서의 일, 즉 19세기 후반의 일이었다.[34] 초기 근대부터 서구 지식층의 일각에서 칭송되어 왔던 중국의 관료제가 이 때에 이르러 서구에서 그 실현을 보게 된 것이다. 그리고 보면 이보다 무려 1,300년이 앞선 6세기 말 중국의 과거 실시는 실로 세계사의 기념비적 사건 이라 할 만하다.

물론 과거제의 실시와 함께 능력본위의 인사제가 바로 본궤도에 올랐다 고 말할 수는 없다. 오랜 기간 유지되어온 사회적 관행을 일거에 바꾸기 어렵 기 때문이다. 중국에서는 당 대까지 문벌체제가 유지되어 과거제가 실시된 이후에도 문지門地를 바탕으로 한 인사가 여전히 성행되었다. 과거가 관리충 원의 가장 핵심적인 방법이 되어 과거에 합격한 관료들이 정계를 주도하게 된 것은 처음 과거가 실시된 때로부터 수백 년이 경과한 송 대 즉 사대부시대 의 일이었다. 획기적인 제도가 정착되기까지 오랜 사회적 준비가 필요했음 을 보여준다. 그것은 한국의 경우에도 마찬가지였다.

한국에서는 삼국시대 유교가 도입된 후 수백 년이 지난 후 귀족제 사회 해체의 토대 위에서 비로소 과거제가 시행되었다. 고려왕조는 958년에 과거 제를 채택함으로써 유교적 관료제의 본격적인 시행을 알리는 첫걸음을 떼어 놓은 것이다. 그러나 과거제가 만개하기까지 상당한 시일이 필요했다. 과거 제의 이상에 부합하는 사회 체제를 갖추는 일은 결코 단기간에 해결되는 일 이 아니었기 때문이다. 과거와 교육의 문호가 일반 평민에게까지 아무 제한 없이 활짝 개방되기까지 다시 수백 년의 시간이 소요되었다.

그러나 한국사학계에서의 과거제 시행의 의의에 대한 평가는 무척 박한 편이다. 고려의 과거제에 대해서는 중앙관리나 지방향리 가문의 합격자만

---

34) 영국에서는 1855년, 미국에서는 1883년에 시험제가 시행되었다.

확인된다는 이유로 과거제 실시가 가져온 사회적 변화에 큰 관심을 두지 않았다. 심지어 중앙관리나 지방향리 출신들이 자신들의 "특권을 배타적으로 공유하는 하나의 방법"이었다거나 "귀족중심의 고려사회에 적합하도록 마련된 제도"라는, 논리가 비약된 주장까지 나왔다. 조선시대의 과거제에 대한 평가도 이와 별반 다르지 않았다. 단지 고려시대보다 과거의 비중이 높아졌음을 지적하는 정도에 그치고, 평민들은 과거시험 준비를 할 만한 경제적 여유가 없으며 향교의 교육여건 역시 열악했다는 이유로 과거의 의의는 대수롭지 않게 평가되고 있다.

　　많은 연구자들이 한국사의 발전에 둔감한 데는 서구중심주의사적 관점 하에서의 연구가 장기간 진행되는 동안 틀에 박힌 문제의식과 평가·판단 기준을 공유하게 된 탓이 크다고 여겨진다. "소수의 지배계급이 모든 사회적 특권을 사실상 독점한다"는 문제의식과 "진정한 발전이나 개혁의 성취 여부는 민중의 지위·생활의 실질적 향상 여부에 달려 있다"는 평가 기준, 그리고 다양하고 복합적인 성격을 가진 사안을 '사실상' 또는 '실제로'를 내세워 일거에 양단간의 어느 한 쪽으로 결론을 내려버리는 판단 기준이 그 것이다. 서구중심주의사관은 부정적인 한국사 인식을 조장하고 이렇게 만들어진 부정적 한국사 인식은 다시 서구중심주의사관을 배양하는 온상이 되는 악순환이 이어져 왔다. 부정적인 한국사 인식으로 이끄는 매개체가 바로 틀에 박힌 문제의식과 평가 기준 및 판단 기준, 이 삼자의 조합이었던 것이다.

　　"소수의 지배계급이 모든 사회적 특권을 사실상 독점한다"는 명제 자체는 지극히 타당하다고 할 수 있다. 문제는 이 명제가 어느 시대나 적용될 수 있는 보편적인 명제라는 데 있다. 고대든 중세든, 그리고 근대 이전이든 근대 이후이든 모든 시대에 적용될 수 있다. 다시 말하면 원하든 원치 않든 간에 몰역사적인 인식을 초래하는 비역사적인 명제라는 점이다. 이 명제를 도식적으로 적용하게 되면 신라의 진골·고려의 문벌·조선의 양반의 동질성만이 부각되고 이질성은 사상捨象된다. 신라의 골품귀족과 함께 고려의 문벌은 물론 조선의 양반마저 거리낌 없이 귀족으로 지칭되고, 시대에 따른 지배계급 간의 차이나 지배계급을 교체시킨 사회적 변화, 역사발전의 흐름은 묻히고 마는 것이다.

지배계급을 제대로 파악하기 위해서는 사실상의 특권 독점이라는 면 외에도 다양한 측면을 규명하지 않으면 안 된다. 사실상의 특권 독점이라는 사실 자체에는 차이가 없을지라도 시대가 달라지면 특권을 독점하는 방식은 물론, 지배계급과 피지배계급 사이의 관계, 성원의 사회의식도 달라지게 되기 때문이다. 지배·수탈 방식, 생산관계, 사회적 교류 방식이 달라지며 이념이나 도덕의 내용까지도 큰 변화를 보인다. 뿐만 아니라 동일한 지배계급이라도 구 지배계급과 투쟁할 때의 모습과 역할, 투쟁에서 승리하여 자신들에 맞는 새로운 체제를 구축할 때의 모습과 역할이 다르며, 체제 붕괴기 즉 구축해 놓은 체제가 구조적 모순을 드러내고 수면 아래에서 다시 새로운 사회가 태동할 때 보이는 모습과 역할이 다르다. 지배계급에 의한 사실상의 특권 독점의 해부라는 문제의식하에서는 지배계급의 이 모든 존재 양태와 그 시기적 차이가 뒷전으로 밀려나게 된다는 점에서 지극히 피상적이고 진부한 문제의식이라 하지 않을 수 없다.

"민중의 지위와 생활의 실질적 향상"으로 발전이나 개혁의 의의를 검증하려는 것도 적절한 평가 기준이라 할 수 없다. "민중의 지위와 생활의 실질적 향상"이 이루어졌다면 두말할 나위 없이 위대한 발전이며 위대한 개혁이라 할 수 있을 것이다. 문제는 이러한 발전이나 개혁은 좀처럼 찾아보기 어렵다는 데 있다. 한국사만이 아니라 세계 어느 지역의 역사에서도 그러하다. 이에 대해서 이미 언급해 둔 바가 있어 장황하지만 전재하기로 한다.

역사상 어떤 체제상·법제상의 변화가 나타날 때 그로 인하여 "피지배층의 상태가 실제로 얼마나 향상되었나"를 따져보는 것은 두말할 나위 없이 정당한 일이다. 그러나 문제는 그에 따른 성과를 즉각적이고도 가시적으로 제시하지 못한다 하여 그러한 체제상·법제상의 변화가 무의미하다고 평가하는 것은 속단이라는 점이다. 어느 시대, 어느 나라의 역사에서도 발전의 성과를 가시적으로 입증하기란 거의 불가능하며 이러한 척도를 가지고 역사의 발전을 설명하고 있는 경우도 찾기 어렵다는 사실에 유의할 필요가 있다고 생각된다. 영국의 민주주의 발전사도 프랑스 혁명사도 이러한 척도 아래서는 거의 의미가 없어지고 만다. 영국의 청교도 혁명으로, 프랑스 대혁명으로 영국·프랑스의 소농이나 농노가 과연 얼마나 부르주아로 성장할 수 있었을까? 그러한 몇몇 실례를 찾아 제시한들 그것은 극소수의 예외적인 현상이라 일축되지 않을 보장이 있을까? 또 시민혁명전의 농노보다 산업혁명 이후의 노동자가 경제적으로 훨씬 윤택하게 되었음을 도대체 어떻게 입증할 수 있을까?

"피지배층의 상태가 실제로 얼마나 향상되었나"는 어디까지나 화두로서의 의미가 있는 것이지 발전을 가늠하는 유일한 척도로 간주해서는 안 되는 것이 아닐까? 전통시대의 사회발전을 계량적이고 가시적으로 나타내기란 사료의 제약상 거의 불가능할 뿐 아니라 계량적이고 가시적으로 나타낼 수 있는 것만이 중요한 변화라 할 수 없기 때문이다. 따지고 보면 "소수의 지배층이 모든 사회적 특권을 사실상 독점한다"는 것이 확고부동의 사실이라 할 때 "피지배층의 상태가 실제로 얼마나 향상되었나" 하는 질문의 답은 애당초

부정될 수밖에 없는 운명에 처해 있는 것이 아닌가 한다. 만약 피지배층이 지배층으로 손쉽게 상승할 수 있거나 윤택한 생활을 누릴 수 있다면 "소수의 지배층이 모든 사회적 특권을 사실상 독점한다"는 명제는 논리적으로 성립 불가능한 것이 되기 때문이다.[35]

지나친 단순화는 미덕이 되지 못한다. 도무지 갈피를 잡기 어려운 사안에 맞닥뜨렸을 때 '사실상', '실제로'라는 판단 기준으로 논의 대상의 성격을 한마디로 규정하게 되면, 때로는 사안의 본질이나 핵심으로 바로 인도하는 장점을 발휘할 수도 있지만, 반대로 진실을 왜곡하거나 중요한 의미를 놓치게도 할 수 있다는 뜻이다. 어떠한 역사적 사상事象이 '사실상'·'실제로' 어떤 의미를 갖는지를 검토해보는 것은 당연한 일일 것이다. 그러나 이것이 역사의 진보나 발전을 직접적이고 가시적으로 또는 계량적으로 제시하라는 요구로 나타날 때는 몰역사적인 인식이 되어 버린다. 강화도 조약이 표면적으로는 마치 일본과 조선을 대등한 위치로 규정한 평등조약인 것처럼 되어 있지만 '실제로'는 불평등한 조약이었던 것이야말로 '실제로'라는 판단 기준이 타당한 경우이다. 근대 이후의 사회에서 법 앞의 평등과 기회의 균등이 보장된다는 원칙을 내세워 마치 현존하는 계급 간 불평등이 모두 자유로운 경쟁의 당연한 결과인 것처럼 주장하는 것을 비판할 때야말로 소수의 지배층은 모든 사회적 특권을 '사실상' 독점한다는 명제가 참으로 진가를 발휘할 수 있다.

그러나 과거의 모든 시대·모든 사안에 '사실상'·'실제로'의 잣대를 가지고 재단하는 경우에는 역사적 변화나 발전을 매몰시키는 대단히 위험한 결과를 초래하게 된다. 체제나 법제의 변화가 곧 사회발전의 충분조건이 될 수

---

35) 유승원, 앞의 글, 「고려사회를 귀족사회로 보아야 할 것인가」, 208~209쪽.

는 없다하더라도 사회발전의 불가결의 필요조건이 된다. 또 연구자에게 중요한 사회발전을 찾아낼 실마리를 제공한다는 점에서 주목해야 할 필요가 있다. 그런데도 성급하게 '사실상'·'실제로'의 논리를 내세워 그 실마리를 잘라버리는 것은 온당한 처사라 말할 수 없다. 나말여초를 거치면서 골품제가 붕괴되고 세습귀족이 소멸되어도, 여말선초를 거치면서 평민이 정부에 대하여 자신의 사환의 권리를 당당히 주장하고 나서게 되어도, 피지배층이 지배층으로 상승한 실례를 찾기 어렵다거나, 그러한 실례가 있다 하여도 어디까지나 특수한 예외에 불과하다는 식의 논리로 이러한 사실을 무시하고 오직 지배계급의 사회적 특권의 독점에 대한 설명으로 일관하게 되면 한국사의 진정한 내재적 발전은 언제까지고 결코 규명될 수 없을 것이다.

오랜 동안 각급 교육 과정에서 서구중심주의사관의 고착화가 이루어져 온 것은 개탄할 만한 일이다. 세계사라는 이름 아래 공공연히 서구중심의 역사가 펼쳐지는 것도 문제지만, 서구사와 한국사 사이에 적용되는 이중 잣대로 인해 모범적이고 발전적인 역사가 면면히 이어져 온 서구사와, 잘못된 문제의식과 평가·판단 기준에 의해 제대로 된 개혁이나 발전을 펴보지 못한 듯 보이는 한국사가 대조적으로 교육되는 것도 문제가 된다.[36] 한국사 교과서에 고대-중세-근세-근대의 시대구분을 해 놓았어도 도대체 고대에서 중세, 중세에서 근세로 넘어오면서 어떠한 발전이 이루어졌는지 그 설명은 부실하고도 모호하기 짝이 없다. 그리하여 한국사의 발전은 경시되고 서구중심주의사관은 대를 이어 재생산된다.

---

36) 한국사 연구자들은 다른 지역 연구자들에 비해 워낙 역사적 발전에 대한 평가 기준이 높고 까다롭다. 만약 한국사 연구자들이 그동안 한국사에 적용해온 방식대로 서구사를 기술한다면 아마도 현재의 발전적인 모습의 서구사와는 딴판인 서구사가 되리라 생각된다.

근래에 서구사 연구자 사이에서 서구중심주의사관에 대한 비판의 목소리가 높아지고 있는 점은 반가운 일이 아닐 수 없다. 한국사 관계 연구에서도 서구중심주의사관에 대한 경계나 조선시대 공공성에 대한 관심 등 변화의 조짐들이 나타나고 있다. 부정적인 예단에 앞서 과거의 변화를 좀 더 다각적이고도 심층적으로, 그리고 좀 더 적극적으로 변화의 의의를 탐구하는 연구가 한층 확대되기를 기대한다. 이하의 본서 내용은 그것을 위한 하나의 작은 시도이다. 왜곡된 사회적 통념의 가장 대표적인 주제인 조선시대 신분제의 해명에서부터 논의를 시작하기로 하자.

2부

조선시대의 신분·계급구조

1장
조선시대의 신분제

1절 양천신분제의 내용

1. 신분의 개념과 지표

1) 신분과 계급

조선시대의 '양반'은 신분이 아닌 계급이었다. 조선사회 신분구성의 소개에 앞서 일단 신분·계급의 개념과 지표부터 확인해 둘 필요가 있다. 조선시대의 양반이 계급인가, 신분인가 하는 문제는 조선사회 신분제의 성격을 정확하게 진단하는 데 관건이 되는 대단히 중요한 문제이기 때문이다. 신분의 개념과 지표를 바르게 정립할 때에야 비로소 조선시대 신분제의 정확한 내용과 그 비교사적 특성을 파악할 수 있다. 일차적으로는 통일신라·고려·조선 각 시대 신분제의 차이를 정확히 규명할 수 있고, 더 나아가서는 서구·일본과 한국·중국의 신분제의 차이나 한국과 중국의 신분제의 차이를 규명할 수 있다는 것이다.

신분은 계급과 전혀 성격이 다른 사회적 범주이다. 신분은 근대 이후 소멸되었는 데 반해, 계급은 원시공동체 사회 해체 이후부터 존재하기 시작하여 오늘날까지도 존재하고 있다. 그렇다면 근대 이전의 사회에서 신분과 계급은 어떤 관계에 있었을까. 신분과 계급은 다 같이 구조화된 사회적 불평등

체계라는 공통점을 지니고 있다. 그러나 신분은 법제적 불평등을 표현하고, 계급은 실질적 불평등을 표현한다. 그것이 신분과 계급의 일차적인 범주적 차이다.

신분과 계급은 구체적으로 어떤 관계를 이루고 있는가. 통상 법제는 현실 상황을 반영하여 성립되는 것이므로 현실의 계급구조는 법제상의 신분제를 형성하는 토대가 된다. 따라서 계급이 곧 신분이 되는 경우가 있다. 예컨대 중세 프랑스 귀족은 대체로 귀족 계급이자 귀족 신분이라 할 수 있다. 이미 확립되어 있던 귀족계급을 국가에서 법제적으로 추인한 결과였다.

그러나 상당한 불일치를 보이는 경우도 적지 않았다. 예컨대 영국의 경우가 그러하였다. 엄밀한 의미의 귀족신분이라 할 공작·후작·백작·남작 등의 작위귀족(peerage)은 귀족계급의 극히 일부에 지나지 않았다. 기사(knight)·에스콰이어(esquire)·젠틀먼(gentleman) 등 젠트리(gentry)층 모두를 포괄할 수 있는 귀족계급에 비해 작위귀족은 수 세기에 걸쳐 그 1%에도 턱없이 못 미치는 수십 명의 수준을 유지하고 있었던 것이다.[1] 프랑스보다 군주권이 상대적으로 강했던 영국왕은 일부의 귀족에게만 특권을 부여하였다. 작위를 지닌 본인과 자식 가운데 1인의 상속자를 제외하고는 그들의 처나 여타의 자식도 법제적으로는 귀족이 아닌 평민으로 간주되었다.

중세 이후 막부체제의 일본의 경우도 특이하다. 제도상의 귀족이라 할 수 있는 조정의 '공가公家귀족'은 명목상의 관직을 세습하고 봉록을 누리는 외에 별다른 실권을 가지지 못했다. 반면 사실상의 귀족이라 할 수 있는 막부 측의 쇼군將軍이나 다이묘大名 등의 '무가武家귀족'은 대를 이어 공가귀족을 압도하는 부·권력·위세를 누렸다. 근대 이전의 일본에서는 신분으로서의 귀

---

1) 나종일·송규범, 『영국의 역사』 상, 한울아카데미, 2005.

족과 계급으로서 귀족이 서로 크게 어긋나고 있었던 셈이다. 한마디로 근대 이전의 사회라 하여 지배계급이 곧 지배신분은 아니었던 것이다. 따라서 양반이라는 조선시대의 지배계급이 곧 지배신분이었는지는 따져 보아야 할 문제가 된다.

2) 신분의 지표와 정의

신분제는 근대 이전의 특징적인 사회제도이다. 신분제는 근대에 이르러 소멸되므로 신분제의 존재 여부는 전근대사회와 근대사회를 구분하는 가장 유력한 지표의 하나가 된다. 근대사회는 비록 실질적 불평등을 반영하는 계급은 그대로 남아 있다 하여도, 사회 구성원 사이에 가로놓인 법제적 불평등을 제거함으로써 평등사회의 실현을 저해하는 커다란 장애의 하나를 극복했다는 점에서 획기적인 성과를 거두었다고 할 수 있다.

계급이나 신분은 구조화된 사회 불평등체계를 표현한다는 점에서 공통되지만 뚜렷한 차이를 가지고 있다. 무엇보다 결정적인 차이는 폐쇄성의 차이에 있다. 계급의 폐쇄성은 상대적인 반면, 신분의 폐쇄성은 절대적이라 할 수 있다. 계급 역시 다른 계급으로 이동하는 것이 세대 내에서는 물론 세대 간에도 용이하지 않다. 그러나 계급이 지닌 폐쇄성은 어디까지나 사회이동이 현실적으로 쉽지 않은 데서 기인하는 것일 뿐 계급 간의 이동 자체는 원칙적으로 허용되어 있다. 이에 반해 신분의 경우에는 신분간의 이동이 원천적으로 봉쇄되고 출생과 동시에 혈통에 따른 지위의 세습이 강제된다. 특별히 신분의 변경을 허락하는 경우에는 정해진 제도적 절차를 밟도록 되어 있다. 종종 신분을 폐쇄적(봉쇄적) 계급이라 표현하는 것은 바로 그 때문이다. 신분제가 폐지됨으로써 모든 사회 구성원은 혈통에 관계없이 법 앞의 평등과 합법적인 사회이동의 기회를 누릴 수 있게 되었다.

근대 이전에 신분은 모든 지역에 두루 존재하였고, 이상과 같이 계급과 대비되는 신분의 특징은 널리 상식화되어 있다. 신분을 분류하거나 검출하는 지표는 "세습적인 법제적 차등"에 두어야 한다는 점은 이미 밝힌 바 있으므로[2] 여기서는 '신분'과 '신분제'의 정의만 간단히 소개한다. 신분은 "상호 간의 법제적 차등을 징표로 하는 집단이며 동시에 그러한 법제적 차등이 혈통에 따라 세습되도록 규제된 집단"이며, 신분제는 "한 사회의 구성원을 혈통에 따라 지위를 세습하는 둘 이상의 신분으로 구분하고, 각 신분 사이의 특권이나 차대差待, 특히 권리·의무상의 차등을 규정하는 법제 혹은 법적 체제"이다.

2. 신분구성과 신분적 차등

1) 양인·천인의 구분과 신분적 차등

① 양인·천인의 구분과 그 배경

조선시대의 신분은 양인과 천인 두 가지로 나뉘어 있었다.[3] 천인에는 노비만 소속되었고 모든 비노비자는 양인으로 간주되었다. 양인·천인의 약칭은 양·천이었고 엄격한 법제적 문맥에서 나타나는 '천인'·'천'은 예외 없이

---

2) 유승원, 앞의 글, 「방법론적 검토」; 유승원, 앞의 글, 「고려사회를 귀족사회로 보아야 할 것인가」.

3) 이하 양천신분제의 내용은 대부분 이미 발표된 내용과 같으므로(유승원, 앞의 책, 『조선 초기 신분제연구』) 그 내용을 요약하여 소개하며, 여기에서는 수정·보완한 부분이나 특별히 유의할 부분을 제외하고는 전거를 표시하지 않는다.

노비를 가리키는 것이었다. 이를테면 공천이니 사천이니 일컬어지는 자들은 바로 공노비와 사노비를 가리켰다.

양인에는 모든 비노비자가 포괄되었으므로 사대부·평민 할 것 없이 모두 양인 신분소유자였다.[4] 통설에서 곧잘 백정白丁·무격巫覡·사당社堂·창기娼妓 등을 노비와 함께 천민의 신분을 형성하는 부류로 설명했지만 그것은 잘못이었다. 고려 이래 북방 유목민 계통의 이민족으로 간주되던 재인才人·화척禾尺(=백정의 전신) 등은 노비가 아니기 때문에 조선 초기의 위정자는 '본래 양인이다'라고 확인하였으며, 무격·사당·창기 등은 양·천 출신이 모두 섞여 있는 일종의 직업집단일 뿐 양인과 구분되는 독립된 신분 범주가 아니었다.

인민을 양·천 2신분으로 구분한 배경은 무엇인가. 유교이념에 의하면 군주는 하늘의 위임을 받아 인민을 다스리며 인민을 위해 존재하는 자이다. 군주에게 있어서 인민이란 온갖 관심과 정성을 다 쏟아 보살펴야 할 간난아이('적자赤子')와 같은 존재이며 모든 인민은 군주의 보편적 신민臣民이다. '사士'는 특정한 혈통이나 가문의 후예가 아니다. 사의 핵심이 되는 관원은 어디까지나 군주의 정치를 보필하기 위해 군주에 의해 인민 중에서 발탁된 자에 지나지 않는다. 모든 인민은 원초적으로 대등한 위치에 서있으며, 그가 지닌 현능賢能으로 군주에게 발탁될 가능성을 지닌 자이다. 따라서 천인을 제외한 모든 인민 즉 양인에게는 자연히 동일한 신분적 자격과 권리·의무가 부여된다.(이하 '양인의 신분적身分的 제일성齊一性'이라 지칭)

---

4) 사대부계급에 속하는 자를 양인 또는 양녀로 지칭하는 예를 종종 찾아 볼 수 있다. 관원의 천첩 소생을 양인으로 인정해 주면서 '아버지를 따라 양인으로 한다從父爲良'고 표현한다든가 '사족녀'를 양녀로 지칭하는 사례 등이 그것이다. 『성종실록』 권43, 5년 6월 20일; 『중종실록』 권55, 20년 11월 19일; 『중종실록』 권101, 38년 12월 22일.

천인은 본래 양인이었다가 천인으로 전락된 자로 상정되었다. 인민 중에 범죄로 말미암아 신민의 자격을 인정받지 못하게 된 자가 천인 즉 노비였다. 조선시대에 양인이 노비가 되는 대표적인 경우는 반역에 연루된 경우이다. 반역을 저지른 반국가사범 당자는 처형되지만 가족들이 연좌되어 노비가 되는 것이다. 반역 외에도 강도 및 도형徒刑·유형流刑을 받은 도둑 등 중범자가 노비가 되며, 인신위조자印信僞造者·사민徙民도망자·강도의 처자도 연좌되어 노비가 되었다.

노비 중에는 애당초 범죄와 무관한 사람들도 있었다. 이를테면 빈곤이나 부채로 인하여 노비가 된 자들이다. 그러나 위정자들은 그들을 원칙적으로 '압량위천壓良爲賤'—양인을 억눌러서 천인으로 만듦—의 희생자로 간주하며, 현실에 존재하는 노비 중의 비범죄자의 존재는 통상 체제 정당화를 위한 논리체계에서 배제하였다. 모든 노비는 일단 범죄자(또는 그 후예)로 간주하였으며 그들에 대한 차별도 그것으로 정당화하였다. 노비에 관한 사항이 법전 가운데 형전에 실린 것도 그들이 죄인이라는 관념 때문이었다. 그리하여 신민의 자격을 상실한 노비는 '선량한 인민'인 '양인'과 구별되어 '천인'으로 불리게 되는 것이다.

② 양인·천인의 신분적 차등

신민으로서의 자격을 잃는다는 것은 곧 공민으로서의 권리와 의무를 갖지 못하게 된다는 것을 의미한다. 따라서 양·천의 신분적 차등은 일차적으로 공민으로서의 권리와 의무의 유무로 나타난다. 공민으로서의 권리란 관원이 되어 국정에 참여할 수 있는 권리이니 사환仕宦할 수 있는 권리(이하 '사환권'), 사환을 위해 과거에 나아갈 권리(이하 '부거권赴擧權'), 그리고 국가가 설치한 학교에 입학하여 관원이 되기 위해 필요한 공교육을 무료로 받을 수 있는 권리

(이하 '공교육 수혜권受惠權')를 의미한다. 법제적으로 아무런 하자 없는 일반 양인에 보장된 이러한 사환권·부거권·공교육 수혜권이 노비에게는 일체 허용되지 않았던 것이다.

조선 초기에 아무런 관직도 갖지 않은 평민이 관인처럼 스스로를 '신臣'이라 일컬을 수 있었던 반면, 천인인 노비는 칭신稱臣할 수 없는 자로 간주된다든가, 평민이 왕에게 직접 '상언上言'할 수 있었던 반면, 노비는 타인을 통해서만 자신의 의사를 전달해야 한다고 주장한 사례가 나타난 것은 양인과 천인이 신민의 자격 유무로 구분되는 자였음을 잘 보여준다.

양인과 천인은 그 의무에서도 뚜렷한 차이를 보였다. 양인의 경우에는 공민으로서의 국가에 대한 의무라는 형식으로 남자만이 신역의 부과 대상이 되었다. 그러나 천인의 경우에는 범죄에 대한 징벌이라는 형식으로 신역을 부과하는 것이기 때문에 여자라고 하여 신역이 면제될 수 없고 남녀 모두가 입역해야 했던 것이다. 또한 양인의 신역은 일차적으로 군역을 의미하는 것인 데 반해, 노비는 군역에서 철저히 배제되었다. 노비가 범죄자로서 국가를 수호할 자격이 없음을 상징하는 것이었다. 다시 말하면 노비는 공민으로서의 자격이 없는 만큼 공민으로서의 의무도 부여될 수 없었던 것이다.

양·천의 차이는 공민으로서의 권리와 의무에서만 나타나는 것은 아니었다. 자유권·생명권과 같은 인간 기본권에까지 영향을 미쳤다. 노비는 소유주에 예속되어 자유권에 큰 제한을 받았으니, 소유주의 허락을 받지 않는 한 거주이전의 자유나 직업선택의 자유를 누릴 수 없었던 것이 그것이다. 노비의 경우 소유주에 의한 신체·생명의 위해에 대한 공권력의 보호도 소유주의 자의적인 징벌권 행사를 제한하는 정도의 소극적인 것에 그치고 있었던 것이다. 이에 관한 구체적인 내용은 뒤에서 다시 소개하기로 한다.

2) 양·천의 혈통적 구분과 교혼소생의 신분귀속규정

① 혈통적 구분

조선시대에 같은 신분끼리 혼인하게 하는 이른바 '동색혼同色婚'의 원칙은 제대로 시행되지 못하였다. 조선 초기에는 양천의 혼효를 막기 위해 동색혼의 원칙에 따라 양천교혼을 금지하고 법을 어긴 자와 해당 노비의 주인에 대한 처벌을 시도한 일이 있었지만, 정부는 중도에 포기하고 말았다. 이 양천교혼금지율에서는 범법 노비를 속공시키게 되어 있어 노비를 잃게 될 처지에 놓인 지배계급의 큰 반발을 불러왔고, 지배계급 자신들부터 천첩을 맞이하는 관행을 바꾸려 하지 않아 양천교혼금지령을 무색하게 했기 때문이다.

그러나 정부는 양인과 천인을 각자의 신분에 고정시키기 위한 노력만은 포기하지 않았다. 양인을 노비로 점유하는 행위에 대해서는 압량위천율을 제정하여 무겁게 처벌하고, 피해자가 시한에 구애됨이 없이 언제든 고소할 수 있게 한 것이 그 하나다. 천인이 도망하여 양인으로 행세하는 것을 막기 위해 노비주는 물론 정부까지 '추쇄推刷'에 나서기도 했다. 노비문서와 노비소송을 전담하는 장예원掌隸院을 둔 것도 양·천이 뒤섞이는 것을 막기 위한 노력의 일환이었다. 양인이 줄어들고 천인이 늘어나는 폐단을 방지하기 위한 강경한 조치가 시행되기도 했다. 16세기에 양인남자가 사비私婢를 본처로 맞는 행위를 모든 가족을 변방으로 이주시키는 '전가사변全家徙邊'의 엄중한 처벌로 다스리는 법령을 반포한 것이 그것이다.(『각사수교』, 『형조수교』)

② 교혼소생의 신분귀속규정

양천 교혼은 막지 못했으나 교혼 소생의 신분 귀속만은 철저히 관리했고 비교적 잘 준수되었다. 대체로 부모 중 한 사람이라도 천인이면 그 소생을 모두 천인이 되게 하는 '일천즉천—賤則賤'의 원칙에 따라 교혼 소생을 종천시켜 왔던 것이다. 조선 초기에 일시적으로 아버지가 양인이면 어머니가 천인이어도 양인으로 간주하는 '종부위량從父爲良'법이 시행된 바 있다. 이후 종량을 위해 생부를 놓아두고 다른 사람을 아비로 지목하여 부자의 의리를 파탄시키는 폐단이 문제가 되어 일천즉천 원칙으로 복귀하면서도, 관원이나 과거합격자·유음자손 등의 '대소원인大小員人'에게는 예외적으로 종부위량법을 계속 허용했으니 그들이 바로 서얼 중의 천얼賤孼이었다. 조선 후기에는 '종모종량從母從良'법이 시행되기도 하였으나 전체적으로 본다면 노비제를 폐지하기까지 일천즉천 원칙이 조선시대를 지배했다고 말해도 큰 잘못은 없다.

3. 양인 내의 구분과 신분집단·연좌집단

1) 양인 내의 구분: 성취적 지위에 따른 구분

① 관직: 유직자와 서인

양인의 신분적 제일성이란 태어나면서부터 갖게 되는 권리·의무와 같은 기본 자격을 가리키는 것이지, 개개인에 대한 국가의 대우가 모든 면에서 동일하다는 것을 의미하는 것은 물론 아니다. 그러나 양인에 대한 국가의 차등적인 대우는 원칙적으로 성취적 지위의 차이에서 연유한다는 점에서 근대 이전의 다른 신분제 사회의 경우와는 사뭇 다르다. 성취적 지위에 따른 차등적 대우의 대표적인 것이 관직을 취득한 관원에게 대한 대우이다.

관원에게는 국가로부터 많은 혜택이 주어졌다. 관원의 생활 안정을 위한 녹봉의 지급은 물론이고 초기에는 과전과 택지도 공급하였다. 예우 또한 각별하여 종종의 형률상의 우대를 받았다. 문무관과 그 부녀를 수금囚禁하거나 고신拷訊하려면 군주의 허락을 받아야 했다. 또 사대부로서의 체모를 손상시키지 않도록 십악十惡·간奸·도盜·비법살인非法殺人과 같은 중죄가 아니면 형을 집행할 때 태형이나 장형 같은 신체형을 면제해 주었다. 공죄公罪의 경우 장형까지 돈으로 죗값을 치르는 '수속收贖'이 가능하였고 사죄私罪의 경우 장 90까지 수속이 가능하였다. 일반인이 관원과 싸움을 벌였을 때 일반인끼리의 싸움보다 관원은 등급을 낮추어 처벌하고 일반인은 등급을 높여서 처벌하게 한 것도 관원의 우월한 지위를 상징적으로 보여주는 예이다. 관원의 천첩소생에게 노비가 되는 것을 면하고 양인이 되는 기회를 부여한 것도 중요한 특혜의 하나였다.

관원의 우월한 지위는 법제적으로 보호되었기 때문에 관원에 대비되는, 관직이 없는 사람을 가리키는 법제적 호칭도 마련되어 있었다. 바로 '서인庶人'이다. 그리하여 관원의 자제라 할지라도 문음의 혜택을 받지 못하는 무음자제無蔭子弟라면 평민과 마찬가지로 서인으로 지칭되었다. 관직을 못 가진 서인에 대비한 관원의 법률적 지위나 사회적 위신의 차이는 무척 커서 조선시대 지배층의 명칭도 자연스레 관원과 관련된 명칭에서 나오게 되었다. 양반은 잘 알려진 대로 문반과 무반의 합칭이며, 사대부 역시 법제적인 의미로는 5품 이하의 관원의 호칭인 '사士'와 4품 이상의 관원의 호칭인 '대부大夫'의 합칭으로 사용된 것이다. 반면 16세기 이후 양반이나 사족이 지배계급의 범칭으로 쓰이게 되면서 서인은 평민층을 나타내는 뜻으로 많이 쓰이게 되었고, 서얼이나 중간계층을 지칭해서 쓰이기도 했다.

② 생업: 사·농과 공·상

조선시대에는 생업의 종별이 비단 사회적 위신뿐 아니라 한 개인의 법제적인 권리와 의무에까지 영향을 미쳤다. 공공연한 차대의 대상이 된 생업은 많았다. 구걸이나 성매매와 같이 사회적으로 금기시되는 생계수단은 차치하더라도 승려나 무격처럼 유교 외의 종교·신앙과 관련된 직업, 백정과 같은 도살업, 재인·광대나 사당처럼 연예와 관련된 직업도 그러하다. 심지어는 인민의 보편적 생업으로 거론되는 4민四民 가운데 공·상도 사·농에 비해 차대의 대상이 되는 경우가 있었다.

사·농 이외의 업종에 종사하는 사람은 공민으로서 부담해야 하는 의무의 체계를 달리하는 경우가 적지 않았다. 양인의 보통역이 군역인 데 반해 그들의 경우는 양인임에도 불구하고 통상 군역에서 배제되었던 것이 그것이다. 군역만이 아니라 신역 자체가 부과되지 않는 경우가 많았다. 승려는 때때로 일시적인 공역工役에 동원되기는 했지만 신역은 일체 부과되지 않았다. 무격의 경우에도 그들에게 신역을 부담시키려는 시도를 찾기 어렵다. 달단韃靼 계통의 이민족으로 인식되던 재인·화척은 조선 초기에 백정으로 개칭하고 평민과 동화시키는 정책을 시행했다. 농업으로의 전업을 유도하는 한편 군역을 부과하는 대가로 사환권을 부여하는 정책이 그것이다. 그러나 큰 효과를 보지 못하고 말았다. 재인·광대·사당 등의 경우에는 거처가 일정치 않고 끊임없이 떠돌아다니는 자들이라 애당초 신역을 부과할 만한 대상이 못되었던 것이다. 다만 조선 후기에 호적에 등재하는 호구를 증대시키는 노력을 강화하면서 이러한 자들 가운데 일부를 호적에 올리고 일정한 의무를 부과하는 사례가 간혹 나타나고 있을 뿐이다.

사·농과 함께 4민으로 거론되는 공·상의 경우는 어떠하였는가. 공·상은 사·농과 달리 위정자들의 멸시를 받았고 양자 사이에는 차별이나 구분이 존재했다. 그러나 유의할 것은 결코 공·상을 양인 내의 독립된 신분집단으로 취급할 수는 없다는 점이다. 공·상은 세습집단도 아니고 다른 양인과 권리·의무체계를 달리했다고도 말할 수 없기 때문이다.

공·상에 대해 유가들은 전통적으로 이중적인 태도를 보였다. 한편으로는 인민의 보편적 생업으로 그 존재가치를 인정하면서도, 다른 한편으로는 윤리적으로 비난하고 때때로 억제 정책을 추진하기까지 했다. 공·상의 존재가치는 각기 생활에 편리한 도구들을 생산하거나 물자의 유통을 담당하여 모두 인간의 생활에 꼭 필요하다는 데 있다. 그러나 통상적으로 윤리 면에서 가혹한 평가를 내렸다. 만민이 먹을 식량 생산을 위해 갖은 수고를 아끼지 않는 농민에 비해, 공장은 자신의 손재주를 이용하여 많은 시간·노력을 들이지 않고도 쉽게 돈을 버는 무리로 간주했다. 더구나 상인은 값이 싼 때·싼 곳에서 사서 비싼 때·비싼 곳에서 팔 뿐 아니라, 불필요한 사치품을 팔아서 사용가치가 큰 곡식이나 옷감을 받는 등 불로소득을 취하는 무리라는 것이다. 그리하여 곧잘 공·상은 말업末業이라 지칭되었다.

사·농에 대한 공·상의 차별은 공민권에도 영향을 미쳤다. "옛날에 사민 가운데 사·농만 조정에서 관작을 받고 공·상은 참여하지 못하는 것은 생업이 천하기 때문이다."에서 보는 것처럼 공·상의 사환권을 인정하지 않으려는 발언이 곧잘 나왔던 것이다. 실제로 공·상을 다른 양인과 구분하여 취급하는 경우들도 있었다. 공·상이라 하여 사환상의 불이익을 받는 경우가 있는가 하면 일반 양인에게 부과되는 신역도 잘 부과되지 않았던 것이다. 그러나 다른 양인과 권리·의무체계를 달리 했다고 말할 수는 없다. 그들의 공민으로서의 권리나 의무가 박탈된 것은 아니었기 때문이다. 즉 사환·부거권이 부인되지도 않았거니와 군역의 의무에서 완전히 배제하게 되어 있었던 것도 아니었던 것이다.

조선시대를 통틀어 공·상의 사환이나 부거를 금지하는 법령은 만들어지지 않았고, 공·상인은 실제로 사환하고 과거에 응시하고 있었다. 16세기에 공·상인이 미천한 생업이 빌미가 되어 임용상의 불이익을 받은 사례가 몇 건 나타날 뿐, 전체적으로 큰 제약 없이 사환하고 응시하고 있었던 것이다.

16세기에 공·상인의 임용이 특별히 문제가 된 데는 몇 가지 이유가 있었던 것으로 추정된다. 16세기는 사대부의 대자적對自的 계급의식이 고조되는 시기였다는 점,[5] 이 시기에 많은 공·상인이 직업군사를 거쳐 정식 무관에 임용됨으로써 사대부계급의 반열에 오르는 데 대한 거부감, 마지막으로 돈 많은 공·상인에 대한 시기심 등이 그것이다. 그러나 이 시기에도 공·상인의 사환이나 과거 응시는 이루어지고 있었다. 무관 임용 문제는 뒤에 평민의 사환 실태를 살펴볼 때 다시 소개하기로 하고 문과에 합격하여 복무하다가 승진 과정에서 문제가 된 두 개의 사례를 소개하기로 한다.

황유중黃有中은 중종 9년에 별시에 합격한 인물로서 급제 전의 경력은 '교수'였다. 방목에 본관도 기재되어 있지 않고 4조 중 오직 부의 이름만 적혀 있는 것은 그의 문지가 대단히 한미함을 시사한다. 그가 예조좌랑으로 임명되자 사헌부는 "그 조상이 장사까지 하였다."라고 들었다며 몹시 미천하므로 육조에 들일 수 없다고 반대하였다. 일단 중종은 거부하였으나 계속 반대 요청이 있었던 듯 다음날 중종은 교체를 지시하였다. 방목에는 그의 관력으로 성균관 정6품의 전적典籍이 기재되어 있어 더 이상 승진하지 못했던 것으로 보인다.

윤연尹淵은 명종 13년의 식년시에 등제한 인물로 전력은 유학幼學—무직의 유생—으로 나타난다. 방목에 본관이 누락되어 있으며 4조 중에 오직 부명만 보이는데 특이하게도 부와 생부의 이름이 함께 보인다. 실록에서 보면 그가 장연 현감에 임명되었을 때 사관은 "여염閭閻의 천한 사람이다. 그의 아버

---

5) 유승원, 「조선시대 '양반' 계급의 탄생에 대한 시론」, 『역사비평』 79, 2007 참조.

지는 행상으로서 남에게 천시되었기 때문에 과거에 나아가 녹명할 때 자기 아버지를 아버지로 하지 않고 속여서 그 숙부를 적었다. 이와 같은 자가 아직도 조정의 대열에 있으니 어찌 통분하지 않을 수 있겠는가."라고 분개하였다.(『명종실록』 21년 6월 21일) 그 뒤 선조 13년에 무식하고 망녕되다는 이유로 청풍군수에서 체직되기는 하였으나(『선조실록』 13년 9월 19일) 종4품 僉正까지 승진한 것이 방목에서 확인된다.

위의 두 사례에서 상고商賈의 자손이라는 것이 드러나면 승진에 장애가 되었음을 알 수 있다. 그러나 과거응시 자체는 문제되지 않았음에 유의할 필요가 있다. 부거자격에 대한 문제제기도, 합격 취소의 요구도 없었다. 황유중은 그동안 여러 차례의 서경에서 문제되지 않다가 청요직에 준하는 예조좌랑으로 발령되어서야 비로소 문제가 되었다. 윤연의 경우에는 아버지의 직업을 감추기 위해 숙부의 양자로 들어간 것으로 소문이 나 있었는 데도 불구하고 수령직을 역임했으며, 상고 자손으로 물의를 빚은 후에도 승진을 계속하였다. 반상의 차별이 현저해진 조선 후기에조차 "송도松都에서 유관儒冠을 쓴 자는 대개 모두 시정市井 상고의 자손"이라는 지적까지 나오고 있는 것을 보면(『현종실록』 1년 9월 3일) 부유한 상고의 자손들이 유학을 공부하여 대소과에 도전하는 일이 결코 드문 일이 아니었음을 짐작할 수 있다. 이상에서 보면 공·상인은 간혹 임용상의 불이익을 당할 가능성은 있었을지라도 공민으로서의 권리가 박탈된 자라고 말할 수 없다.

또한 공·상인은 공민으로서의 의무에서 배제되는 존재도 아니었다. 다만 현실적으로 공·상인이 군역에서 배제되고 다른 신역마저도 잘 부과되지 않았던 것은 사실이었다. 공·상인에게 통상 군역이 부과되지 않았던 것은 세조 때 '방리잡색군坊里雜色軍'에 공·상이 편성되었던 데서 입증된다. 잡색군은 비상시에 대비하여 평소 군역을 지지 않는 사람을 대상으로 조직한 비상

동원체제였기 때문이다. 조선 후기에도 정부는 공·상에 대해서 군역을 부과할 수 없는 부류로 상정하고 있었다.(『인조실록』 14년 8월 20일) 공·상에게는 다른 신역도 잘 부과되지 않았다. 상인은 거의 아무런 신역을 지지 않았다. 단지 공물이나 진상으로 충당하지 못하는 물품을 정부에게 조달해주는 관행상의 의무 '책판責辨' 등이 있었을 뿐이다.[6] 양인 공장의 경우 공천출신의 공장과 함께 중앙의 국가기관에 소속된 자가 더러 있었지만 신역의 일환이 아니라 정부의 유인책에 의해 자원하여 투속한 자였다. 양인 공장은 이미 연산군 이전에 더 이상 국가기관에 입속하지 않았던 것으로 보인다.[7]

그러나 공·상인에게 신역이 거의 부과되지 않는 것이 정부가 처음부터 공·상인을 공민으로서의 의무에서 배제해야 한다고 생각한 때문이 아니었다. 공·상인을 대상으로 '방리잡색군'을 설치한 지 불과 3년 만에 폐지할 때의 이유는 "도성을 출입하면서 생업을 꾸려가는 무리"라는 것이었다.(『성종실록』 1년 2월 24일) 공·상업의 위축으로 서울의 소비 생활에 지장을 초래할까 우려한 것이라 할 수 있다.

따라서 공·상인이라도 경우에 따라서는 군역에 충당할 수 있는 자로 여기고 있었고,(『세종실록』 18년 윤6월 19일) 실제로 군역을 부과한 경우도 있었다. 수철장水鐵匠을 모두 군역에 차정하여 농기구가 희귀해지는 지경에 이르렀다는 보고가 그것이다.(『성종실록』 4년 2월 5일) 군역 외의 신역도 마찬가지이다. 서울에 거주하는 공장은 신역을 부담하지 않았다고 할 수 있으나 지방의

---

6) 박평식, 『조선전기의 상업과 상업정책』, 연세대학교 박사학위논문, 1997, 53~56쪽.

7) 연산군이 한성부의 모든 공장을 문적에 올리게 할 때 사천까지 포함시킨 반면, 양인은 포함시키지 않은 것은(『연산군일기』 권60, 11년 12월 27일) 양인 공장의 맥이 끊긴 지 이미 오래되었음을 시사하는 것이다.

공장은 그렇게 말할 수 없다. 지방에 거주하는 양인 공장의 일부가 공장안에 등록되었을 것으로 보이기 때문이다. 지방에서는 중앙과 달리 관장제官匠制를 오래 유지하였다. 이른바 '관비官備' 공물을 마련해야 했기 때문이다. 외공장도 경공장처럼 일차적으로 공천출신으로 충원했지만, 공천으로 정원을 다 채우지 못하는 경우 양인 공장을 일부 동원하지 않을 수 없었을 것이다.

공·상인을 독립된 신분집단으로 볼 수 없는 결정적인 이유는 그들이 세습집단이 아니라 양·천 모두가 포함된 직업집단이라는 데 있다. 법적으로 직업의 세습이 강제되지 않아 언제든 전업이 가능하였다. 누구든 원하기만 한다면 수공업이나 상업에 종사할 수 있었고, 반대로 기존의 공·상인이 농업으로 전업할 수 없는 것도 아니었다. 전통적인 유교 사회에서 '천하의 근본'으로 여기는 농업에 종사하던 인구가 대대적으로 공·상으로 이동한다면 실정失政을 의미하는 우려할 만한 사태이지만, 정부에서 전업을 금지하지는 않았다. 반대로 공·상이 농업에 종사한다면 그 자체로 좋은 일이며, 현실적으로도 신역 부담자의 증가를 가져오는 것이므로 전업은 장려할 만한 일이었다. 간혹 정부가 실제로 귀농을 추진하기도 했다.[8] 그와 같은 사회 분위기 속에서 공·상에 대한 생업의 세전 규제는 나올 수 없다.

2) 양인 내의 신분집단: 세습적 귀속집단

조선시대의 양인 내에는 일반 양인과 구분되는 신분집단이 있었다. 양인의 신분적 제일성의 원칙이 확립되어 있었지만 양인 모두가 동일한 권리나

---

8) 실록에서 산견되는 공상인의 귀농조치를 두어 가지 예시하면 다음과 같다. 『세종실록』 권36, 9년 6월 14일; 『세조실록』 권36, 11년 6월 1일; 『중종실록』 권21, 9년 11월 15일.

자격을 갖고 태어나는 것은 아니었다. 특수한 부류에 대해 국가가 포상이나 징벌의 일환으로 본인만이 아니라 그들 자손에게도 남다른 혜택을 주어 우대하거나 반대로 제한을 가하여 차대했기 때문이다. 다시 말하면 조선시대의 양인 신분 내에는 정부의 법제적 조치로 인해 일반 양인과 구분되는 특수한 법제적 귀속집단이 있었다는 것이다.

양인 내의 특수한 법제적 귀속집단은 부조父祖의 지위가 자손에게 세습되는가 여부에 따라 다시 둘로 구분된다. 즉 첫째, 부조의 지위가 자손에게 미치는 대수를 기준으로 하여 영구한 대수(이하 '영대永代')인가, 아니면 미리 제한된 대수(이하 '한대限代')인가, 둘째, 부조와 자손의 지위를 기준으로 하여 부조와 자손이 태어나면서 갖게 되는 자격이나 조건이 일치하는가, 일치하지 않는가의 두 가지 기준에 따라 둘로 구분할 수 있다는 것이다.

혈통에 따라 부조와 똑같은 귀속적 지위를 법제적으로 영구히 승계하도록 되어 있는 세습집단의 경우는 '세습적인 법제적 차등'이라는 신분의 지표에 그대로 부합된다. 따라서 이를 양인 내의 하나의 독립된 신분집단으로 간주할 수 있게 된다. 반면 특수한 귀속적 지위를 지닌 집단임에도 불구하고 일정 대수에 한정하여 부조에 주어진 특전이나 차대를 축소시켜 적용하는 비세습집단의 경우에는 하나의 독립된 신분집단으로 간주할 수 없다. 이하 그들을 부조에 연좌되어 일정한 귀속적 지위를 갖게 된다는 의미에서 '연좌집단'이라 부르기로 하자. 이제 양인 내의 특수한 법제적 귀속집단 가운데 신분집단부터 살펴보기로 한다.

① 우대적 신분집단

조선시대의 우대적 신분집단으로는 공신자손이 있다. 양인 내의 신분집단은 특전이 주어지는가 아니면 차대를 받는가에 따라 우대적 신분집단과 차대적 신분집단으로 다시 나눌 수 있다. 공신자손은 문음의 특혜를 받는 유음자손 가운데 가장 많은 특전을 받는 자였다. 일반 유음자손과 달리 공신에 대한 국가의 포상은 당자를 넘어 자손 대대로 영대적 혜택을 주게 되어 있었던 것이다. 공신의 적장자와 여타의 중자는 따로 구분하여 각각 '공신적장功臣嫡長'과 '충의취忠義衛'에 소속하게 되어 있었다. 같은 공신이라도 일반 공신과 구분되는 원종공신原從功臣의 경우에는 따로 '충찬위忠贊衛'에 소속된다.

　여기서 유의할 점은 첫째, 같은 공신자손이라도 아무런 입역 부담도 없고 입속자 모두 체아직을 받을 수 있는 공신적장을 제외하면 큰 혜택을 받지는 못했다는 점이다. 충의위나 충찬위는 당번기간에 궁궐에서 숙위해야 했고 체아의 숫자가 적어 입속의 매력이 크지 못했다. 또 복무에 따른 가계의 혜택 역시 일반 의무군사에게도 주어지는 것이어서 특별한 것은 못되었다.(『경국대전』,「병전」, 번차도목番次都目) 다만 공신자손은 평민들과 달리 사환의 기회가 상대적으로 많은 자들이어서 가계의 혜택은 사환에 실질적인 도움이 될 수 있다는 점은 감안할 필요가 있다. 둘째, 충의위나 충찬위에 공신자손 모두가 의무적으로 입속해야 하는 것은 아니었다는 점이다. 15세기말부터 지배계급이 점차 군역에서 빠져나가게 되어 양반의 면역이 일반화된 후기에는 주로 몰락한 집안의 공신 후예나 군역을 피해 모속한 평민들로 채워졌다.[9]

② 차대적 신분집단
　조선시대에 차대를 받는 신분집단으로서는 서얼·세습적 천역자·향리가 있었다. 서얼·향리와 세습적 천역자의 사회적 위계는 크게 다르지만, 그들의

---

9) 이준구, 「諸衛屬과 그 지위변동」, 『조선 후기 신분직역변동연구』, 일조각, 1993 참조.

구체적인 존재 양태는 뒤에서 다시 소개하기로 하고 여기서는 신분집단으로서의 성격만 간단히 지적하기로 한다. 서얼은 부거권도 없고 문무반 정직에 진출할 수 없었다. 서얼이 하자 없는 양인과 혼인하여도 그 자손 역시 서얼로 간주되어 차별적 지위에서 벗어날 수 없게 되어 있었다. 다만 16세기 이후 서얼의 이러한 금고禁錮가 계속 완화되어 갔고, 후기에는 서얼의 구분과 제한을 일정 기간 동안에만 유지하도록 바뀌어 갔다. 그러나 19세기까지도 차대는 소멸되지 않았고 고종 대에 정부가 차대 철폐를 선언한 이후에도 사회습속에서는 적서의 구분과 차별이 끈질기게 남아 있었다.

세습적 천역자는 정부가 사회적으로 천시되는 신역을 강제적으로 세전시킨 자들이다. '천역'이란 본래 천인의 역으로서 양인의 역인 '양역'에 대비되는 말이었다. 그러나 양역 중에서도 신분적 차대를 받는 자들이 입역하는 역을 천역이라 부르기도 했다. 조선 초기에는 고려시대 이래의 세습적인 천역을 대부분 폐지했다. 그러나 그 일부는 남았으니, 역리驛吏·염간鹽干·진척津尺의 경우가 그러하였다. 그들에게는 공민권을 인정하지 않는 것이 원칙이었다.

마지막으로 향리의 경우이다. 그들은 어떤 관직에도 나갈 수 있고 승진에도 아무런 제한을 받지 않게 되어 있었다. 따라서 다른 양인과의 차이는 상대적으로 작다. 다만 세습되는 법제적 차대가 약간 있었다. 문과 외의 과거의 응시에는 약간의 제한이 설치되어 있었던 것이다. 즉 생원·진사시나 무과에 응시할 때 다른 사람보다 강講시험을 하나 더 치르게 한 것과, 잡과의 경우 3명 이상의 아들이 있으면 그 가운데 한 사람만으로—이른바 '3정1자三丁一子'—응시를 제한한 것이 그것이다. 애초에 이러한 조항은 그들이 신역을 기피하는 수단으로 과거를 이용하는 것을 방지할 목적에서 설치된 것이었지만, 과거에 급제하거나 사로에 진출하지 않는 한 향리의 역을 세습하면서 이러한 제한을 받아야 하였다는 점에서 일단 하나의 신분집단으로 간주할 수 있다.

3) 양인 내의 연좌집단: 비세습적 귀속집단

① 우대적 연좌집단

조선시대 양인 내의 연좌집단에는 우대적 연좌집단과 차대적 연좌집단이 있다. 우대적 연좌집단으로서는 유음자손이 있다. 공신자손이 아닌 일반 유음자손도 음서의 혜택을 받았다. 잘 알려진 대로 고려시대 이래 공신이나 고위관원 또는 청요직淸要職에게는 그들의 자손이 과거를 통하지 않고서도 사로에 진출할 수 있는 특혜를 부여했다. 정도전은 음서의 특혜를 주는 이유를 "장상將相과 대신大臣은 모두 인민에게 공덕이 있으며 그들의 자손은 가훈을 이어받아서 예의의 방도를 잘 알고 있어서 모두 벼슬을 할 만하다."라고 여긴 때문이라고 설명한 바 있다.(『조선경국전』, 「치전」, 입관)

『경국대전』에 규정된 유음자손의 범위는 공신 및 2품 이상의 자·손·서·제·질(원종공신의 경우는 자·손), 실직 3품의 자·손, 일찍이 이조·병조·도총부·사헌부·사간원·홍문관·부장·선전관과 같은 청요직을 역임한 사람의 자이다. 그들은 음자제蔭子弟 취재取才에 입격하면 사로에 나가거나 녹사로 복무할 수 있었다. 또 유음자손은 충순위에 입속할 수 있는 특전도 지녔다.

가장 고귀한 혈통을 가진 왕족의 경우는 어떠하였나. 법제적으로 국가의 특별취급을 받게 되어 있는 왕족(이하 '공식왕족')[10]에 대한 대우는 크게 두 갈

---

10) 『경국대전』 체계에서 국가의 특별취급을 받는 왕족으로 공식화한 범위는 대략 族親衛의 입속범위를 하한으로 하는데 다음과 같다. 종성宗姓의 단문친袒免親, 이성異姓의 시마이상친緦麻以上

래로 나뉜다. 군주의 직계 4代까지의 자손과 그 외의 왕족이 그것이다. 군주의 4대손까지가 협의의 '종친宗親'으로서 모두 종친부에 소속시켰는데(이하 '종친'으로 표기) 그 부가 죽으면 부를 이어서 바로 종친부에 소속되어 수직하게 된다. 다시 말하면 종친은 전원이 종친부 관직을 받아 직에 따른 토지지급이나 녹봉, 그리고 예우를 받았던 것이다.

이에 반해 나머지 공식왕족은 돈령부와 족친위에 소속되어 일정한 대우를 받았다. 돈령부는 문반 정직인 데 반해, 족친위는 군직이며 체아직이었다. 돈령부의 입속 범위가 족친위 입속범위보다 외친이 포함되어 약간 넓은 정도로 큰 차이가 없음에도 두 개의 기관이 설치된 데는 이유가 있다. 공식왕족 중 아주 소수의 인원만 돈령부에 임용될 수 있으므로 여기에 임용되지 못한 왕족을 족친위에 소속시켜 군역과 사로 문제에 도움을 주기 위한 것이었다.

'종친'과 다른 공식왕족의 차이는 단순히 소속처의 차이에 그치는 것이 아니었다. '종친에게는 직사를 맡기지 않는다(宗親不任以事)'의 원칙에 따라 군주의 4대손까지는 종친부 외의 관직에는 진출할 수 없도록 한 것이다. 과거 응시가 허락되지 않았던 것은 말할 것도 없다. 이 원칙은 이미 고려 초에 수립되었는데, 전 시대에 왕족이 최고의 세습귀족이 되어 왕위를 두고 다투거나 국정을 농단한 것을 거울삼아, 왕족을 정계에서 배제한다는 군신 간의 절묘한 타협을 이루었던 것이다. 군주는 자신의 왕위를 넘보는 왕족을 사전에 제거한 셈이며, 신료들은 왕족이 국가의 중요직을 독점하고 권력을 휘두르는 사태를 미연에 방지한 셈이었다. 이 원칙은 자신의 권능을 강화하기 위해 왕족을 활용하려한 태종이나 세조에 의해 잠시 흔들린 일은 있었으나 조선 전 기간에 걸쳐 비교적 잘 준수되었다. 조선시대에 외척이 발호한 일은 있어

親 및 왕비의 시마이상친과 세자빈世子嬪의 기친期親이다.

도 종친이 전횡한 사건은 찾아보기 어려운 것은 그 뚜렷한 증거이다.

'종친' 외의 왕족은 사로에 제한을 두지 않은 대신 왕족으로서의 대우는 최소한에 그쳤다. 돈령부에는 정1품 영사에서 종9품 참봉까지 겨우 19개의 직과가 개설되어 있었다. 돈령부직을 수직하지 못하는 수많은 공식왕족을 모두 족친위에 입속할 수 있게 하였지만 겨우 23개의 체아직을 할당했을 뿐이다. 대신 '종친' 외의 왕족은 자유롭게 학교에 입학하고 사환하고 과거에 응시하며, 일반 관원과 똑같이 돈령부·족친위 외의 타직에 진출할 수 있었다.

'종친'은 그들만을 위해 따로 설치된 宗學에서 수학해야 했고, 능력이나 희망과 상관없이 사로가 막혀 있었으니, 4대에 이르기까지 종친부직을 준 것은 그 보상으로 생계의 기반을 마련해 준 것이다. 그러나 군주의 후손은 '친진親盡'되면—군주였던 조상에 대한 제사를 모셔야 하는 대수인 4대가 지나면—, 종친부에 소속되지 못하게 되는 대신 사환상의 제한이 풀려 일반 신민처럼 사환할 수 있었다. 조선시대에 870명이라는 압도적인 최다수의 문과급제자를 배출한 성관은 바로 종성宗姓인 전주 이씨였다.

결국 왕족 가운데서는 '종친'이 연좌집단을 대표한다. 여타의 공식왕족은 혈통에 따라 일정한 기간 동안 혜택을 받는 연좌집단의 일종이라 할 수 있지만 혜택은 발탁된 소수에게만 해당될 뿐이었다.

마지막으로 유의할 점은 '종친'은 우대적 연좌집단으로 일단 분류해 놓았지만 사실은 우대나 차대의 어느 한쪽으로 분류하기 어려운 집단이라는 점이다. 왕손이라는 이유만으로 무조건 종친부직을 수직할 수 있었다는 점에서는 우대자라 할 수 있지만, 본인의 희망이나 능력에는 관계없이 일반 사로의 진출이 봉쇄되었다는 점에서는 차대자라 할 수 있다. 재능이 뛰어난 '종친'일수록 자신의 처지를 한탄하고 좌절하는 경우가 많았다.

② 차대적 연좌집단

부조의 범법이나 과오를 이유로 자손이 차대를 받는 집단들이 있었다. '장리贓吏'의 자손 및 '실행失行부녀'·'재가녀再嫁女'의 자손이 그것이다. 장리 자손의 경우에는 2대에 걸쳐서 의정부 이하 수령에 이르는 주요 동반직의 서용이 불허되었으며, 실행부녀 및 재가녀 자손의 경우에는 2대까지는 동·서반직이 모두 허락되지 않으며 3대째에 이르러서야 비로소 제한이 풀리도록 규정되어 있었다. 한편 부거의 경우에는 장리 자손은 자 1대, 재가녀·실행부녀의 자손은 자와 손 2대에 한해 그 자격을 박탈하도록 규정되어 있었다.

이제까지 양인 내부에 일반 양인과 다른 귀속적인 지위를 가진 부류들이 있었고 그 가운데에는 신분집단이라 부를 수 있는 부류들이 존재하였음을 확인하였다. 양인 내에 다른 양인과 구분되는 독립된 신분집단이 있었다면 양인 신분의 구성을 어떻게 이해하는 것이 온당한 일인 것인가. 조선시대의 신분제가 일차적으로 양천으로 나누고 2차적으로 양인을 다시 나누었다고 해야 할 것인가. 그보다는 양인 내에 우대나 차대를 받는 특수한 신분집단이 섞여 있었다고 이해하는 편이 낫다고 생각한다. 무엇보다 위정자들이 양인을 다시 하위집단으로 분할하려는 의도를 갖지 않았기 때문이다. 군주의 보편적 신민으로서 모든 양인은 원초적으로 동일한 권리·의무를 갖기 마련이었다. 그런데 양인 중에는 한편으로는 공신처럼 자손만대에 이르도록 표창하여 국가와 군주에 대한 충성을 유도해야 할 자가 있었고, 다른 한편으로는 노비로 삼을 정도는 아니었지만 범죄로 여타의 신민과 구분해야 할 결격을 지닌 신민들(역리·진척), 신역 확보를 위해 세전이 필요한 잡색역 부담자(향리·염간), 가정과 사회의 기강과 지배계급의 수적 균형을 유지하기 위한 희생양(서얼) 등으로 특수부류가 생겨난 것이다.

결국 조선시대의 신분제의 기본 특징은 두 가지로 간추릴 수 있다. 하나

는 노비를 천인으로 하고 비노비자를 일괄적으로 양인으로 간주하는 양천 2
분법적 체계이며, 다른 하나는 소수의 특수부류를 제외한 양인 일반으로 하
여금 보편적인 권리·의무를 갖게 하는 신분적 제일성이다.

2절 양천제론에 대한 비판적 주장 검토

이상과 같은 양천신분제 설명에 대해 아직도 회의적인 연구자가 적지 않
다. 양천제를 적극적으로 부인하는 견해에서부터 양천제의 존재 자체는 인
정하되 현실적인 의미나 역사적 의의는 부인하는 견해에 이르기까지 다양하
다. 이하 양천제에 대한 비판적 입장을 크게 3가지로 나누어 각각의 주장이
지닌 문제점을 순차적으로 검토하기로 한다.

1. "양천제는 조선시대의 신분제가 아니다"

이 주장은 통설의 양반신분론을 지지하기 위한 주장이며 근대 이전에는
지배계급이 귀족신분으로 존재했다는 기존의 고정관념을 견지하는 데서 나
온 주장이다. 양천제의 부인하는 주장의 논거는 두 가지이다. 양천제는 신분
제가 아니라 노비제의 다른 이름에 불과하다는 것이 하나이고, 양천제는 신
분제라기보다는 국역=신역을 편성하기 위한 체제에 불과하다는 주장이 다
른 하나다.

1) "양천제는 노비제에 불과하다"

양인과 천인을 양분하는 제도 자체의 존재는 인정하지만 이러한 양천제

는 노비와 노비 아닌 자의 구분에 불과하므로 노비제의 다른 이름에 불과할 뿐 조선시대의 신분제로 간주할 수 없다는 것이다. 이러한 주장이 지닌 문제점은 분명하다. 첫째, 노비제의 출현시기와 양천제의 출현시기가 다르므로 양자를 동일시할 수 없다는 점이다. 노비제는 고조선 이래 존재하였지만 양천제는 훨씬 후대에 출현하였다. 양천제는 고려시대에 단서가 열리고 조선에 들어와서야 비로소 확립될 수 있었던 것이다.[11]

둘째, 양천제가 지닌 양인의 신분적 제일성의 의미를 간과한 점이다. 노비 아닌 자의 신분은 다양할 수 있다. 그러나 양천제는 귀족과 같은 특권신분의 존재를 부인하고 노비 아닌 자를 하나로 묶어 보편적 권리·의무를 부여하는 것이었으므로 단순한 노비제와는 성격도 다르고 차원도 다르다. 한국에서 양천제에 대한 인식 자체는 멀리는 삼국시대, 적어도 고려 초까지 소급될 수 있음에도 불구하고 그 확립은 사대부사회가 출범된 뒤에야 이루어질 수 있었다. 이는 양인의 신분적 제일성을 실현할 만한 사회적 수준에 도달하기까지 상당한 시일을 요하지 않으면 안 되었기 때문이다.

2) "양천제는 국역동원체제에 불과하다"

양인과 천인을 구분하는 양천제의 목적은 군역과 같은 국역에 동원될 수 있는 자와 국역에 동원될 수 없는 자를 구분하는 데 있었지 신분을 구분하기 위한 것이 아니었으니, 사대부를 포함한 모든 비노비자가 양인으로 분류된 것도 그 때문이라는 것이다. 이 주장은 양천제가 단순한 의무체계가 아니라 권리체계이기도 하다는 점을 간과한 것이다. 양인개병제良人皆兵制에 입각

---

11) 유승원, 「양천제의 연혁」, 『조선 초기 신분제 연구』, 을유문화사, 1987, 참조.

한 국역동원체제가 거의 붕괴되다시피한 조선 후기에도 양인의 사환권과 같은 권리는 의연히 보장되고 있었다.

2. "양천제는 조선 초기라는 과도기의 신분제에 불과하다"

이 주장은 조선 초기 양천제의 시행으로 지배신분의 존재가 잠시 가리워졌을 뿐, 양반은 엄연한 조선시대의 지배신분이었다는 관점을 표현하고 있다. 16세기 이후 반상제가 자리 잡으면서 지배신분은 뚜렷이 그 모습을 드러냈다는 것이다. 적지 않은 연구자가 공유하는 관점이다. "양천제에서 반상제로"는 이러한 견해의 표어가 된다.

이 주장의 문제점은 양반을 특권신분으로 설정하면서도 세습적인 법제적 특권을 제시하지 못하는 데 있다. 이 주장의 거의 유일하다시피한 논거는 조선 후기 양반이 '면역의 특권'을 누렸다는 것이다. 그러나 법제상의 '면역의 특권'이란 존재하지 않았다. 15세기 후반부터 사대부계급의 군역 이탈이 현저해지기 시작하여 조선 후기에는 '양반'이 군역을 부담하지 않는 현상이 일반화된 것은 사실이다. 그러나 유의해야 할 것은 양반의 군역 면제를 규정한 법령이 제정된 일은 조선시대를 통틀어 한 번도 없었다는 사실이다. 군역제가 지닌 허점 때문에 생겨난 지배계급의 군역 이탈이 하나의 관행으로 굳어진 데 불과하다. 조선 후기에도 군역이 양인의 의무이며 양반도 원칙적으로 군역을 부담해야 한다는 의식은 남아 있었기 때문이다.

국가로부터 군역 면제가 공인되었다 하는 주장은 17세기 인조 초에 '유학'층의 군역 면제 조치를 근거로 하고 있다. 그러나 이 조치는 면역에 대한 국가적 공인이라기보다 단지 수학을 빙자하여 향교에 이름을 걸어놓고 군역을 회피하던 유학층의 일부를 '낙강충군落講充軍' 방식으로 군역에 차출하려던 정책을 포기한 것에 불과한 것이다.

양반층이라도 군역을 부담해야 한다는 정부의 의식은 조선 후기에도 살아 있었다. 정부가 낙강충군 정책을 포기한 이후에도 양반 중에 군역을 지는 자를 발견할 수 있으며[12] 양반층을 포함한 모든 군역을 져야 한다는 원칙하에 양반층에게 군역을 부과하거나 평민처럼 납포하게 하려는 시도도 계속되었다. 이른바 '양역변통론良役變通論'이 그것이다.

아직까지 지배계급이 언제·왜·어떻게 군역에서 이탈하게 된 것인지 분명하게 규명되어 있지 않다. 이 문제는 속편에서 상세히 다룰 예정으로 있으므로 그 결론만 말한다면 지배계급의 군역 이탈의 빌미를 제공한 것은 군역 운영상의 정액제 원칙이었다는 것이다. 조선 초기에는 관직에서 퇴임한 전함관前銜官은 과전수급의 대가로 수전패受田牌에 소속되어 군역을 부담했는데, 직전법의 시행으로 전함관에 대한 과전 지급이 중단되자 수전패가 소멸하게 되었다. 그러나 소속 병종이 없어진 전함관들을 굳이 다른 병종으로 이속시킬 필요는 없었다. 이미 다른 병종의 정액은 채워져 있었고, 결원이 생긴다 하여도 기존 군사의 자제나 무역 평민으로 얼마든지 그 정액을 채울 수 있었기 때문이다. 이와 같이 전함관의 군역 면탈이 이루어지자 이를 기화로 하여 지배계급의 사람들은 점차 군역과 멀어지게 되었다는 것이다.

조선 후기에는 오랫동안의 사대부의 면역 관행과 반상의 구분의 심화로 인하여 양인 내에서 군역을 지지 않는 사람과 지는 사람의 구분이 확고해졌다. 가난하고 힘없는 평민들만 군역을 부담하여 군역에 대한 원성과 저항이

---

12) 다음의 기사를 보면 양반으로 군사가 되는 자는 평민으로 군사가 되는 자보다 훨씬 적지만 군사가 되는 자가 없지 않았음을 알 수 있다. "지금 양반이 천이나 백이라면 군사가 되는 자는 하나 둘이며, 民丁이 수십인데도 군사가 되는 자는 겨우 하나 둘이다." 『인조실록』 권33, 14년 9월 13일.

커지자 17세기에는 '양역의 폐'를 바로 잡기 위해 여러 차례 양역변통 논의를 벌였다. 이때의 논의에서 조선 초기의 양인개병제의 원칙을 들어 양반에게도 납포의 부담을 지우려는 유포론儒布論, 호포론戶布論, 구포론口布論 등이 상당히 강력하게 주창되었다. 그러나 양반의 반발을 무릅쓰고 이미 사회적으로 만연된 면역의 관행을 거스르기는 어려웠다. 18세기에 실시된 균역법은 군포를 2필에서 1필로 줄여주는 '감필減匹'이라는 소극책으로 오래 지속된 양역변통의 논의를 마무리 짓는 것이었다.[13]

그러나 감필에 따른 재정적 결손을 결세結稅 등으로 메우게 되어 결국 토지를 가진 양반들이 일정한 부담을 나누어 갖는 결과를 가져 왔다. 결세의 부과가 가능했던 것은 그동안 양반의 군역부담 원칙이 오랫동안 주창된 것과 무관하지 않다. 19세기 동포제洞布制에 의한 공동납共同納에 양반층이 참여한 것도 마찬가지이다. 이상으로 보면 조선 후기의 양반의 면역 관행을 양반의 법제상의 신분특권으로 주장하는 것은 근거가 없는 것이라 할 수 있다.

16세기 이후 양천제의 기능이 약화되어간 것은 분명하다. 그러나 반·상의 차별이 노골화된 조선 후기에도 양인과 천인 사이의 권리·의무상의 차등은 여전히 유지되고 있었다. 양인 일반에 대한 보편적인 권리·의무 부여의 원칙도 완전히 사라진 것이 아니었다. 천인의 공민권은 부인된 반면 일반 양인에게는 사환권이나 부거권·교육수혜권이 의연히 인정되고 있었던 것이다.

군역도 여전히 양인에게만 부여될 수 있는 것이었다. 모병제에 의해 천인도 군인이 될 수 있게 되었지만 이는 신역제와는 무관한 차원에서 이루어진 것이었다. 양·천이 함께 편성되고 있었던 속오군束伍軍의 경우에도 마찬가지였다. 이미 신역을 가지고 있는 양인과 애당초 국가에 대한 신역을 부담할

---

13) 정연식, 『영조 대의 양역정책과 균역법』, 한국학중앙연구원, 2015.

필요가 없는 사노를 함께 속오군에 편성할 수 있었던 것은 속오군이 전란을 대비하여 마련된 비상조직이었으며, 훈련을 위한 것임을 표방하였기 때문이다. 즉 조선 초기의 잡색군과 같은 성격의 군사조직이었던 것이다. 또 양역변통 논의에서 양반에 대한 군포의 부과를 한사코 반대한 논자조차 지금까지 부과되지 않던 관행을 거스르면 양반의 거센 반발을 피할 수 없다는 것이었지, 양반의 군역 의무 자체를 부정하지는 못하였다. 따라서 양천제는 조선 후기에 이르러 이완되었을망정 신분제의 기본틀로서는 그대로 유지되고 있었다고 할 수 있다.

"양천제에서 반상제로"라는 표어는 양반이라는 대자적 계급이 대두하는 과정에서 나타난 사회적 추세—양천이라는 사회적 구분은 날로 약화된 반면 반상이라는 사회적 구분은 강화되어간—를 한눈에 보여주는 효과는 있다. 그러나 '반상제'의 구체적인 내용이 불분명하여 용어의 타당성 자체가 문제가 된다. 애당초 정부에서 제정한 '반상제'란 제도는 없었고, 반상제라는 것이 신분제의 일종으로 간주할 성격의 것도 아니다. 한마디로 "양천제에서 반상제로"는 조선시대의 신분제의 변화와는 직접 관련이 없는 것이라 할 수 있다.

3. "양천제는 의미가 없다"

평민은 명목상의 부거권만 가질 뿐 실제로는 자신의 권리를 이용할 수 없었으므로 양천제는 현실적인 의미가 없는 허구적인 제도에 불과하다는 견해이다. 법제적으로 인정된 양인의 권리는 보단자保單子의 요구로 현실에서는 실현될 수 없었다는 주장이 그 하나이고, 어려운 경제적 형편 때문에 과거에 합격한다는 것은 사실상 불가능했다는 주장이 다른 하나이다.

1) "보단자로 평민의 부거 기회를 봉쇄했으므로 양천제는 의미가 없다"

평민의 부거권 향유 자체를 의심하는 연구자들이 내세우는 근거는 두 가지이다. 하나는 법전에 평민의 부거자격을 인정하는 규정이 없으며, 『경국대전』에 기재된 결격자 규정은 모두 '사족'과 관련이 있는 자들이라는 것이다. 즉 평민의 부거자격은 위정자의 안중에 없었다고 보는 것이다. 다른 하나는 보단자 규정을 설치함으로써 평민의 응시기회를 사실상 박탈했다는 것이다.

평민은 부거권이 없었다는 주장은 양반의 신분적 특권이라는 과거의 고정관념을 버리지 못한 데서 오는 주장일 뿐이다. 법전에 평민의 부거자격이 명시되지 않은 것은 그것이 위정자의 안중에 없었기 때문이 아니라, 도리어 너무나 당연한 사항이어서 이를 굳이 명시할 필요를 느끼지 않았기 때문이다.

당시의 법전은 오늘날의 헌법과 달리 국가나 사회의 운영과 관련된 가장 근본이 되는 원리나 원칙을 담아두기 위한 것이 아니라, 주로 국가행정의 수행과정에서 적용할 규정을 기재한 것이었다. 만인 공지의 원리나 원칙은 담지 않았다. 이를테면 군주가 주권자라거나 성리학이 국시라든가 하는 사항이 기재되지 않은 것이 그것이다. 노비에게는 사환권이나 부거권을 인정하지 않는다는 것도 마찬가지였다. 과거는 서얼처럼 미리 법으로 규정된 결격자를 제외하고는 누구나 응시할 수 있어야 하고 공정하게 평가되어야 한다는 것은 사대부에게는 절대적인 명제였다. 이는 이후의 설명을 통해서 자연히 밝혀지게 될 것이다.

보단자는 응시자 명부를 작성하는 '녹명錄名' 과정에서의 자격 심사를 위해 응시자가 제출해야 하는 문서이다. 응시자의 신원을 '보증하는(保)' '단자單子'라는 뜻이다. 보단자 규정은 응시자가 제출한 '4조단자四祖單子' 내용의 진실성을 보증하기 위해 응시자의 4조 안에 누구나 알 수 있는 '현관顯官'이 없는 경우 지방 응시자는 '경재소京在所'의 관원 3인, 서울 응시자는 거주하고 있는 부部의 관원 3인의 서명을 받아서 제출하게 한 것이다.

보단자는 현재 원본이 하나도 남아 있지 않아 그 실체에 대한 두 가지 의문이 남아 있다. 4조단자와 보단자가 별개 문서인가 여부가 하나이며, 보단자의 발급이 응시자의 문지의 고하에 좌우되는 것인가 여부가 다른 하나이다.

4조단자와 보단자는 동일 문서일 가능성이 높아 보인다. 다시 말하면 응시자가 작성한 4조단자에[14] 보증자가 기재 내용이 사실임을 인증하는 서명을 한 것이 곧 보단자라는 것이다. 추정의 근거는 보단자의 기사 중 그 어떤 것도 4조명단과 별개로 존재하는 문서임을 시사하는 언급을 발견할 수 없을 뿐 아니라, 보단자 기사에는 그 문안의 내용에 대한 언급은 전혀 없는 채로 항상 '착명着名'이라는 서명 행위만을 부각시키고 있기 때문이다.[15]

보단자를 발급하는 과정에서 문지가 고려되는지가 논의의 핵심이다. 과연 보단자의 발급 요건이 전적으로 보증자의 자의적 판단에 의해 결정되는 것이었는가, 아니면 4조 명단의 진위와 응시자의 법제상의 결격 유무만을 확인하는 형식적인 것이었는가. 평민이 부거권을 향유하였다는 사실을 의심하는 연구자는 당연히 응시자가 사대부 집안의 자제인가 일종의 문지 심사를 하여 발급여부를 결정하였을 것으로 생각한다. 평민은 문지를 따지는 보증자로부터 단자를 받아낼 엄두조차 내기 어려워, 설사 과거에 응시하려는 평민이 있어도 보단자 요건이 응시에 결정적인 장애가 되었을 것으로 여긴다.

---

14) 4조단자의 진위는 일차적으로 호적을 증빙자료로 삼았던 것으로 보인다. 결격자가 녹명에 통과하기 위해 호적을 고치는 행위가 지적되고 있기 때문이다. 『중종실록』 권88, 33년 8월 23일.

15) 『명종실록』 권17, 9년 8월 25일; 『광해군일기』(중초본) 권53, 12년 6월 8일.

그러나 그것은 억측이라 보인다. 첫째, 보단자로 걸러내야 할 결격자로 거론된 것은 항상 서얼이나 노비혈통을 가진 자처럼 법제적으로 사환이 제한되거나 부거가 금지된 자였다. 『대전후속록』에 좀 더 보강된 보단자 규정을 삽입하게 만든 논의가 벌어질 때의 사정이 바로 그러했다.

둘째, 조선 전시기를 통틀어 단지 문벌이 없다는 이유로 보단자를 내주지 않았거나, 보단자를 받지 못해 응시하지 못했던 사례는 아직까지 단 한 건도 발견되지 않았다는 점이다. 법제적 하자가 없는 데도 불구하고 문지가 낮아 응시하지 못했다면, 당사자가 그 억울함을 호소하는 일이나 사대부들 가운데서도 문지를 이유로 보증해 주지 않은 편협함을 비난하는 일이 당연히 일어났을 것이다. 이러한 사례 역시 단 한 건도 발견되지 않았다.

셋째, 하자 없는 평민의 사환권이나 부거권이 있음을 명언하거나 시사하는 사례는 쉽게 찾을 수 있다는 점이다. 반상의 차별이 심화되었던 조선 후기에도 마찬가지이다. 한두 사례를 보이면 광해군대에 사헌부가 종량을 쉽게 허락하는 것을 비난하면서 "평민이 되고 나면 과거나 사로에 통하지 않는 곳이 없다."라면서 양천을 나누는 명분이 사라지는 사태를 개탄한 사례가 있다.(『광해군일기』 6년 7월 16일) 또 하나는 임란 중에 군공軍功을 독려하기 위해 누구에게나 부거를 허락하기로 결정했을 때의 사례이다. 이때 비변사는 '서얼'·'공사천'을 '사족'·'양인'과 섞어 합격자 명단을 발표할 수 없으니 그들만 별도로 시험을 보이고, 서얼은 수급首級 둘을, 공사천은 수급 셋을 가져오는 조건으로 합격시키게 하자."라는 의견을 제시하여 윤허를 받았다. 여기서 양인은 '사족'과 나란히 부거권을 누리며, 부거권이 없었던 서얼이나 공사천과는 구별되는 존재임이 뚜렷이 드러난다.(『선조실록』 26년 7월 17일)

넷째, 평민이 실제로 과거에 응시하고 합격하고 있었다는 사실이다. 가장 대표적으로는 유명한 일화로 학계에 널리 알려진 김의정金義精의 사례가 있다. 김의정은 수군의 아들로서 문종 즉위년에 치러진 식년 문과 전시殿試의 대책對策 시험에서 처음에는 1등의 평가를 받았다가, 성적 평가에 대한 뒷말로 인해 뒤늦게 답안지를 보게 된 문종의 지시에 의해 명문가 자제인 권람에게 수석 자리를 내주고 최종 성적 2등으로 합격한 자이다.

사관史官은 권람 부자가 대를 이어서 장원이 되었다 하여 사람들이 영화롭게 여겼음을 전하는 한편 "무릇 문과의 등제登第 고하高下는 시관試官이 그 사람의 성명을 보지 않고 글이 정교한지 졸렬한지를 먼저 보고 그 차례를 정하는 것이다. 그런 다음에야 성명을 열어보는 것은 공도公道를 표시하기 위한 것이다. 권람의 일은 비록 임금의 지극히 공정한 처사에서 나왔다 하더라도 당시의 의논은 후일의 폐단이 있을까 두려워했다."라는 비판적인 여론이 일었음을 첨부했다.

미천한 김의정이 1등 성적을 받은 데 대한 불만의 소리가 있었다는 데서 문지를 고려하지 않고 재능만 봄으로써 공도를 지킨다고 허언하는 사대부들의 민낯의 일면을 엿볼 수 있다고 하겠다. 그러나 그러한 사태의 재연을 우려하는 여론이 조성되었다는 데서 많은 사대부들이 공도를 지키려는 의지를 갖고 있었던 사실도 동시에 알 수 있다. 더욱이 방목에 김의정이 수군의 아들이어서 권람에게 밀려났다는 사실을 이례적으로 특기해 넣었다. 성적 평가의 부당성을 알리고 그의 억울함을 위로하려는 배려에서 나온 것임이 틀림없다. 그 결과 우리가 김의정의 평민이라는 출신성분을 비로소 알 수 있게 된 것이다.

평민 출신의 합격 사례를 찾기는 쉽지 않다. 합격했더라도 구체적인 출신성분은 잘 노출되지 않기 때문이다. 김의정은 합격자 순위의 번복이라는 소동 속에서 우연히 그 신원이 노출되었을 따름이다. 앞에서 소개한 상인 집안의 황유중이나 윤연의 경우도 승진 과정에서 시비를 제기하는 자가 있어서 비로소 출신성분이 노출되었다. 그리고 집안의 생업 내력이 문제가 되어 사환상의 불이익을 당했지만 문과 응시나 합격 자체는 문제되지 않았던 점도 눈여겨 볼 필요가 있다. 이 밖에 조선 후기에는 금고가 해제되어 있었던 역리 장진문張振文도 미천한 직역이 방목에 명기된 특수한 사례에 속한다.[16]

다섯째, 능력주의 원칙에 대한 당시의 확고한 신념이다. 과거에 문지를 감안하고자 하는 풍조가 전혀 없지는 않았으나, 대체로 응시 자격을 까다롭게 제한하지 않고 재능을 보고 선발한다는 원칙에 충실했다. 문지에 구애되지 않았음을 보여주는 중종대의 한두 가지 구체적인 사례를 소개하기로 한다.

출신이 미천한 데도 크게 출세한 인물로 유명하였던 반석평의 사례이다. 그의 출생에 대해서는 여러 가지 이야기가 전해지지만 실록에 나타나는, 사관의 전문傳聞 내용은 다음과 같다.

반석평은 천얼賤孽로 태어나 시골마을에 살았다. 그의 조모는 그가 배움을 지향하는 것을 알고 미천함을 엄폐하고 가문을 떨쳐 일으키고자 손자를 데리고 서울에서 세들어 살면서 몸소 베를 짜고 바느질하여 입고 먹으면서 취학시켰다. 마침내 과거에 급제하여 서울과 지방의 관직을 거치면서 6경卿의 자리(육조 판서: 필자)에 올랐다. 사람들은 모두 그 조모가 어질고 지혜롭다 하였다.(『중종실록』 9년 2월 3일)

---

16) 『인조실록』, 권49, 26년 8월 13일. 장진문은 숙종 원년 을묘년의 增廣榜에 병과 제22인으로 급제했다. 조·증조·외조의 이름은 기재되어 있지 않고 당자의 최종적인 관직은 교서관 교리를 지낸 것으로 기재되어 있다.

그가 정말 천첩자였는지는 확인할 수 없다. 청요직에 임명될 때마다 대간의 반대에 부딪친 것을 보면 그의 문지가 미천했음은 분명하다. 그러나 그는 녹명 과정을 무사히 통과해서 급제 후에는 가장 임용되기 까다로운 검열檢閱에 선발되기까지 했다. 더 중요한 것은 그가 천얼이라는 소문이 파다했는데도 불구하고, 사대부들 사이의 여론은 그런 자가 과거에 급제하여 관계에 진출한 것이나 천계를 숨긴 조모의 행위를 비난하고 분개하는 것이 아니라, 도리어 재능을 보고 신원을 감춰 출세의 기회를 마련해 준 조모를 상찬하였다는 데 있다.

다음은 신량인新良人의 자식으로 성균관에서 치러진 중종 18년의 알성시謁聖試에서 3등의 성적을 거두었으나, 응시가 불허되었는데도 무단 응시한 까닭에 합격이 취소되고 만 정번鄭蕃의 사례이다.(『중종실록』 18년 3월 27일) 보단자에 서명자를 허위로 기재한 일로 형조에서 처벌을 받았는데도 그 후 성균관 재학이 가능했던 것, 많은 결격 사유가 있는 데도 불구하고 자신에 대한 처분이 억울하다는 상소를 올린 것, 초시에 여러 번 합격하고 알성시에서도 좋은 성적을 올린 그의 재능을 끝까지 살려주려 한 중종과 남곤의 노력에 의해 마침내 이문학관吏文學官이 될 수 있었던 것 등(『중종실록』 18년 윤4월 15일; 20년 6월 18일) 흥미로운 사항이 많은 사례이다. 여기에서도 문지보다 재능을 중시하려는 조선시대 조정 분위기의 일단을 엿볼 수 있다.

조선시대 위정자들의 공민권 보호의 의지는 강한 편이었다. 평민이라 할지라도 공민권이 침해되지 않도록 배려했으며 특히 부거권의 경우가 그러했다. 부득이 평민의 사환권이나 부거권이 침해될지 모르는 상황이 초래되면 이를 방지하지 위한 방안을 강구했다. 세습적 천역부담자가 부족해져 하자 없는 평민들을 천역에 차정할 때가 그러했다. 예컨대 태종 당시 양천미변자良賤未辨者나 비첩산婢妾産이 부담하던 수참역水站役에 수참 부근의 강변에 사는 평민을 추가로 충정시켰을 때, 세조 대에 대표적인 천역의 하나인 역역驛役에 부근의 평민을 조역인助役人으로 충정했을 때의 사례 등이 있다. 천역에 차정된 평민은 천역을 부담함으로써 공민권이 상실될 것을 우려하여 정부에 항의했고 정부는 이것을 정당한 항의로 받아들였다. 천역에 배정된 평민을 기존의 세습역자와 구분하여 별도의 명칭을 부여하고 따로 성적함으로써 사환권이 침해되지 않도록 하였다. 기존의 '수참간水站干'·'목자牧子'·'역자驛子'라는 호칭 대신 비하하는 어감이 없는 '수부水夫'·'목마군牧馬軍'·'조역백성助役百姓'으로 호칭을 따로 정하고 별도로 문적을 만들게 한 것이 그것이다.[17]

　　정부는 나름대로 공민권이 침해되지 않도록 배려하였으나 철저했다고 말할 수는 없다. 정부 임의로 타역으로의 이전을 막음으로써 사로에 진출하기 어려워지는 경우가 종종 발생하였기 때문이다. 그러나 그러한 경우에도 공민권의 최후 보루로서 부거권만은 명문화하여 보장하는 것이 보통이었다. 이를테면 성종 대 역리가 부족한 평안도에서 역리를 대신하여 영구히 역역에 충정된 '영정관군永定館軍'의 경우가 그러하다. 같은 역을 부담하는 역리처럼 공민권을 제한당하는 일이 일어나지 않도록 『대전속록』에 그들의 부거권을 확실히 보장해 두었으니 "영정관군과 그들의 자손은 문무과·생원·진사 외 타역을 허락하지 않는다."라고 하여 문무과와 생원·진사시에 응시하는 길만은 열어 두었던 것이다. 천역을 세전하였던 수군과 조군漕軍의 경우도 마찬가지였다. 타역으로의 이전은 물론 다른 사로까지 막으면서도 문·무과는 막지 않았던 것이 그것이다.[18] 이러한 분위기 속에서 보단자 규정을 빌미

---

17) 유승원, 앞의 책, 94~96쪽.

18) "扶安縣監金漑上疏 其略曰 …… 如漕水軍 則兩科外難凡仕路 皆不通"『중종실록』권13, 6년 4월 8일. 다만 조군의 경우는 후기에 부거에 제한을 받게 되었는데 그 이유에 대해서는 칠반천역 항에

로 사회적으로 공인된 평민의 부거권을 봉쇄하려 하는 상황은 일어날 수 없는 일이었다.

2) "평민이 과거에 합격하기 어려웠으므로 양천제는 의미가 없다"

부세와 신역의 과중한 부담에 시달리는 가난한 평민의 자제가 학업을 쌓아 과거에 합격하기 매우 어렵다는 것은 부인할 수 없는 사실이다. 부거권 인정이란 보기 좋은 허울에 지나지 않았으므로 양천제가 가지는 실질적인 기능이나 의미는 없다는 주장도 그러한 의미에서 수긍할 점이 없는 것은 아니다. 그러나 먼저 짚어두어야 할 사항은 이러한 주장은 양천제 의의에 대한 평가이지 조선시대의 신분이 둘이라는 양천제 주장의 당부와 무관하다는 것이다. 그러나 많은 연구자가 양천제론을 수용하지 않는 가장 주된 논거로 삼고 있는 주장이므로 그러한 평가의 타당성을 검토해보기로 한다.

이 주장이 가진 문제점은 3가지이다. 첫째는 방법의 문제로서 평민의 과거 합격자의 유무를 가지고 조선시대 사회이동의 정도를 측정하려는 것이 타당한가 하는 점이다. 둘째는 사실의 문제로서 평민의 과거 합격자 수는 과연 무시해도 좋을 만큼 희귀했나하는 점이다. 셋째는 해석의 문제로서 평민이 과거에 합격하기 어려웠다고 해서 평민의 부거권의 인정이 무의미하다고 할 수 있나 하는 점이다.

① 방법의 문제
평민의 문과 합격자 수만 가지고 조선시대의 '사회이동'의 정도를 측정하

서 다룬다.

는 것은 타당하지 않다. 문과합격은 '사회이동' 중 이른바 '원거리 이동'에 해당하고 '원거리 이동'은 본래 극히 미미할 수밖에 없기 때문이다. 조선시대를 통틀어 문과합격자는 15,000명가량이니 연평균 30명 정도가 과거에 합격하는 셈이다. 1,000만가량의 조선시대 총인구에서 노비를 비롯한 결격자와 여성 및 노약자 등을 제외해도 일회 당 응시가능인구는 줄잡아 백만은 상회할 터이니, 애당초 합격 가능성은 지극히 낮을 수밖에 없다. 그것은 평민만이 아니라 사대부계급에게도 마찬가지로 해당된다.

오늘날에도 원거리 이동은 이루어지기 쉬운 일이 아니다. 우리가 비록 창의나 재능 하나로 유명인사가 된 개인의 일화를 심심치 않게 접한다 하여도 그 비율은 극히 낮다. 격투기와 같은 특수한 스포츠 종목이라면 혹 모르겠으나, 혜성처럼 등장하는 것처럼 보이는 신인일지라도 실상은 원거리 이동에 해당되지 않는 경우가 많다. 뛰어난 재능 외에도 각광을 받게 되기까지 엄청난 돈과 시간과 세심한 뒷바라지가 필요한 것이어서 웬만한 가정이 아니고는 그러한 인물을 키워내기 어렵기 때문이다. 피겨 스케이트와 같은 스포츠 종목, 바이올린 연주자와 같은 예능 분야는 말할 것도 없고, 재능 하나만 필요하다는 현대 IT 산업의 총아인 소프트웨어 분야의 경우도 마찬가지다. 각 방면의 입지전적 인물도 중간층 정도는 되는 가정에서 배출되는 경우가 많다.

조선시대의 평민이 문과에 합격하는 것과 같은 원거리 이동은 오늘날의 하급 사무직 노동자나 생산직 노동자 집안에서 대기업 소유자를 배출하는 것만큼이나 어려운 일이다. 사회이동이 활발한 것으로 알려진 오늘날의 서구 사회라고 사정이 크게 다르지 않다. 보통 전 인구의 1~2%에 불과한 자본가 계급에 속하는 사람은 거의 모두가 자본가 계급에서 태어난 자이거나 적어도 중산층 정도에 속하는 집안에서 태어난 사람이다. 그래서 "부자가 될 수 있는 가장 좋은 방법은 부자로 태어나는 것이다."라는 금언조차 있는 것이다.

근대 이전 서구의 귀족은 보통 전 인구의 1~2%를 차지한다고 말해지는데, 오늘날 미국사회가 1%의 사람들과 99%의 사람들로 나누어져 있다고 말해지는 것을 보면 사회이동의 폭이라는 면에서는 근대 이후가 근대 이전에 비해 반드시 획기적으로 달라졌다고 말하기 어려운 면이 있다.

오늘날의 경우에도 사회이동의 실제 내용은 주로 비슷한 지위를 갖는 직업으로 옮기는 수평이동이거나, 수직이동의 경우라면 원거리 이동이 아닌, 인접한 지위로 상승 또는 하강하는 '근거리 이동'이다. 당대에 일거에 높이 뛰어오르거나 바닥으로 떨어지는 것이 아니라 오랜 세월에 걸쳐 조금씩 상승하거나 하락한 끝에 다른 계급에 편입되는 경우가 많다는 뜻이다. 조선시대에도 마찬가지였다. 따라서 평민의 원거리 이동이 미미함을 들어 법제적 권리보장의 무의미성을 설파하려는 주장은 초시대적인 일반론에 불과한 셈이다.

조선 후기에 조금씩 자신의 지위를 높여간 평민의 존재나 조금씩 가문의 지위가 하락해간 양반의 존재는 현재 어느 정도 드러나 있는 상태이다. 무과를 통해 사로에 진출한 평민의 존재와, 도처에서 볼 수 있는 영락한 양반 즉 이른바 '잔반殘班'의 존재가 그것이다. 당대의 계층구조를 제시했던 조선 후기 이중환은 당시의 조선사회에서는 계층 구분의 명목도 많고 서로 교유하지도 않지만 "성쇠존망의 변화가 없을 수 없으니 사대부가 간혹 낮아져서 평민이 되고 평민이 (세월이) 오래가면 간혹 올라가서 점차 사대부가 된다."라고 지적한 바 있다.(『택리지』, 「총론」) 조선시대에도 평민의 근거리 이동은 활발하게 이루어졌다. 그 구체적인 내용은 뒤에서 따로 살펴보기로 하자.

② **사실의 문제**
과거에 합격한 평민은 소수였겠으나 무시해도 좋을 정도로 적었다고 단

정할 수는 없다. 보통의 평민이 유학을 배울 경제적 형편이 못되었다고 말할 수는 있겠으나 모든 평민이 가난하여 수학하지 못했다고 말할 수는 없다. 조선시대에도 평민 중에 부유한 자가 있었고 실제로 적지 않은 평민이 서당에 다니고 향교에 다니고 있었다.

문지가 한미한 문과 합격자 가운데 확인되지 않은 평민이 포함되어 있을 수 있다. 앞에서 본 평민층의 구체적인 합격 사례 외에 우리가 파악하지 못한 평민 출신 합격자가 종종 끼어 있었을 가능성을 배제할 수 없다는 것이다. 조선시대의 평민들은 합격했다 하여도 자신의 집안의 내력이나 본인의 이력을 가급적 드러내고 싶어 하지 않았을 것이다. 앞서의 합격 사례는 하나 같이 조야에서 논란거리가 되어 비로소 기록에 남을 수 있게 되었던 사례이다.

『국조방목』에는 급제자 별로 자후·생년·본관·거주지, 응시 당시의 직역, 그의 4조와 처부, 그리고 본인이 역임한 가장 빛나는 관직이 기재되어 있다. 그런데 본관이 기록되지 않은 경우나, 4조의 이름이 없거나 그 일부만 기록된 경우 등 기재사항이 부실한 경우가 적지 않다. 방목에는 본관이 기록되어 있다 하더라도 정작 그 성관의 족보에서는 그 가계나 급제자를 찾기 어려운 급제자들도 있다. 이런 급제자는 일단 문지가 아주 낮은 집안의 사람일 가능성이 높다. 앞에서 본 김의정·황유중·윤연 등이 모두 이러한 경우에 해당한다.

최근 연구는 방목의 신상 정보의 기재가 부실한 "신분이 낮은 급제자"의 수가 5,221명으로 전체 급제자의 35.72%을 차지한다고 밝히고 있다.[19] 이 가운데 사대부계급에 속하지 않는, 평민에 해당하는 사람들도 포함되어 있을

---

19) 한영우, 『과거, 출세의 사다리 — 족보를 통해 본 조선 문과급제자의 신분이동』 4, 지식산업사, 2013, 374쪽.

가능성이 있다. 사대부계급에 속한다 하여도 평민에서 기신한 지 얼마 되지 않거나 영락해 가던 집안의 사람일 가능성도 있다.

문과만큼 영예롭지는 못해도 무과 역시 중요한 출세의 관문이었다. 무과에 응시하고 합격한 평민들은 적지 않았던 것으로 추측된다. 평민 중에 가장 잔열한 축인 수군·조군·관군이 합격하고 있었기 때문이다. 생원·진사는 문과보다 뽑는 인원이 많았으므로 여기에 합격하는 평민은 문과보다 상대적으로 많았을 것이다. 관군의 자손들은 무과만이 아니라 생원·진사시 방목에도 이름을 올리고 있었다.[20]

③ 해석의 문제

평민의 문과 합격사례가 무시해도 좋을 정도로 적었다 하더라도 평민에 대한 공민권의 인정은 나름대로 의미가 있을 것으로 생각된다. 조선시대 평민의 권리의식을 높였기 때문이다. 그들은 사환권이 침해되거나 침해될 가능성이 있으면 당당히 시정을 요구하여 관철시켰다. 앞에서 잠시 언급한 '수부'나 역의 '조역백성'의 사례가 그 좋은 예이다.

노비라는 증거도 없지만 노비가 아니라는 증거도 없는 양천미변자良賤未辨者와 같은 미천한 자가 시험장에서 쫓겨나고도 처벌을 무릅쓰고 어가御街에 나아가 부당함을 호소한 사례도 평민들의 권리의식을 보여준다. 부민고소금지 원칙에도 불구하고 '자기원억自己冤抑'이라면 수령의 처사를 고발할 수 있도록 허용한 데도(후술) 평민들의 숨은 권리의식의 발휘가 일조를 했을

---

20) "西路民役 唯館軍爲最苦 所謂館軍者 …… 爲此役者 雇人貰馬 自辦裹粮 一入此役 無不破家 爲人人之所厭避 而第其元非賤役之故 其子孫皆得許赴文武正科 卽今爲出身者甚多 亦有生進入格之類矣"『비변사등록』 37책, 숙종 9년 5월 2일.

것이다.

법적으로조차 권리를 인정하지 않는 사회와 적어도 법적으로 권리를 인정한 사회는 체제나 이념이 근본적으로 다르며 계급갈등의 양상도 전혀 달리 나타나게 된다는 것도 고려해야 한다. 이를테면 신라 골품제 귀족사회의 경우 과거제 도입 자체가 불가능했다. 평민의 합격가능성과는 상관없이 평민의 부거권 자체를 도저히 수용할 수 없는 사회였다. 귀족사회의 체제나 이념과 양립하기 어렵기 때문이다.

오늘날 헌법에 평등권이 보장되어도 여성이나 이주민에 대한 차별은 좀처럼 해소되지 않고 있다. 그리하여 헌법의 평등조항은 무의미하다는 항의가 나올 수 있을 것이다. 그러나 평등권 조항조차 마련되어 있지 않다면 과연 어떤 일이 벌어질 것인가. 권리 인정만으로 권리가 보장되지는 않지만, 권리 인정 없이는 노골적인 침해나 차별을 막을 수 없고 권리의 신장도 기대할 수 없다.

4. "양천제론은 '사회(적) 신분'을 고려하지 않는다"

마지막으로 검토할 사항은 조선시대의 신분에는 '법제적 신분'으로서의 양인·천인 외에 '사회(적) 신분'이 있고, 양반과 중인이 그에 해당한다는 주장이다. 이 주장은 표면상으로 본다면 양천제론과 기존의 통설을 절충한 형태를 취하고 있다. 그러나 내용적으로 '법제적 신분'보다 '사회(적) 신분'이 더 중요함을 강조하고 양천제의 실제 기능이나 의미는 거의 없다는 점을 부각시키고 있어, 종래의 통설을 유지하는 데 중점을 두고 있는 것임을 쉽게 알 수 있다. 다시 말하면 양반을 '계급'이 아니라 이제까지와 같이 '신분'의 범주에 묶어두는 데 주장의 초점이 있는 것이다.

양천제가 조선사회의 계급적 현실을 적나라하게 반영하지 못한다는 지적은 충분히 수긍할 수 있는 사실이다. 그러나 그러한 사실이 조선시대의 신분제가 양천제였다는 사실을 부인하거나, 역으로 4신분론의 타당성을 입증하는 근거가 될 수 없다. 근대 이전 사회에서의 사회적 불평등과 사회적 차별은 모두가 신분제와 연관되어 있을 것으로 상정하는 것은 잘못이다. 하나의 고정관념에 지나지 않는다. 신분제가 사라진 오늘날에도 여러 가지 사회적 불평등이나 사회적 차별이 곳곳에 도사리고 있듯이, 신분제 사회에서도 신분제와 무관한 사회적 불평등이나 사회적 차별이 많았다. 바로 계급이 존재하는 데서 연유하는 현상이다.

세습적인 법제적 특권을 향유하지 못했던 양반은 신분이 아닌 계급이었다. 여러 차례 지적한 대로 통설의 양반=특권신분론은 서구중심주의사관의 산물이다. '법제적 신분' 외에 '사회(적) 신분'이란 범주를 따로 설정하는 데는 구체적으로 어떠한 문제점이 있는 것인지 살펴보기로 하자.

1) '사회(적) 신분'과 '법제적 신분'

'사회(적) 신분'은 범주 설정 자체가 문제가 된다. '사회(적) 신분'을 신분의 한 유형으로 취급하고 있지만 실상은 신분의 지표와 어긋나기 때문이다. '사회(적) 신분'은 '법제적 신분'과 똑같은 '신분'이라는 용어를 사용하고 있지만 서로 다른 개념의 '신분'을 사용하는 있는 것이다.

오늘날 우리가 사용하는 '신분'의 개념은 크게 세 가지로 나눌 수 있다. '법관 신분'에서처럼 특정인이 성취한 '법률상의 지위나 자격'을 가리키는 것이 한 가지이고, '신분 과시'에서와 같이 특정인이 가지고 있는 '사회적 지위 내지 위신'을 가리키는 것이 또 한 가지이다. 마지막은 '신분제'에서의 신분과 같이 전근대사회 특유의 집단 범주를 가리키는 것이다.

'사회(적) 신분'에서의 '신분'이 대략 두 번째의 개념 '사회적 지위 내지 위신'에 해당하는 것이라면 '법제적 신분'에서의 '신분'은 "세습적인 법제적 차등"을 지표로 하는 세 번째의 개념에 해당한다. '사회(적) 신분'이라는 범주에 해당하는 개념을 맨 처음 제시한 연구자는 앞서 본 바와 같이 1950년대의 김석형이었다. 그는 '사회(적) 신분' 대신 '사회통념상의 신분'이라는 표현을 사용하여 '법제적 규범으로서의 신분'과 대조시킨 바 있다. '양인'은 '법제적 규범으로서의 신분'으로, 양인에 속하는 양반·중인·상인은 일반 양인과 구분하여 '사회통념상의 신분'으로 취급했다.

'법제적 규범으로서의 신분'에서의 '신분'이 전근대 사회 특유의 사회적 범주인 신분을 가리키고, '사회통념상의 신분'에서의 '신분'이 '사회적 지위나 위신'을 가리키는 것임은 말할 것도 없다. 김석형이 '법제적 규범으로서의 신분' 외에 '사회통념상의 신분'까지 '신분'이라는 범주에 묶어 파악한 것은 신분 개념의 혼란을 초래할 수 있어서 적절한 방법이었다고 말할 수 없다. 그러나 '사회통념상의 신분'을 엄격한 의미의 신분으로 간주하지 않았을 뿐 아니라, 신분제 연구는 "당시의 법제적 규범을 규준으로 하여 당시의 체계대로 이를 일단 정리하는 데로부터 출발하여야 할 것"임을 분명히 지적한 점에서 신분제 연구방법론상의 획기적인 진전을 보였다. '법제적 규범으로서의 신분'인 양인이 사환권·부거권을 가진다는 점, 양·천 구분의 정당화 근거를 범죄에 둔다는 점을 정확히 지적하고 있어 양천제가 조선시대 신분제의 기본 틀이었음을 선구적으로 파악하고 있었다고 평가할 수 있다.

지승종은 필자가 제시한 신분 지표 '세습적인 법제적 차등'에 대해 지나치게 협소하고 엄격하게 기준을 설정했다고 비판하며, 법제적 신분과 사회적 신분을 모두 사용하여 조선시대의 신분구성을 제시한 바 있다. 법제적 신분으로는 노비·서얼·향리를 들었고, 사회적 신분으로는 양반·중인·상민을 들었으며, 조선시대의 신분구조의 틀은 반·상·천으로 요약될 수 있다고 주장하였다.[21] '법제적 신분'에 대비되는 '사회적 신분'을 설정했다는 점에서 김석형의 문제의식과 일맥상통한다고 할 수 있다. 그러나 두 연구자 사이에는 뚜렷한 차이가 있다. 김석형은 '법제적 규범으로서의 신분'을 '사회통념상의 신분'보다 상대적으로 더 중요한, 신분제의 뼈대를 이루는 신분으로 간주했으나, 지승종은 도리어 사회적 신분을 더 의미 있게 여기는 태도를 보였다.

　김필동은 지승종의 양천제론에 대한 문제제기 시각에 기본적으로 동의하면서 신분의 개념 정의의 필요성을 부인한 지승종의 논의를[22] 보완하여 신분의 개념을 다음과 같이 정의하였다. "동시대의 사람들 사이에서 그들의 직업 및 혈통에 기초한 사회적 명망에 있어 동류로 인식되면서 사회적 위계서열상 다른 사회적 범주와 구별되며 그 위계서열적 구별이 세대 간에도 영향을 미치게 되는(정도의 차이가 있고 엄밀한 의미에서의 세습이라 할 수 없는 경우가 많지만) 사회적 범주를 가리킨다."[23] 김필동의 법제적 신분과 사회적 신분의 개념은 지승종과 별다른 차이를 보이지 않는다.

　김석형·지승종·김필동의 세 연구자가 '사회통념상의 신분', 또는 '사회적 신분'을 제창한 이론적인 근거는 양반·중인·상인 등이 '법제적 신분'은 아니지만 그렇다고 생산관계에서의 위치로 결정되는 '계급'도 아니라고 보는 데 있다. 그러나 계급을 생산관계에서 동일한 위치에 속하는 집단으로만 한정

---

21) 지승종, 「신분개념정립을 위한 시론」, 『한국사회사연구회 논문집』 11, 1988.

22) 지승종은 필자의 개념 정의에 대해 "가장 큰 문제는 신분을 일률적인 기준에 의해 정의하려고 하는 것에 있다"고 주장하며 개념 정의 시도 자체를 문제시한 바 있다.(위의 글, 67쪽)

23) 김필동, 「신분 이론구성을 위한 예비적 고찰」, 『사회계층: 이론과 실제』, 다산출판사, 1991, 458쪽.

하여 그러한 계급에 해당되지 않는 집단은 무조건 신분에 집어넣는 분류 방식은 의문이 아닐 수 없다. 생산관계에 바탕을 둔 고전적 계급 개념을 창안한 마르크스조차 계급을 이렇게 단 한 가지의 개념으로만 사용하지 않았다. 마르크스가 고대 로마의 귀족과 평민도 계급으로 지칭한 것은 그 좋은 예이다.

2) '사회(적) 신분' 설정의 부작용

'사회(적) 신분'이란 범주를 무리하게 설정하면 그에 따른 부작용이 나타나지 않을 수 없다. 부작용은 대략 세 가지 정도로 간추릴 수 있는데 첫째는 '사회(적) 신분'은 근대 이전의 사회에도 근대 이후의 사회에도 존재하는 초시대적인 신분이 된다는 점이다. 사람들이 인식하는 '사회적 지위나 위신'이라는 모호한 기준으로 신분을 구분하는 까닭이다. 모호한 기준에 의해 양반을 사회적 신분으로 규정한 연구자들은 실제로 일제 강점기는 물론 심지어는 해방 후까지 양반이라는 사회적 신분이 존재한 것으로 주장하지 않을 수 없었던 것이다.[24] 신분제가 소멸된 후에도 신분은 남아 있게 되었다. 이러한 방식이라면 오늘날도 신분 사회라 부르지 못할 이유가 없게 된다.

둘째, 통설의 오류를 시정하지 못하고 온존시킨다는 점이다. '법제적 신

---

24) 지승종은 양반 신분이 소멸되는 시기에 관하여 "신분구조의 완전한 해체는 1960년대 이후의 산업화를 기다려야만 가능했"다고 주장하였으며(「갑오개혁 이후 양반신분의 동향(1894~1910)」, 『경남문화연구』 18, 1996, 279쪽), 김필동은 "해방과 농지 개혁, 한국 전쟁을 겪으면서 전근대적인 신분 관념과 관습은 거의 해소되기에 이르렀"으나 "현대 한국 사회가 상대적 안정기에 접어들면서, 계급 구조화의 문제와 더불어 새로운 신분·계급 관념이 대두되고 있는데, 여기에는 신분제의 일반적 원리가 부분적이지만 여전히 관철되고 있음을 발견하게 된다."라고 하여 현대 사회에도 신분제가 부분적으로 잔존하고 있음을 역설하였다.(「신분제의 구조와 변동」, 『차별과 연대』, 1999, 87~88쪽)

분'과 '사회(적) 신분'을 나란히 '신분'으로 취급한 궁극적인 의도는 사실상 우리의 '신분'이라는 말이 지닌 다양한 개념을 이용하여 통설처럼 양반을 하나의 신분으로 취급하려는 데 있다. 이러한 부작용은 비단 조선시대 양반에게만 해당되지 않는다. 아무런 독자적인 세습적 권리·의무를 갖지 않은 고려의 문벌이나 조선의 중인을 모두 신분으로 취급하게 된다.

셋째, 구분의 기준이 모호한 '사회(적) 신분'으로는 지역적인 차이나 시대적인 차이를 밝힐 수 없어 비교사적 연구를 진행하기 어려워진다는 점이다. '세습적인 법제적 차등'이라는 보편적인 신분의 개념·지표의 채택을 통하여 비로소 서구와 중국·한국의 신분제 차이, 전통시대 내에서의 시대적 차이를 규명할 수 있다. 이를테면 시민혁명기까지 끈질기게 귀족제가 유지되었던 서구와 1~2천 년 전에 귀족제를 폐기한 중국·한국 사이의 지역적 차이를 부각시킬 수 있다. 귀족제가 엄존한 신라사회와 귀족제가 붕괴되고 양천제가 시행될 수 있는 단서를 연 고려사회, 그리고 양천 2분법적 신분구성이 정착되지 못하고 4분법적 신분체계를 보이던 고려사회와 조선사회 사이의 시대적 차이를 부각시킬 수 있는 것이 그것이다.

이상으로 양천제에 대한 비판적 의견들은 모두 문제점을 많이 가진 주장들이었음을 살펴보았다. 신분의 지표를 어디까지나 '세습적인 법제적 차등'에 두어야 각 지역·각 시대가 가진 비교사적 특성이 비로소 파악되고, 신분제의 역사가 비로소 확연히 수면 위로 떠오르게 된다. 그렇다면 신분에 해당하지 않는 조선 후기의 양반과 중인과 같은 부류를 과연 어떠한 사회적 범주로 파악해야 하는 것인가. 이 문제를 검토하기 위해 여러 사회적 범주의 개념부터 일별해 보기로 하자.

조선시대의 계급구성과 제 계급의 존재 양태

1절 문제의 제기와 계급·계층의 개념

1. 문제의 제기

일부 연구자가 혼용해 쓰는 신분·계급·계층은 명확히 구분해 사용해야 한다. 현재까지 이 세 가지 개념에 대한 범세계적으로 합의된 개념은 없는 실정이다. 그렇다고 아무런 구분 없이 혼용해서는 안 될 것이며, 독자의 이해에 혼란을 주지 않도록 연구자는 최소한 자신이 사용하는 개념이나 지표를 개략적으로라도 제시하고 사용하는 것이 바람직하다.

양반·중인·상민·천민이라는 통설의 4신분론은 신분과 계급을 혼동한 문제점을 안고 있다. 통설은 내용적으로 신분구성론보다는 계급구성론에 더 가깝다. 국가에 의해 설정된 신분이라는 법제적 구분 대신 현실에서 이루어지는 사회적 구분을 토대로 한 것이기 때문이다. 그러나 통설을 바로 조선시대 계급구성론으로 받아들이기에는 미흡한 점이 몇 가지 있다.

첫째, 조선시대 전체가 아니라 조선 후기의 사정을 주로 반영한 것이라는 점이다. 이를테면 '중인'과 같은 중간계층은 조선 후기에 가서야 확립되기 때문이다. 둘째, 범주가 다른 집단들을 함께 포괄하여 다룬다는 점이다. 계급으로 간주되어야 할 양반과 계층에 해당하는 중인을 같은 차원에 놓고 대비하는 것이 그것이다. 셋째, 개개의 계급이나 계층을 대표하는 명칭을 선정하는 데 신중하지 못하다는 점이다. 사대부계급이 잠재적 계급에서 대자적 계급으로 변한 16세기 이후 지배계급의 명칭이 되었던 양반을 조선시대 모든 시기 지배계급의 명칭으로 사용한다든가, 조선시대에 잘 쓰이지 않는 '상민'·'천민'의 호칭을 피지배계급의 대표 명칭으로 사용하는 것이 그것이다.

조선시대 계급의 존재 양태가 시기에 따라 적지 않은 차이를 보이고 있어 쉽사리 조선시대 계급구성을 단정해 제시하기 어려우나 단순화시켜 그 윤곽을 제시해 본다면 다음과 같다. 조선사회는 기본적으로 사대부·평민·노비의 3분법적 계급구성을 보였다는 것이다. 사대부와 평민은 신분이 아니라 계급이며, 노비는 신분이자 계급이다.

어떻게 사대부·평민·노비를 조선시대의 기본계급이라 말할 수 있는 것인가. 우선 그들은 조선시대 전체를 통틀어 가장 선명하고도 안정적으로 유지된 사회적 구분을 보여 준다는 점이다. 다음으로 사대부·평민·노비는 단순히 지위상의 차이로만 구분되는 것이 아니라 상이한 사회적 역할이 부여되고 구조적으로 상호 대립과 의존의 관계에 놓여 있었다는 점이다. 소위 '중인'으로 표시되어온 중간계층에 속하는 여러 집단은 역할 배분에 의한 구조적 계급이 아니라 그들이 차지하는 사회적 위계에 초점을 맞추었다는 점에서 기본계급들과 확연히 다르다. 이하 계급분석을 위한 도구 개념인 계급과 계층의 개념부터 간략히 정리한 후 사대부·평민·노비계급과 여타의 집단을 순차적으로 살펴보기로 한다.

2. 분석의 도구 개념 검토: 계급·계층

계급구조를 파악하는 일은 사회의 구조나 성격을 이해하는 데 가장 일차적이고도 근본적인 작업이다. 그러나 이 작업은 결코 용이하지 않다. 개개인의 생활 여건이나 사회적 삶이 다양하며 개인들 사이의 관계 역시 복잡하게 얽혀 있기 때문이다. 더구나 분석을 위한 도구 개념인 계급·계층개념에서부터 연구자의 주관적인 세계관이 불가피하게 개입되어 객관적인 계급 분석은 지난한 일이다. 그들 개념 규정을 위한 논의는 한국사학계에서 거의 이루어진 일이 없을 뿐 아니라 세계적으로도 최대 난제 중의 하나로 남아 있다. 그러나 조선시대 계급구조를 파악하기 위해서는 개념의 검토는 피할 수 없는 문제이며, 분석에 도움이 되는 개념이나 지표의 정립이 반드시 불가능한 것이라 생각되지도 않는다. 지나치게 번쇄한 논의를 피하여 가장 핵심적인 사항을 중심으로 간략히 의견을 피력해두고자 한다.

1) 계층의 여러 개념

계층은 대개 부·명예·권력 등 사람들이 공통적으로 추구하는 사회적 가치를 얼마나 가지고 있는가에 따라 사회성원이 자신의 사회에서 차지하는 사회경제적 위치의 등급을 매길 때, 이러한 사회적 위계 체계에서 같은 등급에 속하는 사람들의 집단을 가리킨다.(이하 '등급적 계층') 그러나 학계에서 사용하는 계층의 개념은 이 외에도 여러 가지가 있다. 계급이나 신분 내의 하위집단을 가리켜 사용되는 좁은 의미의 계층이 있는가 하면, 구조화된 사회불평등에 따라 등급화된 전체 서열 체계—'사회성층(social stratification)'—에서 각각의 층위를 가리키는 넓은 의미의 계층도 있다. 넓은 의미 계층의 구체적인 형태는 불평등의 내용이나 성격에 따라, 계급이 될 수도 있고 신분이나 카스트가 될 수도 있다. 말하자면 이러한 의미의 계층은 계급·신분·카스트와 같은 여러 집단 범주들의 유개념類槪念이 될 수 있다.

2) '관계적' 계급과 '등급적' 계층

법제적 불평등 체계인 신분은 비교적 객관적 파악이 용이하다. 이에 반해 실제상의 불평등 체계는 그 파악이 결코 쉽지 않다. 오늘날 우리가 살고 있는 사회의 실제상의 불평등체계를 파악하려 한다면 바로 그 어려움을 실감하게 된다. '계급이란 무엇인가'에서부터 '과연 계급이 존재하는가', '어떠한 계급이 있는가'에 이르기까지 실로 다양한 의견이 제출될 수 있기 때문이다. 그러나 계급과 계층이라는 두 가지 범주를 잘 활용하면 사회불평등 체계의 접근이 가능하다.

계급 분석의 핵심은 가장 원초적인 이해 대립의 사회관계로부터 출발하여 총체적인 계급구조에 접근하는 것이다. 대립적 사회관계로 접근한 가장 대표적인 계급 분석에서의 계급은 생산관계에서 같은 위치에 있는 사람들의 큰 집단을 가리킨다.(이하 '고전적 계급') 그러한 계급의 구체적인 존재 형태로 제시되었던 것이 노예소유자와 노예, 영주와 농노, 자본가와 노동자와 같은 계급이다.

사회관계를 토대로 한 계급(이하 '관계적 계급')과 앞에서 말한 '등급적 계층' 사이에는 여러 가지 차이가 있다. 무엇보다 계급은 계층과 달리 성원 사이의 사회적 위계의 등급이 아니라 사회성원 사이의 대칭적·대립적 관계를 중시한다는 점이다. 우리 사회과학계에서는 고전적 계급처럼 사람들 사이의 사회적 관계를 중시하는 계급에 토대를 두고 계급구성을 설명하는 이론을 '계급(이)론'이라 하며, 등급적 계층을 토대로 계층체계를 설명하는 하는 이론을 '계층(이)론'이라 구분하여 표시하는 것이 보통이다.[25]

---

25) 단 계층론자는 반드시 계층(stratum)이란 용어를 쓰고 계급론자는 계급(class)이라는 용어를 쓰는

계급론적 접근이나 계층론적 접근은 모두 사회불평등 체계를 파악하는 데 나름대로의 장단점을 가지고 있다. 우선 계층론에서 제시하는 상층-중간층-하층 식의 계층체계의 모습은 일반인이 이해하기 쉽다. 시공을 막론하고 사람들이 일상에서 동시대의 사람들을 분류해온 익숙하고도 간편한 방식이기 때문이다. 그러나 치명적인 약점도 있다. 계층론에서는 사회불평등의 현상 묘사에만 그칠 뿐 사회불평등을 낳은 근본적인 요인이나, 계급이 야기하는 폐해를 규명하기 어렵다는 점, 그리고 사회변화에 대한 거시적인 전망의 부재 등이 지적된다.

계층론이 계급론에 비해 사회불평등의 본질이나 구조를 밝히는 데 뚜렷한 한계를 보이는 것은 단순히 방법론의 차이에서만 연유한 것은 아니다. 사회불평등을 바라보는 시각 자체가 계급론과 다른 데서 연유하는 바 크다. 계급론이 사회불평등을 제거하거나 줄여나가야 할 사회악으로 보는 데 반하여, 계층론은 필요악 또는 사회발전의 필수불가결한 요소로 보는 것이다.

계급론을 대표하는 고전적 계급론에 의한 접근 역시 뚜렷한 한계가 있다. 무엇보다 생산관계가 계급 소속을 결정하는 절대적인 요인이라는 아주 명쾌하지만 지나치게 단순한 계급의 접근방식이 문제가 된다. 이 이론은 근대 서구사회에서 만들어진 까닭으로 근대 이전의 비서구 지역에 적용하기 어렵다는 한계도 뚜렷하다. 서구 사회의 경우에도 현대 사회의 경우에는 적용상에 문제점을 보인다. 대표적인 것이 '중간계급'에 대한 분석이나 전망이 오늘날의 역사적 현실과 맞지 않는다는 점이다. 독립적인 주계급이 되지 못하고 궁

것은 아니어서, 구미의 계층론자들은 보통 등급적 계층을 가리킬 때도 'class'로 표기하는 경우가 많다. 이하에서는 혼동을 피하여 '계급'은 '관계적 계급'을, '계층'은 '등급적 계층'을 가리키는 것으로 한정한다.

극적으로 자본가계급이나 노동자계급으로 수렴될 것이라는 당초의 전망과 달리 중간계급의 기능이나 숫자가 오히려 증대되는 경향이 있다는 점이 많이 지적된다.

계급론과 계층론 그 어느 하나를 배타적으로 적용하기보다는 두 가지 모두 적절히 활용하는 것이 타당한 것으로 여겨진다. 보통 사회적 구분은 계급적 요소와 계층적 요소 모두를 기준으로 이루어지기 때문이다. 따라서 계급론에 입각한 관계적 계급을 바탕으로 하고 등급적 계층의 측면을 함께 고려하여 계급구조에 접근하는 것이 가장 타당한 방식이 될 것으로 생각된다. 다만 관계적 계급이라 하여 계급 구분을 생산관계에만 한정시키지 않는 것이 중요하며, 계급관계라는 것도 상호 대립만이 아니라 상호 의존이라는 측면도 함께 고려한다면 좀 더 충실한 접근이 가능하지 않을까 한다.

2절 사대부계급

1. 사대부계급의 대표 명칭: 사대부인가 양반인가

조선시대 지배계급의 명칭으로 가장 먼저 떠올리게 되는 것은 '양반'이다. 그러나 여기에는 약간의 난점이 있다. 첫째, '양반'은 제한된 시기에만 지배계급의 대표 명칭이 될 수 있을 뿐, 여말선초를 포함한 조선시대 전체의 지배계급의 명칭으로는 적절하지 않다는 점이다. 본래 양반은 지배계급의 명칭이 아니었다. 문무반의 합칭을 나타내는 양반이 지배계급을 범칭하는 용어로 변모해 간 시기는 대략 16세기 무렵부터이다. 18세기 말쯤 되면 일반민이 서로 양반이라 칭할 정도로 범상한 호칭이 되기도 했다.(『정조실록』 7년 6월 20일)

둘째, 양반은 대체로 조선시대 지배계급에 대한 나쁜 선입견을 부추기는 부정적인 어감을 지닌 용어로 굳어져 있다는 점이다. 지배계급이 보수반동화하여 역기능을 연출하고 있을 때의 명칭이며, 오랫동안 우리 사회에 풍미하였던 양반망국론을 상기시키는 명칭인 탓이다. 이 시기에 양반이 보인, 문벌을 자랑하고 피지배계급을 멸시하는 행태는 여말선초에 일대 사회혁신을 이룩한 지배계급의 모습과는 극명하게 대비되며, 사대부계급이 수행한 나름대로의 역사적 역할을 매몰시켜 버릴 위험을 안고 있다.

반면 사대부라는 명칭은 몇 가지 이점을 갖고 있다. 조선 전 시기를 걸쳐 일관된 의미를 표현할 수 있을 뿐 아니라, 조선시대 지배계급의 성격을 잘 담아낼 수 있는 명칭이라는 점이다. 즉 그 핵심 성원인 관원을 나타내는 동시에, 이 시대 지배계급의 가장 중요한 특징인 지식인·교양인의 의미를 잘 담고 있다. 비교사적 연구를 위한 길잡이 역할을 할 수 있다는 점에서도 편리한 용어이다. 중국사의 경우에도 사대부계급·사대부시대가 논의되므로 양 지역의 지배계급을 비교하는 데도 유용하다.

끝으로 '사대부'라는 명칭은 당대 지식인들에 의해서도 '양반'보다 선호되었다는 점을 감안할 수 있다. 조선시대의 사대부들은 관직이 없는 자도 '양반'이라 칭한다 하여 그 호칭을 지탄한 반면, "천하에 아름답고 좋은 것이 사대부라는 이름이다."(『택리지』, 「사민총론」)라고 말하였던 것이다.

2. 사대부계급의 성격

1) 생산관계와 사대부계급

사대부계급은 생산관계에서의 위치를 가지고 규정하기 어려운 계급이다. 사대부계급이 모두 생산관계에서 동일한 위치에 있었다거나 생산수단에 대한 공통된 관계를 가지고 있었다고 말하기 어렵기 때문이다. 사대부는 통상 지주이지만, 경우에 따라서는 자작농일 수도 있고 심지어는 소작농일 수도 있다. 지주라 하더라도 노비와 같은 예속농을 부릴 수도 있고 자유농에게 소작을 줄 수도 있다. 예속농과 자유농 양쪽 모두와 관계를 가질 수도 있다.

생산관계의 측면에서 사대부계급의 성격을 종래에 '신분지주'로 상정한 경우가 많았다. 물론 사대부를 '신분지주'라 부를 수 있는 경우도 있다. 예속농을 부리는 경우이다. 노비를 시켜서 직접 경영하거나 작개作介 경영(후술)하는 경우가 그에 해당한다. 그러나 사대부를 신분지주로 간주할 수 있는 경우는 상당히 제한적이다.

노비 가운데 적지 않은 비중을 차지하는, 생산과 무관한 솔거노비는 물론, 단지 신공만 납부하는 노비는 주인과 직접적인 생산관계를 갖고 있지 않으므로, 그들에 대해서는 당연히 신분지주에 해당되지 않는다. 또한 사대부만이 노비를 소유하고 있는 것도 아니었고, 모든 사대부가 생산노비를 거느리고 있는 것도 아니었다. 더구나 16세기 이래 노비를 동원하는 방식의 토지 규모는 급격히 줄어갔다. 소작의 경우에는 경작하는 작인이 양인이든 노비이든 기본적으로 경제외적 강제가 작동하는 않는 경제적 관계였다.(후술) 이상과 같은 점에서 사대부를 신분지주로 일반화하는 것은 무리이다.

2) 역할로 본 사대부계급의 성격

① 사회적 역할과 계급

지배계급인 사대부와 피지배계급인 평민·노비의 상호 관계는 기본적으로 사회적 역할을 토대로 한 대립과 의존의 관계로 파악할 수 있다. 사회적 역할을 토대로 한 관계는 동시대 계급 전체의 총체적 사회관계를 보여줄 수 있다. 좀 더 구체적으로 말하면 사대부라는 지배계급과 평민·노비의 피지배 계급은 각기 정치의 주체와 객체로서, 그리고 통치를 전담하는 계급과 생산을 전담하는 계급으로서, 상호 간에 대립하는 동시에, 어쩔 수 없이 서로의 역할에 의존하는 관계를 갖는다는 것이다. 사농공상의 4민 가운데 '사'에 배당된 역할이 바로 사대부계급의 역할이다.

사회적 역할에 의한 사회적 구분은 사대부사회에서만 나타나는 현상이 아니다. 근대 이전 사회에서 일반화된 사회적 구분이요, 유력한 사회계급의 형성 방식이라 할 수 있다. 범세계적으로 근대 이전 사회의 가장 대표적인 사회계급이었던 귀족과 평민이 바로 사회적 구분이 역할로 정당화되는 계급이었던 것이다. 사회적 구분의 일차적인 기준이 되는 권력과 위신의 차등은 사회적 역할에 토대를 두며 또 사회적 역할에 의해 정당화되었다.

역할의 구분을 통해 묘사되고 정당화되는 '역할계급'은 대략 "사회적 역할에 의해 구분되고 서로 간의 권력과 위신, 나아가서는 부의 차등까지 정당화될 수 있는 계급"이라 정의할 수 있다. 계급 구분을 정당화하는 사회적 역할은 계급 구성원 개개인이 실제 담당하는 역할일 수도 있지만, 보통은 계급 전체에 적용되는 추상적인 역할이며 기존체제에 대한 이데올로기적 정당화의 일환으로 지배계급에 의해 부여된다.

사회적 역할에 의한 구분은 체제를 미화하는 기제이자 지배계급의 존재를 정당화하는 이데올로기였다. 역할의 구분을 통해서 사회적 불평등이나 모순을 은폐하고 특출한 사람만이 할 수 있고 가장 가치 있는 일을 지배계급이 담당한다는 것을 주장하는 것이다.[26]

---

26) 인도의 카스트제가 대표적인 예이다. 머리는 브라만, 가슴은 크샤트리아, 팔다리는 바이샤, 손

근대 이전 지배계급의 제1의적인 사회적 역할은 통치의 역할이었다. 지배계급의 통치의 역할은 사회적 생산의 담당이라는 피지배계급의 사회적 역할과 대립과 의존의 관계를 갖는다. 지배계급과 피지배계급의 그러한 사회적 역할의 배분은 근대 이전의 거의 모든 사회에서 불변의 사항이었다. 근대 이전 사회에서의 지배계급은 국가의 업무를 직접 담당하거나 국가정책 결정에 직접 참여함으로써 통치의 역할을 수행했다. 서구 중세의 분권사회처럼 국가의 기능이 미약할 경우는 자신의 관할 지역을 통치하는 역할을 직접 수행하기도 했다.

그러나 오늘날의 사회는 근대 이전의 사회와 다르다. 오늘날 지배계급은 그들의 사회적 역할 자체를 통치의 역할이라 규정할 수 없다. 이를테면 자본계급이 통치업무를 직접 담당하지는 않는 것이다. 단지 정부나 정치권·언론에 영향력을 행사하여 간접적으로 통치에 간여하고 자신의 이해를 관철시킬 따름이다.

근대 이전 지배계급은 어떻게 통치의 역할을 수행하게 된 것인가. 피지배계급이 지배계급에게 통치의 역할을 자발적으로 위임했다고 말할 수는 없다. 어쩔 수 없이 지배계급의 통치를 감내하는 경우가 많았을 것이다. 그러나 단순히 지배계급이 강제적으로 피지배계급을 억압하여 통치를 담당했다고만 말할 수 없는 면이 있다. 이러한 방식의 통치는 일시적으로 가능해도, 장기적이고 안정적으로 유지될 수 없기 때문이다. 피지배계급의 최소한의 동

발은 수드라에 비정되며, 업(Karma)과 윤회의 논리를 가지고 각자 과거 삶의 업보로 주어진 자신의 카스트에 안주하여야 함을 역설하였다. "기도하는 자, 싸우는 자, 일하는 자"라는 3분법적 역할 분담론은 중세 유럽에서 성직자와 귀족들의 존재 의의를 부각시키고 위신을 보장해 주었다. 사회적 역할이라는 명분은 계급별 상이한 생활양식의 발현에 직접적인 영향을 끼쳤고, 생활양식의 차이는 다시 사회적 구분을 점점 더 분명하게, 점점 더 강고한 것으로 만들었다.

의가 필요하다는 뜻이다.

지배계급은 피지배계급이 자신들의 통치를 수용할 수 있도록, 적어도 거세게 저항하지 않도록 노력하지 않을 수 없다. 통치의 자격이 있음을 보이고 자신들의 임무가 중요하고도 어려운 일임을 설득시켜, 통치 역할의 담당을 정당화해야 했던 것이다. 강제에 의한 복종과 암묵적 동의의 교차 속에서 국가가 탄생했던 것과 꼭 마찬가지의 사정이었다. 다만 통치라는 지배계급의 역할 자체는 동일할지라도 통치의 자격이나 통치의 담당을 정당화하는 기제는 시대나 지역에 따라 달랐다. 귀족과 사대부는 각기 어떻게 통치 역할을 정당화하였는지 살펴보기로 하자.

② 지배계급의 역할과 통치의 정당화

| 귀족 | 귀족은 공동체 수호를 위한 군사적 기능의 수행을 통해 자신들의 통치를 정당화하였다. 군사적 역할은 또 그들의 의무이기도 했다. 일반적으로 통치의 궁극적 목표로서는 첫째는 공동체의 안전을, 둘째는 공동체의 행복을 내세우기 마련이다. 안전의 추구란 외부로부터의 공동체 수호와 공동체 내부의 치안 확보를 말한다. 그리고 행복 추구의 경우 이상적 목표는 공동체의 번영이라 할 수 있지만, 현실적 목표는 성원 간에 발생하는 분쟁의 공정한 해결과, 사회적 생산을 담당하는 피지배계급의 최소한의 생계 보장 같은 공공적 기능의 수행이 된다. 귀족의 주력 업무는 바로 외부로부터의 공동체 수호 즉 군사적 기능의 수행에 두어졌다. 서구의 경우 고대에서 중세에 이르기까지 귀족은 군사적 기능을 담당했고, 귀족이 존재한 춘추전국시대 이전의 중국이나 신라시대까지의 한국에서도 사정은 비슷했다.

귀족들이 담당한 군사적 책무는 출생·혈통을 중시하는 세습제를 정당화하는 기제로도 작용했다. 평민의 자식들이 어릴 때부터 부모의 농사나 가사

를 돕는 데 여념이 없었던 반면, 귀족들의 자제들은 혹독한 무예나 군사 훈련
을 받았고, 전투에서의 용기가 열렬히 장려되었다. 양 집단 사이에는 죽음과
폭력, 그리고 명예에 대한 감성에서 차이가 자연히 나타나게 되었다. 이것이
후천적인 환경의 차이에서 비롯되는 것이 아니라 마치 선천적인 유전적 자
질 차이에서 연유한 것인 듯 포장되어 지배계급과 피지배계급의 구분을 정
당화했다.

귀족이 군사적 기능의 독점적인 수행을 그치게 되면 귀족의 권위나 세력
은 크게 약화되었다. 평민출신의 '중갑보병重甲步兵(hoplites)'이 전투의 주력
으로 등장하자 고대 아테네에서는 귀족정이 무너지게 되었고 로마는 공화정
으로 이행하게 되었다. 고대에 번성했던 서구의 귀족이 중세에 다시 부활할
수 있었던 것도 장기간의 혼란기를 거치면서 군사적 기능을 가진 자들의 세
력이 강화되었기 때문이다.

중국이나 한국의 경우에는 사정이 다르다. 끊어졌던 세습귀족의 맥이 다
시 부활되는 일은 없었던 것이다. 각기 춘추전국시기와 나말에 세습귀족이
소멸되자 국방력의 주축은 평민이 담당하게 되었다. 이 차이는 이후 서구와
중국·한국의 역사를 크게 갈라놓게 되었다.

┃ 사대부 ┃ 귀족의 역할이 통치의 첫 번째 목표인 공동체의 안전, 특히 외
부로부터의 공동체의 수호에 역점이 두어졌다면, 사대부의 역할은 통치의
두 번째 목표인 공동체의 행복 추구, 특히 통치 주체의 자격 강화를 통한 사회
공공성의 구현에 역점이 두어졌다. 즉 민본·위민정치의 구현을 내세우고 국
가·군주·지배계급의 자격을 강화함으로써 그들의 통치 역할을 정당화하는
데 상당한 노력을 기울였다. 국가·군주·사대부 자격의 유무를 인민을 위한
정치를 실현하려는 열망과 의지, 그리고 그에 걸맞는 능력의 소유 여부로 판
정한다는 것이었다. 그것이 통치 주체에 어울리는 명분이자 통치 주체에 요

구되는 자질이었다.

중국과 한국에서 귀족제가 소멸된 이후 국가의 안정과 번영을 위해 가장 역점을 둔 것은 군주의 통치를 보좌할 훌륭한 관원을 임용하는 일이었다. 중국의 경우 벌써 한 대에 '제민화齊民化' 정책과 함께 '향거리선鄕擧里選'의 관원 선발방식이 표방되었다. 수·당 대에 이르면 과거라고 하는 공개경쟁시험이 실시되었다. 한국의 경우 고려 초에 유교 이념을 수용하고 관원 선발을 위한 과거를 실시하였다.

국가·군주, 그리고 지배계급의 공공성은 사대부시대에 들어와 최고조로 높아졌다. 그 이전의 문벌사회에서의 공공성과는 그 차원을 달리했던 것이다. 사대부는 이 점에서 근대 이전의 전 세계의 지배계급 중에서 아주 독특한 존재이다. 과거에 의해 선발된 관원들이 국정을 주도하면서 위민정치·왕도정치를 소리 높여 주창했고 스스로 도덕적 수범으로서의 윤리의식을 가질 것을 부단히 강조했다.

고려시대에도 과거로 선발된 유자들이 국정을 운영하였다. 그러나 위민정치·왕도정치의 실현이나 도덕적 수범의 책무에 대한 사회적 요구는 낮은 수준이었다. 국정 담당 자격이 출생에 의해 결정되던 신라에 비해 성취에 의해 결정되게 되었다는 점에서 획기적인 진전을 이룰 수 있었다. 그러나 고려시대에는 과거에 합격하여 관원이 되는 자체만으로 특권의 향유가 허락되었다. 과거는 특권적 지위를 차지하게 되는 관문이었으니, 신라시대까지는 출생에 의해 사회적 특권을 독식하던 것이 성취에 의한 독식으로 바뀐 것이다. 고려시대에 재상권이 강대하고 문벌이 득세하였던 것은 바로 성취에 의한 승자독식을 허용하는 사회풍조 때문이었다.

문벌사회를 벗어난 사대부사회에서는 과거에 합격하고 재상에 발탁되었다는 것으로만 자신의 지위와 특혜를 정당화하기는 어렵게 되었다. 학식과 덕망으로 존경받고, 공론에 의해 언행이 지지되어야 했던 것이다. 뒤에서 보게 되듯이 왕도정치이념을 높이 창도하고 관원에 대한 혜택을 낮춤으로써 관원이란 특권을 누리는 자라기보다 인민을 위해 봉사하는 자의 모습을 연출했다. 법이 사회적 공기公器임을 강조하며 대대적으로 법전을 편찬하는 등 법치주의 원칙을 확립했고, 민심의 소재를 중시하며 공론에 의한 정치를 표방했다. 나름대로 '억강부약抑强扶弱'의 원칙 아래 사회적 약자를 보호하고, '손상익하損上益下'의 원칙 아래 국가재정을 절검하는가 하면 비례세제에 의해 부세의 형평성을 기하려는 노력을 보였다.

3. 사대부계급의 범위와 지표

지배계급에 속하는 자는 어떠한 자인가. 계급의 범위 다시 말하면 다른 계급과의 경계선을 설정하는 문제는 언제나 연구자를 골치 아프게 하는 난제에 속한다. 법제적으로 자격이 규정되는 신분과 달리 계급의 경우는 범위를 획정할 객관적인 기준을 확립하기 어려운 탓이다. 조선시대 사대부계급의 경우에도 예외가 될 수 없다. 정부가 나서서 지배계급의 구체적인 범위를 획정한다거나 성원자격을 지정한다거나 하는 일은 없었다. 신분을 양천으로 나누었을 뿐 따로 지배신분을 인정하지 않았고 양인 사이에는 성취적 지위에 따른 차등만 설치하는 것을 원칙으로 삼았던 것이다.

시기에 따라 계급의 존재 양태나 사회인식이 달라지는 것도 사대부계급의 범위를 획정하기 어려운 요인 중의 하나이다. 사대부계급이 대두한 여말과 사대부계급이 양반계급이라는 대자적 계급으로 전화한 16세기가 달랐고, 양산된 양반이 자신의 지위를 유지하려 안간힘을 썼던 조선 후기에도 시기에 따른 변화가 적지 않았다. 시기에 따른 변화는 구조적 변동과 함께 살펴보아야 할 문제이므로 상세한 것은 다른 기회로 미루고 사대부계급 범위와 그 시기적 차이의 개략적 윤곽만을 엿보기로 하자.

1) 법제 속의 범위

① 공식사대부

우선 정부에서 공식적으로 사대부로 인정하고 특별 대우하는 제도상의 사대부 범위부터 살펴보는 것이 순서다. 공식적으로 인정되는 사대부는 문무 '정직正職'을 수직한 관원과 과거급제자·유음자손처럼 관원에 준하는 법적 자격을 가진 사람들로서(이하 '공식사대부') 그들을 공식사대부 또는 '협의의 사족'이라 할 수 있다.[27] 문무 정직을 받은 문무관들의 특별한 혜택과 예우는 이미 앞에서 소개한 바대로다. 문무과나 생원진사시 합격자와 유음자손에 대한 예우는 관원의 예우에 준했으며 정부에서 사족을 판정할 때 반드시 사족으로 분류되는 자들이다.

여기서 유의할 사항은 모든 관직 수직자가 공식사대부인 것이 아니라 동·서반 '정직'을 받은 자만이 사족으로 인정된다는 점이다. 조선시대의 관직체계에서 '정직'이란 '유품직流品職'을 가리키는 것으로서 '유품 밖의 직'이라는 의미의 '유외직流外職'인 '잡직雜職'과 대비되는 것이었다. 동서반 관직 가운데 유외직인 아닌 일반 관직이 유품직이다.

유외의 잡직은 국가기관에서 복무하는 마의馬醫·도류道流·악인樂人·화

---

27) '사족'이란 '관원의 무리'와 '관원의 친족'이라는 두 개의 의미로 쓰였다. 초기에는 주로 전자 즉 관원 당자를 가리켜 사용되었지만 점차 '관원의 친족'의 의미로 쓰이게 되었고 사족이라 불리는 친족의 범위도 확대되는 경향을 보였다.

원화원畵員·공장工匠 같은 특수 기능인과, 궁궐에서 복무하는 궁인이나 노비들에 대한 체계적인 보상체계를 마련하기 위해 설치한 관직이었다. 그들도 품계(잡직계)를 받고 승진할 수 있지만 보수 외에 일반 관원에게 주어지는 혜택이나 예우는 없었다. 유외 잡직의 설치는 정식 관원으로 대접할 수 없는 그들을 관직 내에 수용하여 체계적으로 보수를 지급하고 약간의 심리적 만족을 주는 한편, 유품직과 직군職群을 엄격히 구분함으로써 그들의 임용을 부당하게 여기는 일반 관원들의 불만을 해소한다는 여러 가지 목적으로 이루어진 것이었다.[28]

② 공식사대부의 근친

공식사대부의 근친도 공식사대부에 준했다. 보통 배우자와 직계존비속으로 이루어지는 관원의 가족 역시 사족으로 간주되었던 것이다. '사족자제'나 '사족부녀'의 경우 '자제'나 '부녀'를 생략하고 '사족'으로 약칭하기도 했던 것은 그 증거다. 관원의 처는 남편의 품계에 따라 봉작을 받아 왕실의 봉작 여성인 '내명부內命婦'에 대응한 '외명부外命婦'가 되었다. 며느리나 사위도 가족으로 간주되었다. 이를테면 며느리는 처와 딸과 똑같이 '사족부녀'로 불리었다.(『세종실록』 16년 7월 7일)

3촌 이내의 혈족은 가족에 준하는 근친이었다. 공식사대부에 대한 혜택을 혈족에게까지 부여할 때 흔히 설정되는 범위는 '자·손·서壻·제弟·질姪'이었다. 그들에 대한 대표적인 혜택으로는 '자궁資窮'한 관원—정3품 당하관—의 경우 적용하는 '대가代加'가 있다. 제재의 경우도 마찬가지여서 이를테면 연

---

28) 유승원, 「조선 초기의 잡직 —掌樂院의 잡직」·「조선 초기 京工匠의 관직 —잡직의 수직을 중심으로」, 『조선 초기 신분제연구』, 을유문화사, 1987 참조.

좌율의 저촉범위도 최대 3촌까지였다.

이상과 같이 국가의 법제적 효력이 미치는 근친의 범위가 대략 3촌 정도라 볼 수 있다. 다만 이보다 좀 더 넓게 적용되는 경우도 없지 않았다. 4촌까지 포함하는 상속법의 본족규정과 환천역사법還賤役使法 등이 그것이다. 즉 후사 없이 죽은 여자의 자산을 시가가 아닌 '본족'―자신의 친족―에게 귀속시킬 때 상속을 받을 수 있는 본족의 범위는 4촌까지였다. 또한 부가 종량 절차를 밟지 못하고 죽었을 때 천얼을 '진고陳告'하여 '환천역사'시킬 수 없게 한 유족의 범위 역시 4촌이었다.

2) 특별조치 속의 사족의 범위: "4조 내 현관"

정부가 특별히 어떤 정책을 추진하면서 제도적으로 인정된 범위―공식사대부―를 넘어서 사족의 범위를 따로 획정해야 할 경우가 있었다. 바로 16세기 중종 대에 새로운 전가사변률全家徙邊律과 범간률犯奸律을 시행하려 할 때가 그런 경우에 해당한다. 그리고 그 당시 범위 획정의 기준은 "4조 내 현관"의 유무였다.

범법자의 가족까지 변방으로 강제 이주시키는 전가사변률을 새로 입안할 당초에는 향촌에서 작폐하는 사족을 가차 없이 입거시키게 되어 있었다. 그러나 시행을 앞두고 동정론에 의해 처벌의 수위를 한 단계 낮추어 사족을 전가사변의 대상에서 제외하는 것으로 낙착되었고, 제외할 사족의 구체적인 범위를 획정하게 된 것이다. 이때에 최종적으로 확정된 범위는 "문무과 출신 관원의 자손 및 양변兩邊 4조에 모두 현관이 있는 자, 본인이 생원진사인 자"였다.(『중종실록』 20년 8월 21일; 『각사수교』, 「형조수교」, 경술 2월 27일)

새로운 범간률이란 중종 대에 사족녀의 경우 『대명률』의 일반녀에 대한 형량인 기혼자 장 90, 미혼자 장 80보다 대폭 높여 교형에 처하게 한 것을 가리킨다.[29] 새로운 율을 적용하면서 간통녀가 사족녀에 해당하는지 여부를 판정하는 기준으로 '4조 내 현관 유무'가 거론되었던 것이다. 중종 38년, 정병 양영담이라는 자가 옥지玉只라는 사족녀와 관계한 데 대한 처벌에 대해 의정부의 의견은 "옥지라고 하는 자는 4조에 혹 현관이 있어 사족과 같지만, 궁핍하여 스스로 존립할 수 없어 손수 나무를 때고 물을 길었으며, 제 몸을 지키지 못하고 지아비를 네 번 갈았고, 몰래 간통한 자가 얼마가 있는지 알 수 없으니, 이자는 실로 음녀입니다. 앞의 (양)영담은 사족부녀를 간통한 죄로 죄줄 수 없"다는 것이었다. 여기서 4조에 현관이 있다는 것이 일단 사족부녀로 판정하는 기준이 되었음을 알 수 있다.

3) 일상 속의 범위

① 16세기 이후 사족 범위의 확대와 그 배경

조선시대에 사족으로 인정되는 범위는 시간이 흐를수록 확대되어가는 추세였지만 가장 뚜렷한 변화는 16세기에 일어났다. 잠재적 계급에서 대자적 계급으로 사대부계급의 성격이 변모된 시기였다.[30] 이는 '사족'이 가리키는 대상의 확대에서 쉽게 확인할 수 있다. 초기의 '사족'은 주로 관원과 같은 공식사대부를 가리키는 것이었다. 그런데 16세기에는 '4조 내 현관'이 있는 자 또는 그 이상으로까지 확대되었던 것이다.

---

29) 장병인, 『법과 풍속으로 본 조선 여성의 삶』, 휴머니스트, 2018, 262~263 참조.

30) 이하 16세기 양반계급의 탄생과 그에 동반한 사회적 변화에 대해서는 유승원, 앞의 글 「조선시대 '양반' 계급의 탄생에 대한 시론」을 참조.

조선 초기에는 16세기 이후처럼 '양반'이나 '사족'은 사대부계급의 집단적 호칭으로는 거의 쓰이지 않았다. '양반'을 비롯하여 사대부·사류士流·사류士類·의관衣冠·진신搢紳(縉紳) 등이 거의 모두 관원을 가리켜 사용되었다. 다소 색다른 것으로서는 사림士林이 있다. 사림은 공론을 형성해 나가는 지식인군知識人群을 가상적으로 표현하는 용어였지만 이 역시 문맥으로 보면 초기까지는 지식인 중에서도 주로 관원층에 속하는 사람을 지목한 것이었다. 조선시대를 통틀어 관원이 아닌 지배계급의 사람을 표현할 때 가장 널리 쓰인 용어는 바로 '사족'이었다. 그러나 '사족'조차 초기까지는 주로 관원을 가리키는 것이었다.

16세기가 되면 양반과 사족은 관직의 유무와 관계없이 지배계급을 범칭하는 용어가 되었다. 관직을 가지지 않은 자라도 양반이나 사족으로 지칭되는 사람이 많아지게 되었고, 관원의 부녀도 사족과 연칭하여 '사족부녀'로 표현되던 것이 아예 '사족'이라 약칭되었다. '사족의 부녀'가 아닌 그 자체로 '사족'으로 인정된 것이다. 초기에 문무관원을 가리키던 양반과 사족은 다함께 사대부계급의 사람을 범칭하는 용어로 사용되었고 서로 혼용할 수 있는 동의어가 되었다. 양반이라는 사회계급이 확립되어 양반과 양반 아닌 자의 구분이 가장 중요한 의미를 지니게 되자 사회적 호칭 전반에 변화가 일어났다. 관직이 없는 자를 가리키는 서인은 일반 사람을 가리키거나 서얼을 가리키게 되었다. 보통 사람을 가리키는 '상인常人'도 의미가 바뀌어 양반 아닌 자를 범칭하는 용어로 종종 쓰이게 되었다.

사족 범위의 확대는 기본적으로 사대부계급 자체의 역사적 자기전개 과정의 산물이었다. 조선 초기까지 사대부계급은 잠재적 계급에 지나지 않았다. 이때까지는 양인 내에서는 성취적 지위에 따른 차등만 설치하려는 원칙이 철저히 적용되고 있었다. 사족은 일차적으로 관원이라는 성취적 지위를 획득한 사람(또는 그 가족)으로 인식되었다. 조선 초기의 사람들은 사대부계급을 관원 집안과 같은 문지가 좋은 사람들이라는 정도의 비교적 막연한 구분에 의해 인식했을 뿐이다. 사대부계급은 사람들의 머릿속에 막연하게 존재하는 잠재적 계급에 지나지 않았던 것이다. 재야의 사족은 유학을 연마하여 사로에 진출하려 하든가, 지식인으로서 국정에 대한 조언이나 비판의 역할을 자임하는 것으로 그칠 뿐, 정치의 주체로서의 소임은 관원에 위임하고 있었다.

16세기 이후에는 분위기가 달라졌다. 사대부로서의 자격을 관직의 취득 여부보다는 학식이나 덕망의 유무로 판정하려 하였다. 이러한 변화를 선도한 것은 사림파였다. 성종 대에 대두한 사림파는 재야사족, 특히 재지사족의 정서와 이해를 대변하는 성리학 근본주의자이자 보수적 개혁주의자들이었다. 그들은 대대적인 정치적 물갈이를 시도하는 한편, 도덕성이나 품행을 위주로 한 평가 기준을 확립하려 애썼다. 관직의 고하나 유무 외에 도덕과 품행이라는 별도의 기준이 중시됨으로써 정계에 진출하지 못한 대다수의 재야사족들도 자신들이 치자 계급에 속하는 자임을 당당히 주장할 수 있게 되었던 것이다. 어차피 모든 사족이 관직을 차지할 수 없는 이상, 앞으로 무수히 배출될 관인의 자손들이 관직 없이도 자신의 존재이유와 긍지를 느끼고 살아갈 수 있는 어떤 방안을 마련해야 했는데, 사림파가 이러한 방안까지도 분명하게 제공한 셈이었다.

결국 사림파는 전국에 산재한 재야사족의 정치적 선도자이자 계급 이데올로기의 주창자였다. 특히 그들이 전개한 향약보급운동을 통해 재야사대부들은 자신들이 교화의 주체라는 의식을 더욱 확고히 갖게 되었을 뿐만 아니라, 교화의 객체인 상인에 대한 우월의식을 더욱 강하게 느끼게 되었다. 재지사족은 중앙정부나 수령으로부터 상인에 대한 교화 활동과 징벌권을 공인받아 명실공히 치자 계급의 일원으로 승격될 수 있었다. 기묘사화로 큰 타격을 받기는 했으나 재지사족끼리의 연대와 조직화는 계속 추진되어 마침내 잠재적 계급의 대자적 계급화가 달성되었다. 반상의 구분이 사회에 확고히 뿌리를 내리면서 양반이라는 하나의 사회계급으로 확립될 수 있었다. 벌써 명종 때의 『경국대전주해』에서 "사족은 공경의 후예로서 문벌의 사람이다."(『경국대전주해(후집)』, 「형전」, 금제)라고 풀이되고 있었다.

② '4조 내 현관' 기준의 한계와 현관의 실체

│ '4조 내 현관' 기준의 한계 │ 조선 후기 대상이 크게 확장되었던 양반이라는 사회계급의 범위는 어떠한가. 특별조치를 통해 마련된 '4조 내 현관'이라는 기준은 과연 후기의 양반 범위를 획정하는 확실한 기준이었던가. 그렇지 못하였다. '4조 내 현관'은 어디까지나 사대부계급을 판정하는 중요한 기준의 하나였을 뿐 충분조건도 아니었고 필요조건도 되지 못하였다. 4조 내에 현관이 있다고 무조건 사족으로 간주되는 것도 아니고, 4조 내에 현관이 없다고 무조건 비사족으로 취급되지도 않았기 때문이다.

4조 가운데 역모에 연루된 사람이 있다든가 4조 내의 누군가가 또는 본인이 서출이든가 하면 4조 내 현관이 있는 자라도 사족에서 배제될 수밖에 없다. 그와 같은 치명적인 결함이 없다하더라도 사족으로서의 체모를 지킬 수 없을 정도로 집안이 영락한다면 사족으로 인정되지 못한다. 4조 내 현관이 있음에도 불구하고 평소의 생활양식이나 행실로 사족부녀로 간주되는 않았던, 앞서의 옥지의 사례가 그 좋은 예이다.

그런가 하면 4조 내에 현관이 없어도 사족으로 인정될 수 있었다. 명종 12년, 결원이 많이 발생한 수군의 수를 보충하기 위해 피역자의 소굴로 지목된 향교의 교생 중 유학의 소양이 없는 자가 그 충원 대상으로 지목되었다. 강講

시험에서 낙제한 교생을 '4조에 현관이 없으면' 수군에 충정하는 방안이었다. 이때 사간司諫은 향교에 사족이 많은데 고강에서 낙제했다고 모두 수군에 충정하여 자자손손 천한 역을 지게 하는 것은 마땅치 않다면서 반대하였다. 4조에 현관이 없는 자 가운데도 사족이 있다는 것을 전제로 한 이의 제기였다.(『명종실록』 12년 10월 21일) 이처럼 '4조 내 현관'이라는 기준은 절대적 기준이 되지 못하였을 뿐 아니라, 사실은 '현관' 또한 법제적으로 확정된 지위가 아니었다.

┃ 현관의 실체 ┃ '현관'에는 여러 가지 의미가 복합되어 있었다.

첫째가 현직관원이라는 의미였다. 현顯＝현現으로서의 현관은 '직사職事'를 가지고 현재 복무하고 있는 현관現官이었다. 고려시대 이래 조선 태종대까지 현관은 거의 산관散官과 대비되는 현관現官의 의미로 사용되었다.(『태종실록』 13년 9월 1일)

둘째, 순수한 문·무 정직을 가리키는 것으로 유외직은 물론 유품직 가운데서도 전문 체아직이나(『단종실록』 3월 1일 25일) 서반 군직과 구분된다.(『성종실록』 6년 1월 6일) 『경국대전주해』이전 천거조의 "현관은 동서반 정직을 일컫는다."라는 풀이에서의 현관이 이에 해당한다.

셋째는 '현달顯達한 관직'이라는 의미로 '서관庶官'과 대비된다. '4조 내 현관'에서의 현관은 바로 이러한 의미이다. 그렇다면 현달한 관직으로서의 현관은 구체적으로 어떤 관직을 가리키는 것인가.

조선시대를 통틀어 한 번도 법제적으로 현관의 범주에 속하는 관직을 구체적으로 특정한 일은 없었다. 단지 많은 사람들이 수긍하는, 특정의 조건들을 갖춘 관직들이 있었을 뿐이다. 특정 관직을 놓고 현관인가 여부를 논의하는 기사가 별로 나타나지 않는 것으로 보면, 당시의 사람들에게 어떤 관직이 현관인지 어느 정도 공통된 인식은 있었다고 보인다. 그러나 현관으로 간주되는 관직 중에는 누구나 현관이라는 데 이의가 없는 관직도 있지만 사람에 따라, 또는 문맥이나 시기에 따라, 인정될 수도 있고 인정되지 않을 수도 있는 관직이 있다. 이를테면 오늘날 '힘 있는 자리'라든가, '물 좋은 자리'를 거론할 때의 상황과 크게 다르지 않다.

이처럼 현관은 법제적으로 특정되어 있지 않은 까닭에 조선시대에는 법령이나 정부의 특정 조치에서 현관이라는 단어를 사용할 때는 보통 현관 앞에 그 해당 범위를 지정하는 수식을 달았다. 이를테면 "무릇 천거자는 이미 시재를 거쳤거나 6품 이상(의 직책)을 수행한 현관을 제외하고는 …… 자원에 따라 시취한다."(『경국대전』, 「이전」, 천거조), "동반 6품 이상·서반 4품 이상의 실직을 거친 현관"(『경국대전』, 「병전」, 번차도목 충순위) 등이 그것이다.

따라서 정부가 '현관'이라는 단어를 사용하면서 만약 그 범위를 구체적으로 지정하지 않고 법안을 만들게 되면 시행 과정에서 혼선이 우려되지 않을 수 없다. 전가사변율을 시행할 때가 바로 그러했다. 중종 20년, "양쪽 4조 내 현관이 있는 자"를 입거 대상에서 제외하는 것으로 결정하였을 때, 의정부에서는 "각관에서 어떤 관직을 현관으로 해야 할지 모를 것이니, 동서반 정직 5품 이상 및 감찰·6조 낭관·부장·선전관·현감을 현관으로 할 것을 청합니다. 아울러 이를 (지방에) 유시諭示하시기를 요청합니다."라고 이 전가사변율이 적용되는 현관의 범위를 구체적으로 획정하여 건의하였던 것이다.

현관은 대략 4품 이상의 관원[31]과 참상관 가운데 청요직과 수령에 해당한다고 볼 수 있다. 다만 시기적으로 용례상에 미묘한 차이를 나타내 항상 이렇게 잘라 말하기는 어렵다. 초기에는 품계의 고하가 일차적으로 고려되었는데 16세기 이후 갈수록 청요직이 중시되었다. 그리고 다시 청요직 가운데

---

31) 현관은 관제상의 '사'인 5품 이하 '띠士'와 대비되었다. 『정조실록』 10년 6월 12일.

서도 언론 3사에 해당하는 청직 여부가 일차적으로 중시되는 경향이 나타났다. 청요직에 해당하는 병조 낭관이나 수령 등을 현관에서 제외시키는 경우가 나타났던 것이 그것이다. 이를테면 명종 대에 병조좌랑과 충주목사를 역임한 바 있는 정욱鄭郁을 "비록 문관이라 하지만 현관이 못되었다."라고 평한 것(『명종실록』 즉위년 9월 11일), 선조 대에 병조좌랑을 역임한 바 있는 신요申橈가 사헌부 지평이 되자 "비로소 현로顯路에 통했다."라고 한 것(『선조실록』 38년 7월 27일) 등을 들 수 있다.

③ 사족의 지표

'4조 내 현관'이 사족의 범위를 판정할 수 있는 절대적인 기준이 못된다면 조선 후기의 사족은 어떻게 판별할 수 있을까. 객관적이고 구체적인 기준 대신 부득이 주관적이고 추상적인 기준으로 만족할 수밖에 없다.

조선 초기에는 주로 관직 또는 급제와 같은 객관적 경력을 기준으로 가늠한 때문에 사족 여부의 판정은 상대적으로 쉬웠다고 할 수 있다. 16세기 이후에는 단순한 관력 외에 가풍이라든가, 학식이나 품행 등 다양하고도 주관적인 평가가 덧붙여지면서 계급의 범위는 갈수록 확대되고 판별은 더욱 모호해졌다. 남들은 인정해주지 않아도 자기는 사족이라 자처하는 사족이 도처에서 나타나게 되었고, 벌써 16세기 초에 그에 대한 개탄이 터져 나왔다. 중종 31년에 조강에 참여한 집의 정만종鄭萬鍾은 다음과 같이 말했다.

우리나라는 귀천이 분명하여 사족의 자식은 비록 공부하지 않더라도 한유할 수 있습니다. 간혹 그 사이에는 사족이 아니고 또 배우지도 않고서도 자기는 사족이라 여기고 남들은 사족이라 여기지 않는 자가 많습니다. 풍속이 이

미 형성되었기 때문에 사람들은 관에 알리지 않고 수령이 된 자 역시 그들의
원망을 염려하여 군역에 충정하지 않습니다.(『중종실록』 31년 1월 11일)

조선 후기에 사족이 주관적이고 추상적인 기준에 의해 판별된다고 하여
그러한 기준이 무의미하다고 말할 수는 없다. 주관적이고 추상적인 기준에
의한 판별은 일상 속에서 늘 행해지는, 익숙하면서도 비교적 정확한 방법이
었다. 실은 모든 계급사회에서 통상적으로 이루어지는 계급 구분의 방식이
었다. 조선 후기의 사족은 대략 다음과 같은 5가지 요건 중의 몇 가지 조합으
로 사족을 판별하였다.

우선 교양이 있어야 했다. 한문을 해독할 수 있어야 함은 물론이고 유교
경전에 어느 정도의 소양이 있어야 했다. 교양은 사족의 제1요건이다. 한미
하고 빈궁의 집안의 인사라 할지라도 학식을 인정받게 된다면, 여타의 모든
요건이 불비하더라도 당당히 사족으로 대접받을 수 있다. 조선시대 산림山林
의 존재는 이러한 의식의 투영이다.

둘째, 문지다. 16세기 이래 관직보다 학식이나 덕망을 더 중요시하였다
하지만 조상의 관력은 결정적으로 중요했다. 4조보다 더 대수가 멀고 현관
에 못 미치는 관력이라도 최소한 문패로 내세울 만한 조상은 있어야 한다. 생
원·진사라도 무방하다. 조선 후기에는 본시에는 합격하지 못하고 초시만 합
격하여 '초시댁初試宅'으로 불리우는 것만으로 자족하는 사족도 많았다. 서
울의 명문가나 타 지역 명문사족으로부터는 인정을 받지 못하더라도 자기가
사는 고장에서는 대접을 받는 향반鄕班들도 부지기수였다. 관력은 아니어도
명유名儒의 자손도 상당한 문지를 누렸다.

셋째, 가세家勢다. 어느 정도의 전답과 노비는 있어야 한다. 헐벗고 굶주
리면서 사족 대접을 받을 수 없다. '주경야독晝耕夜讀'의 덕담이 유행되기는

했지만 노비를 부리지 않고 손수 농사를 짓는다면 여간한 문지나 학행·덕성이 인정되지 않고서는 사족의 체모를 유지할 수 없게 된다. 노비가 부족하여 처자가 직접 가사를 돌보게 되는 경우라도 이미 사족에서 영락한 집안으로 간주되지 않을 수 없다.

넷째, 품행이다. 순국자나 효자·열녀를 배출하여 정표旌表를 받는 것은 특별한 품행에 해당된다. 일상에서의 품행 평가에는 여러 가지가 고려된다. 가족·친족 간의 화목을 비롯하여, 노비나 고공 같은 가솔들의 통솔, 향리에서의 처신 등등이 있다. 유교적 의례의 이행 여부 또한 중요한 기준이 된다. 관혼상제의 의례를 법도에 맞게, 그리고 정성을 다해 치르는 것만으로도 세인들의 칭송을 받게 된다.

마지막으로 다른 사족들과의 교유권 유지이다. 다른 사족으로부터 인정받고 서로 교유하는 것은 앞의 여러 요건이 구비된 결과에서 이루어진다 할 수 있다. 그러나 다른 요건을 제대로 갖추지 못하였다 할지라도 덕망이 있어서 다른 사족과의 교유에 성공한다면 그의 사회적 위신을 크게 높일 수 있게 된다. 대상자를 모르는 제3자, 특히 평민들의 시선으로 본다면 다른 사족들의 교유하는 모습을 보는 것만으로 사족으로 인정할 수 있게 된다. 향회나 유향소, 향교·서원의 출입 등도 이 범주에 넣을 수 있다.

조선 후기에는 정부가 현실에서 나타나는 반상의 구분을 일정한 정도로 수용하였다. 그러나 양인 내의 공식적 차등은 어디까지나 성취적 지위를 기준으로 한다는 원칙은 조선 후기에도 유지되었다는 사실이 무시되어서는 안된다. 예컨대 호패를 구분하는 기준에서 그와 같은 정부의 입장을 확인할 수 있다. 2품 이상은 아패牙牌, 잡과입격자를 포함한 9품 이상의 관원은 각패角牌, 생원·진사는 황양목패黃楊木牌, 유품잡직·사서인·서리·향리는 소목방패小木方牌, 공천·사천의 경우는 대목방패大木方牌를 패용하게 하였다.(『속대전, 「호전」, 호적) 즉 잡과에 입격한 전문인은 일반 관원과 마찬가지로 각패를 패용할 수 있는 반면, 사서인에 포함되어 있는 무직·무음의 사족은 유품잡직·서리·향리와 함께 소목방패를 쓰도록 처리함으로써 사회적 평가와는 관계없이 관직 취득 여부로 지위의 차등을 표시한 것이 그것이다.

3절 평민계급

본 절에서 다루는 평민계급과 조선시대에 실제로 '평민'으로 불린 사람은 그 범위가 반드시 일치하는 것은 아니다. 계급으로서의 평민은 사대부계급에 속하지 않고 노비도 아닌 사람 중에서 독립적 사회적 구분을 갖는 중간집단군을 제외한 사람들이다. 현실에서 평민으로 불린 사람은 화자가 '보통사람'이라 간주하는 사람이다. 계급으로서의 평민과 대략 일치하기는 하지만 좁게는 농민 가운데서도 잡색역인을 제외한, 군역을 부담하는 자만 가리킬 수도 있는 것이다. 보통사람을 가리키는 용어는 평민말고도 여럿 있었다. 어떤 용어가 평민의 대표 명칭으로 가장 좋은가 하는 문제부터 논의를 시작하도록 하자.

1. 평민계급의 대표 명칭: 상민인가 평민인가

인구의 절대 다수를 차지하는 평민계급의 대표 명칭으로는 여러 동의어 가운데 '평민'이 단연 좋다. 그 다음은 '평인'이다. '상인'·'상민'은 대표 명칭으로서 각기 문제가 있다. '평민'은 문자 그대로 '보통사람'이라는 뜻이었다. '보통'이라는 뜻을 나타내는 '평平'·'상常'과 '사람'을 뜻하는 '인人'·'민民'이 한데 어울려 평인·평민·상인·상민이라는 네 가지 용어가 만들어진 것이다.

실록에 나타나는 용례로 보면 상인과 평민이 많이 쓰였고 평인도 꽤 나타나지만 상민은 조선시대를 통틀어 극히 드물게밖에는 사용되지 않았다.

그런데 양반계급이 성립되는 16세기 이후 이와 같은 동의어 사이에 분화가 나타나게 되었다. '상인'은 평민계급의 사람을 가리켜서도 곧잘 사용되었지만 '양반'(또는 '사족')과 대조되는 일체의 사람을 통칭해서도 사용되어 상인 안에는 평민말고도 서얼에서 공사천에 이르는 일체의 비양반자가 포함될 수 있었던 것이다.

조선 후기에는 '양반'이나 '사족'과 대조되는 일체의 사람을 통칭할 때에는 '상인' 외에도 '상'에 '놈'이라는 비하의 뜻을 가진 '한漢'을 붙인 '상한'을 곧잘 사용했다. 상한은 평민의 천칭으로 쓰일 수도 있고 평민과 노비의 합칭으로도 쓰였다. 평민과 노비의 합칭임을 좀 더 분명히 나타낼 수 있도록 '상천常賤'도 사용되었다. 즉 '상'은 '보통'이라는 본래의 의미 대신 사족과 대비되는 '미천'한 문지를 가진 자를 표현하는 의미로 바뀐 것이다.

반면 보통사람을 나타내는 동의어 가운데 '평'자가 들어가는 평민이나 평인은 원래의 어의 그대로 보통사람으로 남아 있었다. 평민은 용례도 많을 뿐 아니라 조선 전 시기에 걸쳐 일관된 의미를 가졌다. 더구나 다른 지역의 'commomer'가 통상 평민으로 번역되는 것처럼 범세계적인 피지배계급의 명칭으로 널리 사용되고 있다. 따라서 평민이 조선시대 노비 아닌 일반 인민을 나타내는 계급명칭으로 가장 적절하다고 할 수 있다.

'양인'·'양민'은 평민과 동의어가 아닌 이의어이어서 애당초 적합하지 않다. 양인은 본래 일체의 비노비자를 가리키는 법제적 용어로서 평민 이외의 사람들도 포함하므로 적절치 않다. 조선 후기에 '양인'으로 지칭되는 사람이 평민에 해당하고 '양인'이 종종 사족과 병기되는 경우도 종종 나타난다. 그렇다고 조선 후기의 양인은 평민을 가리키는 용어로 변하였음을 의미하는 것은 아니다. 양인의 이러한 용례는 통상 노비가 아닌 자로서 별다른 직역이 없어 대상자의 신원을 밝힐 그 이상의 적절한 수단을 발견하기 어렵거나 굳이 구체적인 신원을 명시할 필요가 없을 때, 또는 사족과 같이 양인 중에서 특수한 자를 명기하고 여타의 자를 일괄하여 범칭할 때 나타나기 쉬운 표현이다.[32] 초기 이래 법제적 용어로서의 '양인'은 의미가 약화되고 실록에서 그 용례가 줄어드는 모습을 보이지만 후기에도 본래의 의미를 완전히 잃어버리지는 않았다. 양반계급이 확립되기 시작한 16세기는 물론, 조선 후기에도 유직자까지 범칭하는 용어로서 양인이 쓰였다.('중종실록」 15년 4월 26일; 「숙종실록」 36년 11월 10일) '양민'은 주로 평민을 가리키는 말이지만 사회적 범주를 가리키는 용어라기보다는 국가의 보호를 받아야 할 '선량한 인민'임을 강조하는 문맥에서 잘 사용되는 용어여서 계급의 명칭으로는 적절하지 않다.

2. 평민계급의 성격

인구의 절대다수를 차지하는 평민은 직업도 다양하며 생활수준이나 지위도 제 각각이다. 그러나 표준이라 할 만한 자는 농사를 지으며 군역을 부담하는 자이다. 생산관계와 역할로 본 평민의 성격을 살펴보기로 하자.

1) 생산관계와 평민계급: 자유농인가 예속농인가

학계 일각에서는 조선사회가 중세봉건사회에 해당한다는 견지에서 조선시대의 기본 생산자를 농노로 간주하고 있다. 양인소작농=농노설, 생산노비

---

32) 유승원, 앞의 책, 47~49쪽. 조선 후기 단성현 호적에서는 속량하여 양인이 된 사람을 '양인'으로 표시했다고 한다. 권기중, 「조선시대 향리와 지방사회」, 경인문화사, 2010, 165쪽.

=농노설, 양인자작농=국가농노설 등 여러 가지 학설이 제기되어 있다. 같은 견해에서도 논자마다 주장이나 논거가 조금씩 다르지만 복잡한 논의를 생략하고 골자만 가지고 양인 소작농과 자작농을 예속농으로 간주하는 견해의 문제점을 살펴보도록 한다.

① '양인소작농=농노설'의 문제점

이른바 '봉건적 사유론'에서는 '지주-전호제'는 조선시대의 가장 기본적인 생산관계이며 지주가 전호로부터 경제외적 강제에 의해 잉여생산물을 지대의 형태로 수취하는 봉건적 토지소유관계로 본다. 조선시대의 대표적인 생산자를 양인 신분의 소작농[33]으로 보며 그들을 서구 중세의 농노와 같은 신분으로 비정하는 것이다.

조선시대의 대표적인 생산자를 양인 소작농으로 볼 수 있는가 하는 문제는 여기서 일단 접어두고 조선의 양인 소작농을 과연 유럽의 농노에 준하는 존재로 비정할 수 있는지를 검토해보자. 소작농 농노설의 주된 논거는 소작농이 지주로부터 경제외적 강제를 받고 있었다는 것이다. 문제는 아직까지 경제외적 강제를 행사한 어떠한 증거도 제시하지 못했다는 데 있다. 따라서 현재로서는 지주가 경제외적 강제를 행사했다는 주장은 단지 지주가 '신분지주'였다는 가정에 토대를 둔 단순한 추리에 불과하다고 지적할 수밖에 없다.

물론 지주가 소작하는 평민보다 사회적 지위가 월등히 높은 사대부라면 지주는 정해진 지대의 수취 외에 소작농에 대해 유형·무형의 침탈을 가할 여

---

33) 학계에서 소작농을 대개 '佃戶'라 부르지만 조선시대에 '佃'은 토지의 경작자를 가리키는 말로서 소작농뿐 아니라 자작농도 지칭할 수 있어서(이영훈,「朝鮮佃戶考」,『역사학보』 142, 1994) 이하에서는 소작농이라 표시한다.

지는 얼마든지 있다. 그러나 그러한 침탈을 바로 '경제외적 강제'라 간주할 수는 없다. 경제적 관계에서도 침탈은 얼마든지 일어날 수 있기 때문이다. 어의 자체로는 모든 침탈을 '경제외적 강제'로 표현할 수 있고 그러한 의미에서 소작농이 경제외적 강제를 받았다고 표현할 수 있다. 계약이나 고용조건과 같은 순수한 경제적인 관계에 포함되지 않는 모든 부당한 요구는 언제 어디서건 경제외적 강제로 포괄할 수 있기 때문이다. 그러나 주지하다시피 경제사에서 말하는 '경제외적 강제'는 단순한 침탈을 가리키는 개념이 아니다. 예속인에 대한, 법제적으로 허용된 강제 이를테면 유럽 중세의 농노에 대한 토지긴박규정이나 재산능력결여규정과 같은 구체적인 내용을 가진 것이다.[34]

만약 '경제외적 강제'를 모든 형태의 부당한 침탈이나 요구를 가리켜 방만하게 사용한다면 경제외적 강제는 시공을 초월하여 모든 시대·모든 지역에 존재할 수 있게 된다. 이를테면 오늘날의 사회에도 얼마든지 행사될 수 있다. 사장과 직원과 같은 고용자와 피고용자와 같은 직접적인 관계에서는 물론, 고용관계가 아닌 계약관계에서도 '경제외적 강제'가 나타날 것이다. 이른바 '갑을' 관계에서의 갑의 횡포도 그러한 범주에 든다. 그러나 경제사에서 논의되는 '경제외적 강제'는 근대 이전의 신분제 사회 다시 말하면 법제적으로 공인된 인신적 지배-예속관계에서 행사되는 것이다.

조선시대의 지주는 양인 소작인을 인신적으로 예속시킬 수 없었다. 첫째, 소작인은 지주와 동일한 신분의 소유자였기 때문이다. 서구 중세의 영주와 농노의 경우와 달리 지주와 소작인의 인신적 지배-예속관계가 법제적으로

---

34) 잘 알려진 대로 서구 중세 장원에서 농노에 대한 경제외적 강제로는 다음과 같은 것이 있다. 토지긴박 규정으로서 1) 인두세 2) 결혼세 3) 도망농노추구권이 있고, 재산능력결여 규정으로는 1) 토지매매·양도의 금지 2) 단독상속강제 3) 상속세 등을 들 수 있다. 이러한 강제를 집행해나가는 법적 거점으로서 영주재판권이 존재했다.

전혀 인정되지 않았던 것이다.

둘째, 지주가 소작인을 지배할 만한 권력을 지니지 못했다. 서구의 경우 영주는 장원의 수장으로서 재판권까지 가지고 있는, 장원 내에서는 왕과 같은 존재였다. 그러나 조선사회의 경우에는 지역을 다스리는 것은 중앙에서 파견된 타지 출신의 수령이었다. 지주는 소작인에게 직접적인 권력을 행사할 수 없었던 것이다. 지주와 소작인 사이에 법적 다툼이 발생하면 그 해결은 당연히 수령의 몫이었다. 수령이 반드시 지주의 편을 든다는 보장이 없다.

셋째, 기존의 지주와 소작인의 관계는 항시 파기될 수 있었다. 한 고을에도 수많은 지주가 존재하여 조선의 지주는 서구의 영주와 같이 지역 내의 생산자와 고정적이고도 항상적인 관계를 맺을 수 없었다. 조선사회에서는 대지주라 하여도 소유토지의 총계가 많다는 것일 뿐, 그의 소유토지는 광범위한 지역에 분산되어 있고 한 지역에서도 다른 지주·다른 자작농의 토지와 섞여서 여러 필지로 나뉘어 분포하는 것이 보통이었다. 지주의 분산적 토지소유의 배경은 일차적으로 균분상속의 전통에 있었다. 상속받은 토지는 부로부터 받은 토지와 모로부터 받은 토지로 나뉘어 있고 같은 부의 토지라 해도 다른 여러 형제자매와 분할하여 소유하는 경우가 많았기 때문이다. 더욱이 남귀여가의 혼속에 따라 혼인 후 처가 쪽으로 아예 이주하게 되면 부모로부터 상속받은 토지는 타지에 있게 된다. 처가 시집오는 경우에도 처의 친정 부모로부터 받은 토지는 타지에 남아 있게 된다. 부부 사이의 자식은 이리하여 또다시 부모로부터 여러 곳에 산재한 토지를 분할 상속받게 된다.

한 지역에 많은 지주가 있게 되면 소작인은 여러 명에게서 토지를 빌 수 있고 지주를 임의로 바꿀 수도 있다. 지주-소작관계는 본질상 정해진 기한이 경과하면 자동적으로 파기되는 경제적 계약관계일 수밖에 없었다. 지주가 소작인에 가하는 횡포는 인신적 지배에서 오는 것이 아니라 기본적으로 경제적 강자가 가진 경제 권력에서 파생된 것이라 할 것이다. 한마디로 조선의 지주는 '신분지주'가 아니었다.[35] 조선시대의 소작인은 자신이 차경하는 토지에 대한 점유권은 없었던 반면, 얼마든지 경작을 포기하거나 지주를 바꿀 수 있는 권리를 가졌다. 다시 말하면 소작인은 농노가 아니라 토지에 긴박되어 있지 않은 자유농이었던 것이다.

② '양인 자작농=국가적 농노─예농설'의 문제점

흔히 '국가적(아시아적) 토지소유론'으로 불리는 견해에서는 조선 전기의 주된 직접생산자를 양인 자작농으로 보고 그들을 국가의 농노 내지는 예농으로 간주한다. 자작농은 자신의 토지에 대해 독점적 소유권을 가진 것이 아니라 국가가 그 소유권을 나누어 가지고 있었고,[36] 그러한 소유권을 바탕으로 '경제외적 강제'를 통한 무거운 지대를 수취했다는 것이다.

현재 조선시대 직접생산자 유형별 비율은 밝혀지지 않아 조선 전기의 직접생산자 가운데 자작농의 비중이 과연 가장 컸는지는 알 수 없다. 단지 조선 초기에는 조선 후기보다 자작농의 비율이 상대적으로 높았으며[37] 시간이 흐

---

35) 조선시대에 중국 송 대에서 보이는 '主佃의 分'과 같은 지주와 전호 사이에 지위의 차등을 설치한 법적 규제를(이범학, 「송대의 사회와 경제」, 『사대부사회와 몽고제국』, 강좌 중국사 3, 서울대 동양사연구실 편, 지식산업사, 1989) 전혀 찾아볼 수 없는 것은 우연한 일이 아니다.

36) '국가적(아시아적) 토지소유론'에는 조선시대의 토지는 소유가 질적으로 분할되어 하나의 주체에 의해 소유되는 것이 아니라 여러 주체에 의해 소유되는 '중층적 토지소유'였다는 주장이 있다. 예컨대 사적 토지소유는 자기노동에 기초한 농민적 소유와 타인노동의 착취에 기초한 국가적 소유가 중층적으로 관철되는데 이 중 국가적 토지소유가 규정적 역할을 한다는 것이 그것이다.

37) 연구자들은 종종 조선 초기 자작농의 비율을 70% 정도까지 추산하니 "우리나라는 땅이 좁아서 토지 없는 인민이 거의 10분의 3이 된다."라는 발언에서(『세조실록』 권11, 4년 1월 17일) 역산한

를수록 토지를 잃고 소작인으로 전락하는 경향이 있다고 이해하는 것이 보통이다. 자작농의 비중 문제는 차치하고 자작농이 국가의 농노라는 주장을 살펴보자.

마르크스의 '아시아적 생산양식'에 이론적인 뿌리를 두고 있는 '국가적 (아시아적) 토지소유론'은 무엇보다 조선시대 사적 소유권을 지나치게 미약한 것으로 평가하는 데 큰 문제가 있다. 뒤에서 살펴볼 바와 같이 비교사적으로 보아 조선시대 소유권은 어느 지역 못지않게 강한 것으로 나타난다. 따라서 개인 소유지에 대한 국가의 소유권 주장은 성립하기 어렵다고 하겠다.

자작농의 토지에 대해 국가가 지닌 소유권의 근거를 무거운 지대의 수취에서 찾는 것도 문제다. 지대로는 부세나 군역을 지목하는데[38] 부세와 군역을 국가에 대한 지대로 보아야 할 아무런 근거가 없기 때문이다. 조선시대의 부세와 군역 역시 오늘날의 납세와 병역의 의무처럼 공민으로서의 의무라 보아야 할 것이다.

왕토사상에서 나타나는 것과 같은 조선시대 국가가 가진 토지에 대한 일정한 관리처분권을 가지고 국가적 토지소유를 입증할 수도 없다. 그 역시 토지 공공성을 발휘하기 위한 최소한의 조치에 그쳤지 사적 소유권을 결정적으로 제한하는 수준은 되지 못했다. 이러한 여러 문제들은 뒤에서 좀 더 상세히 짚어보기로 한다. 이상으로 조선시대의 양인자작농은 엄연히 공민권을 가진 자유농이었으며, 국가의 농노 내지 예농으로 간주해야 할 근거는 찾기 어렵다고 하겠다.

것이다.

38) 이영훈, 「조선전기의 토지소유와 농업경영」, 『한국사』 7, 한길사, 1994.

2) 역할과 지위로 본 평민계급의 성격

서구 경제사에서 말하는 농노의 개념으로는 조선시대 양인 농민 즉 평민의 성격을 파악하기 어렵다. 사대부계급의 역할이 있듯이 평민계급의 역할이 있다. 범세계적으로 평민계급은 지배계급과 구분되고 지배계급에 의해 역할이 규정되어 성립하는 계급이다. 지배계급에 의한 사회적 구분이 자의든 타의든 다른 계급들에 의해서도 수용되면서 평민이라는 사회계급이 형성되는 것이다.

조선시대 평민계급이 담당하는 역할은 사회적 생산 특히 농민에 의한 농업생산이었다. 모든 사회구성원을 먹여 살리는 역할이다. 이러한 평민의 역할은 근대 이전의 사회에서 일반적인 것이다. 그러나 서구와 한국의 평민의 지위 사이에는 적지 않은 차이가 있었다. 이를테면 서구 중세의 경우는 평민의 주축은 농노와 같은 예속농이었던 반면, 조선의 경우는 자유농이었던 점이다. 조선시대의 평민은 자유인이자 납세와 병역의 의무를 지닌 국가의 공민이었던 것이다. 법제상 지배계급과 같은 양인이었고, 치자인 '사'는 농민에서 나온다는 말이 유행되고 있었다. 반면 중세 서구에서 평민 중의 자유인을 대표하는 것은 시민 즉 공·상인이어서 예속농이 중심이었던 농민보다 우월한 지위를 가졌다. 그러나 조선의 경우 공·상인은 농민보다 적어도 관념적으로 더 천시되고 간혹 공민으로서의 권리나 의무가 제한되기도 했다.

3. 평민계급의 범위와 존재 양태

인구의 다수를 차지하는 평민은 모두의 생활수준·사회적 지위·삶의 양식 등이 같을 수 없었다. 평민의 표준이 되는 농민이라 해도 지주로부터 품팔

이 농업노동자에 이르기까지 다양하게 구성되어 있었다. 즉 지주·지주 겸 자작농·자작농·자작 겸 소작농·소작농·소작 겸 농업노동자·전업 농업노동자까지 다양한 유형이 있었다. 평민 중에는 생업이나 신역이 특이한 사람이 있었는데 그들은 종종 '보통사람'으로 여겨지지 않았다.

평민 중에는 근거리 상승이동을 하는 사람도 많았다. 농민 가운데서도 여유가 있는 층들은 당자 혹은 자손의 사회적 지위를 높이려 노력하였다. 문과나 생원진사 응시를 꿈꾸기도 하고, 그렇지 않으면 상대적으로 손쉬운 무과를 통해 지위 상승을 기대했으며, 교생이 되어 사회적 지위의 상승과 군역 면제의 혜택을 동시에 누릴 수 있었다. 갑사나 별시위 같은 군직을 통해 벼슬하기도 했다. 후기에는 납속책에 응해서 지위 상승을 도모하는 자도 있었고, 뇌물을 써서 '향임鄕任'이나 '장관將官'으로 진출하는 자도 있었다. 그러한 자들은 평민이 아닌 중인·'중서中庶'로 불리기도 했다.

1) 평민과 생업: 공·상인을 중심으로

평민은 문자 그대로 보통사람이어서 특수한 사람을 제외한 사람은 모두 일단 평민의 범주에 든다. 계급상으로 볼 때 사대부계급이나 노비계급은 평민이 될 수 없고 중간계층 역시 평민과 구분되기 일쑤였다.[39]

평민은 보통사람의 의미를 담은 용어이므로 문맥에 따라 보통사람의 범위는 달라지기 마련이다. 당대인들도 평민의 범위를 넓게 잡기도 하고 좁게 잡기도 했던 것이다. 생업으로 말할 때 사민 가운데 사를 제외한 농·공·상은

---

39) 조선 후기에 중인이나 중서가 곧잘 평민과 병기되어 나타난다. 『영조실록』 권4, 1년 3월 12일: 『택리지』, 「사민총론」; 『舂下述』, 「輿誦」.

일단 모두 동일한 평민이라 할 수 있다.[40] 그러나 평민의 표준적인 생업이라 할 것은 농업이어서 종종 특별한 생업에 종사하는 공·상을 제외하고 농민만을 평민이라 지칭하는 경우가 없지 않았다. '평민'이나 '상인'이 '상고商賈'나 '공상천예工商賤隷'와 대비되는 예가 나타나고 있었던 것이 그것이다.(『태종실록』 10년 10월 27일; 『세종실록』 12월 4월13일)

농민이 평민의 표준이 되는 이유는 우선 농민이 수적으로 절대 다수라는 데 있다. 둘째, 기능적으로 중요하다는 것이다. 즉 공·상과 달리 누구나 먹어야 할 식량을 생산한다는 데 있다. 셋째, 윤리적으로 공·상보다 농이 우위에 있다는 것이다.

공·상 역시 하는 일이나 빈부에 있어서 서로 간에 차이가 작지 않다. 그중 '부상대고富商大賈'는 공·상 중에서 가장 부유한 자라 할 수 있고, 부의 면에서 평민 중의 최상층을 차지한다 할 수 있다. 조선 전기의 경우에는 주로 서울의 시전을 경영하는 자였다. 초기의 시전은 수공업자 중심이었지만 점차 상인이 재료를 공급하고 주문하고 판매를 담당하는 식으로 수공업자를 지배하는 방향으로 점차 진전되어 갔던 것이다. 조선 후기에는 상업이 발달하면서 다양한 상업활동이 전개되었고 부상의 유형도 아주 다양해졌다.[41]

공·상인에 대한 멸시는 기본적으로 유교의 직업윤리관에서 유래했다. 그러나 그 이면에는 부상대고가 가진 부나 그들이 과시하는 사치에 대한 지배계급의 시기심도 작용했다. 조선 전 시기를 걸쳐 자주 발령되었던 사치금지령의 주된 표적이 바로 부상대고였다. 공·상인에 대한 사환제한 요구 역시

---

40) "農工商賈 均爲國民"이라 하여 농·공·상을 동일하게 취급하고 있었다. 『태종실록』 권29, 15년 3월 8일.

41) 고동환, 『조선 후기 서울 상업발달사 연구』, 지식산업사, 1998.

부유한 상인에 대한 질시가 한 동기를 이루고 있었다고 할 수 있다. 부유한 상인들의 자제는 사로 진출에도 적극적이었다.

2) 평민과 신역: '7반천역'을 중심으로

평민들은 '천역' 부담 여부를 기준으로 신역에 의해서도 구분되었다. 평민이 부담하는 군역·잡색역 내에서도 역종에 따라 부담의 경중이나 사회적 평가를 달리했다. 양역 중에서도 고되고 세전 규제가 가해지는 역들은 사회적으로 천시되어 천역으로 지목되었던 것이다. 이러한 의미의 '천역'은 군역에도 잡색역에도 존재했는데 시기에 따라 천역의 역종은 큰 차이를 보였다. 조선 초기에 염간·진척·역리가 천역을 대표했다면, 후기에는 이른바 '7반천역七班賤役'이 있었다.

'천역'으로 불리는 양인의 역은 시간에 따라 어떻게 변화한 것인가. 세습적 천역자였던 염간·진척·역리 가운데 가장 먼저 일반 양인화한 것은 진척이었다.[42] 늦어도 중종 대까지 진부津夫는 세습적 천역의 굴레를 벗어난 것으로 생각된다. 이때 정부는 아무런 주저 없이 나루 부근에 사는 강변인을 진부에 충원하는 결정을 내리고 있었기 때문이다.(『중종실록』 3년 11월 8일)

여말 염전매정책의 시행 과정에서 탄생되었던 염간의 경우에는 진척과 달리 꽤 오랫동안 간척의 칭호를 유지했다. 염간이라는 호칭은 18세기 초까지 발견될 뿐 아니라 염간의 동의어라고 보이는 '염한鹽漢'이나 잡색역을 지는 염간과 대칭되는 '사간私干'[43]은 『속대전』에서까지 그 용례를 찾을 수 있

---

42) 이하의 염간·진척·역리에 대한 설명은 유승원, 앞의 책 참조.

43) 조선 초기에 염간은 공식적인 염간이라는 의미에서 '式干'으로 불린 반면 사적으로 염업에 종사

다.(「호전」, 어염)

　그러나 후기에는 염간에 대한 신분적 차대를 찾아보기 어렵다. 염간은 16
세기까지도 세습적 천역자로서 국가의 특별 관리 대상으로 되어 있었지만
더 이상 신분적 차대는 찾아지지 않는다. 염·철을 생산하기 좋은 서산이나
태안에 좋은 조건을 제시하여 염호나 야장을 모집하면 응모하는 자가 다투
어 나타나 많은 세수를 올릴 수 있을 것이라는 건의까지 나오고 있는 데서 더
이상 염간을 특수부류로 간주하지 않는 분위기를 엿볼 수 있다.(『인조실록』 16
년 1월 17일)

　역리는 전조 이래의 천역자로 인식되었고 조선왕조에 와서도 범죄를 저
지른 향리를 잔역殘驛의 역리로 유배하는 일이 곧잘 있었다. 그런데 그 구체
적인 경위는 알 수 없지만 후기에는 역리의 사환상의 제약은 해제되어 있었
던 것으로 보인다. 예컨대 인조 대, 경기와 하삼도의 역리들이 집단적으로 격
쟁하여 그들과 양녀와의 소생을 더 이상 역리안에 등재하지 않도록 요구하
고 이를 허락받을 당시의 발언들에서 확인할 수 있다. 이때 역리는 자신들이
역자(=驛奴)와 달리 대대에 걸친 '양족良族'으로서 사로에 허통되는 것은 향
리와 같다는 것을 주장하였고, 영의정 역시 "역리는 …… 양인으로서 허통사
로의 법이 있다."라는 의견을 피견한 바 있었던 것이다.(『인조실록』 26년 8월 13
일) 조선 말, 향리들이 자신들의 지위 상승을 위해 편찬·간행했던 『연조귀감
掾曹龜鑑』에서는 역리에 대한 사로 제한이 풀리기 시작한 것은 명종 때부터
비롯된 것으로 기술하고 있으며, 조선 말기에 생원이나 문과에 합격한 인물
을 제시하고 있다. 이러한 인물은 실제로 사마방목이나 문과방목에서 확인
이 가능하다. 이보다 앞선 선조 대에 무과에 급제한 역리와 역리의 아들이 겸

하는 사람은 이와 구별하여 '사간'이라 불렸다.

사복이 된 사례도 확인되고 있다.[44]

조선 후기에는 '7반천역'이라는 새로운 역명이 등장했다. 『속대전』에서는 7반천역으로 조예皂隸·나장羅將·일수日守·조군·수군·봉군烽軍·역보驛保를 열거했다.(「병전」, 면역) 초기 이래의 세습적 천역은 소멸되어 갔는데, 새롭게 등장한 7반천역의 정체는 무엇인가. 첫째, 7반천역의 7가지 역은 사회적으로 확정되어 있지 않은 상태에 있었다는 점, 다시 말하면 구체적인 7가지의 역종은 다르게 나타나곤 하였다는 점, 둘째로 '7반천역' 사이에 성격이나 지위상 큰 차이가 있어 일률적으로 취급할 수 없다는 점이 우선 주목된다.

7반천역은 사람들이 일반적으로 기피하는 7가지 역을 저마다 꼽아본 것에 불과했다. 이는 『속대전』에 열거된 7반천역과는 다른 역종이 7반천역으로 지칭되는 예들이 발견되는 데서 쉽게 알 수 있다. 예컨대 목자牧子는 물론(『경종실록』 3년 2월 19일) 기병이나 보병과 같은 일반 군역부담자까지 7반천역으로 지목된 것이(『영조실록』 3년 1월 13일) 그것이다. 당시에 기피되는 역종을 '7'이라는 숫자에 맞추어 꼽아보는 것이 하나의 사회적 유행처럼 행해지고 있었다고 짐작된다. '칠반지역七般之役'(『승정원일기』, 경종 4년 4월 24일)·'칠반이필역七般二疋役'(『승정원일기』, 영조 2년 4월 12일)·'칠반군보七般軍保'(『영조실록』 26년 7월 3일) 등의 사례를 찾아볼 수 있다. 결국 『속대전』에 열거된 7가지 천역은 '사왕손四王孫'과 '선현先賢'의 지파支派 후예들에게 부과하지 않도록 할 7가지 역을 정부가 선정해 놓은 데 불과한 것이었다.

7반천역은 단순히 사람들이 기피하는 7가지 역을 꼽아본 것에 불과한

---

44) 沈勝求, 「壬辰倭亂 중 武科及第者의 身分과 特性 —1594년(宣祖 27)의 別試武科榜目을 중심으로」, 『한국사연구』 92, 1996.

것이므로 『속대전』에서 지목한 7가지 역종 사이에는 입역하는 사람들의 성분이나 지위가 한결같을 수 없었다. 역종 사이의 차이 가운데 가장 대표적인 것은 부거권의 유무였다. 『속대전』에서 "여러 천인은 함부로 과거를 치르는 것을 허락하지 않는다."라고 하여 열거한 것은 7반천역 중에서도 조예·수군·봉군·역보는 제외하고 나장·일수·조졸漕卒만이었다.(『병전』, 무과)

나장·일수·조졸의 부거권을 박탈하고 심지어 공사천과 함께 '천인'으로 지칭하기까지 한 이유는 무엇일까. 전혀 자료를 찾을 수 없는 일수를 제외한 나장과 조졸의 경우에는 어느 정도의 추정이 가능하다. 양인 대신 천인이 복무하게 된 사정과 관계가 있다는 것이다.

조군의 후신인 조졸은 조세를 배에 싣고 경창으로 운반하는 일을 맡은 사람들이었다. 선군船軍이 국방과 함께 담당하던 조운의 기능을 성종 초년에 따로 떼어냄으로써, 선군은 국방을 전담하는 수군과 조운을 전담하는 조군으로 갈라지게 된 것이다. 수군과 조군이 나뉜 직후 제정된 그들에 대한 신역 세전 규정은 그들이 자신들의 고된 역에서 이탈하는 것을 막기 위한 조치였다. 그러나 이 조치는 지위 저하를 가속화하여 그들의 지위는 악화일로를 걷게 되었다. 중종 대에는 문무과를 제외하고 갑사나 별시위 등을 통한 다른 사로의 진출은 막혀 있는 상태에 있었던 것이 확인된다.(『중종실록』, 6년 4월 8일) 이후에는 공민권의 최후의 보루로 남아 있던 부거권마저 위협을 받게 되었다. 수군은 임란 직후 잠시 부거권이 박탈되었다가 바로 회복되었지만 조군의 경우에는 회복되지 못하였던 것이다.

현종 대에 이르러 조군의 부거권은 회복되었다.(『현종개수실록』, 13년 3월 9일) 그런데 『속대전』에 다시 조군의 부거를 다시 금지하는 규정이 실려 있다. 이는 숙종 30년의 조군제 개혁 조치와 관련된 것으로 생각된다.

조군제 개혁 조치란 관선에 의한 조운이 어려워지자 기존의 조군역을 혁파하고 양·천 가리지 않고 새로 모집한 조군으로 하여금 정부가 빌린 민간의 배로 조운의 임무를 맡게 한 것을 말한다.(『숙종실록』 30년 1월 17일) 즉 양역이라는 원칙을 방기하고 천인을 조군에 편입한 것이다. 바로 이 조치가 '조졸'에 대한 부거금지를 다시 불러온 배경이 되었다는 것이다.

입역인의 성분 변화가 불러온 법제적 지위 변화는 나장의 경우 좀 더 분명하게 나타난다. 『속대전』에서 부거 금지가 된 나장은 바로 의금부 나장을 가리키는 것인데[45] 의금부 나장이 천인으로 충당되었으니 부거권 박탈은 그 필연적인 귀결이었다는 것이다. 효종 3년에는 국가에 몰수된 반역인의 노 가운데 서울에 사는 젊고 생활이 안정된 노 36명을 의금부의 나장으로 충정하고, 서울에 사는 노의 숫자가 부족하면 가까운 도의 노로 보충하며, 충정된 자의 자녀는 모두 대대로 의금부에 소속시켜 대대로 역을 세습하게 한 것이다.[46]

결국 본래 양인의 역이었던 조군과 나장의 역에 천인이 충정됨으로써 그들에 대한 부거금지가 명시되게 된 것이라 하겠다. 『속대전』에서 공사천과 함께 그들을 '천인'으로 표현한 것도 이러한 사항과 관련이 있을 것이다. 그렇다면 조선 후기에도 정부가 아무런 하자가 없는 양인의 부거권을 공공연

---

45) 이는 『속대전』에서 의금부의 나장을 제외하고 다른 기관의 나장은 모두 다른 이름으로 개칭하여 표기한 데서 알 수 있다. 즉 사헌부의 나장은 '所由'로, 사간원의 나장은 '喝道'로, 이 외의 기관의 나장은 모두 '使令'으로 표기한다고 명시되어 있다.(「병전」, 경아전 나장)

46) 『승정원일기』 123책, 효종 3년 1월 23일. 이 기사에서는 의금부의 나장을 조예로 표시하고 있는데 동일한 자이다. 조선 후기에는 의금부의 나장도 곧잘 조예로 불렀던 것이다. 이는 동일한 대상을 조예와 나장으로 번갈아 부른 사례에서 입증된다.(『승정원일기』 110책, 효종 즉위년 12월 26일) 천인 나장에게 적용되는 세전 규정이란 양녀를 처로 하는 경우는 말할 것도 없고, 천녀와 혼인하더라도 그 소생은 천자수모법의 적용을 받지 않고 부의 역을 승계하여 나장이 되게 함을 의미하는 것이다.

히 박탈하는 일은 하지 않았던 셈이다. 결론적으로 7반천역은 양인의 새로운 세습적 천역이라 할 수 없으며, 7반천역을 부담하는 자들을 양인 내의 독립된 신분집단을 형성하는 부류라 간주할 수도 없다 하겠다.

3) 평민과 사환

조선시대 평민 가운데에는 적극적으로 사로의 진출을 모색하는 자들이 많았으며 그중에 사환에 성공하는 자들도 적지 않았다. 평민의 가장 대종이 되는 사환로는 조선 전기에는 직업군사, 조선 후기에는 무과라 할 수 있다. 이하 조선시대 평민의 사환 실태를 평민의 사환 문제와 관련하여 주목되는 시기인 16세기의 사례를 중심으로 하여 살펴보기로 한다.

16세기에 구체적으로 확인되는 평민의 사로에는 직업군사 외에도 여러 가지가 있었다. 앞에서 본 바와 같이 문과를 통한 입사도 있었고, 유학幼學 취재를 통해 훈도에 진출하는 경우도 있었다. 중종 2년, 정광필은 "유배생활을 할 때 …… 명색이 훈도·교수라는 자들은 대개 모두 기선군·조예·나장 등의 자"라 증언하였다.(『중종실록』 2년 10월 28일) 비록 이날 훈도의 자격을 문과와 생원진사시의 초시 입격자로 제한함으로써 평민의 훈도 진출은 어려워지게 되었지만, 평민 가운데서도 하층에 속하는 자들이 유학 취재에 응해 훈도로 진출하고 있었던 것은 주목할 만하다.

이서를 거쳐 문반에 진출한 자도 있었다. 이계형李繼亨은 상인의 아들로서 녹사를 거쳐 주부(종6품)가 되었던 것으로 추정된다. 그는 현감의 낙점을 받았으나[47] 대간이 그가 상중에 고기를 먹었다는 온당치 못한 처신을 빌미로

---

47) 녹사를 거쳤다고 추정하는 이유는 문과·사마·잡과 그 어느 방목에서도 그의 이름을 찾아 볼 수

삼아 임용에 반대함으로써 낙마하고 말았다.(『중종실록』4년 8월 19일)

16세기 평민의 주된 입사로는 직업군사인 갑사·별시위였다. 갑사·별시위는 당시의 평민에게 아주 가장 매력 있는 자리가 될 수 있었다. 과거나 이서를 통한 사환보다 손쉬웠을 뿐 아니라, 복무 후 '무예武藝' 취재를 거쳐 만호나 첨절제사가 될 수 있었기 때문이다. 만호나 첨절제사는 군직軍職이 아닌 정식 무관으로서 확실한 양반의 반열에 오르는 것이다. 16세기에 사족들이 입속을 기피하여 갑사·별시위 진출이 이전보다 손쉬워진 것도 큰 이점이었다. 사족들은 갑사·별시위의 대우가 나빠져 입속을 기피했지만, 여기에 입속하는 평민이 늘어나자 더욱 기피하지 않을 수 없었다. 결국 16세기의 갑사·별시위는 평민의 차지가 되었다.[48]

평민들의 군직 진출은 갑사·별시위에 한정되지 않았다. 좀 더 대우가 좋은 자리가 있다면 바로 옮기고 있었다. 이를테면 군역을 부담하지 않는 한량을 정예 군사로 활용하기 위해 중종 대에 설립된 정로위에 기존의 갑사·정병과 같은 군사들이 모속한 것이 그것이다.(『명종실록』8년 9월 30일)

조선 후기에는 군역제가 전기와 크게 달라졌지만, 평민들은 여전히 군사에게 부여된 사환의 기회를 활용하여 자신의 지위를 향상시키고 양반계급에 끼어들려고 노력하였다. 조선 후기에는 갑사·별시위와 같은 직업군사를 없

없기 때문이다. 특별한 공로를 세우지 않는 한 평민으로서 수령으로 나갈 수 있었던 나머지 가능성은 단 하나 상급서리 녹사를 거치는 길이다. 녹사는 거관한 뒤 '취재'를 거쳐 수령에 나갈 수 있었다.

48) 이미 성종 대부터 그들 병종에는 공·상인이 많이 입속하였는데(『성종실록』권236, 21년 1월 24일) 중종 대에는 갑사를 의무군인 정병과 함께 '무식한 사람(無識之人)'으로서 '유식한 사자(有識士子)'와 대비하고 있었고(『중종실록』권67, 28년 9월 21일) 별시위는 옛날에 精兵이었는데 지금은 '서인庶人'이 하고 있다고 개탄하고 있었다.(『중종실록』권96, 36년 11월 23일)

앤 대신, 복무 중의 군사에게 군직을 수여하거나 무관으로 발탁하는 기회를 제공했다. 즉 중앙이나 지방의 군사가 복무 중에 시취에 응해 좋은 성적을 올리면 군직이 부여되고, 성적이 특출할 경우에는 무과급제에 해당하는 '직부전시直赴殿試'의 포상을 받았던 것이다. 활쏘기나 총쏘기의 어느 한 기예에서 만점을 받거나—이른바 '몰기沒技'—, 종합 성적에서 으뜸가는 성적을 거두는 경우가 그것이다. 후기의 무과합격자에서 '직부전시'가 차지하는 비중이 반을 상회하였는데 그 가운데 평민도 들어 있었다.[49] 이처럼 평민들이 군사를 거쳐 입사하고 있었으므로 정조 대의 한 재상은 "우리나라 제도에 서인庶人이 관직에 오르게 되는 경우는 세 갈래가 있다. 액예掖隷에 속한 경우는 사알司謁에 이르고, 이서吏胥에 속한 경우는 서제書題에 이르며, 군사의 대오에 있을 것 같으면 그 재예를 시험하여 가려뽑아 일을 담당시키니, 오랜 근무를 쌓으면 차례로 올라가서 변장邊將이 되기 때문에 중서배들은 금군·기사·별무사 따위에 소속되어 몸을 일으키는 계제로 삼기를 원하지 않음이 없다."라고 말하였다.(『정조실록』 1년 6월 29일)

조선 후기의 평민은 무과로 많이 진출하였다. 한꺼번에 많은 합격자를 뽑아 흔히 '만과萬科'라 불리었던 조선 후기의 무과에는 많은 수의 평민이 합격하고 있었다. 그들은 '출신出身'이라 자처했고 조정에서는 사대부로 대우했다.[50]

끝으로 16세기에 공·상인으로서 사환상의 불이익을 받은 사례들을 살펴볼 필요가 있다. 그 구체적인 상황을 통해 평민은 조선시대를 통틀어 별다른

49) 鄭海恩,「朝鮮後期 武科의 直赴殿試」,『軍史』 31, 1995.

50) "前榜萬人出身 其本難庶賤居半 旣以出身爲名 則其自處也 朝廷之待之也 皆以士大夫之末" 『승정원일기』 263책, 숙종 4년 1월 3일.

제약 없이 사환할 수 있었다는 사실이 오히려 재확인될 수 있기 때문이다. 오직 특정 시기에 그것도 공·상인만이 문제가 된 것은 다른 평민의 사환은 통상 전혀 문제가 안 된다는 것은 반증한다는 것이다. 문제가 된 공·상 중에서도 실제로는 그 일부만이 불이익을 당했던 것 역시 유의해야 할 점이다.

조선시대에 공·상인의 사환·부거권을 부인하는 법령은 한 번도 제정된 적이 없었다. 공·상인의 사환이나 과거 응시를 직접 막은 사례도 찾아보기 어렵다. 조선 초기에 '工商賤隸'의 사환 금지 주장은 여러 번 나왔지만 이는 공장으로 복무하고 있는 자에게 유품직을 주어 포상하려는 데 대한 반대였을 뿐이고,[51] 그것도 대상이 된 공장은 주로 공천 출신 공장이었다. 공·상인에 대한 경계심이 크게 높아진 16세기의 상황은 과연 어떠했을까.

16세기 문과급제자 황유중이 예조좌랑 진출에 실패한 사례를 소개한 바 있지만 이 시기에는 공·상인의 과거 응시에 일정한 제한을 가하려는 대간의 시도가 보인다.(『중종실록』 33년 8월 23일) 그러나 공·상인을 차별해야 할 당당한 명분을 제시할 수 없었으니 공·상인의 부거권을 제한하는 법령이 만들어질 수 없었다. 결국 대간의 노력은 후일 단지 보단자의 보증 요건을 강화하여 『대전후속록』에 등재하는 선에서 끝나고 말았다. 이후 그 어느 법령에서도 공·상인에 대한 부거 금지규정을 찾아 볼 수 없다. 『속대전』에도 공사천과 함께 오직 나장·조졸·일수의 부거 금지만이 명시되어 있을 뿐이다.

16세기에 갑사·별시위로 진출한 공·상인들이 무예 취재를 통해 만호·첨

---

51) 공장에게 서반직을 주자 관원들이 공장의 공로를 포상하려면 물품으로 할 것이지 군이 관직으로 해야 하겠느냐고 반대하고 나선 것은 나름대로 이유 있는 항변이었다. 오늘날로 비유하자면 기능직 종사자에게 군 장교직을 포상으로 수여하는 격이었다. '工商賤隸'에게 적합한 관직을 수여하기 위한 여러 가지 모색 끝에 마련된 것이 문무 정직과 구분되는 '流外雜職'을 수여하는 방안이었다. 녹봉의 지급 외에는 별다른 의미가 없는 관직이었다.

절제사에 제수되는 일이 갈수록 늘어나게 되자 중종 대의 대간은 그 저지에 나서기도 했다. 그러나 갑사·별시위를 임용하기 위해 만든 무예 취재를 "방어의 임무는 돌보지 않고 모리만 꾀한"다는 이유로 폐지하자는 대간의 요청을 중종은 수락과 거절을 반복한 끝에 그대로 존치하는 것으로 결정했다.(『중종실록』 4년 6월 1일) 그 후에도 '시정'에 거주하는 경갑사京甲士인 허영희許永熙가 만호에 제수되자 사간원에서 그가 무재도 없고 문지가 미천하여 부하를 제어하기 어렵다면서 발령을 취소할 것을 누차 요청하였으나, 중종은 끝내 허락하지 않았다.(『중종실록』 5년 6월 19일; 5년 7월 21일) 이를 끝으로 이 문제는 더 이상 거론되지 않은 듯하다.

명종 초의 한춘동韓春同은 갑사로서 정3품계를 받은 자인데 강도를 잡는 데 공로를 세웠다 하여 병조의 겸임판서로 있던 이기李芑가 그를 당상관으로 가계하려 하여 물의를 빚었다. "갑사·별시위의 무리가 공·상에 종사한다면 (그를) 조사朝士라 부를 수 없다."라는 주장이 제시되었음에도 불구하고(『명종실록』 2년 3월 9일) 결국 당상관에 올라가는 데 성공하였다.[52] 이상 16세기의 관원 임용과정에서 논란이 되었던 몇몇 공·상인의 구체적인 사례를 살펴보았다. 그 결과 반상의 구분이 본격화되기 시작했던 이 시기에도 공·상인들이 대체로 큰 제약을 받지 않고 과거에 응시하고 사환하고 있었음을 확인할수 있었다. 이는 공·상이 아닌 일반 평민들이 그야말로 아무런 제약 없이 사환·부거권을 누렸음을 반증하는 것이다.

---

52) 논란의 최종 결과는 직접 보이지 않지만 6개월 뒤의 다음 기록을 보면 결국 당상관으로 가계된 것으로 추정된다. "諫院啓曰 近來捕盜將論賞之際 用法不一 間有倖倬陞堂上 守令無恥之輩 或捕一二之盜 因緣干請 無所不至 弊將難救 極爲寒心 …… 史臣曰 時 權姦專國 貪風大肆 邦本日瘁 國家將顚 捨此不論 反彈其小者 備日課塞責而已 臺諫之體 果如是乎"『명종실록』 권8, 3년 8월 3일.

4절 노비계급

1. 노비계급의 대표 명칭: 천민인가 노비인가

조선시대에 노비를 포괄하는 천민이라는 계급은 존재하지 않았다. 종래의 4신분론에서는 양반-중인-상민과 함께 최하 신분으로 천민을 내세웠다. 천민을 구성하는 집단으로는 노비 함께 광대·사당·창기·무격 등을 들었다. 그러나 이미 앞에서 지적한 대로 그들은 신분집단이 아니라 양·천이 모두 포함된 직업집단일 뿐이었다. 그들은 천민'신분'이 아닐 뿐 아니라, 노비와 함께 천민이라는 '계급'을 구성하지도 않았다. 첫째, 그들은 계급으로서의 성격을 가지고 있지 않았다는 점이다. 사회관계를 토대로 성립한 집단도 아니고 공통의 사회적 역할도 없다. 각기 직업이나 존재 양태가 매우 이질적이어서 그들 사이에 같은 계급이라는 정체성이나 연대감이 있을 수 없었다. 둘째, 조선시대에 그들을 노비와 함께 포괄하여 다른 계급이나 부류와 대조하는 사회적 구분 자체가 없었다는 점이다. 동시대의 사람들이 그들의 직업을 미천하게 본 것은 사실이지만 그렇다고 하여 그들을 사회적 위계상 노비와 같은 위치에 있다고 여기지는 않았다. 이는 단순히 문지가 낮은 사람을 가리키는 '천민'이나 '천인'의 용례를 통해서 엿볼 수 있다.

'천민'은 용례가 많지 않으나 '사족'·'호우豪右' 등과 대조되어 그들보다 사회적 지위나 위신이 상대적으로 떨어지는 미천한 사람임을 나타냈다.[53] 교생과 대조된 경우도 있다. 군역을 면하기 위해서 함부로 향교에 적을 둔 자들

---

53) 사족과 천민이 병기된 예: 『인조실록』 권47, 24년 4월 5일. 호우와 천민의 예: 『승정원일기』, 숙종 13년 12월 29일.

이 평소 자신을 '천민'들과 구별되는 자라 여기고 국가의 부역에는 응하지 않는다는 것이다.[54] 다른 부류와 대조하여 쓰이는 경우보다는 단독으로 사용되는 경우가 많은데 앞에 거주지를 붙여 집합적으로 지칭하는 '향곡천민鄕曲賤民'·'궁항천민窮巷賤民'·'전야천민田野賤民' 등의 용례를 찾아볼 수 있다.

양인에 대조되는 법제적 용어 '천인'은 무수한 용례를 보이는데 대상은 당연히 노비였다. 노비를 나타내는 용례 외에는 간혹 '천민'과 마찬가지로 '미천한 사람'을 나타내는 것으로 쓰였다. '의과천인醫科賤人'처럼 잡과출신은 물론(『명종실록』 1년 6월 7일) 한미한 집안의 관원이나(『명종실록』 21년 6월 21일) 무과 출신자도 '천인'이라 지칭되었다.(『광해군일기』 5년 1월 27일)

광대·사당·창기·무격 가운데 양인 신분소유자는 평민계급과 구분하기보다는 일반 평민보다 사회적 천시를 받았던 평민 하층으로 이해하면 충분하지 않을까 한다. 고공이나 고용노동자의 경우도 마찬가지다. 백정의 경우는 이종족으로 인식되고 종종 정부로부터 특별한 취급을 받기는 했다. 그러나 역대의 정부가 대체로 그들을 평민과 동화시키려 했으며, 적어도 평민과 사회적으로 분리하려 시도하지 않았다는 점에서 노비와 함께 천민으로 묶기보다는 평민 하층에 속하는 특수 부류로 파악해도 무방할 것으로 생각된다. 결국 조선시대에 노비 외에 따로 천민 또는 천인이라 지목할 사람은 없었으므로 조선시대의 최하 계급은 노비로만 구성된 단일한 계급으로 보는 것이 무난하다.

---

54) 『승정원일기』, 영조 10년 6월 13일.

2. 노비계급의 성격

1) 생산관계와 노비계급

노비는 조선시대의 계급 가운데 유일하게 신분이면서 동시에 계급에 해당하는 부류이다. 조선시대의 노비는 인구에서 차지하는 비중은 상당히 커서 한국을 세계에서 가장 대표적인 노예제 사회의 하나로 꼽는 연구자들도 있다.[55] 따라서 조선시대 노비의 성격에 대해서는 각별한 주의가 필요하다. 생산관계 면에서 노비가 가지는 성격을 먼저 살피고 이어서 사회적 역할과 예속인으로서의 노비의 성격을 살펴보기로 하자.

같은 노비라도 구체적인 사회경제적 처지는 커다란 편차를 보였다. 노비 가운데는 노예나 농노에 방불한 처지의 사람들도 있고 명색만 노비이지 자유롭고 유복한 삶을 즐기는 자들도 있었다. 우선 국가기관 소속의 공노비와 개인의 사노비의 처지가 다르고, 같은 사노비라 하더라도 주인과 생활영역을 공유하는 솔거노비와 생활이 분리된 외거노비의 삶의 방식은 크게 다르다. 또한 같은 솔거노비라 하더라도 입역방식이나 주인이 가진 지위의 고하, 세력의 대소나 품성의 여하에 따라 실제적인 처지는 천차만별이다. 외거노비 역시 마찬가지다.

여기서는 개개 노비의 현실적인 차이는 차치하고 유형별로 가장 표준적인 노비의 처지가 경제사에서 말하는 고전적인 개념의 노예나 농노에 비정

---

55) 일찍이 Orlando Patterson이 *Slavery and Social Death: A Comparative Study*, Cambridge: Harvard University Press, 1982에서 한국을 대표적인 노예제 사회로 열거했음이 알려져 있지만, 한국사 연구자로는 James B. Palais가 대표적이다.

될 수 있는가 하는 점에 초점을 맞춘다. 기존에는 노비를 일률적으로 노예에 비정하는 경우가 있는가 하면, 같은 노비라도 솔거노비＝노예, 외거노비＝농노로 보는 견해도 있었다.

① 생산노비

노비는 주인에 대한 복무형태를 기준으로 직접 노동력을 납부하는 입역노비와 입역 대신 신공의 납부를 의무로 하는 납공노비로 나눌 수 있다. 입역노비는 다시 주인집에서 각종 가사 일을 맡거나 심부름을 하는 노비(이하 사환노비)와 주인의 토지를 경작하는 노비(이하 생산노비)로 나눌 수 있다. 생산노비는 다시 주인이 직접 경영하는 토지에서 일하는 노비(직영형 노비)와 농사를 위임받아 책임 경영을 하는 노비(작개형 노비·소작노비)로 나눌 수 있다.

조선시대의 지주는 자신의 토지와 노비를 다양한 방식으로 이용하였다. 소유 노비를 직접 부려 경작하기도 하고 아예 토지경영 일체를 노비에 맡기기도 하였으며 토지를 타인에게 소작지로 주기도 하였다. 솔거노비에는 사환노비가 많지만 생산노비도 있었다. 조선시대의 솔거노비란 보통 주인의 호적상에 솔거인구로 등재되는 노비를 가리키는 것으로 솔거노비라 하여 모두 주인과 같은 집에서 거주하는 것은 아니었다. 주인집 가까이에 거주하면서 출퇴근하여 가내 잡역에 종사하는 노비도 있는가 하면, 주인의 지시에 따라 주인의 직영지를 경작하는 노비도 있었던 것이다. 생산노비 중에는 아주 먼 타 지역에 거주하거나 같은 고을이라 해도 주인집에서 꽤 떨어진 곳에 거주하면서 자신과 그 가족의 노동력으로 토지를 책임경영(＝소경영)하는 노비도 있었다.

직영형 노비는 주인이 관리가 손쉬운 부근의 토지를 자신의 지시하에 경작하도록 부리는 노비를 가리킨다. 주인에게 신분적·인신적으로 예속되고 생산수단에서 유리된 채 노동력만 제공한다는 점에서 이 유형의 노비는 부분적으로 고전적 노예의 요소를 지니고 있다고 할 수 있다. 그러나 조선시대의 모든 노비는 재산권을 법적으로 보장받고 있다는 점에서 결정적으로 노예나 농노와 다른 면이 있다.

근래에 여말에서 조선 전기까지 생산노비 중에는 '작개'형의 노비가 상당한 비중을 차지하였다는 사실이 확인되었다. '작개'제란 농사를 노비에게 일임하되 "'작개'와 '사경私耕'을 짝 지워 나눠주고, 노비는 이것을 가족노동력에 의거하여 경작하는 형태로 운영되는 토지경영방법"이다.[56] 작개의 수확물의 경우는 그 전부 또는 정해진 양을 바치게 한 반면, '사경'의 경우는 그 수확물을 노비가 자유로이 처분할 수 있었다. 노비로서는 자신이 수확물을 모두 차지하는 사경지에 애착을 가지는 반면, 수확물이 주인에게 돌아가는 작개지의 경작은 소홀하기 쉬워서 주인과의 마찰은 불가피하였다. 작개제의 문제가 점차 심화되면서 17세기 이후에는 거의 사라지게 되었다. 작개형 노비는 주인에게 인신적으로 예속된 채 사경이라는 생산수단을 점유하고 작개지에서 부역노동을 한다는 점에서 서구 중세 직영지를 경작한 고전장원의 농노와 유사한 면이 지적되기도 하였다. 그러나 자신이 경작하는 사경지에 대한 점유권과 같은 것이 없는 반면, 재산권은 소유한다는 점에서 농노와 결정적인 차이가 있다.

소작 노비는 주인의 토지를 책임경영하고 토지에 대한 지대를 지불하는 방식으로 살아가는 노비이다. 주인에게 인신적으로 예속된 채 소농경영을 한다는 점에서 서구 중세 이른바 '지대장원'기의 농노의 요소를 지니고 있다고 할 수 있다. 소작노비 역시 소작지에 대한 점유권이 없는 반면, 재산권은

---

56) 김건태, 「16세기 양반가의 '작개제'」, 『역사와 현실』 9, 1993, 239쪽.

소유한다는 점에서 농노와 결정적으로 다르다.

② 납공노비

납공노비는 주인에게 입역하는 대신 신공을 납부하는 노비이다. 납공노비는 자신의 토지를 소유한 지주나 자작농일 수도 있고, 제3자의 소작인일 수도 있다. 물론 상업이나 수공업 등 다른 생업에 종사하는 자일 수도 있다. 조선 후기에는 외거노비의 다수가 이러한 납공노비로 추정되고 있다.

사노비의 납공액은 대체로 공노비의 납공액에 준하였다. 납공하는 공노비의 신공액은 노의 경우에는 전기에는 1년당 면포 1필·저화 20장, 비는 면포 1필·저화 10장이었다가, 후기에는 보통 노 면포 2필, 비는 면포 1필 반이었다. 납공노비 중에는 주인에게 납부하는 신공 외에 국가에 별다른 부세나 신역의 부담을 지지 않아 양인보다 부담이 가벼운 자들이 적지 않았다. 간혹 외방의 노비를 불러다가 사환노비로 쓰는 사태가 발생하는 경우처럼 지위가 불안정한 면이 없지는 않으나, 대체로 실제의 사회경제적 처지는 자유농에 가깝다고 볼 수 있다. 이러한 상황이 평민으로 하여금 노비와 혼인하게 하는가 하면, 투탁하거나 자매自賣하여 노비가 되는 길을 선택하게 한 요인으로 작용하기도 했다.

결국 조선시대의 노비는 주인이나 노비 자신의 개별적 차이를 차치하고서라도 유형별 성격의 차이가 많아 노비의 성격을 생산관계를 가지고 일률적으로 규정하기 어렵다고 하겠다. 주인과 직접적인 생산관계를 갖고 있지 않은 자들도 많고, 생산관계를 갖고 있다 해도 노예적인 요소를 가진 자, 농노적인 요소를 가진 자들로 나뉘어 있었는가 하면, 노예적·농노적인 요소와 함께 비노예적·비농노적인 요소를 함께 가지고 있었기 때문이다. 노비의 법제적·사회적 지위를 보면 노비와 노예·농노와의 차이는 더욱 분명해진다.

2) 역할로 본 노비계급의 성격

　노비는 사대부와 지배-피지배, 착취-피착취의 대립관계를 가지지만 보호-피보호, 부양-피부양의 의존관계도 가지고 있다. 노비에는 공노비도 있었지만 사노비가 노비계급의 주류였다. 조선시대의 계급구조는 평민과 노비가 피지배계급을 형성한 상태에서 사대부-평민, 사대부-노비라는 두 관계가 병립하고 있는 형태이다. 평민이 국가의 기본 토대였다면 노비는 사대부의 기본 토대였고, 평민의 일부인 소작농이 사대부의 부차적 토대였다면 노비의 일부인 공노비가 국가의 부차적 토대였다.

　사대부들 가운데는 노비가 그들의 사회적 경제적 토대임을 솔직히 인정하는 자들이 있었다. 세조 때의 양성지는 호적을 밝힐 것을 촉구하면서 "양인이 모두 나오게 되면 군액이 풍족해지고 도망친 죄인이 나오고 도적이 그칠 것이며, 공천이 나오면 관부가 풍족해지고, 사천이 나오면 사대부가 풍족해질 것이다."라고 말했다.(『세조실록』 3년 3월 15일) 군주 역시 이를 잘 파악하고 있어서 성종은 "우리나라 사족은 노비와 전지로서 문호를 보전하기 때문에 1구의 노비, 1묘의 토지라도 얻으면 생활할 수 있고 잃으면 굶주리고 추위에 떨게 될 것이니 관계되는 바가 무척 크다."라고 하였다.(『성종실록』 21년 1월 23일)

　조선시대의 사대부들은 명·청대의 중국에서 원칙적으로 노비소유를 인정하지 않는다는 사실을 알고 있었기 때문에 노비제가 조선특유의 것이라 생각했다. 숙종대의 박세채가 그 예이다. "우리나라의 풍속인 노비의 법은 중국에는 없는 것인데, 위로는 여러 궁가·사대부로부터 아래로는 시정에 이르기까지 자신을 서민과 다르게 하려는 자는 노비를 중시하지 않음이 없다. 반드시 많이 사들여 대대로 부리려 한다."(『숙종보궐실록』 14년 6월 14일)라고 말했다.

대개의 사족들은 노비의 이러한 역할은 부각하고 싶어 하지 않았다. 범죄인이라는 노비 차별의 정당화 논리는 공노비에게나 해당되지 사노비에게는 거의 해당되지 않았다. 더구나 자자손손 노비의 신분을 계승하게 하는 것은 죄를 줄 때 처자는 연루시키지 않는다는 '죄인불노罪人不拏'의 유교 정신에도 위배되는 것이다. 그래서 사대부들은 노비제를 유지하는 명분을 다른 곳에서 찾았다. 노-주관계가 상하·존비라는 사회질서를 지탱하는 바탕이며(『인조실록』 4년 11월 22일) 노비제로 말미암아 조선이 예의의 나라가 되었다고 강변했다.(『고려사』,「형법지」, 노비조 서문) 노비로 말미암아 사족이 염치를 기르고 정사에 충실히 복무할 수 있다고 정당화하는 논자도 있었다.(『세종실록』 8년 8월 27일)

3) 예속인으로서의 노비계급의 성격: 노비의 물성·인성을 중심으로

① 쟁점

조선시대의 노비는 다른 지역의 예속인과 비교해 보았을 때 과연 어떠한 특성을 지닌 것인가. 노예인가, 농노인가, 아니면 노예나 농노와는 전혀 다른 성격의 예속인인가. 우선 대표적인 견해 몇 가지를 간단히 소개한다. 초창기 연구에서는 별다른 근거 없이 노비를 노예로 취급하였다. 그러나 김석형은 다음과 같은 견해를 제시하여 연구자들의 큰 주목을 받았다. 솔거노비는 가부장적 노예로, 외거노비의 주축은 농노로 비정하되 부분적으로 봉건적 예속인에 해당하는 자도 있다는 것이었다.[57]

노비에 대해 노예나 농노와 같은 일률적인 판단을 지양하고 같은 노비라도 생산관계상에서 여러 가지 성격을 지닐 수 있음을 제시한 것이 주목을 끌

---

57) 김석형, 「우리나라 중세의 봉건적 토지소유 관계에 대하여」, 앞의 책.

었다. 외거노비는 국가와 지주의 이중적 예속관계하에 놓여 있던 양인 소작
농과 함께 농노로서 조선시대 직접생산자의 중심을 이루고 있었다는 주장,
다시 말하면 조선의 사회구성은 농노제사회라는 주장 역시 이후의 연구에
큰 영향을 주었다. 그러나 여러 가지 문제점도 지적되었다. 무엇보다 외거노
비의 주류이며 독립적 소유와 경영의 주체로서 일정량의 신공을 부담하는
납공노비의 존재를 간과한 것이 치명적인 문제점이었다.[58]

한편 노비는 고대 로마나 남북전쟁 이전의 미국 흑인노예와 마찬가지의
노예임을 강조하는 팔레의 견해도 나왔다. 즉 노비는 동산노예(chattel slave)
이며 조선사회는 노예수가 인구의 30%를 넘는 세계 역사상 대표적인 노예제
사회의 하나였다는 주장이었다.[59] 이영훈은 이에 대해 노비의 매매는 일상적
으로 이루어지는 일이 아니라는 점, 노예로 볼 수 없는 납공노비가 많다는 점,
노비는 자유인의 사회로부터 추방되어 있지 않다는 점 등을 지적하며 반박
한 바 있다.[60]

마지막으로 소개할 것은 노비=노예설을 비판하면서 가내(=사환노비)·가
작(=직영형 노비)의 두 노비는 노예라 볼 수 있으나 작개·병작·납공의 세 노비
는 농노라 볼 수 있다는 이영훈의 견해이다.[61] 김석형·팔레의 주장에 대한 이

---

58) 자세한 내용은 이영훈, 「고문서를 통해 본 조선전기 노비의 경제적 성격」, 『한국사학』 9, 1987
　　참조.

59) James B. Palais, "Slave Society", VIEWS ON KOREAN SOCIAL HISTORY, the Yonsei University Press,
　　1998. 미국의 1세대 한국사연구자로 꼽히는 팔레는 현재의 한국인들이 과거에 대규모의 노예
　　를 부린 사실에 대해 아무런 죄의식을 가지고 있지 않다고 크게 개탄한 바 있다.

60) 이영훈, 「제임스 팔래의 노예제설 검토」, 『한국문화』 52, 2010.

61) 이영훈, 「한국사에 있어서 노비제의 추이와 성격」, 『노비·노예·농노: 예속민의 비교사』, 일조각,
　　1998.

영훈의 비판은 예리했지만, 대안으로 제시한 주장에는 문제가 없지 않다. 즉 자신의 토지와 가족을 보유하고 주인과 떨어져 독립적으로 살아가는 납공노 비를 농노로 간주한 것이나, 역대의 예속인의 범주를 노예와 농노라는 두 가 지 범주로 한정시켜 조선시대의 작개·병작·납공노비는 노예로 보기 어려우 므로 농노라는 식의 결론을 도출하고 있는 점이 그것이다. "서유럽 중심의 잣 대를 가지고 노예인가, 농노인가 양자택일 방식으로 묻는데서 해방되어야 한다. 노비는 노비 그 자체일 뿐이다."라는 그 자신의 지적대로[62] 제3의 예속 인 범주의 정립 가능성을 타진해 볼 필요성이 있다.

조선시대의 노비는 노예나 농노와는 다른 독특한 예속인의 한 유형을 보 여준다. 무엇보다 노비는 매매의 공인이라는 노예의 특징을 가지면서도 물 건으로서의 성격(이하 물성)보다 인간으로서의 성격(이하 인성)이 월등 강하였 다. 노비의 다수가 주인과 직접적인 생산관계를 맺고 있지 않았다는 점에서 나 재산권을 가졌다는 점에서 농노와도 다르다. 조선시대의 노비가 가진 이 러한 특성들은 부분적으로 여러 연구자들에 의해 지적된 바 있지만, 노비의 물성과 인성을 중심으로 기존의 논의를 조금 확대해 보기로 한다.

② 노비의 물성: 매매

노예가 노예인 까닭은 무엇보다 인간이면서도 마치 물건처럼 취급된다 는 데 있다. 노예의 물성을 대표하는 것은 바로 매매이다. 그러나 매매는 노 예가 되기 위한 필요조건일 뿐 노예가 되기 위한 충분조건은 못된다. 동산노 예로 간주하려면 최소한 인성보다 물성이 강해야 하는데 노비는 물성보다 인성이 훨씬 더 강했기 때문이다. 뿐만 아니라 매매 자체에 있어서도 노비의

---

62) 이영훈, 「한국사 연구에서 노비제가 던지는 몇 가지 문제」, 『한국사시민강좌』 40, 2007, 159쪽.

매매는 노예의 매매와 내용적으로 다른 점이 있었다.

먼저 노비의 매매는 노예의 경우와 달리 비교적 드물게 일어나는 일이었다는 점이다. 다시 말하면 노비의 매매는 일상적인 일이라기보다 특별한 일이었다는 점이다. 조선시대에 노예시장이나 노예상점이 없었던 것은 우연한 일이 아니었던 것이다. 자신이 소유하는 노비 특히 자신이 직접 부리던 가사노비는 부득이한 사정 혹은 특별한 사정이 있을 경우에나 팔았으며, 팔더라도 타인에게 팔기보다는 우선적으로 가족·친인척이나 친지에게 팔았다. 부부나 자식을 생이별시키는 식의 매매는 거의 이루어지지 않았다.[63]

정부는 토지보다 노비의 매매에 더 까다롭게 대처했고, 현실에서도 당시 사람들은 토지보다 노비의 매매에 더 신중을 기하였다. 노비매매문서에 반드시 공시가격을 기재한다거나, 공증 절차가 거의 생략되는 토지와 달리 노비의 경우는 예외 없이 공증을 거친다는 것 등이 그것이다.[64]

정부가 토지보다 노비 매매의 단속을 엄중히 한 데는 여러 가지 이유가 있었다. 인신매매를 허용은 하되 바람직하지 않게 보는 점이 그 하나이며, 부동산보다 훨씬 다툼의 여지가 많은 노비 매매에서 분쟁을 미연에 방지하려는 이유도 있다. 마지막으로는 새로운 노비의 취득에는 반드시 증빙 문서를 구비하게 함으로써 '압량위천'의 소지를 봉쇄하려는 목적도 크게 작용한 것으로 여겨진다. 조선 후기에 극심한 흉년이 계속되면서 정부가 진휼에 어려움을 겪게 되자, 아사에 몰린 자를 급양해 주는 자에게 피급양자를 노비로 부

---

63) 노비도 가족을 구성하고 유지할 수 있었음이 구체적인 사례를 통해 확인된다. 예컨대 의성 김씨가의 노비를 통해 상전의 매매·상속·증여에 의한 가족 해체가 거의 없었음이 밝혀진 것이 그것이다. 김건태, 「18세기 중엽 사노비의 사회·경제적 성격」, 『대동문화연구』 75, 2011.

64) 안승준, 「朝鮮時代 奴婢 市場과 去來 —1707년 매매 홍정 書簡과 尙州牧奴婢賣買立案을 중심으로」, 『장서각』 31, 2014.

릴 수 있도록 이른바 '구활救活'노비로 인정해 주기도 했다. 그러나 조선시대를 통틀어 말한다면 부채로 인한 노비나 구활노비·자매노비 같은 것은 정부가 원칙적으로 인정하지 않았다고 할 수 있다.

노비의 자유로운 매매가 억제된 데는 윤리적인 이유도 있었다. 노비는 주인과 의리로 결합되어 있다는 인식이 그것이다. 의리란 바로 노비가 지닌 인격의 측면을 반영하는 것이다. 『대명률』에서 주인에 대한 고소·고발을 비속이 가장을 고소·고발하는 조항을 원용하여 처벌하도록 한 것은 바로 노-주 관계를 의리관계로 인식한 때문이었다. 『경국대전』에서도 마찬가지로 노-주에 대한 처벌을 '고존장告尊長' 조에 두었다.

조선시대의 노-주 관계는 흔히 군신관계에 비유되었다. 성리학에서의 군신관계는 단순한 상하관계가 아니어서, 신하의 일방적 복종만 요구하는 것이 아니라 신하에 대한 군주의 일정한 존중과 예우를 요구하는 것이다. 노-주 간에도 마찬가지다. 노비에게 주인에 대한 무한한 충성과 복종을 요구한 반면, 주인에게도 노비에 대해서 억압하고 혹사할 것이 아니라 가족처럼 자상한 배려와 따뜻한 보살핌을 베풀도록 요구하였다. 노비 중에서도 가사노비는 주인의 학대나 침탈을 상대적으로 많이 받게 마련이지만, 역으로 다른 노비보다 더 많은 배려와 은혜를 베풀 것이 기대되었다. 최소한 굶주림과 추위에 고통받지 않도록 해야 하며, 병이 나든지 어려운 사정을 만나면 이를 해결하기 위한 노력을 해야 했다.

③ 노비의 인성 1: 재산권

조선시대의 노비가 가지는 인성의 요소는 재산권·인권·인격의 세 부분으로 나누어 볼 수 있다. 재산권에서 조선시대의 노비와 고대 로마나 남북전쟁 이전의 미국의 노예와의 차이가 극명히 드러난다. 조선시대에 노비의 재산은 법으로 보호되었다. 노비는 자신의 재산을 매매·상속·증여·양도할 수 있었고, 국가로부터 그 사실을 공증받을 수 있었다. 재산권이 보장되었기 때문에 조선시대에는 노비가 노비를 소유하는 일이 드물지 않았고 노비 중에는 상당한 갑부가 존재하기도 하였다.[65]

노비가 가진 재산은 물려줄 자식이 없을 때라야 비로소 소유주인 국가기관이나 개인의 재산으로 귀속되었다.(『경국대전』, 「형전」, 천취비산賤娶婢産) 그러나 설사 노비에게 자식이 없을 때에도 자신의 토지나 노비를 양도하고 싶은 친척이나 친지에게 사전에 증여할 기회가 얼마든지 있었고, 문서가 있다면 그 효력이 인정되고 있었다.[66]

노비는 예속인이므로 아무래도 주인에 의해 재산권이 침해당할 소지가 없지 않았다. 자식에게 재산을 상속하면서 주인에게 재산의 일부를 떼어주는 '기상記上'의 존재가 바로 그 좋은 에이다. 법대로라면 자식이 있는 노비는 주인에게 자기의 재산을 조금도 나누어줄 필요가 없다. 그러나 주인에게도 자식과 마찬가지로 한 몫을 챙겨주는 경우가 많았다. 그것이 기상이다. 이는 자기의 주인이 앞으로 자식에게 가할 지도 모르는 괴롭힘을 미연에 방지하

---

65) 성종 대의 사노비 '林福'과 '家同'이 갑부 노비의 좋은 예다. 충청도 진천에 사는 임복은 진휼을 위해 곡식 2,000석을 의연금으로 내놓았다.(『성종실록』 권181, 16년 7월 24일) 성종이 이를 갸륵하게 여겨 관원들의 반대를 무릅쓰고 그의 소원대로 그 자식을 종량시키고 그 주인에게는 공천을 대신 지급해 주었다.(『성종실록』 권181, 16년 7월 28일) 불과 한 달여 만에 그 소식을 들은 전라도 남평의 가동 역시 2,000석을 바쳤다. 그러자 성종은 임복의 자식을 종량시켜 준 것은 그 마음을 가상히 여겨서이지 곡식을 중하게 여겨서가 아니었다면서 종량을 허락하지 않았고 대신 가동의 곡식을 받지 않게 하였다.(『성종실록』 권182, 16년 8월 30일) 여기서 또 하나 흥미로운 사실은 노비가 이렇게 치부한 사실을 아무도 문제 삼거나 이상하게 여기지 않았다는 점이다.

66) "漢城府啓 凡私奴婢無後者 以其家産 旣許他人 其本主又爭之 今考永樂十二年七月十二日刑曹受敎 奴婢無後身死者 如有所使奴婢 許本主使喚 有文契者 不在此限 請幷家舍賞産 依奴婢例決給 從之" 『세종실록』 권42, 10년 11월 14일.

기 위한 일종의 보험이었다.

기상이 언제, 어떻게 시작되었는지는 미상이나 노비가 주인의 기대를 저버리고 자기 마음대로 혼인한 경우에 곧잘 나타났다.[67] 즉 주인은 노비의 소생을 차지할 수 있도록 노의 경우에는 양녀와, 비의 경우에는 양인이나 타인노와 혼인하길 원하는데, 노가 타인 비에게 장가들거나 비가 자기 노와 결합하여 주인의 기대를 저버리게 되면, 그에 대한 미안함을 기상으로 표시하였던 것이다. 한마디로 이 경우의 기상은 노비가 끼친 주인의 손실에 대한 사실상의 반대급부였던 셈이다.

기상이 아니더라도 우월적인 지위를 가진 주인에 의해 노비의 재산권이 침해당할 가능성은 늘 있었다. 그러나 노비는 주인의 재산권 침탈을 그대로 감수하지는 않았다. 주인의 부당한 재산권 침탈에 대해서는 노비도 적극적으로 주인과 법적 다툼을 벌일 수 있었고[68] 노–주 간의 소송이라도 자신의 주장을 뒷받침할 만한 문서를 확보한 자가 승소할 것이 기대되었다. 노비는 주인의 비행이나 잘못을 고발·고소할 수 없었지만 이는 형사사건에만 해당되는 것이었을 뿐 민사사건에는 해당되지 않는 것이었기 때문이다.

④ 노비의 인성 2: 인권

| 생명권 | 노비의 인권에 대해서는 생명권과 가족권이라는 두 가지 기본권을 중심으로 살펴보기로 하자. 노비는 생명과 신체에 대한 제3자의 침해로

---

67) 전형택, 「조선 후기 노비의 토지소유」, 『조선 양반사회와 노비』, 문헌, 2010.

68) 예컨대 노비가 주인과 소송이라는 적극적인 방법을 택하여 대를 이어가며 30여 년 동안 대립한 사례를 들 수 있다. 김경숙, 「소송을 통해 본 조선 후기 노비의 記上抵抗 —1718년 求禮縣 決訟立案을 중심으로」, 『歷史學研究』 36, 2009.

부터 양인과 똑같이 국가의 보호를 받았다. 이 점에서 고대 로마나 미국의 노예와는 크게 달랐다. 특히 미국의 노예가 주인만이 아니라 제3자로부터도 보호받지 못하고, 자기 방어의 경우에서조차 백인을 공격하지 못하게 한 것과 뚜렷이 대조된다.

조선시대에는 양인이 타인의 노비를 살상했을 때나 노비가 양인을 살상했을 때나 동일한 형량을 받았던 것으로 보인다. 『대명률』에서는 양인의 노비 살해는 감1등, 노비의 양인 살해는 가1등하여 양인과 천인 사이에 처벌을 한 등급씩 가감하도록 규정되어 있었지만, 그러한 가감 규정이 조선에 적용된 사례는 찾기 어렵다. 실록에서 산견되는 구살毆殺의 형량은 양·천을 가리지 않고 보통 교형으로 나타난다. 『대명률』의 규정과는 무관하게 똑같은 형량을 받은 것이다.

예컨대 성종 6년이라는 같은 시기에 나타난 세 건의 살인죄의 처벌 사례가 그 좋은 예이다. 사노 '이이耳伊'가 '박중산朴仲山'을 구살한 형량은 "때를 기다리는 교형(絞待時)"[69](『성종실록』 6년 4월 18일), 선군 '김숙공金叔恭'이 사노 '동질이同叱伊'를 구살한 형량은 "때를 기다리지 않는 참형(斬不待時)"(『성종실록』 6년 5월 8일), 정병 '문갓동文加叱同'이 사노 '노은건老隱件'을 구살한 형량은 "때를 기다리는 교형"(『성종실록』 6년 11월 18일)으로 각각 조율되었다. 첫째 사건에서 살해된 박중산의 양천 여부는 불명하나 노비 표시가 없고 성씨가 표기된 것으로 보아 양인일 가능성이 높다. 노비가 양인을 죽였는데 일반 구살의 형량인 교형이 적용되어 있다. 뒤의 두 사건은 반대로 양인이 노비를 구살한 경우인데 세 번째 사건의 형량은 첫 번째의 형량과 같다. 두 번째의 사

---

69) 때를 기다린다는 것은 만물의 생명력이 위축되는 추분 이후 춘분 전까지의 기간을 기다려 집행한다는 뜻이다.

건에서는 양인이 노비를 구살한 것인데도 노비가 양인을 구살한 경우보다 형량이 도리어 높다. 교형보다 1등급 높은 참형으로 되어 있고 '때를 기다리는' 것이 아니라 '때를 기다리지 않는' 처형이었다. 아마도 잔혹하게 죽였거나 살해의 고의성이 짙은 사건이었던 듯싶다.

관심의 초점이 되는 것은 주인이 노비를 살해했을 때 주인을 어떻게 처벌하는가 하는 점이다. 이제까지는 잘못을 저지른 노비에 대한 사형권私刑權이 인정된 주인이 자신의 노비를 손쉽게 살해할 수 있었다는 점이 주로 강조되어 왔다. 주인이 노비를 죽였을 경우에 처벌이 원초적으로 가벼울 뿐 아니라,[70] 관에 고하지 않고 노비를 멋대로 죽인 '천살擅殺'의 경우에도 잘못을 치죄하다가 과실치사에 이르게 되었다고 둘러대어 처벌에서 빠져나갈 구멍이 있었고,[71] 노비들이 고주율告主律에 묶여 주인의 비행을 고소하거나 고발할 수 없었으므로 [72] 사건이 은폐되기 쉬웠다는 것 등이 그 논거이다. 수긍할 수 있는 주장이다.

그러나 조선시대의 노비가 마치 주인에게 생사여탈권을 내맡긴 노예와 같은 존재라 할 수는 없다. 노비가 살해되면 노비의 가족이나 친족이 그 주인을 고소하였을 뿐 아니라, 주인에 의한 사건의 철저한 은폐는 쉽지 않은 일이

---

70) 주인이 자신의 노비를 살해했을 때의 『대명률』의 처벌 규정은 다음과 같다. "가장이 고의로 노비를 살해하고 타인으로 둘러대는 자는 장 70에 도 1년 반이다."(『형률』, '인명', 살자손급노비도뢰인殺子孫及奴婢圖賴人), "만약 노비에게 죄가 있어 그 가장 및 가장의 기친期親과 외조부모가 '관에 고하지 않고 멋대로 죽인 경우'는 장 1백이다. 죄가 없는데도 죽인 경우에는 장 60에 도 1년이다. '피해자와 동거하는 가족(當房人口)'은 모두 해방시켜 양인이 되게 한다."(『형률』, '투구', 노비구가장奴婢毆家長)

71) "(주인의) 교령敎令을 위반하여 법에 따라 벌을 내리다가 뜻밖에 죽음에 이르거나 과실로 죽인 경우는 각기 논하지 아니한다."(형률 투구 노비구가장奴婢毆家長)

72) 조선에서는 노비가 주인을 고소·고발할 경우 일체 수리하지 않게 되어 있을 뿐만 아니라 『대명률』의 장 1백이나 도 3년보다 형량을 높여 교형에 처하도록 하고 있었다. 『세종실록』 권15, 4년 2월 3일; 『경국대전』, 『형전』, 고존장.

었고, 노비 천살擅殺 행위에 대한 위정자의 응징 의지가 강했기 때문이다. 하나씩 순차적으로 살펴보기로 한다.

첫째, 피해노비의 가족이나 친족이 고소할 수 있다는 점이다. 주인이 관에 신고하지 않고 자의적으로 노비를 처벌하고, 그 과정에서 노비가 사망하는 일은 적지 않게 발생하였다. 그러나 주인이 아무 일 없었다는 듯이 사건을 덮고 지나가기는 어려웠다. 피해자의 친족 중에 같은 주인에 소속되지 않은 자라면 고주율에 저촉받지 않고 고소가 가능했기 때문이다. 두어 가지 사례를 소개하면 다음과 같다. 먼저 성종대에 정란공신 유하柳河의 첩자인 '유효손柳孝孫' 사건이다. 유효손은 그의 비 '효양孝養'이 여러 번 도망갔다 하여 쇠를 달구어 근육을 태우고 왼쪽 발 복사뼈에 구멍을 뚫어 새끼 끈을 넣어 잡아매기까지 한 사건이 발생했다. 이때 타인의 노로 여겨지는 피해자의 삼촌 마미치馬未致는[73] 조카가 그릇된 형을 당했는데 죽은 곳을 모른다며 삼사에 소장을 제출했다. 피해자가 사망에까지 이르지 않았지만 성종은 참혹한 형벌의 시행을 용서할 수 없다면서 유효손을 '불고관천살不告官擅殺'률대로 형을 가하고 효양을 비롯한 동거하는 피해자 가족 모두를 주인으로부터 풀어주되 종량 대신 속공시켰다.(『성종실록』 19년 5월 28일)

다음은 중종 대 생원 '권상權常'이 자기 비 '석비石非'를 때려죽인 사건이다. 이때 석비의 오빠 '석련石連'은 사헌부에 소장을 내어 권상과 다투었을 뿐 아니라, 사헌부 관원 중에 인척관계에 있거나 권상의 비와 동침하는 등 권상과 관련 있는 인물이 있다고 항의하여 큰 파문을 일으켰다. 이 사건에서 주목

---

73) 이때 소장을 올린 마미치는 '사노'라 되어 있는데 유하의 소유노란 언급이 없다. 또한 같은 주인에 소속되었다면 당연히 제기되어야 할 사항 즉 고주율에 저촉되니 처벌해야 한다거나 소장을 수리해서는 안 된다는 항의가 전혀 보이지 않기 때문에 타인의 노라고 추정된다.

할 점은 사노였으나 권상의 노는 아니라고 여겨지는 피해자의 오빠가[74] 공정한 재판을 위해 사헌부 관리까지 배척하는 등 아주 적극적으로 소송에 나섰다는 사실이다.(『중종실록』 23년 12월 13일)

양인인 노처·비부가 자신의 남편이나 처를 살해한 주인을 고소한 사례는 비교적 많이 나온다. 노처·비부의 경우도 배우자의 주인과의 의리가 있다는 이유로 고공에 준하여 고주율에 저촉되는 것으로 규정되어 있지만 그 처벌은 장 100 유 3000리로서 사형에 이르지는 않았다.(『경국대전』, 「형전」, 고존장) 남편의 엄지손가락을 절단한 주인 '권조權操'를 처벌받게 하려고 비를 살해했다고 허위 신고한 경우조차 나타난다. 노처 '애금愛今'('愛金'으로도 나온다)의 경우가 그러하다.(『성종실록』 19년 6월 20일; 19년 7월 1일; 19년 7월 8일; 19년 7월 13일) 무고로 판정되었기 때문에 애금은 사형되어야 하지만 성종은 노비가 가장을 고발한 것도 아니고 밀고를 받던 중에 사건이 발생한 것이라는 이유로 사형을 면하게 해주었다.

피해자와 같은 주인에 소속되어 있는 경우에도 피해자의 가족이 고주율 때문에 체념하고 침묵하기만 했던 것은 아니다. 처벌을 각오하고 억울함을 호소하는 일이 벌어지거나 사건의 조사 과정에서 사실 대로 진술하였던 것이다. 고주율 규정대로 한다면 진정이 있어도 수리하지 않아야 하고 조사과정에서 노비로 하여금 주인의 죄상을 실토하게 윽박지르지 않아야 하지만, 죄질이 나쁜 경우에는 '자기원억'에 해당할 뿐 아니라 용서하기 어려운 악행이라는 이유에서 조정에서는 철저한 조사와 응징을 다짐하는 것이 보통이었

---

74) 권상의 노가 아니라고 판단한 근거는 1. 고주율에 저촉된다거나 수리해서는 안 된다는 요청은 제기되지 않았던 것, 2. 중종이 이 사건은 "노가 주인을 고소한 것이 아니다."라고 말했던 것, 3. 석련을 사주한 권상 가의 노의 치죄가 요청된 반면 석련에게는 "무고로 (사헌부를) 동요시킨 죄(誣撓之罪)"만 거론되었던 것 등이다.

다. 신문에 따라 주인의 비행을 실토한 경우에는 노비가 문책되지 않았음은 말할 것도 없고, 피해자 가족이 주인의 살해를 진정해 올 경우에는 일단 소장을 접수하고 사건의 전말을 조사하여 고소한 노비와 천살한 노비주를 함께 처벌하는 것이 보통이었다.

예를 들면 세종 대에 첩 '서가이徐加伊'를 처가 때려죽이자 피살자의 어머니이자 같은 주인 소속의 비인 부가이孚加伊가 고소한 사건이 있다. 최종 결말은 가해자는 율대로 장 60 도 1년으로, 부가이는 이미 방역되었지만 옛주인을 고발한 고주죄에다 무고죄가 병합되어 장 90 도 2년 반으로 낙착되었다. 그러나 부가이는 나이가 70이 넘는 고령자라는 이유로 속贖으로 대체해 주었다.(『세종실록』19년 11월 4일; 20년 5월 15일)

둘째, 완벽한 사건 은폐는 쉽지 않은 일이어서 곧잘 사건이 노출되어 처벌을 받았다는 점이다. 처음부터 치밀한 계획을 짜서 살해하려 했다면 어느 정도 성공을 기약할 수 있을지 모른다. 그러나 대부분의 노비 살해는 분노를 이기지 못하여 일어나는 경우가 많고 특히 발생 빈도가 높은 치정 사건이 그러하였다.

처벌과정에서 사망에 이르게 되면 설사 이웃은 모르게 할 수 있을지라도 언젠가는 소문이 날 가능성이 크다. 가내의 여러 하인들이 처벌의 하수인이 되거나 목격한 터여서 장기간 입단속 하기란 결코 쉬운 일이 아니기 때문이다. 더구나 사체의 처리는 쉽지 않다. 몰래 버린 시체가 발견되어 범인을 색출에 나서는 사례는 실록에 자주 등장한다.[75] 이때 세가의 행위로 추정되면 널리 수소문하여 혐의가 가는 집안의 노비들로부터 밀고를 받거나 그들을

---

75) 조선시대에는 시체가 발견되면 반드시 여러 차례의 검시를 거쳐 정확한 사인을 규명한 다음에 시체를 처리하게 되어 있었다. 김호,「『新註無寃錄』과 朝鮮前期의 檢屍」,『법사학연구』27, 2003.

데리고 와서 신문하기도 하였다. 이러한 상황이 되면 노비가 원하든 원하지 않든 주인을 고발하는 일이 야기되므로 노비의 신문이나 밀고 여부를 둘러싸고 찬반 논쟁이 치열하게 벌어지게 된다. 그러나 일단 노출된 사건은 신문이 이루어지는 경우가 많다.[76]

셋째, 주인의 노비 천살을 막고 이를 처벌하려는 정부의 의지가 강해 적극적으로 적발과 처벌에 나섰다는 점이다. 천살의 소문이나 정체불명의 시체의 발견 등으로 사건이 탄로되면 이를 단호히 처벌하였다. 노비천살을 응징하려는 역대 군주의 의지는 대체로 상당히 강력하여 고위관원은 물론 가까운 종친이라도 처벌하였다.

천살죄를 범한 군주의 가장 최근친으로는 인조의 친동생 능원군綾原君의 사례가 있다. 인조는 동생을 보호하려 애를 쓰기는 했지만 초법적인 시혜를 베풀 수 없어, "인명은 매우 중요한 것이어서 노-주 사이라 하여 조금이라도 소홀하게 여길 수 없는데 보(능원군)가 해당 기관에게 고하지 않고 함부로 태장을 가하여 사람의 목숨이 죽는 데 이르게 하였으니 지극히 잘못된 것"이라며 천살율의 적용을 수용하고 말았다.(『인조실록』 3년 3월 27일) 이상과 같은 모습을 보면 주인이 노예를 죽여도 거의 처벌을 받지 않았던 로마나 미국의 노예제 사회의 상황과는 상당한 거리가 있다고 하겠다. 주인과 떨어져 독립적인 생활을 하는 노비의 경우에는 그 차이가 더욱 확연함은 말할 것도 없다.

| 가족권 | 노비도 자신의 배우자나 동거자를 선택할 수 있었다. 비의 경우에는 소생이 주인의 노비가 되므로 주인으로서는 비가 많은 아이를 낳는

---

76) 예컨대 피해자 가족의 경우는 『인조실록』 권9, 3년 4월 8일에, 가노의 경우는 『현종개수실록』 권15, 7년 6월 30일에 있다.

다면 환영이다. 자기가 총애하는 비가 아니라면 그 아비가 누구인지는 상관할 필요가 없다.

노의 경우 주인의 처지로서는 소생을 모두 차지할 수 있는 양녀와 결합하는 것이 가장 최선의 상황이며 소생을 모두 빼앗길 수 있는 타인의 비와 혼인하는 것이 최악의 상황이다. 그러나 조선시대에 평민 이하에서는 '상열혼相悅婚'이라 불리는 연애결혼이 많았고, 특히 노비는 복잡한 혼인의례 없이 뜻만 맞으면 결합하는 경우가 많아 사실상 노비의 배우자 선택을 일일이 간섭하거나 반대하고 나설 상황도 못 되었다. 단지 주인이 마음에 들지 않는 노비 배우자의 자기 집 출입을 통제할 수 있었을 따름이다. 이미 앞에서 언급한 대로 주인의 기대에 어긋나는 혼인을 한 데 대한 반대급부로 제공하는 기상의 존재는 도리어 노비가 자유의사로 배우자를 맞았던 반증이 된다.

노비의 혼인은 정부에서도 인정하고 보호하였다. 이를테면 공천의 경우 임신하면 산전 1개월, 산후 50일의 출산휴가를 주고 그 남편에게도 15일의 휴가를 주었으니(『경국대전』, 「형전」, 공천) 배우자를 정식으로 인정하고 있었던 것이다. 노비의 혼인은 의례 절차를 밟아 정식으로 혼인하는 대신 약식으로 간단한 의식만 치르거나 그냥 동거하는 경우가 많았다. 부부인지 아닌지를 가려야 할 상황이 되면 그들의 혼인을 부모나 주인이 알고 있는지, 늘 동거하는지 여부가 판정 기준이 되었다. 이처럼 성례를 하지 않아도 노비의 혼인은 사실혼으로서 인정되었다. 이는 노비에게도 간통률이 적용되고 정조를 지킬 권리가 인정되는 것에서 입증된다.[77]

간통률이 적용된 사례로 개국공신의 아들이며 장군이었던 '한을생韓乙

---

[77] 이하 노비의 간통·강간과 관련된 내용은 장병인, 「성범죄로 간주된 혼인 밖의 성관계, 간통」· 「조선시대 성폭행의 발생과 처벌」, 앞의 책 참조.

生'이 사노의 처와 간통하자 남편인 사노가 붙잡아 고소한 사례, 이조참판을 지낸 '이상李翔'이 한 시골 선비를 꾀어 남편이 있는 비와 간통하게 한 후 관청에 고발하겠다고 위협하여 그의 토지를 강탈한 사례 등이 있는데, 그중 한 사례를 소개하면 다음과 같다. 내장고內藏庫의 제거提擧 '박희무朴希茂'가 숙직소에서 소속비 '성덕成德'과 간통하다가 남편에게 붙잡혀 얻어맞고 잠자리 옷까지 빼앗겨, 동료에 의해 사헌부에 고발된 사건이다. 이때 사헌부에서는 청주부사까지 지냈던 관원을 근무처에 찾아가서 폭행한 사노에 대해서 아무런 처벌을 요구하지 않았다. 반면 구타당한 관원을 탄핵하여 유배를 보내게 하였다. 이는 간통현장에서 포획하여('간소포획奸所捕獲') 징벌한 남편의 행위가 정당함을 인정한 때문이다.

주인이 자신의 비를 강간하는 경우는 어떻게 하였을까. 사실 주인이 자기의 비와 간통하거나 비첩으로 삼는 예는 비일비재하다. 강간하는 경우도 아주 흔했다. 이러한 사례들이 실록에 많이 나타나지 않는 것은 노출되지 않거나 은폐된 탓도 있겠으나 별 문제로 취급되지 않은 탓이 크다. 그러나 피해자인 비나 그의 남편이 항상 체념하고 넘기는 것은 아니었다. 그 좋은 예로 '이숙번李叔蕃' 사건을 들 수 있다. 열다섯 나이의 비 '소비小非'가 강간하려는 주인에게 칼로 저항하다가 정수리에 상처를 냈던 것이다. 형조에서 주인을 살해하려 한 죄로 보기에는 문제가 있다는 의견을 냈고, 의정부와 형조가 합동하여 심의한 결과 전원이 용서할 수 있다고 의견 일치를 보았다. 말하자면 자신의 정절을 지키려는 정당방위 과정에서 우발적으로 일어난 일로 간주한 것이다.

비부가 자신의 처를 여러 차례 강간한 바 있는 주인을 간음 현장에서 찔러 죽인 사건도 주목된다. 노-주 간의 명분을 범했다는 것이 당초의 형조 의견이었다. 그러나 현행범을 살해한 정상이 참작되어 4년 뒤 석방되었다.

이상과 같이 노비의 재산권이나 인권이 비록 주인에 의해 현실에서 침해되는 일이 적지 않았을지라도 국가로부터 그들의 권리가 공인되고 일정한 보호를 받고 있었던 것은 노비가 어디까지나 물건이 아닌 하나의 인간으로 인정된 데서 연유한다. 노비가 지닌 인성이 물성을 압도하고 있었던 것이다. 그리고 이는 노비도 사람이라는 단순한 동정론에 그치는 것이 아니라 엄연한 하나의 인격으로 취급되고 있었던 데서 좀 더 분명해진다.

⑤ 노비의 인성 3: 인격

▌의리의 소유자▐ 노비도 인격적 주체로서 의리를 알고 의리를 지켜야 할 존재로 인식되고 있었다. 조선시대의 사대부들이 노-주관계를 군신관계로 비유한 것은 단지 절대적인 충성을 요구한다는 의미만을 지닌 것이 아니다. 군신관계가 두 인격적 주체 사이에 상대방에 대한 의리를 지킬 것을 요구하는 것과 같이 노비도 의리라는 천리가 적용되는 인간이며, 의리를 알고 실행할 인격을 갖춘 인간임을 전제로 하는 의미를 담고 있다. 노비에게 삼강오륜이 요구된 것도 그 때문이다.

노비도 인격을 지녔으므로 일정한 신분적 제한을 가할망정 공동체에서 완전히 배제할 수 없는 존재이다. 그리하여 노비도 다른 사회 구성원과 마찬가지로 하늘이 내린 인민('천민天民')이요, 나라의 인민('국민國民', '국가지민國家之民')으로 지칭되었다. 비록 범죄를 명분으로 공민권의 박탈을 정당화하고, 상하라는 명분으로 주인에 대한 인신적 예속을 정당화하였지만, 그것이 하늘을 대신하여 인민을 위한 정사와 교화를 펼쳐야 하는 군주의 임무 즉 '왕화王化'의 대상에서 노비를 완전히 배제한다는 의미는 아니었던 것이다. 세종이 "인군이라도 한 사람의 죄 없는 자를 죽여서, 착한 자에 복을 주고 그릇된 자에 화를 주는 하늘의 사업을 침범할 수 없다. 하물며 노비는 비록 천하다 하나 '천민天民'이 아닐 수 없다. 인신으로서 천민을 부리는 것만으로도 충분하다 할 것인데 멋대로 형벌을 자행하여 무고한 자를 함부로 죽일 수 있단 말인가?"라고 한 것이나(『세종실록』 26년 윤7월 24일) 성종이 "하늘이 모든 인민을 낼 때 본래 귀천이 없었다. 비록 명분을 노-주로 한다고 해도 처음에는 동일한 '천민'이었다."라고 한 것이 그 좋은 예이다.(『성종실록』 19년 6월 18일) 자신의 지위나 권위를 과시하기 위해 군주만이 하는 말은 아니었다. 신료들 가운데도 그렇게 말하는 자들이 있었다. 형조판서 심온沈溫이 "하늘이 인민을 낼 때 본래 양천이 없었다. 동일한 '천민'을 개인 재산으로 여겨 '부조노비父祖奴婢'라 부르며 서로 다투어 소송하여 끝냄이 없고 골육상잔하고 풍속을 패상하기에 이르나 가슴이 아픕니다."라고 한 것이 그것이다.(『태종실록』 15년 1월 20일)

노비도 천민이니 당연히 '국민'이 아닐 수 없다. 성종 대 노사신盧思愼이 양인을 늘리는 정책을 지지하면서 "사천도 모두 국가의 백성인데 주인된 자가 스스로 생살을 멋대로 하고 자손에게 전하여 사물私物로 여긴다. 역대에 살펴보아도 이런 법은 없었다."라고 한 것이나,(『성종실록』 17년 5월 28일) 사헌부에서 흔히 투탁의 소굴로 지목되던 내수사의 노비를 전쟁에 내보내고 신공을 군자에 쓰자고 요청했을 때 인조가 "내수사 노비도 동일한 국민이다. 하루아침에 갑자기 침학하면 원망과 고통이 반드시 심할 것이다."라며 비호한 것 등이 그것이다.(『인조실록』 11년 4월 16일)

노비도 국민이기 때문에 국가는 노비에게 국민으로서의 일정한 의무를 지웠고 응분의 대우를 해주었다. 반역의 경우에는 주인을 고발할 수 있게 했고, 평상시에는 군역을 부과하지 않아도 전란 시에 대비한 잡색군이나 속오군에는 편입시켰으며, 주인과 독립생활을 하는 외거노비에게는 과세하였다.

국가는 그 반대급부로 노비의 신체·생명과 재산을 보호하고 충절자·효자·열녀에게 정표를 내렸다. 80세 이상의 노인인 경우 양인과 마찬가지로 경로대상이 되어 '노인직老人職'을 내렸으며(『경국대전』, 「이전」, 노인직) 공천의 경우 늙은 부모에게 효도할 수 있도록 자식을 '시정侍丁'으로 지급하였다.(『경국대전』, 「형전」, 공천)

┃ 법률적 주체 ┃ 노비도 하나의 인격적 주체였으므로 법률행위의 주체가 될 수 있었다. 재산 문제라면 주인과도 소송으로 권익을 다툴 수 있었음을 이미 앞에서 언급한 바 있다. 주인이 아니라면 그 누구라도 고소·고발할 수 있었다. 관노가 사헌부에 문서를 올려 현직 재상을 고발한 예를 하나 보기로 하자. 고발된 재상은 바로 황희 정승의 아들인 좌찬성 '황수신黃守身'이고 고발자는 충청도 아산현의 관노 '화만禾萬'이었다. 조사과정에서 김구金鉤·조규趙珪 두 사람이 화만에게 황수신의 비리를 낱낱이 적어 올리도록 사주한 정황이 드러나 사면령 전에 일어난 일임에도 불구하고 두 사람은 직첩을 빼앗기고 말았다. 화만의 무고죄는 사면령 전의 일이라는 이유로 처벌이 면제되었는데 이 사건에서 관노가 대신을 고발한 일 자체는 전혀 문제 삼지 않았다는 점이 주목된다. 김구와 조규가 화만을 사주한 것 자체가 노비의 대신 고발이 아무런 문제가 되지 않음을 전제로 이루어진 것이었다.

노비가 지닌 예속인으로서의 특성에 대한 마무리를 지어보자. 노비의 인권이나 인격을 인정한 것은 말할 것도 없이 노비도 인간이라는 분명한 의식을 가진 때문이었다. 세종은 "(대명)률에서 …… 주인이 노예를 살해한 경우 장죄를 따른다고 하였으니 이는 인명을 중시한 것이다. 노비도 사람이다."라고 잘라 말하였다.(『세종실록』 12년 3월 24일)

노비는 엄연히 공동체의 한 구성원이었다. 올랜도 패터슨이 노예상태는 자유의 부재라기보다는 '사회적 죽음(social death)'이라 한 것은 널리 알려져 있지만 이 점에서도 노비는 노예와 달랐던 것이다. 로마·미국 노예의 사회적 죽음은 기본적으로 그들이 공동체 밖에서 취득된 이방인이었던 데서 초래된 결과라 할 수 있다. 그러나 조선사회의 노비는 공동체 내부의 사람이었다. 그리고 다른 공동체원과 분리된 삶을 산 것이 아니라 적어도 평민과 어울려 살 수 있었다. 계契나 두레는 양·천을 가리지 않았던 것이다.

복식상의 구분도 없었다. 복식의 구분만큼 사회적 구분을 명확히 표현하는 것도 없다. 서구 귀족에게는 그들만이 착용할 수 있는 복식이 규정되어 있었다. 신라의 골품 귀족도 마찬가지였다. 그러나 조선시대에는 관원과 같이 일정한 지위를 차지한 사람과 그렇지 않은 사람 사이의 복식 상의 차별만 세세히 규정했을 뿐, 무직자 사이에는 양반으로부터 노비에 이르기까지 공식적인 복식 상의 차등을 설치하지 않았다. 반상의 차별이 노골화된 조선 후기에도 마찬가지였다. 광해군 대의 우의정 심희수沈喜壽가 "우리나라의 제도를 생각하면 사족과 서천庶賤의 명분은 멀고 단절되어 있지만 복식은 같이 함이 있으니 이는 실로 중국에는 없는 것이다."라고 개탄한 바 있다.(『광해군일기』 1년 10월 16일)

조선시대의 노비는 세계사에서 노예도 농노도 아닌, 예속인의 독특한 한 유형을 보여준다. 첫째, 매매의 공인이라는 노예의 특성을 가지면서도 물성보다 인성이 월등 강하였다는 점이다. 다음으로 같은 노비라도 자유인에 가까운 존재로부터 노예에 가까운 존재에 이르기까지 존재 양태의 편차가 아주 크다는 것도 유례를 찾기 어렵다. 마지막으로 외부에서 공급되지 않고 공동체 내부에서 충당되면서도 인구 구성의 수적 비중이 크다는 점에서도 아주 독특한 모습을 보인다. 조선시대 노비의 이러한 특징은 궁극적으로 두터운 층으로 이루어진 사대부계급의 존재 양태에 대응하여 이루어진 것이다.

5절 조선 후기의 '중간집단군'

여기서 말하는 중간집단군中間集團群은 통설에서 '중인'으로 지칭하는 전문인·서얼·향리 등 세 개의 집단을 가리킨다. 그들을 종래와 같이 '중인'이라는 명칭으로 포괄하는 것은 문제가 있으며, 중간계층이나 중간계급으로 간주하는 것도 적절치 않아 중간집단군으로 명명한 것이다. 통설에서 그들을 묶어 양반·상민·천민과 병립하는 하나의 신분으로 내세운 것은 잘못이었다. 그러나 전혀 이질적인 집단 속성을 가졌음에도 불구하고 통설에서 그들을 하나의 범주로 묶은 데는 나름대로의 이유가 있었다. 그들 모두가 사대부계급과 평민계급 중간의 사회적 위치를 갖고 있을 뿐 아니라, 인접한 두 계급과 뚜렷한 사회적 경계선을 가지고 있었기 때문이다. 전문인·서얼·향리의 세 집단을 계층이나 계급의 범주로 파악할 수 있는가, 조선 후기에 중간집단군이 성립한 배경은 무엇인가, 전문인·서얼·향리의 집단별 특성은 무엇인가를 순차적으로 검토해 보기로 한다.

1. 중간집단군의 범위·범주·명칭

1) 중간집단군의 범위와 사회적 범주

단순하게 사회적 위계상의 등급으로만 본다면 전문인·서얼·향리는 그보다 상위계층인 양반과 그보다 하위계층인 평민 사이에 위치하는 중간계층에 속한다고 할 수 있다. 그러나 조선 후기 중간계층에 속하는 다른 부류와는 전혀 다른 성격을 지닌다. 즉 등급적 계층으로서의 사회적 이동성을 갖지 않고, 사대부계급과 평민계급의 사이에 항상 고정되어 있다는 점이다. 현재의 사회적 위계는 중간계층에 해당하여도 언제라도 더 위로 올라가거나 더 아래로 내려갈 수 있는 교생이나 군관軍官과 같은 다른 중간계층과 그 점에서 뚜렷이 대비된다. 다시 말하면 그들은 사대부계급이나 평민계급과 명확한 사회적 구분을 가진 집단이었던 것이다. 누대적으로 종사하는 국가 전문직이라는 가업, 서자라는 특수한 혈통상의 조건, 향역이라는 세습적인 특수 신역으로 말미암은 것이다. 결국 전문인·서얼·향리의 3집단은 중간계층으로 단순히 취급할 수 없는 존재이다.

전문인·서얼·향리를 '중간계층'이 아닌 '중간계급'으로 취급하는 것도 적절치 않게 여겨진다. 사회관계를 토대로 성립한 집단도 아니고 그들 사이에 공통된 사회적 역할도 없기 때문이다. 각 집단의 속성이 너무 이질적이며 그들 사이에 동일한 계급이라는 계급 정체성이나 연대감도 없다. 더구나 그들이 한 무리로 묶여 인식된 시기는 후기라는 조선시대의 한 시기에 불과하다는 점도 문제가 된다. 조선 전시기에 존재한 사대부·평민·노비계급과 나란히 하나의 계급을 구성하는 것으로 파악하기에는 시기적인 불균형이 크기 때문이다.

2) 전문인·서얼·향리의 포괄 명칭: 중인인가 중간집단군인가

조선 후기의 전문인·서얼·향리를 '중인'이라는 명칭으로 포괄하는 것이 왜 문제가 되는가. 중인은 지칭 대상을 특정하기 어렵고 중간계층을 범칭하는 데 많이 사용된 용어였기 때문이다. 전문인·서얼·향리가 각기 개별적으로 중인이라 지칭된 사례는 찾을 수 있으나, 그들을 한꺼번에 포괄하여 중인으로 지칭한 경우는 찾기 어렵다. 중인은 중간계층의 범칭으로 사용되었을 뿐 아니라, 그 구체적인 지칭 대상은 화자나 문맥, 또는 시기에 따라 한결같지 않았다. 중인과 서얼을 병기하여 서얼을 중인에서 배제한 사례는 찾아보기 어렵지 않고,[78] 향리는 열거된 중인의 부류에서 제외된 경우가 많을 뿐 아니라, 아예 중인이 아닌 하인에다 배치한 경우도 있다.(『택리지』, 「총론」) 그런가하면 교생을 중인에 포함시킨 경우도 있다.(『반계수록』 권9, 「교선지제敎選之制」상上, 향약사목鄕約事目)

조선 후기의 '중서中庶'도 중인처럼 대상을 특정하기 어려운, 중간계층을 범칭하는 용어였다. 다만 중인과 중서 사이에는 약간의 차이가 있었다. 중서는 처음에는 주로 전문인을 가리켜서 사용된 것으로 여겨지는 중인보다 좀 더 넓은 범위의 사람들을 가리키는 경향이 있다는 점이다. 중서가 중인과 서얼의 합칭으로 쓰인 경우가 그러하다.(『매천야록』 권1 상, 「갑오이전」, 고종23년) 중서가 중인과 서인庶人의 합칭으로 사용되는 경우도 있다. 이를테면 "의역醫譯의 족속은 교생·공생 비교하면 반상으로 갈리는 큰 차이가 있는데도 단지 '중서'로 병칭되어 중인이 동일한 이름의 피해를 입는다."(『행하술杏下述』, 「여송輿誦」)라는 것이 그것이다. 중서는 전문인이나 서얼과는 무관한, 중간계층에 속하는 일반 사람을 가리켜서도 사용되었다. "여염閭閻의 중서는 중인中人의 자산을 지니고도 오히려 스스로 기뻐합니다."(『숙종실록』 30년 6월 3일), "중서의 무리가 금군이나 기사騎士·별무사別武士에 입속하여 출세의 계단으로 삼기를 원하지 않는 자가 없다."(『정조실록』 1년 6월 29일)에서의 용례가 그것이다. 따라서 전문인·서얼·향리의 대표 명칭으로서 '중간집단군'을 채택하는 것을 잠정적인 대안으로 삼는다.

---

78) 대표적인 두어 가지 예를 들면 다음과 같다. 『승정원일기』, 현종 5년 11월 8일; 『숙종실록』 권31, 23년 8월 3일; 『승정원일기』, 숙종 31년 3월 11일.

2. 중간집단군의 성립 배경과 전문인·서얼·향리의 편입 경위

1) 중간집단군의 성립 배경

중인이나 중서와 같이 중간계층을 가리키는 용어는 조선 후기에 비로소 나타났다. 어느 시기에도 중간계층은 있기 마련인데 유독 조선 후기의 사람들이 중간계층에 주목하게 된 것은 후기에 와서 사회적 위계에 대한 사회적 감수성이 높아진 탓이다. 그 배경으로는 대자적 계급으로서의 양반계급의 확립을 빼놓고서는 설명하기 어렵다. 문지의 우열로 반·상을 가리고 문지로 위세를 떨치는 양반계급의 행태가 노골화되자, 문지와 같은 사회적 위계를 중시하는 의식이 사회의 모든 구성원에게까지 파급된 것이다.

양반계급 이전에도 문지에 대한 의식은 있었고, 중간계층으로 파악할 수 있는 부류들도 존재했다. 그러나 양반계급 성립 이전과 이후는 중간계층의 성격이나 양상이 크게 달랐다. 조선 초기에도 중앙의 이서나 직업군사는 그 사회적 위계가 표준적인 사대부와 평민의 사이에 위치하는 중간계층에 해당한다고 볼 수 있다. 그러나 아무도 그들을 특별히 중간계층으로 분류해서 인식하지 않았다.

계층적 분류에 무관심하였던 사회 분위기는 중간계층을 범칭하는 용어가 없었던 데서도 짐작할 수 있다. 초기에는 후기와 같은 '중서'라는 용어는 사용되지 않았다. '중인'은 간간이 사용되기는 했으나 다른 의미로 쓰였다. 문자 그대로 재능이나 품성, 또는 재산이 딱 중간 정도에 해당하는 사람을 가리키는 것일 뿐(『세종실록』 13년 4월 6일; 『세조실록』 11년 7월 26일) 중간 등급의 사회적 위계를 가진 사람들을 가리켜 사용되지 않았다.

16세기에 대자적 계급으로서의 양반계급이 형성되면서 사정이 달라졌다. 조선 후기에 이르러서는 문지를 우선시하는 풍조가 만연하게 되었던 것이다. 문지를 중시하는 풍조는 말할 것도 없이 양반들이 선도하였다. 문지로 사람을 평가하고 양반 축에 끼지 못하는 상인常人에 대한 자신의 우월을 과시하는가 하면 그들에게 유형무형의 권력을 행사했다.

잠재적 계급으로서의 사대부가 대자적 계급으로서의 양반으로 전화할 당초에 지배계급의 정체성은 치자로서의 품성의 구비에서 찾아졌다. 그러나 실제 행태를 통해 피지배계급의 눈에 보이는 양반이란 한낱 문지를 바탕으로 위세를 부리는 자였다. 향민을 교화한다는 명목으로 향약보급운동을 벌이면서 향민들을 강제로 참석하게 하고, 앉는 자리의 순서는 나이나 품성이 아닌 신분이나 문지로 결정했을 뿐 아니라, 규약을 어기고 향촌의 기강을 무너뜨리는 자에 대해서는 직접 태형권까지 행사하였기 때문이다. 향회·향안과 같은 자기들만의 조직을 꾸려서 향촌에서의 집단적 권력체제를 구축했던 것이다.

양반계급 형성 초기의 양반들의 연대는 오래가지 않았다. 재지사족까지 양반에 합류하여 지배계급의 수가 크게 늘어나게 되자 양반 내의 경쟁은 더욱 치열해졌고 붕당의 다툼은 피할 수 없는 일이 되었다. 다툼 과정에서 다른 붕당의 사람들을 서로 군자가 아닌 소인으로 지목·취급함으로써 사대부는 교화를 펼 수 있는 군자라는 정체성을 스스로 파괴했다. 마침내 문지가 무엇보다 중요한 사회적 평가 기준이 되어갔다.

문지 중시의 풍조는 나날이 강화되었다. 양반 내에서 위세를 떨치기 위해 제각기 가세 확장에 나서게 되었다. 족보를 간행하여 자신의 가계를 과시하고 가계의 힘을 극대화할 수 있도록 동성촌同姓村을 형성하였다. 가문의 선조를 현창하기 위한 사우祠宇가 곳곳에서 건립되었다. 마침내 '유교무류有敎無類'·'입현무방立賢無方'의 유교 근본정신을 외면하고 문벌에 따라 임용하는 것을 당연시하는 지경에 이르렀다. 청요직은 문벌이 있는 자들의 차지가 되었고 과거급제 후 임용은 문벌의 고하에 따라 이루어졌다. 문관은 승문원-성균관-교서관의 순으로 분관하여 배치되었고, 무관의 경우는 선전관-부장-수문장의 순으로 갈려서 추천되었다. 아예 대놓고 "분관은 족류를 구별하기 위한 것"이라 말하기까지 하였다.(『승정원일기』, 철종 8년 1월 6일)

양반이 아닌 자들의 행태도 양반의 행태를 닮아갔다. 지배계급의 횡포에 대항하기보다는 저마다 자신의 지위와 위신을 높이고 이익을 챙기는 데 더 급급하게 되었다. 교양 있는 중간계층은 '위항문학委巷文學'을 전개했고, 부유한 서울 거주민들은 서로를 양반이라 부르고 갓을 쓰고 도포를 입기도 했다.(『정조실록』 7년 6월 20일)

사회가 온통 갖은 수단과 방법으로 지위 상승에 몰두할 때 정부는 궁핍한 재원 마련을 위해 부단히 납속책을 시행하여 이러한 사회적 욕구를 부추겼다. 평민·노비들도 여유 있는 축이면 납속책에 적극적으로 응모하여 직함을 취득하거나 군역을 면하고 종량하였다. 평민들은 교생·원생·군관·서리·향임 등으로 진출하거나 수월한 헐역歇役을 찾아 충의위·충순위·충찬위 등에 모속冒屬하였다. 노비들 역시 유망하여 모적冒籍하고 양반으로 행세하기도 하고 무과에 나가기도 하였다.

조선 후기에는 동시대의 사회 성원들을 계층별로 분류하는 데 익숙해져 갔다. 양반계급에 속하는 사람들이 사회 전 구성원을 몇 개의 계층으로 구분하는 사례가 자주 나타났다. 위정자들 역시 국정 운영과정에서 중간계층의 존재를 의식하고 인정하지 않을 수 없게 되었다. 중인과 상한을 병기한다든가(『숙종실록』 16년 7월 19일) 양반과 상인 사이에 중인이 있다고 지적한 것이 그것이다.(『정조실록』 15년 11월 11일)

16세기 이래의 이상과 같은 사회적 추세 속에서 각자의 독특한 속성으로 인하여 양반·평민계급과 확실하게 사회적으로 구분되고 있었던 전문인·서얼·향리는 중간계층의 일원으로 자리매김하게 되었다. 그러나 그들 중간집단군은 각자의 독특한 특성으로 말미암아 중간계층에 해당하는 여타의 부류와는 일정한 사회적 거리를 두고 있었던 것은 말할 것도 없다.

2) 전문인·서얼·향리의 편입 경위

전문인·서얼·향리가 중간집단군으로서의 성격을 띠게 된 것은 16세기의 일이었고 조선 후기에 이르러 중간집단군으로 확립되었다고 할 수 있다. 그러나 그 구체적인 경위는 집단 사이에 약간 차이가 있었다.

① 전문인

전문인층은 조선 후기에 와서 중간집단군의 일원으로 확실하게 자리를 잡았다. 초기까지 지배계급의 말단을 차지하고 있었으나, 지위가 하락되고 누대적으로 전문직에 진출하는 가계가 형성되기 시작하는 16세기라는 과도기를 거쳐, 후기에 와서는 마침내 전문업을 세업으로 하여 장기간 유지된 가계가 확립되고 그들이 '중인'으로 지목되기에 이르렀던 것이다.

조선 초기까지 전문인은 다른 동반 관원에 비해 낮은 대우를 받는다 하여도 공식사대부로서 지배계급에 속하는 사람들이었다 할 수 있다. 첫째, 엄연한 동반 정직이었다는 점이다. 체아직이 많았고 최고직이 정3품 당하관에 그치기는 했지만, 문산계가 주어지고 문관과 마찬가지로 관원으로서의 예우를 받았다. 왕의 재가를 받지 않고는 그들을 구금하거나 신문할 수 없었다. 그들에게도 3품 이상이 되면 자손에게 문음의 혜택을 내릴 수 있는 자격이 주어졌고,(『성종실록』 24년 9월 1일) 일반 문무관원과 똑같이 대가제가 적용되었

다.[79]

초기까지는 고관의 서얼이라 해도 잡과에 응시할 수 없었다. 평민의 눈으로 본다면 전문인도 엄연한 관원으로서 지배계급의 속하는 사람들이 아닐수 없다. 조선 초기에는 세종이나 세조처럼 잡학을 적극 권장하는 군주가 있었고 잡학을 습득한 고관이 드물지 않았으며, 사족 자제로서 잡과에 응시한자가 있었다. 물론 전문직 관원으로서 문과에 합격하여 고위관원이 되는 경우도 있었다.[80]

16세기는 전문직 관원들의 사회적 지위가 본격적으로 하락하기 시작하여 상위계층의 말단에서 중간계층으로 내려가는 시기였다. 서얼에게 잡과의문호를 개방함으로써 잡과의 위상은 크게 추락했다. 이제 전문직과 지배계급과의 직접적인 인연은 거의 끊어지고 말았다. 대를 이어 전문업에 종사하는 가계도 나타나기 시작했다.

후기에 이르면 전문인이 중간집단군을 대표하는 집단이 되었다. 전업적가계가 확립되어 양반이 기피하는 잡학기관과 전문직에 진출하여 자신들의독자적인 영역을 구축하고 자신들의 지식과 기량, 그리고 인적 연계망을 자손에게 물려주었다. 사회적 위계상의 등급에 대한 사회적 관심과 함께 전문인은 자연스레 중간계층으로 지목되고 중인이라는 용어가 만들어져 그들에게 사용되기 시작하였다. 17세기 이래 특정 가계의 사람들만 잡학에 수용하는 배타성이 갈수록 심화되었고,[81] 이 가계의 사람들이 잡과 입격자와 전문

79) 김현영, 「중인 가계」, 『한국문화』 8, 1987, 111쪽.

80) 한영우, 「조선시대 중인의 신분·계급적 성격」, 『한국문화』 9집, 1988.

81) '完薦'이라는 이름으로 기존의 전문 관원들의 추천을 많이 받은 후보자를 선발하였다. 김현목,
『朝鮮後期 譯學生徒 薦擧에 관한 연구 : 19세기 후반 「完薦記」를 중심으로』, 인하대학교 박사학위
논문, 1993.

직을 대거 점유하는 독점성은 날로 강화되었다. 양반계급과 평민계급 사이에서 전문인층은 중간집단군으로서의 입지를 확고히 한 것이다.

② 서얼

조선 초기에 형성된 서얼은 16세기에 이르러 하나의 신분집단으로 확정되는 한편 법제적 지위가 향상되기 시작하여, 조선 후기에 중간집단군에 편입되었다. 고려시대에는 서얼이라는 신분집단은 없었다. 첩자의 다수를 차지할 천첩자는 일천즉천 원칙에 따라 천인이 되었기 때문이다. 고려시대에는 설사 부가 천첩자를 방량한다 해도 그 효력은 1대에 한하고, 적자손들이 부의 사후 다시 그들을 노비로 역사할 수 있게 되어 있었다.(『고려사』, 「충렬왕세가」, 26년 10월) 당연히 양인이 되는 양첩자의 경우에는 그들을 대상으로 한 신분적 차대가 이루어진 것으로 보이지는 않는다. 개별적으로 한품서용한 사례는 있을 수 있으나[82] 양첩자를 하나의 집단으로 묶어 그 후손에게 영대적으로 그 지위를 세습시키려는 어떠한 시도도 찾아보기 어렵기 때문이다.

천첩자는 조선에 들어와서 정식으로 종량될 수 있었다. 천첩자라 하더라도 부와 동일한 기를 타고 태어났다는 동기론同氣論을 기초로 한 종부위량법이 실시되었던 것이다. 종부위량법은 곧 폐지되었지만 '대소원인'의 천첩자에게는 예외적으로 종량이 허락되었다.

천첩자는 종량되어도 양인으로서의 완전한 권리는 주어지지 못하였다. 한직限職과 한품의 서용 규정이 만들어진 것이다. 천첩자에 대한 서용 규정이 법제화되자 이에 상응한 양첩자의 서용 규정도 마련되었다. 서얼에 대한 차대의 직접적인 계기는 가정의 질서를 확립하기 위한 일처제 및 처첩분변

---

82) 이정란, 「高麗前期 庶孼의 身分規定에 관한 一考察」, 『典農史論』 7, 2001.

의 강화에 있었다. 그러나 근본적으로는 사대부계급 인구의 급격한 팽창을 방지하기 위한 것이었다.

서얼은 중간계층으로 지목될 만한 요소를 처음부터 가지고 있었다. 모계가 미천하고 '금고'라 통칭될 만큼 가혹한 법제적 제한을 받았지만, 다른 한편으로는 사족의 자제로서 어느 정도의 교양과 자산을 가지고 있는 경우가 많았기 때문이다. 그러나 조선 초기에는 아무도 서얼을 중간계층으로 인식하지 않았다. 16세기 이래 그들을 옭죄고 있던 제한이 하나둘씩 풀리면서 서얼의 법제적 지위가 향상되고 사회적 위계에 대한 사회적 관심이 고조되자 조선 후기에 자연스럽게 중간계층으로 지목되게 된 것이다.

16세기에 이르러 서얼에 대한 법제적 차대가 완화되기 시작한 데는 나름의 이유가 있다. 조선 초기는 천인이 될 운명의 천첩자가 종량의 혜택을 받게 된 초창기여서 서얼차대 문제를 본격적으로 거론할 만한 계제가 못되었다. 간간이 특정 서얼에 대한 특례적인 허통 조치가 취해지고, 그에 따른 물의가 빚어지고 있었을 따름이다. 16세기가 되면 서얼이라는 집단이 사회 구성원의 일원으로서 확실한 자리를 차지하게 되고, 세대 수가 쌓여 그 수적 비중이 자못 커지게 되면서 마침내 사족의 자제이면서도 차대를 받는 서얼들의 불만 해소 방안이 사회적 과제로 떠오르게 된 것이다.

차대 완화는 잡과에서부터 시작하였다. 명종 대에는 서얼 허통에 또 하나의 중요한 전기가 마련되었다. 현직顯職에는 임용하지 않는다는 제한을 두되, 양첩자는 손자 대부터, 천첩자는 증손 대부터 과거응시가 허락된 것이다. 명종대의 결정은 문무과 허통이 이루어졌다는 점 외에 또 한 가지 중요한 의미를 가지고 있었다. 바로 서얼과 그 후손의 지위를 구분해야 한다는 원칙을 공식화했다는 점이다.

선조 대에 납미허통納米許通을 비롯한 여러 허통책이 시행되었는데, 주목되는 점은 허통의 효력이 당자에만 그치지 않고 자손에게까지 미치게 한 것이다. 왜란이 끝난 후에도 서얼차대는 계속 완화되었다. 인조 대에는 서얼 금고를 자자손손이 아니라 대수를 한정해서 적용시키는 한대限代 원칙을 확립하고, 구체적으로 양첩 소생은 손, 천첩소생은 증손 대에 허통하고, 청직은 불허하되 요직을 허용하도록 했다. 숙종 대에는 납미허통책이 폐지됨으로써 부거가 자유로워지고, 서얼임을 명시하는 호칭도 바꾸어주었다. 친서얼 한 대만 '업유業儒'·'업무業武'를 칭하고 아들 대부터는 '유학幼學'을 칭해도 무방하게 되었다. 이제 서얼은 직역상의 호칭으로는 구별해내기 어렵게 되었고 군역의 면제가 공식화된 셈이다.

18세기 이후에는 법제적 차대 완화 조치에 따른 서얼의 실제적인 임용문제가 수면 위로 떠올랐다. 그동안 서얼은 과거에 급제한다 해도 실제의 임용에서는 여전히 차별받아 현직에서 배제되고 있었기 때문이다. 서얼의 관계官界 소통에 호의적이었던 영·정조에 의해 부분적으로 통청이 이루어졌다. 원칙적으로 청요직은 허용되지 않았으나, 지평·정언 등의 대간 청직에는 제수될 수 있었다.

19세기에 들어와서도 일정한 진전이 있었다. 순조 대에는 승진의 상한선이 높아지고 임용될 수 있는 관직이 확대되었으며, 철종 대에는 승문원의 '분관'과 선전관 추천이 가능하게 되었다. 고종 19년(1882)에는 서북西北·송도松都·서얼庶孽·의역醫譯·서리胥吏·군오軍伍 여부를 가리지 않고 오직 재능만으로 선발하여, 안으로는 공경백관公卿百官, 밖으로는 방백方伯·수령守令에 임명할 것이라 천명하였다. 마침내 서얼 금고가 법제적으로 완전히 철폐된 것이다.

조선 후기에 서얼에 대한 법제적 차대는 지속적으로 완화되었고, 영대 규정의 폐지로 신분집단으로서의 서얼은 법제적으로 거의 해체되어 갔다. 그러나 서얼의 임용은 아주 제한적으로만 이루어졌을 뿐 아니라, 일상에서도 서얼에 대한 차대와 멸시는 계속되었다. 19세기까지도 서얼의 세 가지 억울한 사항이 남아 있었던 것이다. 아버지를 아버지라 부르지 못하는 것, 자식이 면서도 대를 잇지 못하는 것, 그리고 (다른)'사부士夫'와 더불어 사로를 같이 하지 못하는 것이 그것이다. 조선 후기에 중간집단군의 일원이 된 서얼은 지속적인 법제적 지위의 상승에도 불구하고 끝내 중간집단군에서 벗어나지 못했다고 할 수 있다.

③ 향리

향리 역시 조선 후기에 와서 중간계층에 속하는 자로 간주하게 되었다. 고려시대 이래 지배계급과 피지배계급 사이의 사회적 위치를 유지했지만 조선 전기까지는 그들이 중간계층에 속한다는 사회적 인식은 없었던 것이다.

고려시대 향리의 지위는 조선시대보다 상대적으로 높았다. 항상 지배계급으로 올라갈 수 있는 후보군의 지위에 있었다. 실제로 당대에 고위관원이 되는 향리들도 있었다. 향리는 고려시대에 군현마다 자체 기구('읍사邑司')를 구성하여 상당한 권한과 지위를 누렸다. 특히 외관이 파견되지 않은 속현과 부곡 지역 등에서는 주현 외관의 감독을 받기는 했으나 징병과 조세수취, 형옥刑獄 등 일반 행정 사무를 자체적으로 관장하여 향리의 우두머리인 '호장戶長'은 거의 수령에 준하는 권력을 가졌다. 그러나 시대가 내려갈수록 외관이 파견되는 지역이 많아지고 향리의 지위도 저하되었다.

여말에 지방에 대한 중앙의 수탈이 강화되면서 향리 중에 향역에서 이탈하는 자가 많이 발생하게 되었고, 그에 따라 향리에 대한 통제가 가해졌다. 잡과에 합격하여 향역을 면한 뒤 전문직에 나아가지 않는 사태를 방지하기 위해 아예 잡과응시를 금하거나 3정1자만 잡과에 응시할 수 있도록 하는 등의 규제를 가했던 것이다.

조선 초기가 되면 전국의 모든 군현에 수령을 파견하게 되어 향리는 거의 관원의 하수인의 지위로 하락하게 되었다. 다른 신역인과 형평을 기한다는 명분으로 직책 수행의 대가로 그들에게 할당하던 수조지 즉 '위전位田'도 없앴다. 향역이 양인의 다른 신역과 함께 하향 평준화되어가면서 향리는 신분적 특권을 누리는 자라기보다 향역이라는 특수한 신역을 부담하는 자로 위상이 크게 저하되었다. 이후에도 향리의 지위는 시대가 내려갈수록 조금씩 낮아졌다고 할 수 있지만, 조선 말까지도 지방 이서의 상급층으로서의 지위를 유지하고 상당한 권력을 행사하여 '중인'의 일원으로 지목되었다.

조선 후기까지도 세습적 향리는 다른 아전과의 구분이 분명한 편이었다. 향리가 지방의 이서 세계에서 중심적 역할을 하는 것 역시 변하지 않았다. 다만 세습적 향리의 권세는 약화되었다. 향청의 향임들이 수령을 보좌하면서 향리를 항상적으로 감시·견제할 수 있게 된 것은 중요한 변화였다. 그리고 많은 지역에서 호장이 상징적인 위치로 머물게 된 것 역시 향리의 위세 약화를 반영하는 것이었다.

3. 전문인·서얼·향리의 집단별 구성원과 특성

1) 구성원

① 전문인
전문인층이란 잡학雜學계통의 관직 취득을 가업으로 삼는 가계의 성원이다. 그들과 양반이나 일반 평민과의 사회적 구분은 비교적 선명하였다. 전문인들은 다른 사환로 즉 문무과나 생원진사시에 응시하여 문무 관원이 되는 길을 선택할 수 있고 또 일부는 실제로 합격하고 있었다. 그러나 그들은 어디까지나 소수의 이탈자로 그치고, 가계의 성원 대부분은 그대로 가업을 이어나갔다. 양반이 기피하는 전문직을 세전하는 편이 생존 전략으로 유용한 때문이다. 날이 갈수록 전문직을 취득할 수 있는 배타적인 지위를 확보하고 자기들끼리만 통혼하는 폐쇄적인 집단이 되어갔다.

국가기관에 설치된 전문직은 깊은 지식을 토대로 하는 지적 전문직과 예술적 기량을 토대로 하는 예능 전문직으로 나눌 수 있다. 지적 전문직은 다시 잡과를 설치하여 참상 이상의 상위직에 진출할 수 있는 상급 전문직 분야와 취재만으로 임용하고 참하 이하에 그치는 하급 전문직 분야로 나뉜다. 상급 전문직의 분야 자체는 과거말고도 취재로 임용될 수 있지만 과거를 거치지 않으면 종6품 이상의 관직으로 진출할 수 없었다. 상급 전문직은 원칙상 정3품 당하관을 승진 상한선으로 하고 있었으나 종종 당상관에 오르거나 문무반 정직에 임용되기도 했다.

예능 전문인으로는 악인과 화원이 국가에 소속되어 있었다. 그러나 악인은 화원보다 지위가 낮았다. 악인은 양·천을 가리지 않고 뽑았고, 양인이라도 거관 후 정직 진출이 화원의 경우보다 훨씬 어려웠던 것이다. 화원은 양인으로만 선발하고 거관 후에 계속 복무할 경우 유품직인 서반직을 제수하였다.

화원과 양인 출신 악인은 전기까지는 평민보다 상위의 사회적 위계를 가졌다고 말하기 어렵다. 후기에도 악인은 여전히 중간계층으로 취급되지 못하였다.[83] 그러나 화원의 경우는 후기에 와서 그 지위가 향상된 듯하다. 이

---

83) 악공은 『姓源錄』을 비롯한 중인의 가계 기록에 보이지 않는다. 김두헌, 『조선시대 기술직 중인 신분연구』, 경인문화사, 2013, 1쪽.

는 후기에 와서 국가 중요행사를 기록하는 의궤도의 제작, 임금과 공신의 초상화 제작 등 그림의 기능과 수요가 확장된 데서 연유한 것으로 알려져 있다. 16세기 후반부터 시작하여 17·8세기에 많이 형성된 화원 가계는 그들끼리는 물론, 역관·의원·사자관寫字官 집안 등과도 통혼하였다.[84]

② 서얼

서얼은 양첩자와 천첩자의 둘로 나뉜다. 천첩자가 서얼이 되기 위해서는 부가 사족이라야 했다. 『경국대전』에서 공식사대부로 한정되었된 종량범위는 『대전후속록』에 이르러 "대소원인 및 양인"이라 하여 그 범위가 양인까지로 확대되었다. 이 규정대로라면 이제 사족만이 아니라 평민의 천첩자까지 모두 종량시킬 수 있게 된 다. 그러나 무차별적 종량 조치는 얼마 지나지 않아 폐지되고 사족으로 한정된 것으로 보인다. 『대전후속록』 이후의 그 어느 법전에도 무차별 종량 규정은 보이지 않는 반면, 증조 이하에 사로에 진출한 사람이 있는 자에 한해 다른 노비를 대신 바치고 면천할 수 있다는 규정이 나타나기 때문이다.(『수교집록』, 「형전」, 속량)

사족의 자제라고 무조건 종량되는 것은 아니었다. 속신贖身과 보충군補充軍 입역이라는 두 개의 요건이 있었기 때문이다. 천첩자 가운데서도 자기 비·처비·첩비의 소생의 경우에는 속신 없이 종량시킬 수 있다. 부모가 자기 자식을 노비로 부릴 수 없다는 이유 때문이다. 문제는 타인 소유의 비를 첩으로 들인 경우이다. 공비 소생의 경우에는 성별과 나이가 같은 노비를 대신 지급하면 그만이다. 그러나 사비 소생의 경우에는 본주의 의사를 무시하고 일방적으로 종량시킬 수 없었다. 속신을 위해 본주로부터 천첩자를 매득하는

---

84) 안휘준, 「朝鮮王朝時代의 畵員」, 『한국문화』 9, 1988.

절차를 밟아야 하는데 종종 본주가 이를 수락하지 않는 일이 일어났던 것이다. 『경국대전』에서는 이에 대하여 "본주가 허락하지 않으면 관에 신고하라."라고 규정되어 있다. 관에서 조정 역할을 맡는다는 뜻이다. 문제는 관에서 중재에 나선다고 하여 본주가 반드시 응한다는 보장이 없다는 데 있다. 지위를 갖춘 관원마저 본주가 응락하면 무척 기뻐하는 사례가 나타나는 것을 보면 속신이 그리 수월한 일이 아니었음을 알 수 있다.[85]

천첩자는 보충군 입역 요건까지 충족해야 종량될 수 있었다. 천첩자가 입역할 나이 16세가 되어 부가 장예원에 신고하면 보충군에 등록되고, 여기서 1,000일의 복무기일을 마치면 비로소 종량이 허락되는 것이다. 보충군 입역 규정에는 신고하지 않거나 복무기일을 채우지 않으면 타인이 이를 고발하여 환천시키는 벌칙 즉 '진고陳告'법이 있었다. 후기에 오면 보충군 입역 요건의 충족은 훨씬 수월해졌다. 복무기일을 마치지 않고 포를 납부하여 거관하기도 하고 아예 입역하지 않고 보충대 첩牒을 사기도 했으며 처음부터 보충대 대신 다른 양역에 충속되기도 했다.[86]

③ 향리

조선시대의 이서층에서 중간집단군으로 분류될 수 있는 집단은 지방의 이서인 향리뿐이다. 중앙의 서리는 18세기 이후 중간계층의 지위까지 상승하였지만 어디까지나 성취적 지위의 역을 벗어나지 않았기 때문이다. 향리는 자신의 세거지에서 고려시대 이래 세습적으로 향역을 담당해온 가계의

---

85) 구완회, 「朝鮮 中葉 士族孼子女의 贖良과 婚姻 ―『眉巖日記』를 통한 사례검토」, 『경북사학』 8, 1985 참조.

86) 배재홍, 「조선시대 천첩자녀의 종량과 서얼 신분 귀속」, 『조선사연구』 3, 1994.

사람이다. 향리는 성격상 동반 외아전에 해당하지만 다른 아전과 격이 다른 독보적인 지위가 공인되었다. 『경국대전』, 「병전」에 '외아전'조를 두면서 이 전에는 '외아전'조를 두지 않은 것은 다른 외아전과 엄격히 구분하기 위한 것이다. 실록의 기사에서도 마치 향리가 아전이 아닌 듯이 향리와 아전이 나란히 표기되는가 하면,(『성종실록』 22년 5월 4일) 향리가 아전을 부리는 책임을 갖고 있음이 명시되기도 하였다.(『중종실록』 9년 10월 13일)

아전 내에서 향리가 독보적인 존재임은 그들이 고위 이직을 독점한 것에서도 드러난다. 향리 가운데 급이 높은 감監·병영兵營의 영리營吏도 주로 각 읍의 향리를 차출하여 맡겼다.[87] 시간이 지날수록 구분의 강도는 약해진다 할지라도 조선시대 내내 향리와 여타의 아전과의 구분은 사라지지 않고 남아 있었다. 조선 후기에 향리 이외의 아전을 가리假吏라 범칭하기도 한 것은 그 단적인 예이다.

2) 집단별 특성

① 전문인

전문인은 각기 자신의 전공 분야의 사로에 진출하여 취득한 전문직이라는 성취적 지위의 소유자였다는 점이 제1의 특성이다. 이 점에서 전문인은 양인 내의 독립된 신분집단이었던 서얼·향리와 달랐다. 성취적 지위였으므로 적어도 전기까지는 다양한 성분의 사람들이 전문직에 진출하였다. 여말에는 '3정1자'로 응시자를 제한하는 규정까지 만들 정도로 많은 향리가 잡과에 응시했고, 향리 외의 이서층이나 교생도 중요한 배출원이었을 것이다. 사

---

87) 이훈상, 「조선 후기 충청도 감영의 營房과 향리 사회의 문화적 연망」, 『역사와 경계』 102, 2017.

대부계급의 자제 가운데도 간혹 응시자가 나왔고 서울에 거주하는 부유한 상인의 자제 가운데도 전문업을 습득하는 자가 있었다.[88] 전문업을 세업으로 하는 가계가 확립된 후기에 폐쇄성이 날로 심화되는 가운데서도 낮은 비율이나마 여전히 신인의 진출은 끊어지지 않았다.[89]

전공 분야가 다양했으므로 전문인의 사로는 아주 세분화되어 있었다. 동반직이면서도 일반 동반직과 직군이 구별되고, 직군 내에서도 다시 분야별로 직렬의 구분이 있고, 과거나 취재의 입사로 별로 직류의 구분이 있는 등 사로가 세분화되어 있었던 것이다.

전문직은 통치 업무가 아닌 해당 전문 분야의 업무만 취급하였으므로 각자의 세분된 사로 안에서만 임용되고 일반직보다 낮은 대우를 받지 않을 수 없었다.[90] 전문직은 정무직이 아니었으므로 일정 등급 이상으로 승진하는 데도 제한이 있을 수밖에 없다. 전문직의 경우 군주의 특명이 없는 한 정3품 당하관이 취득할 수 있는 최고 관직이었다.

---

88) 예컨대 상인 중 화업에 종사하는 자들이 있었던 것이 그것이다. 『중종실록』 권75, 28년 7월 13일.

89) 신인 가운데는 특이한 성분의 사람도 있었다. 예컨대 인조 대에 면천된 신량인이 역관이 되었던 사례가 그 좋은 예이다. 『인조실록』 권8, 3년 3월 22일.

90) 유교적 관료체제에서 관직은 국가라는 공적 기구를 운영하기 위한 관료를 수용하는 자리임과 동시에 군주를 도와 왕도정치를 실현하는 치자를 수용하는 자리였다. 즉 문반직은 국정에 직접 참여하는 정무직의 성격을 가지고 있었다. 그러나 전문직의 경우는 달랐다. 잡학으로는 치자로서의 식견이나 품성을 기를 수 없다고 생각했기 때문이다. 사대부 가운데도 지적·예능적 전문업에 조예가 깊은 자들이 없지 않았으나 그들에게 전문업이란 어디까지나 필요에 따라 익히는 실용적 지식이거나 취미의 일환으로 틈틈이 즐기는 餘技였을 뿐이다. 전문업 차대의 이념적 근거는 '군자불기君子不器'에 있었다. 군자 즉 치자는 모양이 고정된 그릇처럼 특정한 용도로만 쓰일 수 있는 기능적인 지식을 추구하는 존재가 아니라 인민을 제도하고 천하를 경영하는 보편적인 지혜와 덕성을 가진 존재여야 한다는 것이다. 이러한 의식하에서는 정무와 직접 관련이 없는 전문직은 일반직보다 낮은 대우를 받지 않을 수 없다.

전문인의 두 번째 특성은 전문업의 종사를 가업으로 하는 가계가 형성되면서 성취적 지위에서 귀속적 지위로 변모되었다는 데 있다. 16세기 말부터 전문업을 세업으로 하는 가계가 성립하고 점차 그들이 전문인의 주류를 차지하게 되었다. 조선 후기가 되면 장기간 전문직에 진출하는 소수의 가계가 확립되고 그들에 의해 전문직이 거의 독점되는 현상이 나타났다.[91] 조선 후기에도 전문직은 여전히 성취적 지위로서의 성격을 완전히 상실하지는 않았으나 날이 갈수록 전문직 가계와 여타의 가계 사이에 사회적 구분이 점차 심화되어갔다.

전문인이 지닌 마지막 특성은 업종이 다양함에도 불구하고 강한 동류의식을 가지고 있었다는 점이다. 잘 알려진 것처럼 같은 업종끼리는 물론 다른 업종 사이에도 활발한 통혼관계가 이루어졌다.

② 서얼

중간집단군 내에서 서얼 집단이 지니는 특성은 크게 세 가지다. 첫째는 혹심한 법제적 차대를 받는 양인 내의 독립된 신분집단이었다는 점이다. 신분적 지위와 계급적 지위가 서얼만큼 크게 엇갈리는 집단은 없다. 태종 대에 서얼이 탄생하고 차대가 시작되었지만 서얼이 법제상의 신분집단으로 확정된 것은 16세기의 일이었다. 『경국대전』에서는 '서얼자손'이라고만 표기했을 뿐 차대가 적용되는 기간에 대해서는 명확히 규정해 놓지 않았다. 『경국대전』상의 '서얼자손' 해석을 둘러싸고 벌어진 명종 대의 논란에서 '자손'이란 '자와 손'이 아니라 '자자손손'을 의미한다는 해석이 채택됨으로써—이 해석은

---

91) 김두헌, 『조선시대 기술직 중인 신분연구』, 경인문화사, 2013. 여기에서는 전문직을 세업으로 하는 가문은 거의 대다수가 서얼에서 기신했다는 새로운 견해가 피력되어 있다.

『경국대전주해』에 정식으로 등재되었다— 서얼의 자손이 차대를 영구적으로 계승하는 것으로 되자 비로소 서얼은 법제적으로 양인 내의 독립된 신분집단으로 확정된 것이다.

서얼 집단이 지니는 두 번째 특성은 전문인이나 향리에 비해 같은 집단 성원 사이의 지위의 분화가 크다는 것이다. 서얼은 택하는 직업이나 처신에 따라 전혀 다른 인생 역정을 보였다. 우선 사족의 후예라 자부하면서 당당히 사족의 일원에 편입되려는 꿈을 포기하지 않는 서얼들이 있다. 유학을 배워 문과나 생원진사시의 합격을 바라는 자들이 있었고, 무예를 연마하여 무과를 통해 무관이 되려는 자들이 있었다. 서얼의 상층에 속하는 무리들이다. 정부의 공식적인 입장은 과거에 합격하거나 관원이 된 서얼을 양반으로 대우해주는 것이었고,[92] 적자 출신의 양반들은 서얼을 양반으로 인정하지 않고 그들과 거리를 두려 했지만, 상층의 서얼들이 자신들처럼 군역이 면제되는 것은 용인해 주었다.[93] 서얼에 대한 차대의 완화도 능력주의 원칙과 아울러 그들이 사족의 자제라는 데서 가능했던 것이다. 따라서 일단 공식사대부가 되는 데 성공한 최상층의 서얼은 비록 여타 동료 사족의 멸시는 받았을망정 중간집단군의 일원이 아닌 양반계급의 성원으로 파악해도 무방할 것이다.

사족의 대열에 합류할 수 있는 서얼이 많이 나올 수는 없었다. 조정에서의 서얼 기용은 극히 소수에 그치고 있었기 때문이다. 적자에 비해 훨씬 못이

---

92) 특히 군주의 입장이 그러하였다. 정조가 "一名之人(서얼) 地難卑微 均是班族"이라고 하면서 성균관에서 서얼을 따로 구분해 앉히지 말고 나이에 따라 앉힐 것을 지시한 것은 같은 자격을 취득한 서얼을 다른 양반과 차별하지 않아야 한다는 입장을 표명한 것이다.(『정조실록』권32, 15년 4월 16일)

93) 간혹 서얼의 자손을 군역에 충정하려는 시도가 없지는 않았으나 대체로 서얼의 군역면제가 일반화되어 있었다. 『효종실록』권21, 10년 2월 11일; 『경종실록』권9, 2년 7월 18일.

작은 상속에 기대어 생활을 꾸려나가기 어려운 많은 서얼들은 상업에 뛰어들어 자수성가하기도 하고 전문직에 도전하거나 직업군사·서리로 진출하는 등 자기 앞가림을 하지 않을 수 없었다. 그들은 중간집단군으로서의 서얼의 하한선이 된다.

서얼의 후손 중 상당수는 가업을 유지하지 못하고 영락하여 평민이 되고 만다. 조선 후기에 간간히 시도된 서얼의 군역충정 시도는 그들을 겨눈 것이다.[94] 이밖에 서얼 중에는 자신의 불우한 처지에 낙담하여 아무런 희망을 갖지 못하고 자포자기하여 무위도식하는 자들도 적지 않았고 변란을 모색하는 자들까지 나타났다.

서얼 집단의 마지막 특성은 시기별로 가장 지위의 변화가 큰 집단이라는 것이다. 같은 시기에 있어서도 서얼 사이의 존재 양태는 차이가 작지 않았지만, 시기에 따라서 큰 차이를 보였다. 지위의 시기상 차이는 앞에서 본 바와 같이 두 가지 방면으로 나타났다. 차대 자체의 완화와 세습성의 약화가 그것이다. 부자 사이의 지위의 일치라는 세습의 요건이 사라지면서 서얼은 신분집단에서 벗어나고 있었던 것이다. 이 점은 향리가 후기에도 여전히 신분집단으로서의 성격을 잃지 않은 것과 대비되는 점이다.

③ 향리

중간집단군 내에서 향리집단이 갖는 특성은 시종일관 양인 내의 독립된 신분집단으로서의 성격을 유지한 데 있다. 향리의 가계는 기본적으로 조선 말까지 유지되었고 향리에 대한 부거상의 제한도 유지되었다.

---

94) "(兵曹判書金)錫胄曰 …… 庶蘗之子枝世代旣遠 例不能守其門戶 降同凡民 可合軍役者 亦多 故欲爲査出 矣" 『승정원일기』, 숙종 2년 8월 20일.

집단의 성분이 가장 단순하다는 점에서도 전문인이나 서얼과 다르다. 향리는 고려 이래 향역을 세습해왔으며 조선에 들어와서도 정부의 특별 취급을 받았다. 『경국대전』에서도 이서 중 향리에게만 유독 정원이나 봉족 규정을 두지 않았다. 향리의 자제들은 원칙상 모두 향역의 부담 대상자가 되지만, 실제로 그중 얼마나 많은 수가, 또 구체적으로 누가 향역을 부담할 것인가는 거의 향리의 자율에 위임한 탓이다. 물론, 향리를 특정 직임에 임명하는 권한을 가진 것은 수령이었다. 그러나 수령은 대개 향리가 내정한 인물을 추인하든가, 추천한 인물 중에서 임명하였다. 향리의 자제들은 향리로서의 직임을 맡지 않더라도 결코 다른 양역으로 차정되지 않았다. 자제들은 향리의 사실상의 봉족으로, 또 결원 시의 후보자로서 남아 있을 뿐이었다.

향리의 마지막 특성은 그들이 가진 권력에 있다. 그것이 향리가 평민보다 상위의 위계를 가진 자로 인정된 가장 핵심적인 요인이다. 그들의 권력은 일차적으로 수령의 행정 보좌인이라는 데서 온다. 수령으로부터 위임받은 권한을 행사했으며, 관아의 관행적 업무를 전결로 처리하였다. 다음으로는 지방사정에 대한 많은 정보와 그것을 활용할 수 있는 능력을 가지고 있었던 데서 온다. 그들은 한 지역에 대대로 정착해온 토착민으로서 지방사정을 누구보다 잘 알고 있을 뿐 아니라, 문자를 해독하고 구사하는 지적 능력을 가졌으며, 오랜 행정 경험까지 구비하였다. 더구나 다른 관속들을 지휘하는 위치에 있었던 만큼 지방 군현에서의 향리의 권력이나 지위는 자못 높았던 것이다. 『경국대전』에 '원악향리元惡鄕吏' 조를 설치한 것은 그들의 권력이나 지위가 높았던 것을 방증하는 것이다. 이러한 향리의 권력을 제어하기 위해 수령은 지방 사족의 도움을 받았다. 수령과 지방사족·향리 사이의 제휴와 견제의 삼

각관계는 일찍부터 지적된 바 있다.[95]

---

95) 이성무, 「朝鮮 初期의 鄕吏」, 『韓國史硏究』, 1970.

조선시대 사대부의 계급적 특성과 계급관계

1절 사대부의 계급관

　조선시대 사대부의 계급적 특성은 그들이 지닌 계급관에서도 찾아볼 수 있다. 사회에 계급은 존재할 수밖에 없지만, 계급의 소속은 개개인의 능력과 성취에 의해 결정되어야 하고, 계급 간 사회이동의 장벽은 없어야 한다는 것이다. 사대부는 양인들 사이에 신분이 나누어져서는 안 되지만 계급은 나누어져야 한다고 생각했다.

　왜 신분은 없어야 되고 계급은 있어야 하는 것인가. 모든 인민은 하늘이 내린 백성이고 군주의 보편적 신민이기 때문에, 신민으로서의 자격이 박탈된 노비를 제외하고는 모두가 동일한 신분적 지위를 누려야 한다는 것이다. 그러나 양인의 신분적 제일성이라는 것은 모든 양인에게 공민으로서의 동등한 권리·의무를 부여해야 한다는 법제적 원칙을 가리키는 것일 뿐, 모든 양인이 동일한 계급이 되어야 함을 말하는 것은 아니다. 사대부는 지배계급과 피지배계급의 사회적 역할이 명확히 나뉘는 계급사회가 바람직하고도 정상적인 사회라고 보았다. '사'라는 지배계급과 '농·공·상'이라는 피지배계급으로 구분되는 사회가 그것이다. 이는 뒤에서 살펴볼 바와 같이 사회적 분업으로서 지배계급과 피지배계급 모두에게 이익이 된다고 생각했기 때문이다.

그들이 주장한 '사'와 '농·공·상'의 구분은 어디까지나 계급적 구분일 뿐 신분적 구분과는 무관하였다. 사·농·공·상이라는 생업은 자손에게 세전되는 것이 아닐 뿐 아니라 "사는 농에서 나온다."라는 언명처럼 당대에도 생업의 전환이 가능한 것이었기 때문이다.

왜 '사'를 신분이 아닌 계급으로 상정한 것인가. 사와 농·공·상 사이에 생득적인 자질의 차이가 있다고 생각하지 않았기 때문이다. 이 점에서 자신들과 평민 사이의 생득적인 자질의 차이를 강조하던 귀족의 경우와 달랐다. 하늘이 인재를 낼 때 귀천이나 문지를 가리지 않는다는 것은 조선시대 사대부들의 일반적인 생각이었다. 사실 이러한 생각은 사대부시대의 유자만이 아니라 공자가 '유교무류'를 외쳤던 상고시대부터 유자의 일반적인 생각이었다. 그러나 인간의 재능은 혈통이나 문지와 전혀 무관하다는 인식은 성리학 단계에 와서 한층 더 강화되었다. 지혜로움과 어리석음, 어짐과 불초함 등 개인 간의 생득적인 자질의 차이는 태어날 때 작용하는 기氣의 우연적인 상태에 의해 좌우되는 것이지 부모로부터 물려받는 것이 아니라는 인성론적 인식이 그것이다.(후술)

양인인 데도 불구하고 금고를 당했을 뿐 아니라 법제적으로 허통이 허락된 이후에도 실제의 임용이 극도로 제한되었던 서얼은 재능과 문지는 무관하다는 사회적 인식을 바탕으로 정부에 대해 자신들의 제한 없는 임용을 요구했다. 이를테면 서얼출신의 진사 정진교鄭震僑가 "대개 하늘이 인재를 낼 때 귀천에 차이를 두지 않고, 왕이 된 자가 사람을 쓸 때 문지에 구애되지 않으니, 이는 천리가 마땅히 그러한 것이며 백왕이 바꾸지 않는 바입니다."라고 한 것이 그것이다.(『영조실록』 즉위년 12월 17일) 비단 서얼만이 그와 같은 인식을 가진 것이 아니었다. 명종 대의 이황은 "하늘이 세상의 인재를 낼 때 귀천에 차이를 두지 않기 때문에 선왕이 사람을 쓰는 법은 단지 그 재덕의 우열만을 볼 뿐 태어나는 곳이 어떠한지는 논하지 않았습니다."라고 하였으며,(『명종실록』 8년 10월 7일) 조선 후기의 유수원柳壽垣은 "하늘이 인재를 낼 때 어찌 서울과 지방의 차이가 있으며 사서士庶의 구별이 있겠는가."라고 하였다.(『우서』 권 2, 「논문벌지폐論門閥之弊」)

영구히 금고하려 했던 천인조차 생득적 자질에서 사대부나 평민과 차이가 있는 것은 아니라고 생각했다. 선조 대의 홍문관 교리 조수익趙守翼은 "사천私賤의 법은 우리나라에만 있습니다. 하늘이 많은 인민을 낼 때 부여함이 반드시 균등한 것인데, 태어날 때 이미 귀천을 나눈다는 것은 참으로 말할 것이 못되는 것입니다."라고 하였고,(『선조실록』 34년 10월 25일) 후기의 유형원은 "설령 그들에서 현재賢才가 나와도 금고하여 남의 노비로 삼으니 이것인 도리이겠는가."라고 하였다.(『반계수록』, 「속편」 하, 노예) 노비에서도 얼마든지 현재가 나올 수 있다고 여긴 것이다.

조선 사대부사회는 고려 문벌사회를 극복하고 개창된 사회였다. 그렇다고 조선시대 사대부에게 문벌의식이 없는 것은 아니었다. 사대부의 문벌의식은 단지 문지에 대한 집착이 크게 심화되었던 조선 후기에만 한정되지 않았다. 그러나 따지고 보면 문벌의식은 강도에서는 차이가 있을망정 어느 시대, 어느 지역에서도 나타나는 것이라 할 수 있다. 근대 사회라 하여 결코 예외가 될 수 없다. 유의할 것은 사대부의 문벌 자랑은 어디까지나 선조가 이룩한 성공에 대한 자랑이지 생득적 자질에 대한 자랑은 아니었다는 점이다. 즉 얼마나 많은 선대의 인물들이 과거에 급제하고, 당상관이나 청요직에 진출하였나를 자랑하는 것이었다.

지배계급과 피지배계급을 엄격히 구분하면서도, 지배신분과 피지배신분을 나누거나 사회이동의 법제적 장벽을 세우려 하지 않는 것은 근대 이전의 지배계급 가운데 사대부가 보여준 중요한 계급적 특성이다. 자신들의 지배의 정당성을 확립하려는 이데올로기적 작업의 일환이자, 그들 스스로가 성취적 지위를 추구할 수밖에 없는 사회적 존재였던 데서 연유한 것이다.

조선시대 사대부의 계급관에서는 계층론적 관점이 뚜렷이 나타난다. 사대부사회에서의 계급 소속은 궁극적으로 개인의 능력이나 노력을 기초로 이루어질 수 있다고 믿고 있었다. 어느 계급에 소속되었는가가 향후 경쟁의 성패를 좌우하게 된다는 계급론적 관점 대신, 만인에 대한 기회의 제공만으로 사회 성원들의 활발한 사회이동과 합리적인 계급 소속이 이루어질 수 있다는 관점을 가진 것이다. 사대부사회의 계급체계에 대한 믿음은 확고했고, 자신들이 사대부계급의 일원이라는 자긍심을 크게 가지고 있었다. 단지 현실의 계급체계는 사람을 쓰는 방법에서 몇 가지 극복해야 할 미비점을 안고 있을 뿐이라 여겼다. 참된 인재가 아무도 모르게 파묻혀 있거나, 뒤늦게 알려져 적시에 기용되지 못하거나, 비재와 섞여 제대로 빛을 보지 못하는 것 등이 그것이다. 군주를 비롯한 위정자가 공심公心을 견지한다면 얼마든지 극복 가능한 문제라는 것이다.

사대부계급 내에서만 본다면 조선시대의 사회이동은 전체적으로 비교적 활발히 이루어졌다고 평가할 수 있다. 당대인들의 인식도 크게 다르지 않았다. 고려시대와 달리 조선시대에는 세도정치기와 같은 조선 말기의 예외적인 시기를 빼고는 여러 대에 걸쳐 고위직을 독점하는 문벌은 나타나지 않았다. 반면 산림처럼 문지가 높지 않은 집안에서도 얼마든지 영도자들이 나타날 수 있었다. 시대가 내려 갈수록 당색을 가르고 문지에 따른 임용이 공공연히 이루어지는 등의 현상이 만연하게 되었지만 이는 체제 동요기에 나타난 보수반동화 현상이라 할 수 있다.

그러나 사대부계급 역시 지배계급으로서 배타적인 기득권을 향유하려는 욕구에서 벗어나기 어려웠다. 이를테면 하자 없는 양인의 사회이동 기회만 제도적으로 열어 놓았을 뿐 실제적으로 그 기회를 활용할 수 있는 여건의 조성에는 큰 관심을 보이지 않았던 것이다. 물론 사대부 가운데에는 초등 교육 과정에서부터 의무교육을 실시할 것을 주장하는 자가 없지 않았다. 현종대의 이유태李惟泰가 대표적이다. 관원의 자제로부터 서얼·양민에 이르는 10세 아동을 모두 공립학교에서 수학하게 하고, 학업 성과가 있는 자를 뽑아 중앙의 사학이나 지방의 향교에 진학하게 하는 방안이었다.(『현종개수실록』 1년 5월 9일) 그러나 다른 관원들이 열의를 보이지 않은 탓으로 실현되지 못하였다.

대부분의 사대부는 노비와 같은 예속인에 의지하는 삶을 당연시했다. 실학자들은 노비에 대한 비인간적 대우나, 수학에 정진하지 않고 무위도식하는 양반의 행태를 비난했으며, 당시 횡행하던 문벌주의 풍조를 날카롭게 비판했다. 그러나 실학자 역시 선민의식을 청산하지 못했고, 계급 구분은 불가피하다는 인식을 공유했다. 계급적 불평등 자체를 문제 삼거나 적극적으로 노비제의 폐지 방안을 모색하는 실학자는 찾기 쉽지 않다. 기존의 노비제가 지닌 문제점은 인식했으나, 노비 없는 사대부의 삶을 어떻게 보장할 수 있을지 대안을 찾기 어려웠기 때문이다.

2절 타 계급과의 관계: 지배방식을 중심으로

사대부의 계급적 특성은 다른 계급과의 관계에서 두드러지게 나타난다. 근대 이전의 사회에 있어서 지배계급이 피지배계급을 지배하는 수단이 되었던 것은 크게 세 가지다. 첫째 뛰어난 혈통-가문의 위세이고, 둘째 커다란 부이며, 셋째 강력한 물리적 강제력이다. 고귀한 혈통이나 이름난 가문의 위세는 사회적 위신을 높일 수 있을 뿐 아니라 피지배계급의 복종을 이끌어내는 데도 효과를 발휘한다. 커다란 부는 그 소유자에게 타인을 부릴 수 있는 수단과 권력을 제공할 뿐 아니라 관계가 없는 제3자에게도 부러움과 사회적 위신을 느끼게 해 준다. 마지막으로 강력한 물리적 강제력은 피지배계급의 저항을 꺾는 직접적인 수단이 되며, 평상시에는 굳이 강제력을 행사하지 않아도 위력의 과시 또는 강제력의 보유 사실만으로 위압감으로 인한 복종을 이끌어 낼 수 있다. 그런데 사대부계급은 다른 시대, 다른 지역의 지배계급에 비해 상대적으로 이 세 가지 요건 모두가 미약했다.

첫째, 그들은 귀족과 같은 고귀한 혈통에서 오는 명예나 위신을 지니지 못하였다. 상당수는 어지간한 문벌조차 제대로 지니지 못했다. 사대부는 능력주의·공개경쟁의 원칙을 신봉하며 혈통에 의한 세습을 부인하고 문벌의 존재를 용인하려 하지 않는다. 실제로도 치열한 경쟁을 뚫고 과거에 급제하기란 용이한 일이 아니어서 몇 대에 걸쳐 고위관원이나 청요직자를 배출할 수 있었던 집안은 드물었다. 사대부계급 내에는 선조가 별다른 벼슬을 하지 못했거나 오랫동안 관원을 배출하지 못한 단한單寒한 가문 출신들이 많았다.

둘째, 사대부는 평균적으로 평민보다 부유했다고 말할 수 있으나 대규모의 토지와 노비를 가진 집안은 많지 않았다. 대부분의 사대부가 많은 토지와 노비를 가지기에는 사대부의 수가 너무 많았던 것이다. 상당수의 사대부는 넉넉지 않은 가정형편으로 사대부로서의 최소한의 체모를 지키기에도 급급했던 실정이었다. 의례를 치르기 위한 비용, 수학을 위한 비용 등이 만만치 않았던 것이다. 절약을 미덕으로 삼는 풍조가 깊이 뿌리 내린 것은 그 당연한 결과이다.

셋째, 물리적 강제력 역시 미약했다. 사대부는 서구 중세의 영주·기사계급처럼 무력을 갖지 못했다. 지방에 거주하고 있는 대다수의 사대부는 평민과 마찬가지로 타지 출신의 수령 통치를 받아야 하는 위치에 있었다. 집안에 부리는 노비나 고공·비부와 같은 예속인이 피지배계급의 도전을 방비하고 위급할 때 그들을 지켜주는 물리적 강제력이 될 수 있을 것이지만 서구의 귀족처럼 한 지역을 호령하기에는 턱없이 부족한 수준이었다.

근수根隨와 같은 수행 노자에다 반당伴儻과 같은 경호원까지 거느리는 고위관원이나, 관직은 없어도 수행·경호 노비를 다수 보유할 수 있었던 자는 사대부 가운데 아주 소수에 지나지 않았다. 보통의 사대부가 보유한 노비 수는 몇 십 명 정도로 알려졌는데, 그나마 여성이나 노약자를 제외하고, 남정 가운데에서도 소정의 몸값만 보내는 납공노비나 주가에서 멀리 떨어져 농사에 전념하는 생산노비까지 제외하면, 평상시 물리력 행사에 동원할 수 있는 숫자는 아주 제한적이었다. 지주와 갑을 관계에 놓인 소작농민이라면 모를까 자신이 거주하고 있는 고을의 자작농이나 타인의 소작농 등 지역민 일반에 대해 권력을 행사하기는 여의치 않았다.

사대부에게 지배계급으로서의 개별적 기반이 미약하게 나타나는 것은 기본적으로 다른 시대, 다른 지역의 지배계급에 비해 전체 인구에서 차지하는 수적 비중이 훨씬 큰 데서 유래한다. 사대부의 수적 비중이 높은 까닭은 항상 새로운 가문이 두각을 나타내게 되는 유동적인 집단이었기 때문이다. 일단 관원이 되는 데 성공한 집안은 물론 생원·진사 정도를 배출한 가문의 후예라도 당당히 사대부를 자처하는 까닭에 자칭·타칭의 사대부는 막대한 수에 이르게 된다. 사대부는 지배계급으로서의 개별적 기반이 미약한 반면 지배계급의 수는 방대한 편이어서 다른 시대, 다른 지역의 지배계급과는 다른 지배방식을 모색하지 않으면 안 된다.

1. 간접적 지배방식의 추구

사대부계급 특유의 지배방식은 첫째 간접적 지배방식이다. 피지배계급을 자신이 직접 지배하는 방식 대신 국가·군주라는 통일 권력 또는 국가의 위임을 받은 지방관을 매개로 한 간접적인 지배방식을 추구하는 것이다. 피지배계급에 대한 직접적 지배는 원초적으로 불가능하였기 때문이다.

고분고분하지 않거나 때로는 자신을 능멸하려는 피지배계급을 제어하는 데 자신의 힘만으로는 부족했으므로 국가나 지방관의 비호를 바라지 않을 수 없었다. 사대부계급이 강력한 국가권력을 옹호하였던 것은 미약한 계급기반의 필연적인 귀결이었다. 사대부시대에 와서 국가나 군주의 힘이 어느 때보다도 강해진 것은 지배계급인 사대부가 그만큼 국가나 군주에게 절대적으로 의존하지 않을 수 없었던 덕분이었다.

국가와 군주가 무턱대고 사대부의 역성을 드는 것은 아니었다. 군주에게는 사대부만이 신민이 아니었고, 국가는 애초부터 피지배계급이 지탱해주지 않으면 존립 자체가 불가능하다. 무조건 사대부의 편을 드는 것은 민심의 이반을 초래하는 것일 뿐만 아니라, 궁극적으로는 사대부에게도 불행한 결과가 된다. 사대부도 공멸하고 말 것이기 때문이다. 지방관 역시 국가나 군주의 지시대로 이행할 수밖에 없다. 더구나 재지사족을 배려하다 민원이 발생하면 문책을 피하기 어려웠다.

결국 국가·군주에 의한 사대부계급의 간접적 지배의 실현의 기본 방식은 '법치' 즉 법질서의 확립에 있었다. 사대부 역시 법질서를 지키지 않으면 안 된다. 법질서를 통해서만이 국가·군주와 사대부의 공동 번영이 가능하고 왕조의 장수가 보장된다. 법 외의 사익을 추구하는 사대부를 응징하는 것이 전체 사대부계급을 위하는 길이다. 조선시대 법치의 원칙이 그 어느 때보다 확고했던 것은 이유가 바로 여기에 있었던 것이다.

2. 비물리적 지배방식의 추구

비물리적 지배방식을 철저히 추구한 것도 사대부사회의 주요한 특색의 하나다. 이념적으로 위민정치나 덕치를 표방한 것도 하나의 이유는 된다. 그러나 그보다는 현실적으로 큰 물리력을 갖지 못한 사대부가 다른 대안을 모색하지 않을 수 없었던 것이 더 근본적인 이유다. 사회적 명망이나 학식·덕성과 같은 지적·인격적 우위를 앞세워 복종과 순응을 유도한다는 것이다. 과거급제와 같은 공개경쟁에서의 성공은 사대부계급 내부만이 아니라 피지배계급에게서도 명망을 얻을 수 있다.

지적·인격적 지배나 성취적 지위의 획득 같은 개별적인 차원의 방식 외에 좀 더 범용성이 있는, 사회적·제도적 차원의 효과적인 방식이 있었다. 예절과 의리를 통한 사회-정치 질서의 추구였다. 이 역시 법에 의존하거나 물리적인 힘을 동원하지 않고도 사대부계급과 피지배계급 사이의 상하관계를 유지할 수 있는 효과적인 수단이다. "예라는 것은 일어나기 전에 막는 것이요 법이라는 것은 이미 일어난 뒤에 막는 것이다.",[96] "예를 행하는 것에 대한 설명은 많지만 기실은 차례를 지키는 데 불과하다"와 같은 언명[97]은 예의 본질을 간단명료하게 제시한 것이다.

의례를 통해 상하관계의 기강을 잡으려 한 좋은 예로서는 조선시대 관원의 출퇴근 때의 '영송迎送' 규정을 들 수 있다. 관원들은 해가 긴 기간에는 묘

---

96) "禮者禁於將然之前 而法者禁於已然之後" 『大戴禮記』, 「禮察篇」.

97) "臣以爲禮之爲說雖多 其實不過曰序而已" 『조선경국전』 상, 「예전」, 총서.

시(오전 5~7시)에 출근하고 유시(오후 5~7시)에 퇴근하게 되어 있었다.[98] 오늘날 사람들로서는 2시간의 간격을 가진 출퇴근 시간 규정을 의아하게 느끼게 된다. 묘시에 출근한다는 것은 정확히 묘시의 어느 시각에 출근한다는 것인가. 출퇴근 시간마다 기관별로 소속 관원·관속 사이에서 행해지는 '영송'의 의례를 시간 안에 마치면 된다는 의미이다. 직급별로 출퇴근의 순서가 다르므로 관원·관속의 수가 적은 기관에서는 의례가 짧은 시간 안에 끝날 수 있지만 복무자가 많은 큰 기관에서는 많은 시간이 걸릴 수밖에 없다. 따라서 시각을 특정하지 않고 묘시·유시와 같은 융통성 있는 시간을 할당한 것이다.

해당 기관의 관속부터 관원에 이르기까지 직급별로 지정된 장소에 미리 대기하고 있다가 순차적으로 들어오는 상관을 차례차례 영접하게 되어 있다. 가장 지위가 높은 관장官長이 가장 늦게 출근하는데 관청 대문에서부터 자신의 집무실 앞에 이르기까지 각자 지정된 자리에서 대기하는 모든 소속원들로부터 차례차례 인사를 받으면서 들어와 좌정하게 되면 마침내 모든 영접 의례가 끝나고 하루의 일과가 시작되는 것이다. 퇴근의 전송의 의례는 출근 때의 영접과 역순으로 문을 나서게 된다.[99] 이러한 복잡한 의례를 통해

---

98) 해가 짧은 시기에는 진시(오전 7~9시)에 출근하고 신시(오후 3~5시)에 퇴근한다. 『경국대전』, 「이전」, 고과.

99) 가장 먼저 와서 대기해야 하는 서리·녹사의 동선을 중심으로 영접 의례를 재구성하면 대략 다음과 같다. 정1품부터 참하관과 관속에 이르기까지 가장 소속원이 많은 정1품 아문의 경우이다. 서리와 녹사가 맨 먼저 관아에 나와 있다가(규정에는 나와 있지 않지만 소속 노비는 서리보다 먼저 나와 관아의 문을 열어 놓고 대기해야 할 것임은 말할 것도 없다.) 순서대로 들어오는 관원을 지정된 장소에서 영접하게 된다. 서리는 중문 안에서 땅에 엎드려 7품 이하의 참하관을 맞이한 뒤 중문 밖으로 나가 6품 이상의 참상관을 역시 엎드려 맞이한다. 다시 대문 밖으로 나가 당상관을 엎드려 맞이한다. 녹사는 참상관을 중문 안에서 허리 굽혀 절하여(鞠躬) 맞이한 뒤, 당상관을 중문 밖에서 엎드려 맞이한다. 관원들 사이에서도 직급별로 다단계의 영접이 이루어지니 예컨대 참하관은 5·6품에게는 집무실 계단 아래에서, 3·4품에게는 중문 안에서, 2품에게

서 부하가 자연스럽게 상관의 위엄을 느낄 수 있도록 하여 하극상을 미연에 방지하려는 의도가 숨어 있음을 짐작하기 어렵지 않다.

사대부는 예절을 문화의 척도로 여겼다. 조선이라는 문화국가의 격조를 높이기 위해 국가의례의 연구나 의례서의 편찬에 큰 노력을 기울였다. 건국 초에는 명나라의 의례서를 많이 이용했지만 세종대 이후 조선의 실정에 맞는 독자적인 국가의례서의 편찬에 심혈을 기울였으니 초기에 편찬된 『(세종실록)오례』나 『국조오례의』가 그것이다. 국가만이 아니라 사가에서의 의례도 마찬가지로 중요시 했다.

조선시대 사대부들의 『소학』 사랑은 유명하다. 『소학』은 소년기 이른 시절부터 익히는 가장 중요하고 필수적인 교재였을 뿐 아니라, 과거에서 본시험 전에 응시 자격을 검증하는 데도 쓰였는데('학례강學禮講') 그 내용은 대부분 집안의 법도와 예절에 관한 것이었다. 사림의 선두주자의 한 사람이었던 김굉필金宏弼은 '소학동자小學童子'라 지칭될 만큼 『소학』에 탐닉하였다. 『주자가례』 역시 조선시대 사례四禮의 모범서로서 사대부라면 집집마다 꼭 비치해 두어야 할 책이었다. 민간에 삼강오륜의 윤리를 시급히 정착시키기 위해 정표할 사람의 행적을 적고 중요 장면을 그림으로 그려 놓은 『삼강행실도』·『오륜행실도』 등을 편찬·배포한 것도 역시 잘 알려진 사실이다.

는 중문 밖으로 나가, 1품에게는 대문 밖으로 나가 허리 굽혀 절하여 맞이한다. 나머지 관원도 하관이 상관의 품계 고하에 따라 각기 지정된 영접 위치에 가서 차례로 맞이한다. 인사의 방식도 하관이 허리 굽혀 절하는 데 대해 상관이 '읍揖'으로 답하는 것이 가장 기본이지만, 서리는 관원에게 모두 땅에 엎드리며, 녹사는 당상관에게만 엎드린다. 관장은 대문 밖·중문 밖·집무실 계단 위에서 차례대로 영접을 받고 집무실에 들어가면 다른 관원들도 순차적으로 집무실로 들어가게 된다. 『경국대전』, 「예전」, 영송.

3. 집단적 지배방식의 추구

인민에 대한 집단적 지배의 방식을 추구한 것도 지배계급으로서의 사대부의 특성이다. 중앙의 통일권력은 그들이 의지할 수 있는 마지막 보루일 뿐이었다. 개개인의 일상에서 자주 일어나는 사안마다 국가가 나서서 해결하고 보호해 주기를 바라기는 어렵기 때문이다. 지방관의 경우도 일상적으로 의지할 대상이 아니다. 지방관과 재지사족은 때로는 서로 제휴의 대상이 되지만 때로는 견제의 대상이다. 사적인 일을 부탁한다는 것도 쉬운 일이 아닐뿐더러, 한번 신세를 지면 어떤 형태로든 갚아야 한다.

피지배계급에 개별적으로 대처하다가 종종 힘에 부치는 경우를 만나게 된다. 만약 집단적으로 공통적인 사안에 대처하게 되면 엄청난 힘을 갖게 된다. 같은 지역에 거주하는 사대부계급이 힘을 합쳐 향촌에서 집단적인 권력을 행사하기까지는 상당한 시일이 소요되었다. 재지사족이 방방곡곡에 터전을 잡고 세를 불리기까지 일정한 시간이 필요했을 뿐 아니라, 조선 초기에는 중앙정부가 지방세력을 통제하는 데 역점을 두었던 까닭이다. 15세기 후반 이후 정치의 주체로서의 정체성을 강하게 의식하고 재지사족의 이해를 대변하는 사림파가 등장한 다음에야 비로소 사대부계급의 집단적 지배가 본궤도에 오를 수 있었다. 사림파가 열성적으로 추진한 향약운동의 여파로 향청·향회 같은 자치기구가 꾸려지고 이를 통해 그 지역의 피지배계급을 통제하는 것이 가능해졌던 것이다.

16세기에 와서 지배계급이 계급적 연대와 타 계급의 지배를 강화한 데 대해 피지배계급은 이에 강력히 맞서기 어려웠다. 숫자는 많아도 조직화가 어려울 뿐 아니라 저항에 뒤따르는 강력한 처벌과 탄압을 우려하지 않을 수 없었기 때문이다. 과거에는 개별 사족과의 다툼이 개인적인 다툼으로 끝날 수도 있었지만 재지사족 간의 연대가 강화되고 조직체마저 갖게 된 16세기 후반에는 집단적인 제재를 피하기가 어렵게 되었다. 경제적 관계에 지나지 않는 지주-소작관계에도 미묘한 변화가 나타날 수 있었다. 동료 사대부의 지원을 믿고 소작인을 침탈할 가능성이 생기게 되었던 것이다.

4. 분할 지배방식의 추구

사대부계급은 피지배계급에 대한 분할 지배방식을 추구하였다. 피지배계급을 양·천이라는 두 개의 신분으로 분할하는 신분체제를 후기까지 유지한 것이 바로 그것이다. 기본적으로 천인에게는 지배계급을 봉양하는 역할을, 그리고 양인에게는 국가를 지탱하는 역할을 나누어 맡겼다. 피지배계급이 두 개의 신분으로 분할되면 피지배계급의 통제에도 큰 이점이 있었다. 그 자체로 피지배계급의 힘을 분산시킬 수 있을 뿐 아니라 양인이라는 상위 신분에게는 자신의 지위나 위신에 대한 상대적인 만족감을 주어 피지배계급 전체의 일체감이나 연대의 형성을 예방할 수 있기 때문이다.

사대부계급은 귀족과 같은 신분적 특권을 누리지 못했지만 예속인의 지배를 통해서 피지배계급에 대한 자신들의 상대적인 사회적 우위를 확보하고 유지할 수 있었다. 노비가 예속인의 주축을 이루었지만 노비 외에도 양인 출신의 노처·비부, 고공 등의 예속인을 거느렸다. 그들을 기반으로 삼아 자신의 생존과 고유의 생활양식을 지킬 수 있었다. 평민과 노비는 워낙 신분적 간격이 커서 좀처럼 동질감을 느끼기 어려웠고 일치된 이해관계를 찾기도 어려웠다. 현실에서 양천교혼이나 평민의 자매 행위가 횡행했어도 조선 후기까지 평민과 노비의 간극은 좀처럼 좁혀지지 않고 남아 있었다.

3절 사대부계급 내부의 관계: 공존과 경쟁의 방식을 중심으로

1. 공존의 전제 조건: 전제군주의 옹호

모든 사대부들이 공존하기 위해서는 강력한 군주의 존재가 필수적이었다. 군주는 국가의 상징이자 구심점이었고 국가의지의 표상이었다. 사대부계급으로 하여금 피지배계급의 지배를 가능하게 해주는 궁극적 존재였고, 사대부계급을 관원으로 발탁하는 것도 바로 군주였다. 관직을 독점할지도 모르는 귀족·문벌의 발호를 방지하는 역할도 군주에게 있었다. 수는 많지만 지배계급으로서의 개별적인 기반이 미약한 사대부계급으로서는 군주야말로 생존의 전제조건이었다. 중국이나 한국에서 중앙집권적 관료국가의 역사가 오래지만 사대부시대만큼 국가나 군주의 권능이 컸던 때가 일찍이 없었던 것은 사대부의 지지가 그만큼 컸기 때문이다.

그러나 그렇다고 하여 조선의 사대부들이 군주에게 맹목적으로 복종했던 것은 아니었다. 오히려 사대부들의 권능이 군주의 권능을 능가할 정도였다고 말할 수 있다. 이른바 '군약신강君弱臣强'의 양상은 조선의 건국이 태조의 주도로 이루어졌다기보다 신료들의 적극적인 추대와 조력으로 이루어진 데서 비롯된 바가 크다. 조선의 사대부들은 자신들의 필요에 의해 능동적으로 군주권을 옹호한 것이다.

군신관계는 명분으로서는 상하관계이지만 내용적으로는 서로가 상대를 존중해야 하는 대등한 관계여야 한다고 사대부는 생각했다. 군신 간의 힘의 격차를 극복하기 위해 내면의 수양이나 현능의 자질이 중요함을 역설했고 집단적인 의사 표시인 '공론'을 존중할 것을 요구했다.

2. 합리적 공존방식: 공정한 경쟁 추구

정치의 주체임을 자임하는 사대부는 자신의 사회적 역할을 수행하기 위해서 너나없이 관직 취득을 희망하였다. 사대부를 자처하는 수많은 지식인 사이의 치열한 경쟁은 불가피한 일이었다. 그들이 큰 탈 없이 공존할 수 있기 위해서는 경쟁이 객관적이고 공정하게 치러지지 않으면 안 되었다. 이것이 과거와 같은 공개경쟁시험의 만개를 가져온 것이다. 시험은 과거만이 아니라 음서제와 천거제에 의해 관원을 선발할 때도 활용되었다.

3. 경쟁의 내용과 수단

사대부는 사람들의 평가 기준을 일차적으로 교양이나 학식의 깊이, 품행이나 인망의 고하, 그리고 경세의 안목과 지략의 유무에 두었다. 관원들이라면 소통능력이나 행정능력과 같은 평가 기준이 추가되었다. 부는 부차적이었다. 그들의 생활양식을 보전하기 위해서는 일정한 경제력이 필수였으나, 수학을 위한 최소한도의 재산만 있으면 재능이나 노력으로 얼마든지 경제적 격차에서 오는 불리함을 극복하고 출세할 수 있었기 때문이다.

사대부 사이의 경쟁의 내용 역시 지적·인격적 능력의 경쟁이 될 수밖에 없었다. 그러나 지적·인격적 능력의 측정이란 쉬운 일이 아니었다. 현능자를 관원으로 선발하는 데는 객관적 공정성이 확보되지 않으면 안 되었다. 그래야 경쟁에서 탈락한 사대부들의 최소한의 승복을 이끌어낼 수 있기 때문이다. 바로 그것이 시험에 의한 선발이었다. 시험의 공정한 관리와 평가를 위해 많은 노력이 기울여졌다.

시험의 내용은 문과의 경우 일차적으로 유학에 대한 소양의 측정이었다.

외교문서나 교서를 비롯한 많은 글을 미려하게 제작할 능력 즉 '제술製述' 능력의 측정도 필요했다. 그러나 궁극적으로는 군주의 국정 운영과 치적의 성과를 도울 정무적 능력이 필요했다. 문과의 최종 단계 시험인 전시殿試가 대책對策을 위주로 치러지는 것은 그 때문이었다.

과거급제는 지난한 일이었으며 관직의 수도 극히 제한되어 있어 관원은 전체 사대부의 극히 일부분에 불과했다. 여기서 관직이나 과거의 급제와 상관없이 학식이나 덕망만으로 사람을 평가해야 한다는 운동이 벌어지게 되었다. 이러한 운동을 통해 사대부의 정치의 주체라는 계급적 정체성이 강화되었고 계급 내의 연대도 증진되었다. 마침내 관직이 없이도 다른 계급 위에 군림할 수 있는 재야사족의 발판이 마련되었다. 사림파의 운동은 이미 사대부 사회의 출범 때부터 구조적으로 예고되어 있었던 셈이다. 그러나 양산된 사대부 간의 치열한 경쟁은 긴장과 반목을 배태할 수밖에 없었으니 붕당과 같은 사대부 내의 대립도 구조적으로 예정되어 있었다고 해야 할 것이다.

4장

조선시대 양천제의 의의와 신분·계급구조의 특성

1절 조선시대 양천제의 역사적 의의

조선시대 양천신분제의 확립은 커다란 역사적 의의를 가지고 있었다. 특권신분을 인정하지 않고 양인 일반의 보편적 권리·의무체계라는 양인의 신분적 제일성을 확립한 것은 사대부사회가 보여준 가장 선진적인 부분이다. 양인의 신분적 제일성이란 어디까지나 형식적 평등에 지나지 않는 것이지만 형식적 평등은 실질적 평등의 전제가 된다. 실질적 평등으로 나아갈 단서이자 실질적 평등의 중요한 한 부분을 이루는 것이다.

조선시대에 사대부라는 지배계급이 사실상 사회적 특권을 누렸다 하여 양인의 신분적 제일성의 의미가 없어지는 것은 아니다. 오늘날의 사회 역시 소수의 지배계급이 부·권력·명예를 독점적으로 향유하는 계급사회다. 그렇다고 하여 근대에 이루어진 신분제의 폐지나 민주주의 원칙의 확립, 평등권을 보장하는 여러 법제적 장치의 마련 등이 아무런 의미가 없다고 할 수 없는 것과 마찬가지이다. 양인의 신분적 제일성 원칙은 여말선초에 달성한 사회적 진보를 표상하는 것이자 사회전체의 평등의식과 능력주의 원칙을 고취하고 왕도정치이념에 따른 여러 가지 제도적 발전을 가져왔다.

양천제의 확립은 피지배계급의 지위 향상에도 일정한 영향을 미쳤다. 양인의 신분적 제일성은 원칙 하나만 덩그러니 제시된 것은 아니었다. 권리와 의무를 보편화하는 여러 가지 제도적 개편이 동반되었던 것이다. 대표적인 것으로는 모든 고을에 향교를 건립하여 공교육기회를 확대한 것, 수령의 침탈에 대한 고소를 허용한 것, 수령의 판결 결과가 부당하다고 생각하면 이에 불복하고 항소할 권리를 부여한 것 등을 들 수 있다.

의무의 보편화에도 괄목할 만한 조치들이 있었다. 관원층도 평민층과 나란히 군역의 의무를 지게 된 것이 그것이다. 지배계급의 군역부담은 군사적 기능의 유무를 떠나 조선시대 양인 간 평등의 상징이 되었다. 비록 그들이 과전의 수급에 대한 반대급부로 군역을 지고, 따로 부대를 구성하여 복무 내용도 가벼웠을지라도, 피지배계급과 나란히 전직 관원이 군역을 부담한다는 사실 자체가 큰 사회적 반향을 불러일으킨 것이다. 이러한 조치는 사대부계급의 뇌리에 깊이 각인되어 양반의 군역 면제가 관행화된 후기에조차 위정자들은 양반들도 원칙적으로 군역을 져야하는 것으로 인식하고 있었다. 관원층이 토지소유면적에 비례하여 조세나 공납·요역과 같은 부세를 내게 된 것도 고려시대와는 다른 새로운 변화였다. 수취 방법은 달라졌을망정 개세제와 비례세의 원칙은 초기부터 후기까지 일관되게 준수되었다.

피지배계급 역시 이러한 추세에 연동하여 권리의식이 높아졌을 뿐 아니라 적극적으로 자신의 권리를 행사했다. 평민이 자신의 사환권·부거권을 명확히 인식하고 있었을 뿐 아니라, 이것이 침해당하였을 경우에는 즉각 항의하여 자신의 권리를 확보하고 있었다. 향교에도 나갔고 고소권과 항소권도 적극적으로 행사했다. 평등의식의 고양은 노비의 처우에도 변화를 가져왔다. 자의적으로 노비를 처벌한 노비주에 대한 제재가 가해지고, 출산한 노비 부부에게 휴가가 제공되는가 하면, 양인과 마찬가지로 노비에게도 노인직의 수여가 이루어지게 되었다.

양인 일반에 대한 보편적인 권리인정의 수혜자는 평민만이 아니었다. 사대부계급에게도 활발한 사회이동을 이룰 수 있게 하고 실패해도 다시 재기할 수 있는 발판을 마련해주었다. 조선시대의 사회이동은 그 어느 곳보다 지배계급 내에서 활발히 일어났다. 조선시대에는 '세도정치' 시기 등 극히 일부의 시기를 제외하면 고려시대와 같은 문벌이 나오지 않은 것이 그 뚜렷한 증거이다. 사대부계급에 속하는 사람이라 하여 언제까지고 우월한 사회적 지위를 누릴 수 없는 일이다. 오랫동안 과거나 사로 진출에 실패하게 되면 평민으로 전락되지 않을 수 없다. 문지에 구애되지 않고 오직 재능만으로 관원을 선발하면 언젠가 다시 가문을 일으킬 기회를 가질 수 있다. 따라서 사대부계급에게도 양인의 보편적인 권리인정은 몰락을 대비한 보험이 되는 셈이다.

양천제의 확립을 비롯한 여말선초의 여러 변화들은 다음 기회에 본격적으로 다루게 될 터이지만 기본적으로는 문벌사회에서 사대부사회로 전환이 이루어지는 과정에서 이루어진 변화이며 직접적으로는 고려의 기성 관직문벌과 새로 대두한 사대부라는 신구 지배계급 간의 계급투쟁에서 거둔 성과였다. 신계급은 통상 구계급보다 좀 더 발전된 사회운영원리·도덕성을 선보이며 일정하게 피지배계급의 이해를 반영하는 진보적 역할을 수행하기 마련이다. 사대부국가의 출범 이후 체제를 정비하는 과정 속에서 일련의 후속 조치들이 마련되고 제도적으로 정착하게 되었던 것이다. 권리와 의무의 보편화는 조선 사대부사회 체제의 정당성의 뼈대이자 보루를 이루고 있는 것이어서 시간이 흘러가면서 퇴조할 수는 있을망정 전적인 폐기는 불가능한 것이다.

고려 초에 단초가 열린 양천제는 세습귀족의 존재를 인정하지 않음으로써 이제 출생과 동시에 특권적 지위가 부여되는 귀족을 인정하지 않는다는 원칙을 천명한 것이었다. 귀족사회에서 문벌사회로의 전환을 알리는 것이었다. 다만 고려 시대의 양천제는 고려 신분제의 외피에 불과하여 양인의 신분적 제일성은 성취하지 못했다. 고려 실제의 신분구성은 4분법적 구조였

다.[100]

고려 문벌시대가 막을 내리고 조선 사대부시대가 열리자 양천제는 비로소 양천 2분법적 신분구성과 양인의 신분적 제일성을 확립할 수 있었다. 양인 사이의 평등을 대폭 확대하여, 피지배계급의 지위 향상과 지배계급의 특권적 지위의 약화, 공정한 경쟁 체제 확립을 위한 제도적 개선, 위민정치의 실현이라는 시정 목표가 수립되었다.

유교문화권에서 지배계급이 현능을 지닌 '사'로 상정된 것은 피지배계급으로 하여금 현재의 역할을 감수하도록 하는 이데올로기적 조작의 하나로 간주할 수 있다. '사'나 그 핵심적인 구성원인 관원의 지위를 성취할 수 있는 지위로 설정함으로써 양인 신분소유자들에 대한 설득의 기능을 발휘할 수 있었고, 양·천 사이의 권리상의 차등이 사환권의 유무로 나타날 수 있었던 것이다. 이처럼 피지배계급을 둘 이상의 신분으로 분할함으로써 피지배계급을 효과적으로 지배할 수 있었다. 피지배계급에게 지배계급으로 상승이동할 수 있는 법제적 기회를 부여한 중국이나 한국의 전통사회가 오래 유지될 수 있었던 이유의 하나도 거기에 있었다고 할 수 있다.

2절 조선시대 신분·계급구조의 비교사적 특성

1. 조선시대 신분제의 유형

각 지역과 각 시대의 신분제는 매우 다양하게 나타나지만 크게 세 가지 방식으로 분류할 수 있을 것으로 보인다. 우선 국가나 지배계급이 분명한 의

---

100) 유승원, 「신분제」, 『역사용어사전』, 서울대 역사연구소 편, 서울대학교 출판문화원, 2015.

도를 가지고 정책적인 차원에서 제정하고 운영한 신분제인가, 아니면 이미 성립된 계급관계나 사회적 관행 중 일부분만을 법적으로 추인하여 성립된 신분제인가 여부에 따라 적극형과 소극형으로 분류할 수 있다.[101] 국가에 의해 탄생되어 종종 '국가신분제'로 지칭되는 중국이나 한국의 양천제는 적극형에 해당한다고 볼 수 있다. 그러나 조선시대 양천제는 처음부터 국가가 인민의 신분을 분할하려 한 결과로 성립했다기보다 노비를 다른 인민에서 분리하여 차별을 가함으로써 결과적으로 양·천이라는 2개의 신분이 생기게 되었다는 점에서 소극형의 성격도 지닌다.[102]

두 번째 분류로는 모든 사회 구성원이 상호간에 권리·의무를 달리하는 어느 하나의 신분에 귀속되는가, 아니면 구성원 중 특정 부류만을 대상으로 고유의 자격이나 권리·의무를 규정한 결과로 그들과 여타의 자들이 신분적으로 구분되는가 여부에 따라 유형을 구분하는 방식이 있다. 전자를 포괄형이라 한다면 후자는 선별형이라 할 수 있다. 선별형의 경우 선별되는 부류를 제외한 나머지 사회 구성원들은 그들이 정치적·사회경제적 지위를 달리하는 전혀 다른 이질적인 부류들로 이루어져 있다 할지라도 마치 하나의 신분처럼 취급되어 전체적으로 2분법적 양상을 보이게 된다.

다만 포괄형이나 선별형은 하나의 이념형이어서 실제에 있어서 분류에 꼭 그대로 부합되는 신분제는 드물다. 기본적으로는 포괄형에 속하지만 사회 구성원의 일부가 신분체계에서 제외되거나, 선별형이라도 나머지 구성원들이

---

101) 적극형의 신분제로서는 일본의 에도江戸 막부가 제정한 신분제가 대표적이다.

102) 소극형의 유형에 속하는 것으로서는 프랑스 중세의 신분제를 대표적으로 들 수 있다. 이미 확립되어 있던 귀족계급에 대하여 그 세습적 특권을 보장하면서 결과적으로 신분체계가 형성된 경우이다.

하나의 신분이 아닌 복수의 신분을 구성하는 등 여러 가지 변종이 나타난다.[103] 양천제는 애당초 모든 사회 구성원을 대상으로 하였다는 점에서 포괄형의 신분제이면서도 국가의 공민에서 배제되는 천인을 제외하고는 나머지 부류는 일률적으로 양인으로 간주한다는 점에서 선별형의 성격을 동시에 지녔다.

세 번째로는 한 사회가 몇 개의 신분체계를 가지는가에 따라 유형을 분류할 수 있다. 한 사회가 하나의 신분체계를 가진 것이 정상적이라 하겠으나(일원형), 실제로는 복수의 신분체계를 가진 경우가 적지 않다(다원형).[104] 조선 양천신분제 사회의 경우 일원형에 속하는 것임은 말할 것도 없다.

2. 조선시대 신분·계급구조의 비교사적 특성

조선사회의 신분·계급구조는 다른 지역의 신분·계급구조와 비교하여 뚜렷한 특성을 지니고 있었다. 중국과도 유의할 만한 차이가 있었고 서구·일본과는 매우 커다란 차이를 보였다. 순차적으로 살펴보기로 한다.

1) 조선과 중국(명·청)의 차이

조선과 중국 양 사회의 계급구조를 보면 무엇보다 사대부계급의 범위에

---

103) 이를테면 중세에서 근대초기에 이르는 프랑스 신분제의 경우 귀족과 여타의 자를 구분하는 선별형의 성격을 가지고 있어 제3의 '에따etat'는 자연스레 비귀족 일반을 구성원으로 하게 되었지만, 비귀족은 사실상 하나의 신분이 아니라 자유인과 농노 등 이질적인 신분으로 구성되어 있었다.

104) 예컨대 귀족제와 농노제가 별개의 과정으로 성립한 중세 유럽의 신분제가 그러하다. 귀족과 평민이라는 체계 외에 자유인과 예속인이라는 체계가 동시에 존재하였던 것이다.

서 뚜렷한 차이가 나타난다. 조선사회와 송 대 이후의 중국사회는 사대부계급을 지배계급으로 하는 사대부사회라는 점에서 공통된다. 중국의 사대부사회 가운데 사대부계급이 확고히 형성되지 못한 송 사회를 제외하고,[105] 조선의 사대부계급과 명·청사회의 사대부계급에 해당하는 '신사紳士'와 비교하면 양자 사이의 범위와 존재 양태에 명확한 차이를 찾을 수 있다.

명·청 사회의 '신사'는 관료를 지칭하는 '신紳'과 학위소지자를 지칭하는 '사士'의 합성어이다.[106] 신사에게는 법제적으로 여러 가지 특권이 부여되니 신사는 중국의 공식사대부라 할 수 있다. 공식사대부로서의 특권은 태장의 죄를 범하면 신체형을 면하고 수속으로 대체할 수 있는 것으로부터 요역을 면제해주는 '우면권優免權'에 이르기까지 다양하다. 호칭이나 복장도 일반인과 구별되었다.

공식사대부만 놓고 보면 중국의 신사는 학생을 포함함으로써 관원과 과거급제자·유음자손으로 구성되는 조선사회의 공식사대부보다 훨씬 많다고 할 수 있다. 그러나 신사는 조선의 사대부계급 특히 후기의 양반에 비한다면 극히 그 비율이 낮았다고 할 수 있다. 명·청 시대 신사의 수는 대개 수십만 명 수준으로 청대에 백 수십 만까지 확장되기도 하였으나 그 가족원을 포함한다 하여도 억대의 전 인구에서 차지하는 비율은 아주 낮다고 할 수 있다.

---

105) 송 대에 들어서면 과거를 통해 입신한 한미한 가문의 관료가 정계의 주도세력으로 대두하여 그 이전의 문벌사회와는 획기적인 차이를 보였다. 그러나 사대부로 지칭되는 과거 관료의 수는 전체 인구에서 극히 미미하며, 과연 관인층 외의 어떠한 자를 사대부계급에 포함시킬 수 있을지 아직 모호한 상태에 있다.

106) 명·청 사회의 학교는 조선사회와 달리 시험에 합격해야 입학할 수 있었는데, 주·현의 관학의 학생은 '생원生員'으로 불리었다. 생원 위로는 감생監生·공생貢生·거인擧人 등의 입사하지 못한 학위소지자가 있었는데 그들이 모두 '사'에 해당한다.

명·청 사회가 애당초 특권계급의 범위를 학교에 적을 둔 생원 이상으로 명확하게 획정한 탓이다. 관원이 될 사람을 선발하는 과거시험에는 학교에 적을 둔 생원 이상의 사람만이 응시할 수 있었으며 합격자는 '진사進士'로 불리었다. 명·청 사회의 생원·진사는 조선사회의 생원·진사와 지칭 대상과 성격이 판이했다.

조선사회에서는 국가가 공식적인 특혜를 베푸는 공식사대부의 범위를 중국보다 좁게 설정하는 대신 공식사대부가 아니더라도 사대부로 간주하는 자들이 많았다. 또 그와 같은 공식사대부 외의 사대부의 권위를 인정하고 체면을 세워 주어야 한다는 전체 사대부계급의 요구가 강한 편이었다. 조선 후기에 한때 중국처럼 과거응시 자격을 학교에 적을 둔 사람으로 한정하려는 시도가 없지 않았으나 시행되지 못했다.[107] 과거는 결격사유가 없는 모든 양인에게 개방해야 한다는 오랜 사회적 신념과 관행을 깨뜨릴 수 없었기 때문이다.

---

107) 현재 학계에서 효종 이후 학교에 적을 둔 유생만이 부거할 수 있었던 것으로 인식하는 연구자들이 있다. 즉 『속대전』 예전 제과조의 "무릇 외방에서 과거에 응시하는 유생은 반드시 입적자 入籍者만 부거할 수 있게 한다."라는 규정은 경외의 학교에 적을 둔 사람만 부거할 수 있게 한 효종 5년의 수교(『효종실록』 권12, 5년 4월 30일)를 계승한 것으로 이해한 것이다. 그러나 효종 5년의 조치는 제대로 시행되지 못하였다. 『속대전』의 규정은 효종 5년의 수교가 아니라 "此後則考出帳籍 若不入籍 則難入格 拔去之"라고 규정한 현종 6년의 수교를 계승한 것이었다. 여기서 '帳籍'이라 표시한 데서 알 수 있듯이 입적은 호구장적에 등재되는 것을 가리키는 것이다. 이외에도 증거들은 많다. 번거로움을 피해 상세한 논증을 생략하고 핵심적인 논거 두어 가지만 지적해 둔다. 위의 현종 6년의 수교는 『수교집록』의 예전 과거조에 등재되고(현종 6년의 수교임이 명시되어 있다), 『신보수교집록』의 보완규정을 거쳐, 이 양 법전의 규정이 『속대전』에 계승되었다. 입적 규정이 학교의 적과는 무관한 것임은 그 규정이 무과 응시자에게도 적용되는 것에서도 입증된다.(『현종실록』 13권, 7년 11월 6일) 입적 규정은 서울에 거주하는 자가 지방의 호적에 이름을 올리고 향시에 응시하는 것을 막기 위해 설치된 것이다.(『승정원일기』, 숙종 4년 1월 12일)

명·청사회의 신분제는 형식상 양천제의 형태를 취하고 있다는 점에서 조선사회와 유사하다. 그러나 예속인의 성분 면에서 상당한 차이가 나타난다. 명·청 사회에서 세습신분으로서의 노비는 제한된 숫자 안에서 관원에게만 그 소유가 허락된 반면 노비 아닌 예속인이 광범하게 존재하였던 것이다. 즉 명·청대에는 의자손義子孫이나 고공인雇工人 등의 명목의 피고용인과 그들을 거느리는 고용인 사이에 '주복主僕의 분分'에 따른 법제적인 차등이 설정되는 것이 상례였다.[108] 조선사회의 예속인이 거의 노비에 한정되었다면 명·청 사회의 주 예속인은 노비가 아닌, 의자손·고공인이었던 것이다. 그러나 그들 예속인은 사실상의 노비라 할 수 있어 내용 면에서 조선사회와 명청사회의 신분제는 큰 차이가 없었다고도 할 수 있다.

2) 조선·중국과 서구·일본의 차이

명·청과 함께 조선의 신분·계급구조는 서구 및 일본 지역의 신분·계급구조와 뚜렷한 대비를 이루었다. 무엇보다 큰 차이는 지배계급의 성분과 그 통치 기능의 정당화에 있었다. 즉 조선·중국의 지배계급은 사대부인 반면 서구 및 일본의 지배계급은 귀족이었다. 귀족과 사대부 사이에 지배 정당화의 기제 차이는 확연하였다. 앞서 말한 대로 귀족이 공동체 수호를 위한 군사적 기능의 수행을 통해 자신들의 통치를 정당화한 반면, 사대부계급은 자신들이 사회 공공성의 구현의 적임자임을 표방하는 것으로 통치를 정당화하였다. 왕도정치라는 이념과 정책을 내세웠고 현능이라는 군주·지배계급의 자격요건을 강화하였다.

---

108) 高橋芳郎, 『宋—淸身分法의 研究』, 北海道大學圖書刊行會, 2001.

한국·중국과 서구·일본의 신분제에도 뚜렷한 차이가 나타났다. 한국·중국에서는 귀족이라는 특권신분을 일찍 폐기한 대신 예속 신분을 오래 유지했다는 점이다. 서구·일본의 지배계급이 배타적 특권의 보장을 통해 피지배계급에 대한 사회적 우위를 확보하고 유지할 수 있었다면, 한국과 중국의 지배계급은 예속인을 거느림으로써 평민에 대한 상대적인 사회적 우위를 확보하고 유지할 수 있었다. 이러한 사회적 우위로 말미암아 조선의 사대부계급이 특권적 지위를 포기하고서도 지배계급으로 존립할 수 있었던 것이다.

한국·중국과 서구·일본 사이의 신분구성의 차이는 신분제의 폐기 양상에서도 뚜렷한 차이를 가져왔다. 서구나 일본의 경우 신분제의 폐기는 귀족제의 폐기와 함께 이루어진 반면, 중국이나 한국의 경우에는 노비제의 폐기와 함께 이루어졌던 것이다.

조선시대는 신분제 사회의 마지막 단계에 도달해 있었다. 노비를 제외한 인구의 다수가 양인으로서 같은 권리와 의무를 가짐으로써 법 앞의 평등이라는 근대사회의 요건을 이미 충족시키고 있었기 때문이다. 귀족 특권의 폐기를 선언하는 시민혁명과 같은 양상이 나타나지 않은 것도 특권신분이 존재하지 않았기 때문이다.

조선사회는 신분제를 폐기함으로써 자생적인 근대를 성립시킬 수 있었다는 점에도 주목할 필요가 있다. 조선사회는 노비신분을 유지한 탓으로 신분제 사회에 머물러 있었지만 말기에 이르러 노비신분제를 폐지하여 신분제 사회를 종식시켰던 것이다. 즉 1886년의 노비의 매매·세습의 금지 조치가 그것이다. 이때 형조가 마련한 '사가노비절목私家奴婢節目'에는 조선 후기에 와서 정부가 허락 또는 묵인하게 되었던 구활·자매노비만이 아니라, 대대로 개인에게 소유되어 오던 세전노비까지도 당자 1대에 한해서만 부릴 수 있도록 하였다. 노비의 자손은 더 이상 부릴 수도, 매매할 수도 없게 된 것이다. 의탁

할 곳이 없는 세전노비의 소생이 부·조를 이어서 계속 일하기를 자원하더라
도 임금을 지급해서만 부릴 수 있게 하였다. 물론 이 규정에는 노비주를 보호
하는 장치도 마련되어 있었다. 자매노비가 먼저 속신을 청하지 못하게 하고
노비소생이 면천했다 하여 부모의 주인을 능멸하지 못하게 하는 것이 그것
이다.[109] 이러한 규정은 노비세습제를 폐기하는 것에 반발하는 노비주를 달
래기 위한 것임은 의심할 바 없다. 그러나 이 포고는 노비라는 신분을 더 이
상 유지하지 않겠다는 정부의 의지를 분명하고도 단호하게 표명하였다는 점
에서 획기적이라 하지 않을 수 없다. 이로써 조선사회의 신분제는 공식적으
로 종식된 것이다.

---

109) "一. 救活與自賣奴婢·世傳奴婢 竝爲只終一身 毋得世役事 一. 救活與自賣奴婢所生 毋得賣買事 一. 世
傳奴婢已爲使役者 亦終其身 而如有所生 無所依托 自願使役者 以新買例給價事 一. 自賣奴婢雖一日使
役 名分旣定 不可徑免 家主許贖前 不得請贖事 一. 只終一身 無使世役 則所買之錢 自歸勿問 身故後
切勿徵出於所生事 一. 以如干錢米之宿債 壓良爲賤者 一切禁斷事 一. 奴婢所生 自謂免賤 蔑分犯紀者
別般嚴懲事 一. 如是定式之後 毋論大小民人 復蹈前轍 違越朝令者 隨現摘發 照法勘處事"「승정원일
기」, 고종 23년 3월 11일.

3부

조선시대의 의식구조: 이데올로기

1장

유교 이념과 체제 정당화 논리

1절 유교 이데올로기의 초석: 맹자의 왕도정치론

조선시대의 지배이데올로기는 사대부계급의 이데올로기였다. 이데올로기가 담당하는 역할은 지배계급이 추구할 사회이념적 목표를 지정해 주고, 현 체제 내지 현 지배계급의 지배의 정당성을 합리화하고 정당화해주는 데 있다.

사대부의 가장 중요한 특성의 하나는 그들이 단순한 지식인이 아니라 강한 정치적 자의식의 소유자라는 데 있다. 근대 이전의 세계에서 한국·중국의 사대부처럼 지배계급으로서 자신의 사회체제에 대한 명확하고도 체계적인 이데올로기를 집단적으로 공유한 사례는 찾기 어려울 것이다. 다른 지역에서는 예컨대 서구나 인도의 경우처럼 기독교나 힌두교와 같은 종교적 신앙의 테두리 안에서 성직자들을 중심으로 세속에 대한 사원의 우위를 설파하거나, 기존의 권력체제에 대한 인민의 순종을 유도하는 정치-사회적 논리를 공유하는 경우가 있었을 뿐이다. 아니면 플라톤이나 아리스토텔레스와 같은 걸출한 사상가가 개인적 차원에서 정치-사회적 이념을 개진하는 경우가 있었다.

사대부들이 신봉하는 유교 이데올로기의 초석을 놓은 사람은 맹자였다. 유교 창시의 공은 공자에게 있지만 유교라는 교학의 이데올로기를 체계적으로 정립한 사람은 바로 맹자였던 것이다. 모든 유가들의 꿈은 하夏·상商(=은

殷·주周 삼대三代에서와 같은 왕도정치를 재현하는 것이었고, 맹자가 제시한 이데올로기는 그들의 꿈을 실현하는 하나의 전범을 보여주었다. 국가·군주의 존재 이유, 치자治者의 존재이유와 자격, 정권 교체의 과정과 방법, 이상정치의 실현 방법과 실현 가능성에 대한 인성론적 논증에 이르기까지 종합적이고 치밀한 논리체계를 갖추고 있다.

1. 왕도정치론의 성격과 내용

1) 성격

맹자에게 있어서 왕도王道란 참다운 왕이 행할 법도로서, 왕도정치란 인정仁政이요, 인정을 토대로 인민의 교화를 이루는 정치이다. 맹자가 말하는 인정이나 왕도정치란 인민의 불행을 좌시하지 않고 근본적이고도 적극적으로 민생의 기반을 마련하는 정치이다. 그 전제가 되는 것은 민본주의 내지 위민사상이다.

국가나 군주는 왜 존재하는가. 인민을 위해서 존재한다는 것이다. "인민은 귀중하다. 사직은 그 다음이다. 군주는 (인민이나 사직에 비하면) 가볍다."라고 단언하였다.(『맹자』, 「진심盡心」 하下) 물론 맹자 이전에도 인민이 나라의 근본이라는 표현이 있었고[1] 인민의 뜻을 하늘의 뜻으로 간주하는 의식을 보이는 경우가 있기는 했다.[2] 그러나 근대 이전의 세계에서 군주나 국가보다 인민

---

1) 皇祖(=우 임금)의 유훈이 있었다. "인민은 가까이 해야 하고 하대下待해서는 안 된다. 인민은 나라의 근본이니(民惟邦本) 근본이 견고해야 나라가 안녕해진다." 『尙書』, 「夏書」, 五子之歌.

2) "하늘이 듣고 보는 것을 우리 백성들의 듣고 봄으로부터 하며, 하늘이 선한 자를 밝혀주고 악한

이 더 귀중하다고 명언한 사람을 찾아보기란 쉽지 않은 일이다.

맹자 시대에는 민본주의를 들고 나올 만한 역사적 배경이 이미 생성되어 있었다. 맹자가 살던 전국시대에는 평민이 단순히 농사를 지어 식량을 공급하는 존재를 넘어 국가 존립의 성패를 좌우하는 중요한 역할을 담당하는 존재로 부상해 있었다. 즉 철기문화의 발달로 중대된 농업생산력의 토대 위에 토지와 인민을 좀 더 많이 획득하려는 전쟁이 천하를 휩쓸게 되고, 지배계급에 속하는 소수의 전사들이 전차를 타고 싸우던 과거의 방식에서 이제 평민으로 구성된 대규모의 보병부대가 전쟁의 주력이 되는 사회로 변화되었던 것이다. 평민이 천하를 제패하기 위한 국력의 주력이 되면서 평민의 존재 가치가 한껏 높아진 셈이다. 이러한 역사적 발전을 토대로 많은 인사가 인민에 대한 국가나 군주의 책임을 강조하게 되었다. 그러나 민본주의를 전제로 군주·국가·지식인의 사명과 역할을 명확히 설정하고 새로운 정치·사회적 체제 이론을 정연하게 수립한 사람으로서는 맹자가 단연 두드러진다.

인민이 없다면 국가의 유지가 불가능하므로, 인민을 존중하고 인민을 잘 보살펴야 한다는 것은 모든 군주에게 요구되는 덕목이라 할 수 있다. 이러한 정도 의미의 민본의식이라면 군주가 존재하는 어느 곳·어느 시기라도 찾아낼 수 있을 것이다. 그러나 민본주의 표방의 강도나 빈도에 있어서 중국은 다른 곳과 사뭇 달랐다. 그 이유는 첫째, 강력한 민본주의적 이념이 아주 이른 시기부터 확립되어 후대에 전해졌기 때문이다. 즉 춘추전국시대에 제자백가들이 앞 다투어 강하고 안정된 국가를 유지하기 위한 처방을 제시했고, 그 처방의 하나에 민본적 이념이 들어갔기 때문이다. 그리고 이러한 민본적 이념

자를 두렵게 하기를 우리 백성들의 좋아하고 미워함으로부터 한다."라는 표현이 그 좋은 예다. 『尙書』, 「虞書」, 皐陶謨.

에는 군주에게 권장되는 덕목의 수준을 넘어 군주가 인민의 선택을 받아야 한다는 민권의 주장까지 포함된다.[3] 둘째로는 중국인들이 숭상하는 삼대의 정치가 민본주의에 바탕하고 있었다고 많은 사람들이 오랫동안 믿어 왔기 때문이다. 셋째, 중국은 진한秦漢 이래 광대하고도 강력한 중앙집권적인 제국체제를 장기간 유지하면서, 천하 통일과 안정의 구심점이 되는 군주는 지배계급의 대표자·대변자가 아니라 만민의 군주임을 표방해 왔기 때문이다.

유가는 민본주의적 이념을 강하게 피력하였는데 유가 가운데서도 맹자는 특수한 위치를 차지한다. 공자가 막연하게 시사했던 이념을 맹자는 명료하게 드러내고 확장하면서 이를 정당화할 수 있는 이론까지 치밀하게 구성해 냈다. 또한 인민에게 수용되지 못하는 군주를 축출하는 행위를 정당화했을 뿐만 아니라 민생을 위한 근본적이면서도 구체적인 방안까지 제시했던 것이다.

군주는 어떻게 해서 태어났는가. 하늘이 만물의 영장인 사람을 위해 군주를 세운 것이다. 하늘은 자신이 직접 다스릴 수 없기 때문에 인민을 보살필 자신의 대리자를 임명한다는 것이다. 그래서 군주는 하늘의 자식 즉 천자라 불린다. 하늘은 누구를 임명하나. 맹자는 민심의 향배에 따라 군주가 결정된다는 것을 강조하여 "인민(丘民)에 의해 받아들여져 천자가 된다."라고 말하였다.(『맹자』, 「진심」하)

참된 군주는 하늘의 명령 즉 천명天命을 받아 하늘을 대신하여 인민을 다스리므로 힘이 아닌 덕으로 다스린다. 힘에 의한 통치인가 덕에 의한 통치인가 여부에 따라 군주의 통치는 왕도와 패도로 나뉜다.

---

3) 『묵자』에서도 "(인민이) 천하의 현인으로서 적합한 자를 골라 세워 천자로 삼는다."라고 말하고 있다. 「尙同」上.

힘으로써 인仁을 가장하는 것은 패覇이니 패는 반드시 큰 나라를 가져야 한다. 덕으로써 인정仁政을 행하는 자는 왕王이니 왕은 큰 나라를 기대하지 않는다. 탕왕湯王은 (사방) 70리, 문왕文王은 100리를 가지고 (통치)하였다. 힘으로써 남을 복종시키는 경우는 (인민이) 마음으로 복종한 것이 아니다. 힘이 모자랐을 뿐이다. 덕으로써 남을 복종시키는 경우는 마음으로부터 기뻐서 진실로 복종한 것이다. 70명의 제자가 공자에게 복종한 것과 같다.(『맹자』, 「공손추公孫丑」 상)

인정이란 무엇인가. 맹자의 인정은 단순히 인자한 정치를 가리키는 것이 아니다. 맹자는 확실한 정의를 내렸다. "남(의 불행)을 차마 보고만 있지 않는 마음(不忍人之心)을 가지고 남(의 불행)을 차마 보고만 있지 않는 정치(不忍人之政)를 행"하는 것이 인정이라는 것이다.(『맹자』, 「공손추」 상) 맹자에 있어서 차마 할 수 없다는 것은 인민에게 무거운 세금을 부과하지 않는 것과 같은 차마 가해하지 못하는 소극적인 행위를 가리키는 것이 아니다. 불행에 빠진 인민을 팔을 걷어붙이고 구제하는 적극적인 행위를 가리키는 것이며 그것이 바로 군주가 된 자의 참된 임무라는 것이다. 맹자의 왕도정치론은 여기서 그 빛을 발한다.

2) 내용: 왕도정치의 두 단계

① 1단계: 민생의 안정화

왕도정치의 실현에는 두 단계가 있다. 그 첫 단계는 민생을 안정시키는 단계이다. 맹자는 군주가 인민의 춥고 배고픔을 해결하지 못하는 것은 인민을 살해하는 것과 다름이 없다는 극언을 서슴지 않았다.

 (인민으로 하여금) 산 사람을 봉양하고 죽은 사람을 장사지내는 데 유감이 없게 하는 것이 왕도의 시작입니다 …… 칠십 노인이 비단(옷)을 입고 고기를 먹으며 백성이 굶주리지 않고 추위에 떨지 않는데, 그러면서도 왕 노릇을 하지 못한 경우는 아직 없었습니다. 개와 돼지가 사람(이 먹을) 음식을 먹어도 단속하지 않고 길에 굶주려 죽은 시체가 있어도 열(창고를 열어 곡식을 나누어 줄)지를 모르면서 사람이 (굶어) 죽으면 "나 때문이 아니다. 흉년 때문이다."라고 하는 것은 사람을 찔러 죽이고 "나 때문이 아니다. 칼 때문이다."라고 하는 것과 무엇이 다르겠습니까?(『맹자』, 「양혜왕梁惠王」 상)

 양나라의 혜왕이 말했다. "나는 좀 더 가르침을 받고자 합니다."
 맹자가 대답하여 말했다. "사람을 죽이는데 몽둥이로 죽이는 것과 칼로 죽이는 것과 다름이 있습니까?"
 (혜왕) "다름이 없겠지요."
 (맹자) "칼로 죽이는 것과 정치로 죽이는 것과 다름이 있습니까?"
 (혜왕) "다름이 없겠지요."
 (맹자) "부엌에는 기름진 고기가 가득하고 마구간에는 살찐 말이 가득한데, 백성은 굶주리고 들에는 굶어죽은 시체가 널려 있는 것은 짐승으로 하여금 사람을 잡아먹게 하는 것입니다. 짐승이 서로 잡아먹어도 사람들은 그것을 미워하는데, 인민의 부모가 되어 정치를 하면서 짐승이 사람 잡아 먹는 것을 면하게 하지 못한다면 어찌 인민의 부모라 할 수 있겠습니까?"(『맹자』, 「양혜왕」 상)

맹자는 인민의 춥고 배고픔을 해결하는 구체적인 방안까지 제시했다. 그 대표적인 것이 단위 토지마다 9등분하여 가운데 하나는 공전으로 하고 주위의 나머지 8개를 농민에게 균등히 분배하는 이른바 '정전제井田制'이다.

② 2단계: 교화

단순히 인민의 춥고 배고픔을 구제하는 것으로 왕도정치가 끝나는 것은 아니다. 인민을 교화하여 선으로 나아갈 수 있게 만드는 것이 그 최종 목표이다. 맹자가 민생의 안정을 강조한 것도 교화의 발판을 마련하기 위해서다.

> 인민들의 경우에는 일정한 자산(恒産)이 없으면 그에 따라 일정한 마음(恒心)도 없게 됩니다. 방자하고 편벽되고 사악하고 사치하여 하지 못하는 일이 없게 될 따름입니다. 죄에 빠지게 된 다음에 (죄를) 좇아 형벌을 준다면 이는 인민을 그물을 쳐서 잡아들이는 것입니다. 어찌 어진 사람이 왕위에 있으면서 인민을 그물을 쳐서 잡아들이는 일을 할 수 있겠습니까? 그러므로 명군明君은 인민의 자산을 조절하여, 반드시 위로는 부모를 섬기기에 족하게 하고, 아래로는 처자를 기르기에 족하게 하며, 풍년에는 종신 배부르게 하고 흉년이라도 사망을 면하게 한 연후에, 몰아서 선善으로 나가게 하기 때문에 인민들이 따르기 쉽습니다.(『맹자』, 「양혜왕」 상)

선으로 나아가게 한다는 것은 구체적으로 어떻게 하게 하는 것을 가리키는 것일까.

> '후직后稷'은 인민에게 농사를 가르쳐 오곡을 심고 가꾸게 했는데 오곡이 익어 인민들이 육성되었습니다. 사람에게는 법도가 있어야 하니, 배불리 먹

고 따뜻이 입고 편하게 살아도 교육이 없으면 곧 금수에 가까워지므로 성인이 이를 우려하여 '설契'로 사도司徒를 삼아 인륜을 가르쳤습니다. 어버이와 자식 사이에는 친밀함이 있어야 하고 임금과 신하 사이에는 의리가 있어야 하고 남편과 아내 사이에는 분별이 있어야 하며 나이든 사람과 어린 사람 사이에는 순서가 있어야 하고 벗들 사이에는 믿음이 있어야 한다는 것입니다.(『맹자』,「등문공滕文公」상)

곧 오륜을 지키는 삶을 영위하는 것이다.

2. 체제 정당화 논리

기존의 봉건체제와 세습귀족제가 무너지면서 춘추전국시대에 접어들게 되자 국가 간에는 천하의 패권을 장악하기 위한 쟁투가 일어나게 되었다. 각 나라의 군주는 천하를 제패할 방략을 제시할 인재를 구하고자 했고 각지의 지식인들은 이에 부응하여 천하를 주유하면서 군주들을 설득하는 유세를 벌였다. 맹자 역시 이들 대열 가운데 한 사람이었다. 제자백가 사이의 논전은 자못 뜨거웠다. 백가쟁명의 시대를 맞아 맹자는 군주를 설득할 방안을 모색하는 한편, 다른 유파에 맞서 공자교단의 이론과 논리를 가다듬고 확장해야 했다. 맹자는 참된 왕도정치를 통해 천하 사람을 귀부시킬 수 있는 개혁방안을 제시하는 동시에, 유세의 대상인 군주를 설득하고 지식계급을 정당화하는 논리를 개발했다. 새로운 시대적 변화를 수용하면서도 전통적 가치나 체제의 존중을 동시에 주장하는, 진보와 보수의 양 날개를 모두 충족시키는 공자·맹자의 유학은 이리하여 훗날 장기간 제국의 체제교학이 될 발판을 구축하게 되었다.

1) 치인자론治人者論과 군주론君主論

① 치인자론

오늘날 민주제는 인민의 대표가 국정을 담당하는 대의제로 운영된다. 원리상으로 인민이 정치의 객체이면서 동시에 주체다. 이에 반해 맹자는 정치의 주체와 객체는 분리되어야 하는 것으로 생각했다.

> 대인이 할 일이 있고 소인이 할 일이 있는 법입니다. …… 어떤 사람은 마음을 수고로이 (정신노동을) 하고 어떤 사람은 몸을 수고로이 (육체노동을) 합니다. 마음을 수고로이 하는 자는 남을 다스리고, 몸을 수고로이 하는 자는 남에 의해 다스려지며, 남에 의해 다스려지는 자는 남을 먹이고, 남을 다스리는 자는 남에 의해 먹여지는 것은 천하의 통용되는 의리입니다.(『맹자』, 「등문공藤文公」상)

왜 정치의 주체와 객체는 분리되어야 하는 것일까. 주체와 객체 모두에게 좋은 일이 되기 때문이라는 것이다. 당시 '농가農家'는 천하의 정의를 세우려는 자들은 남에게 기생하여 살려 하지 말고 자신이 직접 농사에 종사하여 먹고 살아야 한다고 주장했다. 이때 맹자는 사회적 분업의 논리를 이용하여 농가의 주장을 반박했다. 농민이 공장工匠에게 자신이 생산한 곡식을 주고 그로부터 밥을 지어먹을 그릇이나 농사짓는 도구를 사오는 것은 농민이나 공장 모두에게 이로운 일이다. 농민은 농사에, 공장은 도구제작에 전념할 수 있기 때문이다. 만약 농민에게 공장의 일까지 하게 한다면 농사는 지을 수 없게 된다는 논리였다.

이제 한 사람의 몸으로서 온갖 공장工匠이 만들어 갖추어야 할 것을 만약 반드시 스스로 만든 다음에야 사용하게 한다면, 이는 천하(사람들)를 몰아다 지쳐 쓰러지게 하는 것입니다.(『맹자』, 「등문공」상)

정치에 있어서도 사정은 마찬가지다. 농민이 정치까지 담당한다면 농사에 방해가 되고 정치인이 농사까지 지으면 정치하는 데 방해가 된다는 것이다. 분업의 이점을 들어 정치의 주체와 객체의 구분을 정당화한 것이다.

정치의 주체와 객체를 구분한 점에서 근대 민주주의의 이념과 결정적으로 구분된다. 근대 이전에도 정치의 주체와 객체를 구분하지 않은 경우들이 있었다. 원시공동체 사회가 그러하다. 계급분화가 이루어진 고대 사회의 경우에도 그리스의 아테네처럼 시민이 정치의 주체로 활동한 경우가 있었다. 아테네의 직접 민주주의는 높이 평가될 수 있다. 다만 이것이 실행될 수 있었던 배경에는 아테네가 폴리스라는 작은 도시국가였다는 점, 노예가 시민들이 정치에 직접 참여할 여유를 만들어줄 수 있었다는 특수한 여건이 있었다. 더구나 아테네에서도 그것은 '민주정'이라는 극히 한정된 시기의 일이었다.

주체와 객체의 구분 문제 못지않게 중요한 문제가 있다. 누가 정치의 주체가 되는가의 문제이다. 맹자는 농민이 안심하고 정치를 맡길 수 있는 '치인자治人者'의 자격요건을 갖춘 자를 '사士'라 상정했다. 사는 기본 생활을 보장할 만한 일정한 자산(恒産)이 없어도 오륜을 지킬 수 있는 변치 않는 마음(恒心)을 지닌 자를 가리킨다.

항산이 없으면서도 항심을 가질 수 있는 자는 오직 사만이 할 수 있습니다. 인민들의 경우에는 항산이 없으면 그에 따라 항심도 없게 됩니다. 방자하고

편벽되고 사악하고 사치하여 하지 못하는 일이 없게 될 따름입니다.(『맹자』, 「양혜왕」 상)

따라서 사가 정치의 주체가 되고 농과 같은 인민들은 객체가 되어, 사는 인민을 다스리고 인민은 사를 먹여 살리는 것이 천하에 대대로 통용되는 대의라는 것이다. 여기서 한 가지 유의할 점은 맹자가 말한 '사'는 춘추전국 시대 이전의 세습귀족과는 무관하다는 점이다. 다시 말하면 정치의 주체가 될 요건은 혈통이나 가문에 있는 것이 아니라 당자가 갈고닦은 지혜·덕성과 능력이라는 점이다. 어질고 능력이 있는 현능자賢能者라면 누구도 치자가 될 수 있다고 생각한 점에서 맹자는 일찍부터 귀족제의 논리를 뛰어넘어 능력주의라는 사대부계급의 지배 정당성의 논리를 마련하고 있었던 것이다.

② 군주론: 군주의 자격과 정권교체

현능자가 치자가 되어야 한다면 치자의 정점에 있는 군주야말로 최고의 현능자여야 할 것이다. 유가들은 요堯·순舜과 삼대의 우禹·탕湯·문文·무왕武王이 바로 그러한 성왕聖王이라고 주장한다. 성왕이란 성덕을 갖춘 왕=최고 권력자라는 말이다. 그래서 요순·삼대는 더할 나위 없이 훌륭한 정치가 이루어진 지치至治의 시대로 칭송되는 것이다. 그런데 성왕이 죽으면 어떻게 해야 하나. 당연히 그 자리는 다음의 성덕자에게 주어져야 할 것이다. 실제로 그러한 일이 일어났다고 주장한다. 요 다음에는 그의 아들이 아닌 성덕자인 순이 계승했고, 순 다음 역시 그의 아들이 아닌 성덕자 우가 계승했다. 이것이 성덕을 지닌 타성他姓에게 군주의 자리를 물려주는 평화로운 정권교체 이른바 '선양禪讓'이다.

문제는 현실에서는 성덕을 가진 군주를 찾아보기 어렵다는 데 있다. 사실상 현실의 거의 모든 군주는 참된 왕의 자격을 제대로 갖추지 못한 자들이다. 왕위 전승 역시 선양 대신 부자의 세습이 이루어진다. 범상한 자가 선왕의 아들이라는 이유만으로 군주의 자리를 계승하고 있는 것이다. 반면 공자처럼 성덕을 갖춘 이가 있어도 그는 군주가 되지 못한다. 이러한 일이 어떻게 일어나게 되었는가, 또 이런 불합리한 사태에 어떻게 대처해야 하는가. 맹자는 이에 대해 나름대로의 답변을 준비해 두었다.

> 일개 서인이지만 천하를 가졌던 자는 반드시 그 덕이 순이나 우와 같고, 또 천자의 천거가 있었던 자였습니다. 그러므로 중니仲尼(공자)는 천하를 가지지 못하였습니다.(『맹자』,「만장萬章」상)

천자의 아들이 아닌 서인으로서 천자의 자리에 오르려면 성덕이 있어야 하며 거기다가 천자의 천거까지 구비해야 한다는 것이다. 성덕은 천자가 될 수 있는 필요조건일 뿐 충분조건은 못된다. 하늘이 매번 천명을 받을 사람을 선정하는 것이 아니라 어떤 특별한 계기, 이를테면 천자의 천거가 있을 때에 하늘은 천자의 승인 여부를 결정한다는 것이다. 이리하여 공자는 성덕을 갖추었음에도 불구하고 천자의 천거를 받지 못해 천자가 될 수 있는 기회를 가지지 못했다는 것이다.

천자의 세습은 또 왜 일어나는가. 하늘이 천명을 내릴 때와 마찬가지로 천명을 거둘 때 역시 어떤 특별한 계기가 있어야 하기 때문이다. 일상적으로는 천자의 아들이 왕위를 계승하게 되며, 걸桀·주紂처럼 천인공노할 악정을 저질러 민심이 그에게 완전히 등을 돌린 때라야 비로소 천명을 바꾼다는 것이다.

대를 이어 천하를 가지다가 하늘이 폐廢하는 경우는 반드시 (그 악惡이) 걸이나 주와 같은 경우입니다. 그러므로 (성덕을 지녔음에도 불구하고) 익益—우왕을 도운 재상—이나 이윤伊尹—탕임금을 도운 재상—, 주공周公—문왕의 아들로 형인 무왕의 혁명을 도왔고 무왕이 죽은 후 조카인 성왕成王을 보좌하였다—은 천하를 가지지 못하였던 것입니다.(『맹자』,「만장」상)

맹자는 구체적으로 어떻게 천명이 내리며 또 어떻게 선양이 이루어졌는지 자세히 설명했다. 요는 순을 발탁하여 그로 하여금 28년 동안 하늘에 제사하며 자신의 정치를 보필하게 하였다. 요가 죽자 순은 삼년상을 치른 후 요의 아들이 왕위를 계승할 수 있도록 몸을 숨겼다. 그러나 제후들과 백성들은 요의 아들에게 가지 않고 숨어 있는 순을 찾아 갔다. 비슷한 일은 다음 대에도 일어났다. 순은 우로 하여금 17년 동안 제사하고 보필하게 하고 죽자 우 역시 몸을 숨겼다. 이번에도 제후들과 백성들은 숨은 우를 찾았다. 우 역시 익을 7년 동안 제사하고 보필하게 하고 죽자 익은 몸을 숨겼다. 그런데 이번에는 이전과 다른 일이 일어났다. 제후와 인민들이 익에게로 가지 않고 우의 아들인 계啓에게로 가서 "우리 군주의 아드님이다."라고 칭송했다는 것이다. 순과 우가 장기간 제사를 받들고 천자를 보필할 수 있었던 것은 하늘이 천자의 천거를 수락한 것이며, 제후와 인민이 숨어 있는 순과 우를 찾아간 것은 민심이 그를 수락한 증거라는 것이다. 익 역시 성덕을 갖춘 현능자였음에 틀림없으나, 인민에게 시혜를 베푼 기간이 순이나 우에 비해 너무 짧아, 인민이 그를 검증할 시간이 부족했다. 또 요와 순의 아들이 범상한 인물이었던 반면, 우의 아들은 현명한 인물이었다. 이런 모든 상황을 빚어낸 것은 사람이 할 수 있는 일이 아니었다는 것이다. 이리하여 우의 아들인 계가 아버지의 위를 계승하고 이후 자손이 세습하면서 하 왕조가 탄생하게 되었다는 것이다.

군주세습제가 생겼다 하여 항상 군주의 아들이 군주가 될 수는 없는 일이다. 인민을 위해 인정을 펴야 하는 자신의 임무를 저버리고 악정을 펴는 군주에게까지 무조건 복종하게 한다는 것은 군주를 세운 하늘의 뜻에 위배되는 일이다. 걸·주가 쫓겨난 것은 그 때문이다. 하늘이 천명을 바꾼 것이니 그것이 곧 혁명革命이다.

맹자는 혁명을 옹호했으므로 유세 도중에 군주의 매서운 질문을 받았다. 군신의 의리를 저버린 하극상의 행위가 옳으냐는 것이었다. 제나라의 선왕이 맹자에게 물었다. "탕이 걸을 쫓아내고 무왕이 주를 벌하였다는데 이런 일이 있었습니까?" 맹자가 시인하자 대번에 "신하가 자신의 군주를 시해해도 됩니까?"라고 힐문했다. 군주에게 중용되어 경륜을 펴고 싶었던 맹자가 군주 앞에서 군주시해의 하극상을 용인할 수도 없고 그렇다고 민본·위민이라는 대의명분을 부인할 수도 없는 진퇴양난의 상황이 되었다. 맹자는 위기를 이렇게 모면했다.

인仁을 해치는 자를 적賊이라 하고 의義를 해치는 자를 잔殘이라 합니다.
잔적殘賊한 사람은 일개 남자라 합니다. (무왕이) 일개 남자인 주를 죽였다는
말은 들었어도 군주를 시해하였다는 말은 들은 적이 없습니다.(『맹자』, 「양혜
왕」하)

궤변에 가까운 교묘한 논리가 아닐 수 없다. 그러나 위민정치를 해야 할 군주가 인민을 해치는 정치는 한다면 그는 군주로서의 자격이 없는 자라는 논리는 궤변이라고만 할 수 없다. 맹자가 혁명을 용인했다 하여 후일 『맹자』

가 금서로 지정되는 일까지 일어났지만⁴ 맹자는 결코 혁명적인 사상가는 아니었다. 세습군주제를 정당화하였으며 범상한 군주라도 얼마든지 왕도정치가 가능하다는 논거까지 마련하였기 때문이다.

2) 인성론

맹자는 널리 알려진 대로 인간의 본성은 선하다는 성선설을 주장한 사람이다. 근대 이전 인성론에 대한 논의가 중국만큼 활발히 전개된 지역은 없었지만, 중국 역대의 인성론 중에서도 맹자의 성선에 대한 논증은 가장 유명하다.

사람은 누구나 남(의 불행)을 차마 보고 있지 못하는 마음(不忍人之心)을 가지고 있다고 말하는 것은 (다음과 같습니다) 지금 갑자기 어린 아이가 물에 빠지려 하는 것을 보게 되면 누구나 두렵고 측은한 마음을 갖게 됩니다. (이는) 그 아이의 부모와 친해지기 위해서도 아니요, 마을의 친구들에게서 명성을 얻기 위해서도 아니요, (구해주지 않았을 경우 받게 될) 비난이 싫어서 그러는 것도 아닙니다. 이로써 본다면 측은하게 생각하는 마음이 없다면 사람이 아닙니다. 사양하는 마음이 없다면 사람이 아니요, 시비를 따지는 마음이 없다면 사람이 아닙니다. 불쌍히 여기는 마음은 인仁의 단서端緒요, 부끄러워하는 마음은 의義의 단서요, 사양하는 마음은 예禮의 단서요, 시비를 따지는 마음은 지智의 단서입니다. 사람에게 사단四端(네 가지 단서)이 있는 것은 사지

---

4) 명 태조 주원장이 그렇게 했다. 그는 한 나라 태조 유방과 함께 가장 미천하다 일컬어지는 가문에서 태어나 반란에 의해 제위에 오른 인물이다. 자신의 권력이나 권위를 조금이라도 손상시킬 의혹이 있으면 가차 없이 숙청한 것으로 유명하며 이성계의 등극을 조선에서 천자와 같은 '혁명'의 일로 묘사하였다고 하여 큰 사단을 벌인 바 있다.

四肢가 있는 것과 마찬가지입니다.(『맹자』, 「공손추」상)

맹자가 "남(의 불행)을 차마 보고 있지 못하는 마음"의 논증을 통해서 성선설을 주장한 것은 단순히 인성론에 대한 개인적 의견을 피력한 데 그치는 것이 아니었다. 자신의 왕도정치이념은 이상이 아니라 현실에서 얼마든지 실현될 수 있다는 신념에서 나온 것이자, 유세의 상대를 설득할 논리적 근거로 마련된 것이다. 범상한 군주도 얼마든지 성왕이 될 수 있는 자질을 갖고 있다는 것이다.

맹자에게 '혁명'이란 왕도정치론의 논리적 일관성을 지키기 위해 불가피한 장치였을 뿐 그는 급격한 정치권력의 변동을 결코 바람직하게 생각하지 않았다. 맹자가 인정을 펴지 못하는 군주를 향하여 그의 실정을 살인에 빗대어 신랄하게 공격한 것도 마찬가지다. 어디까지나 군주가 선정을 펴도록 하기 위한 충격 요법이었을 뿐이다. 현실의 범상한 군주에 대한 자격시비를 다음과 같이 일축하면서 왕도정치의 실현 가능성에 대한 웅변을 토했다.

이런 사단을 가지고 있는데도 스스로 (인의예지를 행)할 수 없다고 하는 자는 스스로를 해치는 자입니다. 자기의 군주를 (인의예지를 행)할 수 없다고 하는 자는 자기의 군주를 해치는 자입니다. 무릇 나에게 이 사단이 있다는 것을 알면 누구나 이를 확충할 수 있습니다. 마치 불이 처음으로 타기 시작하고 샘이 처음으로 흘러내리는 것과 같이 진실로 이를 확충할 수 있다면 사해四海(천하)도 보존할 수 있을 것이며, 이를 확충하지 못한다면 부모조차 섬길 수 없을 것입니다.(『맹자』, 「공손추」상)

그렇다고 하여 걸·주와 같은 극단적인 군주만 아니라면 현실을 그대로 받아들여 현재의 군주에게 무조건 복종하라는 것은 아니었다. 범상한 군주라도 '사'가 잘 보필하기만 하면 얼마든지 왕도정치를 수행할 가능성이 있다고 믿었기 때문이다. 바로 그것이 맹자가 성선설을 입론하게 된 진정한 배경이다. 군주의 존재를 필요로 하는 사대부가 이 성선설을 금과옥조처럼 신봉한 이유도 마찬가지다.

2절 사대부 이데올로기의 강화: 성리학

1. 유교와 성리학

유교는 공자에 의해 창시되고 맹자에 의해 이론적 토대를 구축하여 한 대에는 국교로 인정되었다. 송 대에 이르면 기존의 유교는 성리학이라는 새로운 유교로 크게 도약하며 이후 청 말까지 체제교학으로서 군림하였다. 유교는 부자·군신·부부·형제·붕우라는 다섯 가지 인간관계에서 요구되는 윤리적 규범을 사회의 기본 규범이자 유교 자체의 규범으로 설정한 데 특징이 있다. 이러한 규범을 지키기 위해 필요한 덕목이 인·의·예·지·신의 오상五常이다. 오상을 체득하는 것이 수기修己이고, 오륜 질서를 유지하고 실현하는 것이 치인治人인데, 수기치인이 바로 군자의 임무이다. 군주가 군주답고 신민이 신민다우며, 아버지가 아버지답고 자식이 자식답다면 명분名分이 바로서는 훌륭한 사회가 된다. 사대부는 군자가 되는 것을 목표로 삼고 자신들을 군자라 자처하기도 했다.

유교가 송 대에 와서 중요한 변화를 겪게 된 데는 그럴만한 사정이 있었다. 송 대는 경제적·문화적으로 크게 융성한 시기였으나, 왕조의 군사력은 중국의 통일제국치고는 역사상 가장 미약하여, 황제가 포로로 잡히는 등 대외적으로 치욕적인 수모를 많이 당한 시기였다. 송 대에 형성된 사대부계급이 대내·외적 위기를 정신적으로 극복하고, 그때까지 유교를 압도하며 세상을 풍미했던 불교·도교에 대항하기 위해 기존 유교의 면모를 일신한 것이 바로 성리학이었다.

성리학이 기존의 유교와 달라진 점은 크게 두 가지다. 가장 중시하는 기본 경전을 바꾼 것과 윤리규범을 뒷받침하는 형이상학적 체계를 갖추게 된 것이다. 경전 상의 변동은 종래의 『시경』·『서경』·『역경』·『예기』·『춘추』의 5경에 앞서서 『논어』·『맹자』·『대학』·『중용』의 4서의 공부를 채택한 것을 말한다. 당 대까지 제대로 대접받지 못하고 있던 『맹자』와, 『예기』의 일부를 이루고 있던 「대학」과 「중용」을 따로 떼어내 경전의 지위로 승격시켰다. 이는 4서를 통해 요순·삼왕三王—우왕, 탕왕과 문·무왕—에서 공자·맹자에 이르는 성인의 도를 체득하고, 사대부가 지향하는 수기치인의 실효를 거두려 한 때문이다. 한마디로 당면한 시대적 과제를 해결하려는 사대부의 소명의식과 개혁의지가 반영된 것이다.

2. 체제 정당화 논리

1) 치인자론과 인성론

'사'의 지배를 정당화하는 맹자의 논의는 성리학에서 그대로 수용되었다. 다만 성리학에서는 치인자에 관련한 새로운 논의가 추가되었다. 바로 '현능'이라는 치인자 자질의 형성에 대한 형이상학적 논의이다. 성리학에서는 맹자의 성선설을 따르면서, 성선의 근거를 이理를 부여받은 데서 찾음으로써 인성에 대한 구체적인 형이상학적 설명을 전개했던 것이다.

성리학자들이 유교의 형이상학적 기초를 마련하게 된 것은 불교·도교에 밀려 위축되었던 유교의 지위를 회복하기 위한 것이었다. 불교·도교가 존재·진리의 궁극적인 근원을 추구하고 초세속적·초현실적인 세계를 제시한 반면, 기존의 유교는 이에 대항할 이론이나 논리를 갖추지 못하고 있었다. 성리학에 이르러 비로소 형이상학 체계를 갖추게 되었고, 인성에 대한 형이상학적 설명을 제시할 수 있었다. 만물은 이理와 기氣로 구성되고, 사람의 마음도 이와 기로 이루어진다고 주장한다. 도대체 이와 기가 무엇인가.

> '이'라는 것은 형이상의―형체를 초월하는― 도道이며 만물을 낳는 근본이다. '기'라는 것은 형이하의―형체를 나타내는― 기구이며 만물을 낳는 도구이다.(『주자문집』권 58, 「답황도부서答黃道夫書」)

여기서 만물을 낳는 근본인 '이', 만물을 낳는 도구인 '기'란 구체적으로 어떠한 것을 가리키는가. 주자가 들었던 '배舟'의 비유로 설명한다면 배를 배답게 하는 것이 '이'에 해당한다. 다시 말하면 배의 본질적 기능인 부력이 그것이다. 배를 구성하는 나머지 요소인 배의 형상이나 재료 같은 일체의 것은 모두 '기'에 해당한다. 사람 역시 사람을 사람답게 하는 '이'를 부여받아 태어나는 데 그것이 인·의·예·지이다. 사람이 부여받은 '이'는 특별히 '성性'이라 부른다. "성이 곧 이다(性卽理)"라는 명제의 내용은 바로 이러한 것이다.

사물처럼 사람도 '이'만으로 형성될 수 없다. 사람의 형상이나 몸의 구성성분 모두 '기'의 작용에 의해 형성된 것이다. 그런데 '이'는 완전 지순至純하나 '기'에 의해 실현되므로 '이'가 '기'에 묶여―원이 현실에서 불완전한 원으로 나타날 수밖에 없듯이― 그 완전함을 발휘할 수 없다. '기'는 사람의 몸에만 작용하는 것이 아니라 마음에도 작용하며, 타고날 때의 '성'에도 작용한다. 이리하여 사람의 성에는 개체에 부여된 천리로서의 성인 '본연本然의 성' 외에 태어날 때 기의 작용에 의해 개체마다 특수한 성질을 갖게 되는 '기질氣質의 성'을 상정하지 않을 수 없다. '기질의 성'은 태어날 때 부여된 기의 맑음과 흐림·어두움과 밝음·두터움과 엷음·치우침과 바름 등에 따라, 사람 사이에 지혜로움과 어리석음·어짐과 불초함·장수와 단명 등등의 구분을 낳게 된다. 이상이 인성에 대한 성리학적 설명의 개략이다.

이러한 설명에 내포되어 있는 이데올로기의 핵심은 무엇일까. 사람은 똑같이 인의예지라는 '이'—본연지성—를 받고 태어나지만 사람이 탄생할 때 맑고 깨끗한 '기'를 받았는지, 무겁고 탁한 기를 받았는지 등의 차이—'기질의 성'—에 따라 인의예지를 발현하는 정도에 차이를 보일 수밖에 없게 된다. 이 논리는 사람들 사이에 태어날 때부터의 자질에 따라 군자와 소인, 치자와 피치자가 어느 정도 구분되어 있음을 시사한다. 다시 말하면 사람은 태어날 때부터 덕성과 재능에 있어 불평등한 존재라는 논리로 현실의 계급적 구분을 어느 정도 정당화하는 기능을 가질 수 있게 된다는 것이다.

그러나 주의할 것은 성리학이 출생에 의한 신분을 결코 정당화하거나 절대시하지는 않는다는 사실이다. '기질의 성'은 사람이 태어날 때 부여되는 기의 우연적인 상태에 의해 부여되는 것이지, 부모로부터 물려받는 것이 아닌 까닭이다. 혈통에 따른 차이나 유전적인 차이를 부정하는 것이다. 또 기질지성의 차이로 사람들 사이에서 나타나는 '어짐과 불초함'과 같은 출생 시의 도덕적 자질의 차이는 군자가 될 가능성의 높낮이를 가리키는 것일 뿐, 군자가 되고 못 되고를 결정하는 본질적인 차이가 아니라는 것이다. 이가 기에 선행하고 기보다 우위에 있어[5] 본연지성에 의해 기질지성의 극복이 가능하기 때

---

5) '理先氣後'에 대한 주자의 논거는 부력의 원리(理)는 배(氣)가 만들어지기 전부터 존재한다는 데 있다.

문이다.

태어날 때의 인간의 차이란 기질의 성에 비롯된 것이어서 본연의 성을 잘 발현시키면 기질의 성의 제약을 벗어날 수 있다. 따라서 범상한 사람이라도 잘 수양하면—수양이라 함은 자신이 갖고 태어난 인의예지의 본연지성이 기의 작용에 의해 가려지지 않도록 잘 닦아 보존한다는 뜻이다— 성인이 될 수 있다. 마찬가지로 우수한 기질의 성을 가져도 수양을 게을리 하면 성인이 될 수 없다. "성인도 배워서 이르러야 할 것이다."라고 하여 성리학은 후천적인 성취를 강조하고 있다. 이것이 바로 능력주의 원칙에 입각한 사대부사회에서 성리학이 유행할 수 있었던 이유이다. 또한 이와 같이 치인자가 될 수 있는 가능성을 모든 양인에게 열어두고 있었기 때문에 사대부 지배의 정당성은 더욱 합리화되고 공고화될 수 있었던 것이다.

2) 군주론

세습군주제를 정당화하는 맹자의 논리는 성리학에 그대로 계승되었지만, 성리학에서는 여기서 한 걸음 더 나아갔다. 군신 사이의 규범이 부자 사이의 규범과 대등함을 강조하고 이를 인간 사이의 윤리라는 차원이 아니라 우주적 진리의 차원인 '천리天理'로 끌어올렸다. "부자와 군신은 천하의 정해진 이치여서 천지의 사이에서 도망갈 데가 없다."와 같은 언명이 바로 그것이다. 다시 말하면 군신관계의 절대성이 더할 나위 없이 강화되었던 것이다. 이것은 사대부계급의 존립을 위해 군주의 존재가 절대적으로 필요했던 것에서 연유한 것임은 말할 필요가 없다.

군신의 의리는 천리라 했지만 과연 부자의 관계와 군신의 관계는 대등한 것인가. 비록 군신관계의 절대성을 소리 높이 외치기는 했지만 성리학자들도 군신관계라는 인위적 관계와 부자라는 자연적 관계의 차이를 명료히 의식하고 있었다. 그리하여 '부자관계는 하늘이 맺어준 관계인 데 반해 군신관계는 의로써 맺어진 관계(父子天合 君臣義合)'라고 분명히 지적했다.

상명하복의 맹목적인 충성은 사대부가 찬동하지 않는 바였다. 왕도의 실현자로서의 책임은 군주만 갖고 있는 것이 아니라 사대부가 이를 나누어 가진다는 강렬한 소명의식을 가졌기 때문이다.[6] 사대부는 군주로부터 그에 합당한 응분의 대우를 받아야 한다고 주장했다.

그러나 사대부는 군주가 정치를 잘못한다거나 자신들을 잘 대해주지 않는다 하여 군주와 정면으로 대립할 수 없었다. 군주가 왕도정치를 수행하지 않아도 군주를 폐할 수 없고 간언諫言하거나 군주를 떠나는 것(거군去君)으로 그쳐야 한다는 기존의 자세에서[7] 더 나아가지 못했다. 이것은 바로 자신들을 조정에 발탁할 구심점이며 피지배계급에 대한 간접적 지배의 실행자로서 군주가 절대적으로 필요했던 사대부계급의 이해가 적나라하게 반영된 것이다. 자신들의 정치적 소극성을 정당화해주는 것이 바로 군신의 의리는 천리라는 것이었다. 그들에게 최선의 방안은 훌륭한 군주를 만들기 위해 군주를 끊임없이 계도하는 것이었다.

---

6) 왕도는 왕이 행하는 법도나 정사를 가리키지만 사대부도 행하는 것이다. "夫道學者 格致以明乎善 誠正以修其身 蘊諸躬則爲天德 施之政則爲王道" 『율곡전서』 권15, 「東湖問答」.

7) "임금에게 과실이 있으면 간언하고, 반복해도 듣지 않으면 떠난다." 『맹자』, 「만장」 하. "신하된 도리는 (함부로) 드러내어 간하지 않되, 세 번 간해도 듣지 않으면 떠나지만, 자식이 어버이를 섬길 때에는 세 번 간해도 듣지 않으면 울면서 따른다." 『예기』, 「曲禮」 하.

2장
조선시대 사대부계급의 사회이념과 '왕도정치' 인식

1절 사대부계급의 사회이념

1. 사대부계급과 이상사회

조선시대 사대부계급의 사회이념은 무엇이었는가. 그들이 꿈꾸는 사회는 어떠한 사회이고 달성하려한 사회적 목표는 무엇이었나. 사대부계급이 꿈꾸는 사회는 우리가 흔히 말하는 이상사회와는 달랐다. 몽상적인 이상사회도 아니고, 제도나 법을 통해 현실을 교정하여 이룩하려는 유토피아(Utopia)적인 이상사회와도 다소 거리가 있었던 것이다.

이상사회는 인간이 바람직하다고 생각하고 실현되기를 꿈꾸는 사회라 할 수 있다. 이상사회의 유형은 여러 가지 기준으로 분류할 수 있겠으나 현실성을 기준으로 한 분류가 가장 중요하다. 즉 인간의 노력으로 실현이 불가능한 몽상적인 사회인가, 아니면 실현이 어렵다할지라도 노력 여하에 따라 실현이 가능할 수도 있는 사회인가로 대분할 수 있다. 사대부계급이 구현하기를 원했던 요순·삼대의 사회는 완전한 도덕국가적 요소와 유토피아적 요소를 함께 지닌 사회였으며, 과거에 실재했던 사회로 인식하고 있었다는 점에서 아주 독특한 사회라 할 수 있다.

몽상적인 이상사회는 사대부와는 거리가 먼 것이었다. "귀신은 공경하되 멀리 하"고 "괴이·용력·패란·귀신 같은 것을 말하지 않"는 공자의 철저한 현실주의 노선을 따르고 있었기 때문이다. 물론 유교 경전에서도 초현실적인 이상향을 찾아 볼 수 있다. 『예기』, 「예운편禮運篇」에 나타나는 이른바 '대동大同'사회가 그것이다. 공자를 가탁하여 제시된 대동사회는 원시 공동체 이상이 구현된 사회다. 그러나 비현실적 이상향을 염원하는 예운편의 '대동사회'는 역대의 중국에서 이상주의 성향을 지닌 소수의 이단적 유가에게는 끊임없이 영감을 불러일으킬 수 있었지만 대다수의 유가에게는 거의 외면을 받았다. 그렇다면 사대부가 생각하는 이상사회의 조건과 그들의 사회적 목표는 무엇이었을까.

2. 사대부계급의 사회적 목표

사대부에게 이상사회의 첫째 조건은 인륜이 잘 지켜지는 도덕사회이다. 오륜은 천리였고 인간의 본연지성이라는 것도 결국 오륜을 실현할 수 있는 바탕에 불과하기 때문이다. 취약한 계급기반으로 말미암아 비물리적 지배를 추구한 사대부에게 도덕사회는 그들의 계급이해에 가장 부합하는 사회가 아닐 수 없다. 더욱이 항산이 없어도 항심을 가져야 하는 '사'의 존재가 한껏 돋보일 수밖에 없는 사회이다.

다음으로 중요한 조건은 성군이다. 중국의 상고시대부터 군신관계는 절대적인 인간관계로 여겨졌다. 유가만이 아니라 도가에서도 묵가에서도 군신관계는 수용되었다. 더구나 취약한 계급기반에도 불구하고 지배계급의 위치를 차지하게 된 사대부계급에게는 자신들을 발탁할 군주는 필수불가결한 존재였다. 치인자의 최정상의 위치에 있는 군주는 당연히 성덕을 갖출 것이 요구되었고 성군이야말로 훌륭한 사대부를 중용할 수 있는 자였다. 요순시대와 하·상·주의 삼대야말로 이러한 조건을 완벽히 갖춘 사회였다. 성군이 덕치로 인륜을 구현하던 사회였던 것이다. 조선시대의 사대부는 삼대의 정치를 "인륜을 밝히기 위한 것"이라 확신하고 있었다.(『세종실록』 14년 6월 9일)

사대부의 요순·삼대에 대한 믿음은 절대적이었고, 요순·삼대와 같은 지치의 회복이 사대부의 사회적 목표였다. "당唐(요)·우虞(순)·삼대의 정치는 참으로 만세 제왕이 귀감으로 여기는 바다."(『세조실록』 1년 7월 5일)라는 말처럼 요순삼대의 정치를 완전한 것으로 여겨 후세 정치의 미비함을 요순삼대와 비교하였고, 요순삼대의 정치를 어떻게 다시 구현하는가가 늘 화두가 되었다. 과거시험의 '책제策題'로도 출제되었다.(『연산군일기』 7년 4월 2일)

조광조는 경연에서 "사람들이 모두 후세의 치도가 점차 하락되어 옛날을 회복할 수 없다고 한다. 만약 이 말대로라면 지금은 마땅히 금수가 되어 사람의 도리를 회복할 수 없게 되었을 것이다. 삼대의 정치는 지금 회복할 수 있고 그 요체는 아주 가까이에 있다."라면서 기염을 토한 바 있다.(『중종실록』 13년 1월 27일) 그 방안은 수기였다. 정조 역시 삼대를 빌어 자기를 낮추는 가운데 은근히 자신의 커다란 포부를 피력하였다. "내가 젊었을 적에는 마음이 스스로 우뚝 솟아 삼대의 정치에 미치기를 기대하였는데, 오늘날 늙어서 보니 위에서는 비록 크게 쇄신하려는 뜻을 가지고 있어도 아래에서는 하나도 받들어 계승하려는 성의가 없다. 삼대의 정치에 있어서는 말할 것도 없고 한·당의 중간 정도 군주의 정치도 도리어 못 미친다."(『정조실록』 2년 윤6월 18일). 이제 사대부계급이 가진 삼대의 왕도정치에 대한 인식을 살펴보도록 한다.

2절 사대부계급의 '왕도정치' 인식

1. '삼대'

1) 삼대의 실체

상 대가 청동기시대에 해당함은 의심할 바 없으며 하 왕조가 실재했다면 하 왕조 후반부터 청동기가 사용되었을 가능성이 있다. 따라서 요순·삼대는 신석기시대에서 청동기시대에 걸치는 시대라 할 수 있다. 청동기시대는 이미 계급분화가 시작된 시기이나 신석기시대의 원시공동체사회의 잔영이 많이 남아있는 시기라 할 수 있다. 후대에 요순삼대를 이상사회로 여기게 된 원인의 하나도 거기에 있을 수 있다. 즉 이 시기에 남아 있는 원시 공동체사회의 잔영을 미화하여 본격적인 계급사회에서 나타난 사회적 쟁투나 갈등과 대비시킨 탓이라 할 수 있다. 부족연맹체장의 교체를 가지고 요에서 순, 그리고 순에서 우에서와 같이 유덕자가 다음 유덕자에게 정권을 넘겨주는 선양으로 미화한 것이라는 해석이 있는 것도 그 하나의 예라 할 수 있다.

여기서 주목하고자 하는 것은 요순삼대의 역사적 실체가 아니다. 요순삼대의 복원을 사회적 목표로 하는 사대부계급이 요순삼대 사회를 어떻게 인식하고 있었는가 하는 문제다.

2) 경전의 '삼대' 모습

① 공명정대
사대부계급의 요순삼대 인식은 일차적으로 경전을 기반으로 하여 이루

어진다. 삼대 사회를 아는 데 가장 기본이 된다고 할 수 있는 『서경書經』―「상
서尙書」―은 우리에게 요·순·우·탕·문무와 같은 성왕의 구체적인 행적을 보
여준다. 그러나 지극히 소략하고 단편적이어서 그 실상이나 역사적 의의를
파악하기 어렵다. 『상서』의 「홍범」에서는 성왕의 도 즉 왕도를 총괄적으로
'치우침이나 쏠림이 없'고(無偏無黨) '어그러짐이나 기울어짐이 없'는(無反無側)
것으로 파악했다. 그리고 이러한 법도가 지켜지면 '왕도가 평탄해지고'(蕩蕩
平平) '정직正直해진다'고 했다. 영조가 실행한 '탕평책'의 이름은 바로 여기에
서 유래했음을 널리 알려진 사실이다. 공정公正·공평公平·무사無私 등이 중
요한 법도가 되는 것이다.

② 훌륭한 제도의 구비

경전에서는 요순삼대에 훌륭한 제도가 시행되었음을 전하고 있는데 그
대표적인 것이 바로 정전제井田制이다. 정전제는 상대에서 시작되고 주대에
와서 정비되었지만 하대에도 토지 분급제가 시행된 것으로 전하고 있다. 전
제田制 외에도 『주례周禮』와 같은 곳에서는 육전六典체제에 의한 정부조직과
직무를 소상히 보여주는 한편 기용器用·의관·군제·세제·예제 등 각종 제도
가 망라되어 있다.

2. 사대부계급의 '왕도정치' 인식

1) 왕도정치에 대한 두 가지 인식

요순삼대의 성왕이 밟아간 길은 왕도라 불리었다. 그리고 왕도가 전수된
계보가 도통道統이다. 당 대의 한유韓愈는 『원도原道』에서 왕도를 '인의'로 요

약하고 요에서 맹자까지 이어지는 도통을 명시했다. 한유가 말한 도통은 송대 유가에 의해 계승되었다. 주자는 「중용장구서中庸章句序」에서 이 계보의 공자와 맹자 사이에 증자曾子·자사子思를 끼어 넣고 맹자 다음에 정호程顥·정이程頤 형제를 추가했다. 주자 역시 후대의 유가에 의해 도통을 이어받은 사람으로 자리매김 되었다.

왕도의 구체적인 내용에 대한 공자와 맹자의 인식 사이에는 미묘한 차이가 있었다. 공자가 왕도정치의 위대함을 의식적인 노력 없이도 성덕에 의해 다스림이 이루어지는 '무위이치無爲而治'에 두었다면, 맹자는 민생을 위한 의식적인 노력을 통해 다스림이 이루어지는 '유위이치有爲而治'라는 측면을 강조했다고 말할 수 있다.

① 공자류의 인식: '무위이치'

공자는 성왕들은 덕이 커서 가만히 있어도 천하를 감화시킬 수 있음을 강조하였다. "아무것도 하지 않으면서도 (나라가) 잘 다스려진 것은 순舜일 것이다. 어떻게 하신 것인가. 자신을 공손히 하여 바르게 남쪽을 바라보았을(=군주의 자리에 앉아 있었을) 따름이다."(「논어」, 「위령공衛靈公」) 성왕의 덕은 구체적으로 무엇을 가리키는가. 요가 순에게 당부하고 순이 다시 이를 우에게 전한 것은 "진실로 그 중심을 잡으라(允執其中)"는 것이었다.(「논어」, 「요왈堯曰」) 이처럼 공자가 왕도의 핵심으로 부각시키는 것은 성왕의 덕이나 중용의 법도이다. 좀 더 구체적인 것이 있다면 성왕이 인재를 얻기 어려운 데도 불구하고 자신의 정치를 보좌할 현능한 신하를 발탁할 수 있었음을 지적한 것이다.(「논어」, 「태백泰伯」)

② 맹자류의 인식: '유위이치'

맹자는 공자와는 달랐다. 공자가 성왕의 정치 법도나 마음가짐을 강조했다면 맹자는 민생을 위한 성왕의 구체적인 제도와 치적을 강조했다. 정전제를 비롯하여 과세를 경감하고(『맹자』, 「양혜왕」 상) 환과고독을 돌보는 것(『맹자』, 「양혜왕」 하)과 같은 민생을 위해 시행한 왕도정치의 여러 사례를 제시한 것이 그것이다.

공자와 맹자는 사람의 핵심적인 덕목의 이해에서도 차이를 보였다. 공자가 핵심적인 덕목으로 '인'을 내세운 데 반해, 맹자는 인에 의를 추가하여 '인·의'를 내세웠을 뿐 아니라(『맹자』, 「양혜왕」 상) 인의 의미도 다르게 사용했다. 공자는 직접 개념을 정의하거나 풀이하는 일은 드물었는데 인에 대해서는 다소 이례적으로 "남을 사랑하는 것(愛人)"이라는 분명한 답을 남긴 바 있다. 반면 맹자는 사회정의에 해당하는 의를 인 못지않게 중요하게 여겼을 뿐 아니라, 인조차 사회정의의 요소를 담아 정의했으니 남의 불행을 그대로 두지 않고 적극적으로 구제하는 것이었음은 앞에서 본 대로이다.

2) 사대부계급의 '왕도정치' 인식

조선 사대부계급은 왕도정치의 내용을 어떻게 인식하고 있었을까. 중국의 사대부들은 소수의 개혁가를 제외하고는 대개 왕도의 내용으로 훌륭한 제도의 운영이나 민생을 위한 시책보다는 공명정대한 법도를 강조했다. 이를테면 주자는 왕도를 "옛날의 성인은 성심을 다하여 천리를 따라서 천하가 스스로 감복하였으니 왕자의 도이다."라고 하여 성심으로 천리를 따르는 것으로 설명했다. 조선 사대부계급의 인식도 다르지 않았다. 맹자류의 유위이치보다는 공명정대한 법도를 강조하는 공자류의 무위이치에 입각하여 이해하는 것이 보통이었던 것이다.

이는 실록 기사에 나타난 '왕도'·'왕정'의 용례나 맹자에 대한 언급을 통해서 쉽게 확인할 수 있다. '왕도'·'왕정'을 공정·공평·무사를 가리키거나, 인사의 공정이나 인민의 보살핌 등 국정의 지침이나 방향을 가리키는 데 많이 사용한 것이 그것이다.

맹자의 왕도를 언급할 때에도 민생을 위한 근본적인 대책보다는 현안에 대한 방안을 장식하는 수사적인 용도로 원용하는 경우가 많았다. 예컨대 불교에 대한 지원을 막거나, 예법에 맞는 장례를 치르는 데 맹자의 말을 인용하는 것이 그것이다. 심지어는 인민의 유망을 강제적으로 막는 것과 같이 민생을 확충하는 것과 무관한 일에 억지로 맹자의 왕도정치론을 끌어들여 자신의 주장을 강변하는 사례도 있다.[8] 결국 조선시대 사대부들은 맹자류의 왕도정치를 구현하는 데는 열의가 크지 않았다고 할 수 있다. 그러나 조선시대 사대부계급의 왕도정치론이 아무런 의미가 없었던 것은 아니었다. 국정에 일정한 성과를 남겼던 것이다.

---

8) 맹자는 토지를 지급하여 항산을 마련해 주면 백성들이 "죽거나 집을 옮겨도 마을을 떠나지 않"고 서로 돕고 화목하게 우의를 다져 훌륭한 공동체를 이룰 것이라 말한 바 있다.(『맹자』, 「滕文公」 상) 그런데 당시의 사간원 관원은 토지 지급과 같은 전제 조건을 도외시하고 마을을 떠나지 않는다는 부분만을 인용해 유망에 대한 제재를 강화하려 했으니(『세종실록』 권33, 8년 8월 27일) 맹자가 말한 본의를 심히 왜곡한 주장이 아닐 수 없다.

3장

조선시대 사대부계급의 왕도정치론과 국정

1절 왕도정치론의 2유형

조선시대 왕도정치론은 크게 두 가지 유형으로 나뉘었다. 수기주의 왕도
정치론과 민생주의 왕도정치론이 그것이다. 이 가운데 수기주의 왕도정치론
이 조선시대 왕도정치론의 기조基調가 되어 있었다. 사대부계급의 사회이념
적 목표는 한결같이 삼대의 지치를 구현하는 것이었다. 삼대의 지치를 구현
할 수 있는 기본적인 두 가지 방안에서도 별다른 이론이 없었다. 하나는 교화
가 이루어지기 위해서는 군주가 성덕을 갖추고 현능자를 발탁해 함께 덕치
를 베풀어야 한다는 방안이다. 다른 하나는 인민의 교화가 실질적으로 이루
어지려면 민생이 안정되어야 한다는 것, 맹자류로 표현한다면 인민이 항산
을 가져야 한다는 것이다. 문제는 그 두 가지 방안 중 무엇에 초점을 맞추어
야 하느냐에 있다. 요순삼대 성왕의 왕도정치의 인식과도 관련된다. 군주의
법도와 마음가짐을 중시하는 공자류를 따를 것인가, 실시했던 제도와 정책
을 중시하는 맹자류를 따를 것인가가 그것이다.

공자류의 인식을 기반으로 선정을 펴기 위해서는 수기가 필요하니 왕도
정치의 실현을 위해서 무엇보다 치인자의 수양이 선행되어야 한다는 논리에
입각한 주장을 '수기주의 왕도정치론'이라 할 수 있다. 이에 반해 맹자류의
인식을 기반으로 인민의 물질생활을 중시하고, 민생 기반의 확충을 위한 제

도나 정책의 마련에 국정의 우선순위를 두려는 주장은 '민생주의 왕도정치론'이라 할 수 있다.

두 가지 주장 안에는 세부적으로 다시 여러 갈래의 논의로 나뉘어 있었으나, 여기서는 번쇄함을 피해 수기주의와 민생주의 모두 각각 두 갈래만으로 대별하여 살펴보기로 한다. 각 논의의 구체적인 내용 소개는 각 논의를 대표하는 인물 가운데 국정에 직접 참여했던 인사의 주장을 간략히 제시하는 것으로 대체하기로 한다.

1. 수기주의 왕도정치론

수기주의는 위정자의 격물치지格物致知·성의정심誠意正心의 수기가 바른 국정을 수행하기 위한 일차적인 선행 사업임을 강조하느냐, 수기의 중요성을 강조하면서도 민생을 위한 제도의 개선이나 정책의 시행도 수기 못지않게 중요하게 여기느냐에 따라 갈라진다. 전자는 '수기우선주의적 수기주의'라 할 수 있고 후자는 '수기·민생 병진竝進주의적 수기주의'라 할 수 있다.

1) 수기우선주의적 수기주의

이 주장의 근거는 성인의 덕이 융성하면 인민의 교화는 성인의 작위를 기다리지 않고도 선치가 이루어질 수 있다는, 공자류의 '무위이치'의 믿음에 있다. 이 주장을 대표하는 인사는 조광조를 들 수 있다. 그는 민생을 위한 구체적인 방안의 모색보다는 국왕을 도학에 전념시키거나 인민의 교화를 위한 향약보급운동 같은 것에 힘을 쏟았다. 위정자들의 자기수양이나 성리학적 의리의 준수만으로 모든 국사가 순조롭게 수행될 것으로 믿었다. 왕도정치를 실현하기 위해 민생 안정을 위한 제도의 개혁보다 치자들의 수기와 백성의 도덕적 교화를 지향하였던 것이다.[9]

다음은 소격서 혁파를 주장하면서 오로지 성리학에서 제시하는 천리에 따르는 것이 왕도와 왕정임을 역설하는 대목인데 조광조의 의식세계를 엿볼 수 있다.

> 왕도는 하나에 집중되지 않으면 안 되고 왕정 역시 순수해야 합니다. 하나에 집중되어 있으면서 바르면 인민의 뜻이 안정되며, 순수하면서 간결하면 인민이 따르기 쉽습니다. 천지의 도 역시 순수한 하나에 근본을 두어 사시四時를 운행하며 만화萬化를 형통하니 일기一氣가 아닐 수 없습니다. 이로써 성왕은 천도를 본받아 하나에서 도를 쌓고 순수에서 정치를 세워 (만사를) 응대하고 처리하는 것이 한 이치로 관통되어야 황극皇極을 세울 수 있습니다. 엎드려 바라옵건대 전하께서 배워서 마음을 밝히시고, 밝혀서 하나에 집중하여 이단에 미혹되지 말고 궤설詭說에 빠지지 말며 하나의 덕을 따라 인민을 바른 데로 교화할 수 있다면 왕도는 매우 다행일 것입니다.(『중종실록』 13년 8월 1일)

여기서 말하는 왕도나 왕정의 내용은 지극히 추상적이고 모호한데, 왕도나 왕정은 어디까지나 군주의 수기 여하에 달려 있다는 것이다. 이 입장에서는 군주가 성인이 되기 위한 학문인 '성학聖學'을 중시하여, 신료들이 군주를 바로 잡는 '격군格君'에 국정의 역점을 두게 된다.

송시열도 수기우선주의적 수기주의에 해당된다. 국가를 경영하는 근본

---

9) 유승원, 앞의 글, 「조선시대 '양반' 계급의 탄생에 대한 시론」 참조.

을 삼강오륜에 둔다든가(『송자대전』 권73, 「서」, 김영숙) 수신을 정사의 근본으로 여기는 것이 그것이다.(『효종실록』 9년 9월 1일) 그의 이러한 입장은 효종이 평소 북벌대의를 주창해 온 송시열과 독대한 자리에서 자신의 북벌에 대한 간절한 포부를 개진했을 때, 그가 효종에게 수기부터 힘쓸 것을 역설한 데서 여실히 드러난다.(『현종개수실록』 즉위년 9월 5일)

다만 조광조와는 군주의 위상 설정의 결이 약간 달랐다. 조광조가 군주를 국정의 주도자로 설정하고 어떻게 하든 군주를 성인으로 만드는 데 전력을 다해 지치를 이룩하려는 입장이라면, 송시열은 왕도정치의 중심을 군주가 아닌 현능한 신료에 두고 자신들이 제시한 정치 방향과 방도에 왕을 견인하려는 입장이었던 것이다. 그가 "세도世道를 자임自任"하였다고 일컬어진 것은 그가 가진 입장을 단적으로 보여준다.

송시열의 이러한 입장은 주자의 입장과 정확히 일치한다. 주자는 신료도 도통을 계승하는 존재임을 분명히 한 바 있었던 것이다. 주자가 군주인 탕·문·무왕과 함께 신료인 고요皐陶·이윤伊尹·부열傳說·주공周公·소공召公을 나란히 도통을 전수한 자로 열거한 것이 그것이다.(『중용』, 「중용장구서」) 송시열은 "주자가 아니었다면 요·순·주공·공자의 도가 천하 후세에 밝혀지지 못했을 것", "주자 이후로는 한 가지 이치도 밝혀지지 않은 것이 없고 한마디 말씀도 해석되지 않은 것이 없다."와 같은 발언에서 볼 수 있듯이 철저히 주자를 신봉하였고 존주대의尊周大義에 입각하여 북벌의 대의를 현창하는 데 진력하였다.

송시열의 왕도정치론은 수기에 역점을 두었을 뿐 아니라 그가 인식한 맹자의 왕도정치론 역시 본래의 맹자의 왕도정치론과도 상당한 거리가 있었다. 그는 맹자가 역설한 정전제는 제외한 채 "맹자는 형벌을 줄이고 세렴稅斂을 가볍게 하는 것을 왕도정치의 근본으로 삼았다."라고 맹자의 왕도정치를

축소하여 인식하고 있었던 것이다.(『송자대전』 권63, 「서書」, 답민지숙答閔持叔)

　　그는 대동법과 양역변통良役變通을 지지하고 노비종모종량법을 제창하는 등 제도 개혁에도 참여하였다. 그러나 수기·민생 병진주의 입장을 취한 데서 연유한 것이라고 보기는 어렵다. 그가 제시한 방안은 민생기반의 확충을 위한 것이라기보다는 북벌을 위한 양민·양병책의 일환이었기 때문이다. 제도 개혁을 중시했다기보다는 국정을 주도하는 노론의 영수라는 위치에 서 있어 당시의 현안에 대한 일정한 의견을 내지 않을 수 없던 데서 이루어진 면이 강하다. 대동법을 지지하기는 했지만 그가 역점을 둔 것은 대동법 자체보다는 공안개정이었다. 호서대동법이 성공적으로 시행된 뒤에야 대동법의 지지자로 변모했다.[10]

　　호포론을 지지하였지만 그가 지지한 호포론은 양역변통론이라기보다 재정변통론에 속하는 것이었다. 그는 사족이 포를 내게 하는 유계兪棨의 유포론儒布論을 지지했는데, 그것은 모든 양반이 양인처럼 평생 내는 것이 아니라 일생에 단 한 번만 내고 나면 다시는 군보에 편입시키지 않는다는 원칙하에 유포를 내게 한다는 것이었다.[11] 노비종모종량법의 경우에도 이이의 학통을 잇는 것이자 북벌정책 및 군비확장을 위한 인적 자원을 확보하려는 의도로 추정되고 있다.[12]

2) 수기·민생 병진주의적 수기주의

　　수기·민생 병진주의 왕도정치론을 대표하는 인물은 이이다. 군주의 수기

---

10) 이정철, 『대동법, 조선 최고의 개혁』, 역사비평사, 2010, 391쪽.

11) 정연식, 『영조 대의 양역정책과 균역법』, 한국학중앙연구원, 2015, 45쪽.

12) 전형택, 『朝鮮後期 奴婢身分硏究』, 일조각, 1989, 215~216쪽.

를 중시하고 군주의 심성을 바로 잡아 왕도를 실행하려 하는 의도에서는 조광조나 송시열과 다를 바 없다. 그가 『성학집요聖學輯要』를 찬술한 것도 그 때문이다. 그러나 국정을 풀어가는 방안으로서, 치자의 수기에 역점을 두는 대신 제도개혁을 통해 국가의 면모를 일신하려 한 데서 그들과 뚜렷한 차이를 보인다. 그가 「동호문답東湖問答」이나 「만언봉사萬言封事」에서 제시한 개혁안은 거의 채택되지 못하였다. 그러나 그가 일찍이 주장한 '대공수미법代貢收米法'은 계승되어 후일 실시된 대동법의 선구가 될 수 있었다.

이이는 민생의 안정을 중시하였던 맹자의 왕정론을 강하게 의식하고 있었다. 선조 초년에 기묘사화 이후 중단된 국가에 의한 향약의 강제 실시책을 재개하려는 주장에 반대하면서 "백성을 기르는 것이 먼저이고 백성을 교화하는 것은 나중입니다."라고 지적한 데서(『선조실록』 7년 2월 1일) 이이의 입장이 단적으로 드러난다.

그의 왕도나 왕토의 용례에서도 수기·민생 병진주의 입장이 엿보인다. 그는 인정을 베푸는 것과 천리를 따르는 것 두 가지 모두를 왕도라 일컬었다.(『율곡선생전서』 권15, 「동호문답」 2) 또 세력가들이 독점적으로 향유하고 있는 농지와 산림천택의 혜택을 일반 백성들이 누릴 수 있도록 규제할 것을 주장하면서 왕토의 공공성을 강조했다.(『율곡선생전서』 권13, 「응제문應製文」, 교황해도관찰사배대립서敎黃海道觀察使朴大立書)

후기의 남인계열의 관원들 가운데에도 수기·민생 병진주의 입장에서 적극적인 개혁안을 제시하는 성리학자가 있었다. 윤휴 같은 이가 대표적이다. 다만 같은 수기·민생 병진주의라도 군주와 신료가 공동으로 국정을 운영하는 것을 강조하는 서인 계열과 달리[13] 남인계열 인사는 군주 주도의 국정 운

---

13) 왕도가 정치의 법도를 가리키는 것이라면 왕도가 반드시 군주에게만 한정되는 것이 아니라 치

영을 적극 권유한다는 점에서 다소 결을 달리한다.

2. 민생주의 왕도정치론

민생주의 왕도정치론은 '민본주의적 민생주의'와 '국가주의적 민생주의'로 다시 나눌 수 있다. '민본'이나 '위민' 이념은 모든 사대부가 표방하는 이념이었다. 그러나 민생주의 왕도정치론을 펴는 인사들의 경우가 '민본'·'위민' 의식에 상대적으로 좀 더 투철하다 할 수 있다. 그런데 같은 민생주의라도 민생에 직접적으로 도움을 주는 시책에 초점을 맞추는지, 부국강병을 달성하여 민생의 안정을 도모하려는 것인지의 차이를 보였다. 양자 모두 국가가 지닌 공익 실현의 책임을 강조했다. 그러나 공익의 실체는 달랐다. 전자의 경우 공익이란 곧 인민의 이익을 가리키는 것이고, 민생 안정을 위한 대책을 강구하는 것이 국가의 우선적인 책무라 여긴다. 후자의 경우에는 공익이란 곧 국익을 의미하고, 국익은 바로 부국강병에 도움이 되는 것을 말한다. 민본주의에서 부국강병은 민생을 위한 하나의 필요조건에 지나지 않지만 국가주의에서는 사실상 부국강병이 국가의 목표가 된다. 간단히 말하여 인민이 우선이냐 국가가 우선이냐 라는 우선순위의 차이가 있었던 것이다.

자 일반의 일을 가리키게 될 수 있다. 이를테면 '내성외왕內聖外王'이 그것이다. 안으로는 성인의 덕을 갖추고 밖으로는 왕자의 정치를 베푼다는 것으로 사대부의 인격적인 이상과 정치적인 이상을 통합한 것이며, '내성'과 '외왕'은 이른바 '체體와 용用'의 관계에 있는 것이다. 이이도 "무릇 도학이라는 것은 격물치지로써 선을 밝히고 성정誠正으로써 몸을 닦아 이를 자신 안에 쌓으면 천덕天德이 되고 이를 정사에 베풀면 왕도가 된다."라고 언명하였다. 『율곡전서』 권15, 「동호문답」.

1) 민본주의적 민생주의

민본주의적 왕도정치론자로는 조선건국기의 정도전을 대표적으로 거론할 수 있다. 정도전은 맹자류의 왕도정치에 투철한 면을 보였다. 그리고 군주가 아닌, 인민이 국가의 중심임을 명언했다.

대개 군주는 나라에 의존하고 나라는 인민에 의존하니 인민이란 나라의 근본이요 군주의 하늘이다. 그리하여 『주례』에서는 인민의 숫자를 왕에게 보고할 때 왕은 절하면서 받았으니 자기의 하늘을 중시한 때문이다. 인군 된 자가 이 뜻을 안다면 그가 인민을 사랑하는 방도가 지극하지 않을 수 없다.(『조선경국전』, 「부전賦典」, 판적版籍)

정도전은 삼대에는 국가 수전제授田制가 시행되었다고 주장할 뿐 아니라 국가 수전제의 시행이라는 자신의 바람을 태조에 가탁하여 내비치기도 했다.

옛날에는 토지가 국가에 있었고 토지를 인민에 주었으니 인민이 경작하는 것은 모두 국가가 준 토지이다. 천하의 인민으로서 토지를 받지 않은 자가 없었고 경작하지 않는 자가 없었다 …… 전하께서는 즉위하시기 전에 몸소 (토지겸병의) 폐단을 보시고 분개하여 사전을 개혁하는 것을 자신의 소임으로 삼았다. 대개 나라 안의 토지를 모두 국가에 소속시키고 인민의 수를 헤아려 토지를 지급하여 옛날의 바른 토지제도를 복구하려 한 것인데, 당시의 오랜 가문·권세 있는 족속이 자기에 불편하다 하여 입을 모아 비방하고 원망하며 여러 방면으로 이것을 막아서, 인민으로 하여금 지극한 정치의 혜택을 입지 못하게 하였으니 탄식을 이길 수 있으리오.(『조선경국전』, 「부전」, 경리經理)

정도전은 왕도정치를 철저히 민생과 관련시켜 이해했고 관련 내용은 무척 구체적이었다. "농사짓고 누에치는 것은 의식의 근본이며 왕정이 우선해야 하는 것이다."(『조선경국전』 부전 농상農桑) 같은 발언은 누구나 할 수 있는 것이지만 "국가를 가진 경우에는 교량을 만들어 왕래할 수 있게 하는 것 역시 왕정의 일단이다."(『조선경국전』 공전 교량橋梁)에서 보듯이 교통문제 같은 것도 왕정과 결부시키고 있다. 민생에 필요한 것을 마련해 주는 일은 작은 것일지라도 국가의 책무로 삼았던 것이다. 그가 국가가 왕도정치를 경륜해 나갈 청사진으로 『조선경국전』을 찬술했음은 널리 알려진 사실이다.

조선시대 민본주의적 민생주의 왕도정치론자로서는 조선 후기의 실학자, 특히 유형원-이익-정약용을 잇는 남인계의 실학자들이 두드러진다. 균전均田·한전限田·여전閭田·정전제井田制 등으로 구체적인 방법에서는 다소 차이를 보이지만 맹자의 정전제 이념에 공명하여 토지불균등으로 인한 민생의 고난을 해결하기 위한 토지개혁을 강력히 희구했다는 점에서 공통된다.

2) 국가주의적 민생주의

국가주의적 민생주의를 대표하는 인물은 하륜이다. 태종의 절대적 신임하에 태종대의 개혁을 수행한 그는 부국강병을 실현할 수 있는 방안을 모색해 다양한 시책들을 내놓았다. 토지 면적에 비례하여 요역을 부담하게 하려 하거나, '병작반수竝作半收'를 금지하게 하는 등 서민들의 경제적 처지를 개선하려 노력했던 것 등은 민생주의의 면모를 보여준다.

그러나 이러한 개혁들은 서민들의 생활 향상을 목표로 했다기보다 국가경제 기반의 확대에 초점을 맞춘 것이었다. 그는 서민들의 일방적인 부담을 가중시키는 저화楮貨 유통책, 둔전屯田·연호미煙戶米 법 등을 추진하면서 이런 입장을 유감없이 드러냈으며 그 스스로 국가가 이권을 장악해야 한다고 주장하기도 했다.[14] 하륜에게는 맹자의 왕정이란 신봉해야 할 이념이라기보다는 국가를 부강하게 할 국정방안의 영역을 크게 넘지 못했다. 맹자의 방안이 중국 요순시절의 고요皐陶부터 송 대의 진서산眞西山에 이르기까지 역대 국정에 큰 공로를 세운 인물의 방안과 동급으로서 나란히 취급된 것은 그 뚜렷한 증거가 될 수 있다.(『호정선생문집浩亭先生文集』권 2, 「의정부상규설議政府相規說」)

3. 수기주의 왕도정치론의 기조화 배경

조선시대를 통틀어보면 민생주의 왕도정치론보다 수기주의 왕도정치론이 상대적으로 우세하여 조선시대의 왕도정치론의 기조가 되었다 할 수 있다. 조선시대 사대부들이 요순삼대 지치의 요체를 무위이치라는 공자류의 인식을 보인 것과 맥을 같이 하는 것이다. 수기주의 왕도정치론이 조선시대 정치론의 기조가 된 배경으로는 대략 5가지를 상정해 볼 수 있다.

1) 왕도정치론과 계급적 이해

무엇보다 근본적인 이유로서는 계급적 이해 문제가 있다. 수기주의 왕도정치론은 사대부의 계급적 이해관계에 잘 부합되는 방안이 될 수 있는 반면, 정전제 방안을 대표로 하는 민생주의 왕도정치론 방안은 사대부의 계급적 이해관계를 위협할 수 있는 것이었다. 정전제는 기존의 소유관계를 모두 파

---

14) 유승원, 「하륜」, 『한국사 인물 열전』 1, 돌베개, 2003.

기해야 할 뿐 아니라 사적 소유권 자체를 부정하여 자신들의 경제적 기반을 뿌리째 흔드는 것이기 때문이다.

2) 성리학적 논리와 명분

수기주의 왕도정치론은 성리학적 논리와 명분에도 잘 부합되는 측면이 있었다. 수신제가하여 치국평천하에 이르는 사대부 이상의 출발이 되는 수신이 바로 수기다. 수기는 초기 유교에서도 중시되지 않은 것은 아니지만 성리학 단계에 와서 본격적으로 격물치지와 성의정심이라는 수기의 방법과 의미에 대한 천착이 이루어진 것이다.

고려시대만 하여도 수기와 치인은 분리될 수 있는 것으로 생각되었다. 이를테면 고려 초기의 유학자 최승로가 "불교를 행하는 것은 수신의 근본인 때문이요, 유교를 행하는 것은 이국理國의 근본인 때문이다."라고 하여(『고려사』, 「최승로전」) 수신을 위한 불교와 나라를 다스리기 위한 유교의 공존을 주장하면서 수기와 치인의 분리를 말한 것이 그것이다. 여말에 개혁을 추구하는 인사들이 성리학을 수용하면서 수기는 치인과 분리될 수 없는 치자의 근본 과제가 되었다. 그리고 성리학 논리대로라면 분리될 수 없는 정도의 것이 아니라 수기는 치인의 전제로서 수기 이후에야 치인이 비로소 이루어질 수 있는 것이었다.

3) 사대부 위상의 제고

사대부는 수기의 강조를 통해 자신들의 사회적 존재감을 과시할 수 있을 뿐 아니라, 이를 통해서 군주를 제어할 기회를 얻을 수 있다. 군신관계는 상하관계이지만 수기를 기준으로 한다면 신하가 군주보다 높은 위치를 점할 수도 있다. 사대부시대에 들어와 나날이 강화된 '군신공치君臣共治'의 의식은 단순히 신하가 군주를 보필한다는 차원을 넘어선 것이었다. 도리어 명망이 뛰어난 신료가 군주를 계도하는 일이 다반사로 이루어졌다. 조선 후기 송시열과 같은 산림의 존재는 그 뚜렷한 예증이 된다.

군주는 신하에게 지엄한 존재이지만 수기를 빌미로 언제든 군주의 위상에 도전할 수 있다. 적어도 수기 문제로 군주를 제어하기가 용이하였다. 군주의 동기나 마음씀씀이를 문제 삼아 군주의 정책이나 지시를 비판하고 거부할 수 있는 명분을 삼을 수 있었던 것이다.

4) 주자 사회의식의 계승

조선 사대부계급이 주자의 정치-사회의식을 열렬히 계승하려 했던 것도 수기주의 왕도정치론이 중심적 위치를 차지한 중요한 배경이었다. 수기주의 왕도정치론의 전형이라 할 사람은 바로 조선시대 사대부들의 절대적인 정신적 지주였던 주자였던 것이다. 당 대의 한유에서 시작된 『맹자』 및 『예기』 중의 대학·중용 편 중시의 흐름을 완결시킨 것은 송 대의 주자였다. 대학·중용 편을 『맹자』와 함께 사서로 편성하여 사서를 오경과 같은 반열의 경전으로 승격시키고 『사서집주四書集註』를 만들어 사서의 통일적 이해를 도모하였던 것이다. 이처럼 맹자의 위상을 드높이는 데 결정적인 역할을 한 주자의 정치-사회의식은 과연 어떠한 것이었을까.

주자는 이상사회나 정치체제에 대한 체계적인 논의를 남긴 바 없다. 단지 그의 주저인 『사서집주』를 통해서, 또는 『주자어류』에서 볼 수 있는 대화 중의 언설이나 그 밖의 단편적인 글을 통해 자신의 정치-사회의식을 드러냈을 뿐이다. 그러나 정전제에 대해서는 비교적 분명한 입장을 다음과 같이 표명하였다.

맹자가 말한 바 하후씨夏后氏는 50무畝로써 공법貢法을 썼고 은인殷人은 70무로써 조법助法을 썼으며 주인周人은 100무로써 철법徹法을 썼다는 말을 (나는) 일찍이 의심하였다. 아마도 그 같이 이해해서는 안 될 것이다. 선왕이 천하를 경계 지어 다스리는 시초에 허다한 견甽·회澮·구溝·혁洫—경작지 사이의 크고 작은 각종 도랑— 따위를 만드는 데 인력을 많이 들였을 터이다. 그 같이 50에서 더하여 70으로, 70에서 더하여 100무로 하였다면 경작지 사이의 많은 경계 지어 놓은 것을 모두 다시 고쳐야 했을 터이니, 아마도 그러했을 이가 없을 것이다. 맹자가 당시에 반드시 몸소 보지 못하고 단지 전해 들었을 것이니 아마도 모조리 믿기 어려울 것이다."(『맹자집주대전』, 「등문공장구」상)

맹자가 말한 정전제 시행 사실에 대한 강한 불신이었다. 정전제의 시행을 역사적 사실이라기보다 맹자가 잘못 전해들은 사실 내지는 맹자의 희망사항 정도로 여긴 것이다. 그리고 정전제 시행 방안에 대해서는 "(정전제를) 시행하는 데 모름지기 기회가 있어야 한다. 대란을 경과한 후 천하에 사람이 없고 전지가 모두 관으로 귀속된 후에라야 바야흐로 백성에게 분급할 수 있다 …… 보통의 세상이라면 참으로 시행하기 어렵다."(『주자어류』 98, 「장자서張子書」)라고 사실상 시행 불가의 입장을 확고히 하였다.

농업생산력 발전으로 지주–소작제가 성행하고 있던 남송시대 중국 강남지방에서 생활한 주자로서는 정전제와 같이 기존의 소유권을 무시하고 토지를 재분배하는 방안은 결코 용납하기 어려웠을 것이다. 대신 그는 민생의 안정을 위해서 그리고 사회의 안정을 위해서 지주–소작제를 용인하고 지주와 소작인이 상보적인 존재임을 역설하였다.

> 전호佃戶는 전주가 경작지를 지급하여 그곳의 소출에 의지하여 집안 식구들을 봉양하고 살리며, 전주 역시 전객이 밭을 경작하여 내는 조세에 의지하여 가계를 넉넉하게 할 수 있으니, 양자가 서로 반드시 있어야 비로소 존립할 수 있다 …… 전호는 전주를 침범해서는 안 될 것이며 전주는 전호를 흔들어 괴롭혀서는 안 될 것이다.(『주문공문집朱文公文集』 권100, 「장주漳州 권농문勸農文」)

주자는 정부의 적극적인 권농책이나 합리적인 세제의 운영, 사회구조社會救助를 위한 '사창社倉'의 운용과 같은 온건한 민생 보호 방안을 선호했고, 맹자류의 민생 우선의 왕도정치론보다 인격적 완성을 갖춘 위정자를 통한 교화에 의해 삼대의 왕도정치가 복구되기를 바랐다. 중국에서보다 더 주자를 추숭했다고 말해지는 조선에서 이러한 주자의 입장에 적극 동조했을 것임은 말할 것도 없다.

5) 사대부의 보수화

문벌사회가 해체되고 사대부체제가 구축되는 여말선초에는 민생주의적 왕도정치론이 우세했다. 반면 사대부라는 잠재적 계급이 양반이라는 대자적 계급으로 전환되는 중기 이후에는 수기주의적 왕도정치론이 주류가 되었다. 한 시기에도 논자에 따라 왕도정치에 대한 입장은 다를 수 있었다. 그러나 그러한 개인차를 뛰어 넘는 시기적인 추세가 있었던 것이다.

여말선초에 사대부계급은 사회진보의 역할을 수행했다. 전제개혁을 비롯하여 국가시책에 부국강병이나 민생에 도움이 되는 실용적이고 효과적인 정책을 많이 모색하고 시행하였다. 사대부사회 체제의 구축 작업이 일단락되자 16세기 이래 변화보다 사대부계급의 안정을 추구하게 되었다. 민생을 위한 제도적 개혁보다 도덕성 강화 운동이나 반상의 구분에 힘을 쏟았던 것이다. 민생주의는 후퇴하고 수기주의가 득세할 수밖에 없었다. 사림파의 등장 이후 '공도公道'·'공론公論'이 크게 주창되었으나 점차 공론의 주도권을 둘러싼 사대부계급 내부의 대립과 반목도 갈수록 깊어지게 되었다.

조선 후기에 사대부체제의 구조적 모순이 본격적으로 수면 위에 떠오르게 되자 위정자들은 대증적 대책 마련에 나섰다. 대동법과 같이 일정한 성과를 보인 것이 없지 않았으나 고식적인 대처로 날이 갈수록 체제의 모순은 심화되었다. 조선 후기 조정에서 수기주의 왕도정치론이 압도적 우세를 점한 가운데 사대부사회 체제의 붕괴 조짐이 나타나게 되자 재야의 실학자들이 다시 강력한 민본–민생주의적 왕도정치이념을 들고 나오게 되었다.

2절 수기주의 왕도정치론과 국정

1. 수기주의 왕도정치론의 성과

수기주의 왕도정치론은 요순삼대 왕도정치의 덕목을 추구하고 지치를 회복하기 위해 군주를 비롯한 치자의 개인적인 수양을 강조하였다. 그 결과 국정, 특히 민생과 관련된 사업을 추진하는 데는 상대적으로 열의가 떨어지기 마련이었다. 그러나 사대부계급은 세계 역대의 어느 지배계급보다 선정을 펼치려는 사명감을 강하게 가졌고, 스스로 훌륭한 정치를 할 수 있는 자질

(현능)을 갖추었다고 자부했으며, 명확한 사회이념적 목표를 집단적으로 공유하고 있었다. 따라서 그들이 신봉한 수기주의 왕도정치론도 국정에 나름대로의 성과를 나타내기 마련이었다.

수기주의의 성과는 우선 언로의 개방과 공론의 중시라는 면으로 나타났다. 수기의 요체는 "천리를 보존하여 사람의 (나쁜) 욕구를 없앤다."(存天理 滅人欲 『주자어류』 권11)라는 데 있다. 수기를 중시하는 것은 만인을 동등한 위치에 놓고 평가한다는 사회적 의미를 갖는다. 천리를 보존한다는 동일한 목표를 향하여 만인이 동일한 출발점에 서있기 때문이다. 군주나 고위관원이라 하여 천리를 보존하고 사욕을 잘 물리친다는 보장이 없다. 수기가 중시되면, 국정이 천리에서 벗어나 사욕으로 흐르지 않는지 누구라도 비판할 자격이 있다. 나아가 국정에 대한 기탄없는 비판은 반드시 필요하다. 이리하여 수기주의 노선에서는 언로의 개방의 요구나 공론의 수용이 강조되기 마련이다.

수기의 중시와 언로의 개방·공론의 중시의 상관관계는 수기주의 왕도정치론의 득세와 언로의 개방·공론의 중시가 사림파를 매개로 하여 동시에 이루어졌다는 데서도 입증된다. 관위보다 도덕성이라는 인물 평가 기준을 확립하고 수기주의 왕도정치론을 창도한 사림파들이 조정에 몰고 온 회오리바람은 공론을 정사 특히 인사에 반영하는 일이었다. 훈구대신들이 탄핵의 표적이 되었다. 사림파 이전에도 언로나 공론이 중시되지 않은 것은 아니었다. 그러나 사림파가 등장하는 시기 이전과 이후의 양상은 여러 면에서 달랐다. 이전에는 군주나 대신들이 공론을 주도하기도 하고 언로도 주로 대간에 국한되는 경향이 있었으나, 사림파 등장 이후에는 조정의 언론을 주도하는 언관의 범위가 홍문관을 포함한 삼사로 확대되고 언관의 권능도 대폭 강화되었으며 공론의 참여범위는 재야 사대부까지 확대되었다.[15] 삼사와 재야 사대부의 소통이 크게 활성화된 것은 말할 것도 없다.

재조·재야를 망라하여 언로가 개방되고 공론의 수용이 강력하게 요구된 상황이 국정에 미친 영향은 무엇인가. 첫째, 국정의 운용이 한층 공개적이고 투명하게 이루어지게 되었다는 점이다. 군주가 소수인과 독단적으로 정책을 결정하는 일은 더욱 어려워졌고, 조정에서 추진하는 일은 많은 사대부 사이에서 공개적으로 논의되고 비판적 검토를 거치게 되었다. 이러한 과정에서 정보의 공개와 빠른 전파의 매개체가 된 것이 바로 '조보朝報'였다.[16]

관원·유생은 물론 피지배계급에까지 상언을 허락하는 것과 같은 광범한 언로의 개방은 직·간접적으로 위정자들에 대한 강한 압력이 될 수 있었다. 언로의 개방과 공론의 중시는 '집단지성'의 추구라는 사회적 의미를 지닌다고 할 수 있다. 또한 개인과 개인 사이 또는 집단과 집단 사이의 분쟁을 물리적인 힘으로 해결하기보다 사리 분별을 통해 해결하려는 사회 분위기를 조성할 수 있었다.

수기주의는 치자의 자격에 대한 사회의 요구 수준을 한껏 높이는 데 큰 역할을 수행했다. 수기가 중시되는 가운데 사대부들은 단순히 과거에 합격하고 대과 없이 직무를 수행하는 것만으로 순탄한 출세를 기대하기 어려워졌다. 그의 평소의 언행까지 항상 문제가 될 수 있었던 것이다. 관원들은 자칫 사리사욕에 흘렀다는 평가를 받지 않을까 끊임없이 자기 성찰을 하지 않

---

15) 송웅섭, 「기묘사림과 '공론지상주의'」, 『역사와현실』 108, 2018.

16) 승정원에서 조보를 발행하면 여러 차례의 등서 과정을 거쳐 전국적으로 유포되게 되는데 군사기밀과 같은 일부 내용을 제외하고는 국정 운영 과정에서 나온 거의 모든 내용을 숨김없이 싣는 것이 원칙이었다. 김경래, 「仁祖代 朝報와 公論政治」, 『韓國史論』 53, 2007 참조.

으면 안 되었다. 비단 관원만이 아니었다. 재야의 사대부도 사욕을 버리고 천리를 보전한다는 언행을 보이지 못하면 대번 동료 사대부로부터 손가락질 대상이 되었다. 조선시대의 사대부가 물질적 이익이나 육체적 욕망을 탐하지 않는 고고한 선비의 자세를 지키려 한 것이나, 개인적인 이해관계보다 대의명분에 따라 처신하려는 풍조가 나타난 데는, 적어도 그러한 모습을 연출한 데는 수기주의의 영향이 작지 않았다고 할 수 있다.

치자에 대한 높은 도덕성의 요구는 관원들의 사소한 비리나 비행일지라도 가차 없는 비판과 응징을 가져왔고, 조선시대에 관원들의 부정부패를 막는 데 일정한 성과를 가져왔다. 물론 조선시대라 하여 관원들의 부정부패가 없을 수 없었다. 19세기처럼 매관매직의 풍조까지 나타나는 등 극심한 부정부패의 사례가 나타난 시기도 있었다. 그러나 조선시대 전체를 통틀어 본다면 온 나라를 떠들썩하게 할 만한 부정부패 사건은 별로 발생하지 않았다. 이건창이 『당의통략黨議通略』, 「原論」에서 조선의 붕당 대립이 심했던 원인 8가지 중의 하나로 "관직이 너무 깨끗했다(官職太淸)"는 것을 들었던 것은 일리가 있는 지적이었다.

관원들이 나름대로 도덕성을 지키려한 노력은 조선 후기 관원들의 급여를 삭감할 때의 관원들의 대처 방식에서도 엿볼 수 있다. 국가재정의 궁핍으로 녹봉제를 폐지하고 '산료제散料制'를 실시하자는 의견을 제시한 신료들은 국가재정이 어렵고 백성이 굶주리는 데 자신들만 편히 녹봉을 받을 수 없다고 주장했다. 산료제가 채택되어 급여액을 삭감할 때도 중견 관원 이상이 삭감의 주 대상이 되었고 하급 관원들은 대부분 제외되었다.[17]

---

17) 임성수, 「조선 후기 祿俸制 연구」, 『동방학지』 169, 2015.

2. 수기주의 왕도정치론의 한계와 문제점

수기주의 왕도정치론에 입각한 방안이 가지는 한계나 문제점도 뚜렷했다. 수기라는 관념적 방안이 바로 근본적인 한계였다. 우선 수기와 선정의 상관관계이다. 설사 수양이 잘되고 도덕성이 뛰어난 인사가 국정을 운영한다 하여 반드시 국정 과제들이 잘 해결되고 민생이 돈독해진다는 보장이 없다는 점이다. 수기의 성취 여부는 객관적으로 판정되기 어렵기 때문에 수기를 기준으로 인재를 선발하기도 어렵다.

만사를 도덕적 가치로 중요성을 판단하려는 태도를 견지하면 사회구조나 사회경제적 조건의 문제에서 야기된 사회적 모순·위기를 정신이나 관념의 문제로 호도할 가능성도 다분히 있다. 이러한 잘못된 진단과 대처로 말미암아 국정을 그릇치고 사태를 악화시키는 일이 빚어질 수 있다. 개개인의 차원에서 보더라도 자기성찰 문제에 골몰한 나머지 사회문제에 대해서는 둔감하거나 무관심해질 수도 있다. 심지어 국방이나 외교의 현안에 도덕률을 적용한 사례도 있었다. 중종 13년, 일찍이 조선변경을 침범하여 사람과 가축을 노략질한 바 있었던 여진 추장 속고내束古乃가 사냥을 위해 잠입했다는 정보를 조정에서 입수하고 그를 급습하여 사로잡으려는 방안이 논의되었다. 이때 조광조가 도적의 꾀를 내어 엄습하는 것은 왕도에 어긋난다면서 이적夷狄도 인의로 대처해야 함을 역설하여(『중종실록』 13년 8월 17일) 마침내 포획 계획을 중단시키고 만 것은 유명한 일화이다.

조선시대 공론이 지니는 결정적인 한계는 그것이 사회전체의 여론을 반영한 것이라기보다는 주로 사대부계급의 여론을 반영했다는 점이다. 다시 말하면 사대부의 계급적 이해를 반영하는 의견이 되기 쉽다는 점이다. 공론의 참여 범위가 재야의 사대부까지 확대된 것은 나름의 의미가 없지는 않다.

그러나 그것으로 말미암아 도리어 사대부의 계급적 이해가 한층 강하게 반영될 여지도 있다. 이를테면 조선 후기에 이르러 가난한 사대부들이 대량 배출된 상황에서 재야의 사대부들이 공론의 이름으로 반상의 명분을 내세우며 평민들과 다른 대접을 줄기차게 요구한 것이 그것이다.

사대부계급 내에서도 공론의 일치를 보기 어렵다는 것도 뚜렷한 한계다. 16세기 이후 성리학 근본주의 풍조가 사상계를 지배하게 되자 사대부계급은 저마다 자신이 속한 붕당의 당론을 공론이라 주장하기 십상이었다. 상대 붕당 인사에 대한 끊임없는 비난과 고발이 일어나고 정쟁이 유발되었다. 시간이 흐를수록 사대부계급 양산의 여파로 사대부 사이의 경쟁과 반목은 심화되고 성리학 근본주의는 정적을 제거하는 수단으로 이용되었다.

3절 민생주의 왕도정치론과 국정

1. 민생주의 왕도정치론과 정전제

왕도정치론은 수기주의든 민생주의든 국가나 치자가 사회적 공공성을 실현할 것을 촉구했다. 그러나 공공성의 핵심이 '만인의 복리 증진'에 있는 것이라 한다면 수기주의 왕도정치론보다 민생주의 왕도정치론에서 추구하는 공공성이야말로 그 본령에 해당될 것이다. 민생주의 왕도정치론이 추구하는 공공성의 정수는 인민에게 항산을 보장하는 정전제와 같은 토지분급의 시행이 아닐 수 없다. 그러나 이미 앞에서 누차 지적한 대로 정전제의 실시와 같은 토지분급 방안은 사대부의 계급적 이해와 근본적으로 배치되는 것이었다. 따라서 사대부계급에서의 토지분급이나 토지개혁을 둘러싼 논의는 미온적일 수밖에 없었다. 사대부계급의 민생주의 왕도정치론이 갖는 결정적인 한계다.

정전제 시행이 불가능하다는 논거로 토지를 9등분할 만한 반듯한 평야가 많지 않다는 물리적 이유를 대는 논자도 많았다. 물론 이는 핑계에 지나지 않는다. 모양에 구애되지 않고 균등히 분배한다면 정전제가 지닌 실익을 얻을 수 있다는 균전제 주장 역시 수용하지 않았기 때문이다. 정전제의 대안으로 제시된, 좀 더 온건하고 단계적인 방안이던 한전제조차 수용할 수 없었던 것 역시 지주들이 거부할 것이라는 이유에서였다.

영조 16년, 영조는 경연에서의 대화에서 기존의 소유권을 침해하는 토지개혁의 문제점을 분명하게 지적했다. "비록 한전법을 시행한다 하더라도 (소유) 상한선을 넘는 전지를 아무 대가 없이 빼앗아 빈민에게 지급할 수 없고, 그렇다고 국가에서 모조리 사서 지급할 수 없는 이상 빈민이 어떻게 자력으로 구매할 수 있을까?"(『영조실록』 16년 2월 13일) 정조도 마찬가지 입장에 서서 정전제 시행을 부인한 주자의 언명을 인용하기도 했다. "주자는 '대란이 있은 뒤에야 비로소 시행이 가능하다' 했으니 주자의 말은 실로 시기와 형세를 헤아려 말한 것이다."(『정조실록』 20년 9월 29일) 정전제·균전제·한전제·여전제를 주장한 실학자와 같은 이상주의적 개혁론자들도 그 실현은 국왕의 결단이나 국가의 강제에 의한 위로부터의 개혁에 의지하지 않으면 안 될 것으로 여겼다. 토지개혁이 갖는 현실적 한계점을 뚜렷이 드러내 주는 것이 아닐 수 없다.

사실 대대적인 사회혁명이 아니고서는 인민에 대한 균등한 토지분급은 실현 불가능한 일이 아닐 수 없다. 조선시대 위정자들 역시 정전제를 시행하기 어렵다고 여겼다. 그런데 위정자들은 정전제의 존재 자체는 항상 의식하였고 종종 시행에 대한 관심을 표명하기도 했다. 주자와는 달리 정전제가 주대에 실시된 사실 자체에는 의문을 갖지 않았다. 여기에는 이유가 있었다. 고조선시대에 평양에 기자가 실시한 정전의 유적이 남아 있다는 사실을 믿고 또 자부심을 갖고 있었던 것이다.

평양 외성外城의 남쪽에서 대동강 변에 이르는 지역에 설치된 정전의 존재는 『고려사』·『신증동국여지승람』 등 여러 문헌에 기록되어 있고, 이에 대해 한백겸이 조사·연구했던 사실은 널리 알려져 있다. 조선시대 위정자들은 중국 사신이 평양에서 유람할 때 정전 유적을 소개하기도 하고(『중종실록』 32년 4월 3일) 정전 유적의 북쪽에 서원을 건립하기도 했다.(『인조실록』 11년 10월 9일) 천하에 정전법이 무너졌으나 동방의 평양에 기자의 정전제를 가지고 있었음을 자랑스레 거론하기도 했다.(『영조실록』 38년 8월 20일)

그리하여 조선시대의 위정자들은 간혹 정전제를 제한된 지역에서 변형된 형태로나마 시범적으로 실시하는 방안을 강구하기도 했다. 종종 북송北宋의 '장재張載'가 언급된 것도 그가 정전제를 제한된 지역에서 시범적으로 실시할 것을 주장한 때문이었다. 시범적 정전제 시행의 후보지로 거론된 것은 개간지나 군주가 경작의 시범을 보이는 '적전籍田' 같은 곳이었다. 성종 대, 대부도에 둔전을 설치하여 개간하고자 했을 때 성종이 개간지에 "백성이 스스로 경작하도록 하되 옛날 정전법과 같이 8집이 사전을 나누어 받고 힘을 합쳐 공전을 경작하고 십분의 일의 이익을 수취한다면 어떻겠는가?"라는 의견을 피력한 바 있다.(『성종실록』 18년 3월 14일)

영조 대에도 서울의 동문 밖에 마련된 적전에 정전제를 모방한 경작방식을 시도한 일이 있고(『영조실록』 22년 11월 30일; 『영조실록』 22년 12월 6일) 후에도 정전제 건의가 있었지만 시행되지 못했다.(『영조실록』 38년 8월 20일) 그러나 정전제에 대한 꾸준한 관심은 나름대로 민생주의 왕도정치론의 맥이 끊어지지 않고 이어지고 있음을 보여준다는 점에서 유의할 만하다.

2. 민생주의 왕도정치론의 주요 시책

수기주의 왕도정치론에 비한다면 민생주의 왕도정치론을 주창하는 위정자는 소수였다. 그나마 실행하려는 의지가 부족하거나 지엽적인 개선 방안에 그치는 경우가 많았다. 그러나 민생주의 왕도정치론은 항상 개혁의 이념으로 존재하였고, 국정에 일정하게 반영되었다. 개혁적인 인사는 반드시 민생주의 왕도정치론을 들고 나왔다.

사대부시대의 중요한 민본·민생주의적 국가시책은 여말선초에 단행되었다. 또 그러한 국가시책들은 16세기 이후에도 그대로 계승되는 경우가 많았다. 위정자들이 그것을 조선왕조의 정책적 기조이자 하나의 전범으로 인식하였기 때문이다. 민생주의 왕도정치론에 입각한 국가시책의 구체적인 내용은 대부분 이 책에서 분야별로 소개되고 있으므로 여기에서는 민생주의와 직접적으로 연관되는 중요 시책을 그 항목만 일별하는 수준에서 그치기로 한다.

1) 인민의 권리와 지위의 향상

민생주의와 민본·위민이념은 서로 밀접히 연관되어 있다. 민생주의는 어디까지나 민본·위민이념을 실현하기 위한 방안이라 할 수 있기 때문이다. 민생주의 왕도정치론의 전제가 된 민본·위민이념은 나름대로 성과를 남겼다. 인민의 지위와 권리가 눈에 띄게 향상되고 위정자들의 공공성에 대한 인식도 크게 제고시키는 결과를 가져왔던 것이다.

① 공민권과 공교육 수혜권

민본·위민이념에 따른 민생주의 왕도정치론의 성과는 무엇보다 조선시대에 양인 일반에 대한 공민권과 공교육 수혜권이 보장되었다는 데서 찾을 수 있다. 만물이 동등하게 태양의 빛을 받듯이 만민은 군주 아래 동등하다고 표방되었다. 모든 인민은 군주의 보편적 신민이라는 관념이 양인의 신분적 제일성을 부여하는 국가시책으로 표현되었다.

② 소송권

인민 지위의 향상은 양인에게만 국한되는 것은 아니었다. 노비가 국민임을 명시한 것도 조선 초기의 일이었다. 노비가 재산권이나 법률적 행위의 주체임이 보다 명확해진 것도 마찬가지다. 조선시대에 와서 양·천을 불문하고 모든 인민이 자신의 생명이나 재산을 지키기 위한 소송권을 확실하게 행사할 수 있게 되었다.

인민이 소송권을 행사하는 데 가장 어려운 큰 장애가 된 것은 자신이 사는 고을의 수령에 대한 인민의 고소를 금지하는 '부민고소部民告訴' 금지법이었다. 조선 초기에는 강력한 중앙집권체제를 구축하기 위해 전국 각지에 수령을 파견하였고 재지사족이나 향리에 대한 수령의 통제권을 강력히 수립하기 위해 '부민고소' 금지법을 제정·운용하였다. '하극상'을 막는다는 명분 아래 수령에 대한 부민의 고소에 강력한 처벌 규정을 마련하였던 것이다.

그러나 부민고소 금지법은 수령이 부민의 억울한 사정을 도외시하거나 수령 자신이 가해자인 경우에 부민이 그 고통을 고스란히 떠안게 된다는 문제점이 있었다. 수령권 확립의 필요성과 인민의 억울함을 풀어주어야 할 필요성이라는 진퇴양란의 어려움 속에서 부민고소금지법은 여러 차례 치폐를 반복하였다. 마침내 '자기원억自己冤抑'에 한하여 고소를 허용하는 것으로 낙착되어 『경국대전』에 등재되었다. 자기원억 여부는 해석하기에 따라 얼마든지 확장될 수 있는 것이어서 사실상 수령에 대한 고소가 큰 제한 없이 허용된 셈이다.

자기원억의 고소 허용은 단순히 고소 허용만으로 그치는 것이 아니었다. 재판 결과에 불복하면 항소할 수 있었던 것이다. 고소권과 항소권이 주어짐으로써 조선시대에는 관권에 대한 민권의 중요한 저항의 발판이 마련될 수 있었고 피지배계급이 지배계급의 횡포에 적극적으로 저항할 수 있는 기회를 가질 수 있게 되었다.

③ 민생침해 단속: 억강부약

민본·위민이념은 '강한 자를 누르고 약한 자를 떠받친다(抑强扶弱)'의 원칙으로도 나타났다. 이 원칙은 권리 향상과 함께 인민의 지위를 향상시키는 데 큰 역할을 했다. 수령과 사헌부 관원을 비롯한 모든 관원들이 민간의 분쟁이나 소송을 다룰 때 항상 명심해야 했던 이 원칙은 조선 초기에서부터 조선 후기까지 일관되게 강조되었다. 비단 구호에만 그치지 않고 나름대로의 효과를 나타냈다. 관찰사나 사헌부가 중점적으로 감시하는 사항이어서 모든 관원들은 각별히 유의하지 않을 수 없었던 것이다. 억강부약의 원칙을 어기고 강자의 편을 든다는 혐의를 받거나 약자인 피해자의 고소·고발을 당하게 되면 해당 관원은 아주 어려운 처지에 놓였다. 자칫하면 파직되거나 유배와 같은 무거운 처벌을 감수해야 할 위기에 처하게 되었다.

물론 강자와 약자가 서로 소송하면 강자가 이기게 된다는 지적도 나타난다.(『세조실록』 14년 6월 18일) 그러나 관원들의 뇌리에 항상 이 원칙이 떠나지 않았고 편파적이라는 혐의를 받지 않도록 노력해야 했다. 그 결과 억강부약이 하나의 강박관념이 되어 관원이 무리하게 약자를 편드는 행태도 적지 않

게 나타났다.(『세종실록』 15년 윤8월 19일)

억강부약의 원칙은 반상의 구분이 심화된 조선 후기에도 그대로 존속하였다. 특히 영조와 정조는 유난히 이 원칙을 강조하였다. 영조는 억강부약이 자신의 지론임을 끊임없이 상기시켰다.[18] 정조 역시 영조에 뒤지지 않았다. 정조 자신이 억강부약을 위해 마련된 대명률의 위핍률威逼律을 적용하면서, 피지배계급을 윽박지른 호강자에게 무리한 논거를 가지고 형량을 크게 벗어난 가중처벌을 곧잘 시행했다.[19]

억강부약에 얽매어 관원들이 편파적으로 일을 처리하는가 하면, 아랫사람은 이를 기화로 일을 꾸미고 사대부를 능멸하는 '하극상'의 폐를 빚는다는 관원들의 불만 역시 터져 나오지 않을 수 없었다. 정조 즉위년의 경연 낮 강의에서 시독관 이재학은 영조 이래 쌓인 불만을 새로운 군주 정조에게 다음과 같이 토로했다.

우리나라가 4백 년 동안 유지된 것은 바로 명분(때문)인데 중간에 간혹 하민下民이 폐를 받는 단서가 되었기 때문에 위로는 조정, 아래로 법사에서 매번 '억강부약'의 정사를 시행했습니다. (그러나) 굽은 것을 바로잡는 것이 너무 지나쳐 폐단이 따라 생겼습니다. 밖으로는 이민吏民들이 관장官長에게 유감을 갖고 영문營門에다 꾸며 고발하고 심지어는 상언하고 격쟁擊錚하니, 풍화에 크게 관계되므로 참으로 작은 걱정이 아닙니다. 안으로는 빈궁한 사족

---

18) 『승정원일기』에 나타나는 억강부약의 사례를 보면 영·정조 대의 기사가 월등히 많고 영조가 억강부약을 정사의 근본으로 삼고 있음을 신료에게 주지시키는 기사를 쉽게 찾을 수 있다.

19) 김호, 「조선 후기 위핍률(威逼律)의 적용과 다산 정약용의 대민관(對民觀)」, 『역사와 현실』 87, 2013.

들이 매번 상천常賤들에게 능멸과 모욕을 당하고, 시정의 무뢰배들이 재상의 이름을 함부로 부르고 동네의 하천下賤이 분수에 넘치게 복식을 치장하기에 이르렀습니다. 바야흐로 즉위하여 처음으로 정사를 맡으셨으니 마땅히 명분을 바르게 하고 기강을 확립시키는 것을 책무로 하셔야 합니다.(『정조실록』 즉위년 11월 19일)

억강부약 정책에 대한 불평은 이후에도 이어졌다.[20] 정조는 이와 같은 요청이 나올 때마다 서울과 지방에 단단히 경계시킬 것을 약속했지만 정조의 억강부약 시책은 별로 달라지지 않았던 것이다. 억강부약의 원칙이 관원들의 음성적인 사대부 비호까지 막을 수는 없었겠으나 관원들이 노골적으로 사대부의 편에서 일을 처리하는 것을 억제하는 데 일정한 역할을 했을 것이라는 점은 의심할 바 없다.

2) 기타 민생주의적 국가시책

비록 민생주의가 토지분급으로 구현되지 않았을지라도 그 정신은 나름대로 국가시책에 일정하게 반영될 수 있었다. 실행된 민생주의적 국가시책의 큰 항목을 세 가지 적시하면 다음과 같다. 첫째, 토지와 관련하여 실행된 민생주의 방안으로는 무엇보다 경작지를 제외한 국토를 비교적 자유롭게 이용할 수 있게 한 것을 들 수 있다. '산림천택은 인민과 함께 공유한다(山林川澤與民共之)'라는 확고한 원칙이 그것이다.

둘째, 부세 면에서는 두 가지 방향에서 민생주의적 국가시책이 추진되었

---

20) 『정조실록』 권15, 7년 6월 20일; 『정조실록』 권19, 9년 1월 27일.

다. 부세 액수를 낮게 책정하고 이에 맞추어 정부의 재정을 최대한 절약하고
자 하는 노력이 그 하나요, 조세의 형평성을 추구하여 신분과 지위를 막론하
고 부의 크기에 비례하여 부세를 부담하게 하려는 노력이 그 둘이다.

마지막으로 사회복지 부문의 몇 가지 민생주의적 국가시책에 대해 일별
해 보자. 우선 왕도정치의 최소한의 사회복지적 시책으로서 구빈救貧과 구황
救荒을 아우르는 진휼賑恤이 있다. 정부는 전체적으로 구빈보다는 구황에 힘
썼고 구황보다는 농업생산량을 증대하는 권농의 중요성을 강조했다.

진휼은 유상의 진대賑貸와 무상의 진제賑濟를 포괄한다. 진대는 춘궁기
에 곡물을 대여해 주었다가 추수기에 상환 받는 환곡과 같은 대여제도를 가
리키며, 진제는 재난시에 이재민에게 곡물을 무상으로 지급하거나 무료 급
식을 행하는 것이다. 때로 사회적 약자에게 평상시에 지급하기도 하였다.

당시 대표적인 사회적 약자로 꼽힌 환·과·고·독에 대한 배려도 없지 않
았다. 맹자는 환과고독을 먼저 보살피는 것이 인정의 첫걸음이라 했는데,(『맹
자』, 「양혜왕」 하) 조선시대의 환과고독에 대한 배려는 태조 즉위 때부터 강조
되었다.(『태조실록』 1년 7월 28일) 다만 환과고독에 대한 국가의 지원은 재난 시
에 그들을 우선적으로 구휼하는 선에서 크게 벗어나지 못했으며 평상시의
구빈사업은 거의 이루어지지 못했다. 양민원養民院이라는 구빈기관을 세워
항시적으로 환과고독을 비롯한 독거자들을 보살피도록 하자는 요청이 나왔
지만 당시의 의정부는 국가 재정의 부족이 초래된다는 것과 공적 부조에 의
존해 게을러지게 될 것이라는 두 가지 이유를 들어 단호히 반대했다.(『태종실
록』 4년 8월 20일)

구황이나 재난시의 구제사업을 위해 의창·진휼청 등을 설치 운영하고 민
간의 사창이나 향약운동을 독려하였다. 행려병사자의 장례를 치러주고 빈
민에 대한 의료를 지원하는 기관·관원을 설치했다. 또 재난으로 가옥을 잃은

자나 과년하도록 시집가지 못한 자, 돈이 없어 장례를 치르지 못하는 자 등을 그때그때 지원했다. 노인을 우대하기 위해 노인직을 수여하고, 시정제를 실시했으며 양로연養老宴을 베풀기도 했다.

중국이나 한국의 전통사회에서 민생주의가 자주 표방된 것은 사회구조적으로 중앙집권적 통치체제가 발달해 있고 자유 소농의 비중이 컸던 것과 관련이 있다. 특히 사대부시대에는 지배계급의 수적 규모가 커져서 자작농이나 소작농과 같은 직접 생산자들과 어떻게 하든 공존을 모색하지 않고서는 체제 유지가 어려웠던 것이다. 체제 자체의 존립을 위해서라도 폐농 위기에 처한 농민의 구제는 불가피한 일이었다. 민생주의적 국가시책은 비록 그 한계가 뚜렷했지만, 사회적 안정을 유지하는 데 어느 정도 도움이 되었을 뿐만 아니라 국가의 공공성이나 민중의 사회의식·권리의식을 높이는 데도 일정한 역할을 했다고 평가할 수 있다.

4부
조선시대의 정치구조

1장

국가체제: 중앙집권적 관료체제

1절 중앙집권체제

삼국시대부터 나타났던 중앙집권체제는 시대가 흘러갈수록 강화되다가 마침내 조선시대에 와서 그 정점에 도달했다. 중앙집권체제는 두 가지 요소로 이루어진다. 하나는 군주의 직접적이고 총괄적인 국가기관 통할이며, 다른 하나는 군주의 일원적 지방통치이다.

1. 군주와 중앙기관

조선시대의 군주는 명분상·형식상 전제권을 가졌다. 이러한 전제권 자체로서는 조선시대의 군주와 고려시대의 군주가 크게 다를 바 없다. 그러나 조선시대에는 국가조직 자체가 군주로 하여금 국가의 주요 행정기관을 직접 통할할 수 있도록 짜여 있었다는 점에서 고려시대와 차이가 있었다. 조선의 군주는 재상을 거치지 않고 직접 국정을 챙기기 용이하도록 편성되었던 것이다.

물론 군주가 모든 국가기관을 일일이 통할할 수는 없다. 자문–심의기관이나 언론–감찰기구 및 예우기관들은 그 수가 많지 않으므로 군주와 직접 연결될 수 있었다. 이와 달리 행정기관의 경우는 그 수가 아주 많았다. 그래서 채택된 방식은 군주가 행정의 중추기관인 이·호·예·병·형·공의 6조를 직접 통할하고, 여타의 기관은 6조로 하여금 통할하도록 하는 군주-육조-속아문 방식이었다. 대부분의 중앙기관은 6조 어느 하나의 속아문이 되었다. 조선시대에 와서 승정원과 같은 비서기구가 독립하여 존재하게 되고 그 기능도 대폭 강화된 것은 크게 늘어난 군주의 과중한 업무를 돕기 위한 때문이었다.

여기서 한 가지 짚고 넘어가야 할 문제는 조선시대 의정부와 6조의 관계이다. 6조가 의정부의 지휘 통제를 받는 상하관계인가 아닌가의 문제이다. 조선 초기에는 널리 알려진 대로 '의정부서사제議政府署事制'와 '육조직계제六曹直啓制'가 번갈아 시행되었다. 그런데 그동안 의정부서사제와 6조직계제하에서의 군신 간의 권력관계의 차이가 지나치게 강조되어온 느낌이 있다. 즉 의정부서사제는 신권 내지 재상권의 강화를 의미하고 6조직계제는 왕권의 강화를 의미한다고 설명되어 온 것이 그것이다. 그에 따르면 6조직계제하에서 의정부의 위상은 6조에서 군주에게 올린 정책이나 업무 보고를 군주로부터 위임받아 검토하는, 군주의 자문기관 정도에 해당한다. 반면 의정부서사제에서는 6조로부터 보고받은 정책이나 업무의 타당성을 심의하여 의정부는 명실공히 행정상의 최고기관의 위상을 지닌다는 것이다. 그러나 이는 부분적으로만 타당한 설명이다.[1]

의정부서사제의 시행은 군주의 직접적인 행정기관 통할이라는 사대부 시대 정치체제 고유의 특성에 배치되는 것이 결코 아니었다. 첫째, 의정부서사제나 6조직계제나 내용상의 차이는 크지 않기 때문이다. 잘라 말한다면 양제도는 군주의 업무량의 다과나 업무처리상의 순서의 차이를 크게 벗어나지 않는다. 6조가 직계한 사안이라 하여도 각조가 전결로 처리하는 일상적이거

---

1) 종래의 견해에 대한 본격적인 반론은 최승희, 『조선 초기 정치사연구』, 지식산업사, 2002에 의해 이루어졌다. 의정부서사제에 대한 설명은 여기에 크게 힘입은 것이다.

나 사소한 것을 제외하면 군주가 의정부로 보내어 이를 심의하게 하며, 의정부서사제의 경우라 하더라도 보고받은 6조의 의견에 찬동하지 않는다 하여 의정부가 이를 임의로 6조에 돌려보내거나 묵살하는 경우는 거의 없었다. 불찬성의 검토의견을 붙여 군주에게 상신하는 것이 보통이었다.

둘째, 6조직계제를 채택할 것이냐, 의정부서사제를 채택할 것이냐는 군주권·신권의 강약과는 무관하게 군주 스스로의 필요에 따라 채택을 결정했던 점이다. 태종이나 세조가 6조직계제를 시행한 것은 자신이 국정 전반을 직접 챙기겠다는 의지의 표현이었음은 틀림없는 사실이다. 그러한 점에서 6조직계제의 시행을 군주권 강화의 의미로 해석하는 것은 일면 타당하다 할 수 있다. 그러나 세종 18년의 의정부서사제의 시행을 신권 내지 재상권의 강화로 해석하는 것은 잘못이다. 세종이 신료나 재상들의 세력에 밀려 의정부서사제로 바꾼 것이 아니기 때문이다. 세종은 건강도 좋지 않고 자신이 특별히 중요하게 여기는 일에 전념하기 위해 의정부서사제를 채택했을 뿐이다. 의정부가 다양한 정무들을 자신보다 먼저 심의·점검하여 자신의 일을 덜어주기를 바랐던 것이다. 다음 해에 세자에게 서무를 처리하게 하려 한 것은 바로 이러한 의도에서 나온 의정부서사제의 후속 작업이었다.

쿠데타를 통해 즉위한 세조는 자신의 포부를 실현하기 위해, 집권의 정당성을 강화하기 위해, 그리고 일찍부터 다져온 자신의 구상을 펼쳐 보이기 위해, 군주가 좀 더 빠르게 국정을 처리할 수 있는 6조직계 체제를 복원하였다. 이후 의정부서사제로 복귀하려는 움직임이 간혹 있었지만 중종 11년까지 6조직계체제가 지속되었다.[2] 중종 11년의 의정부서사제 채택 당시의 중종의 의도가 정확히 무엇이었는지는 아직 분명하게 밝혀져 있지는 못하다. 분명

---

2) 『경국대전』에서는 2품 이상 아문의 직계를 명시하고 있다.(「예전」, 用文字式)

한 것은 이때 역시 재상들의 권력이 강화되는 시기는 아니었다는 것이다. 이른바 기묘사림이 득세하는 시기였다.

셋째, 의정부서사제를 채택하게 되면 6조의 주요 기능을 유지하고 의정부 권한의 비대를 막는 조치가 취해지는 등 급격한 국가권력의 변동이 일어나지 않도록 배려하고 있었다는 점이다. 예컨대 세종이 의정부서사제를 채택하면서도 이·병조의 관직 제수의 직무나 병조의 군사 직무, 그리고 형조의 사형수 외의 형결 직무는 직계하도록 하는 한편(『세종실록』 18년 4월 무신), 좌·우의정이 예겸하였던 판이·병조사를 혁파하였던 것이 그것이다.(『세종실록』 18년 4월 신축)

2. 군주와 지방기관

군주의 직접적인 국가기관 통할에 이은 중앙집권체제의 두 번째 요소는 군주의 일원적 지방통치이다. 다시 말하면 조선시대에는 지방분권이 인정되지 않았다는 점이다. 지방분권이 법제적으로 인정되지 않았을 뿐 아니라 실제적으로도 중앙권력에 도전할 만한 지방세력은 존재하지 않았다. 모든 군현의 행정은 철저히 중앙의 지시에 따라 중앙에서 파견된 관원에 의해 이루어졌다. 파견된 관원은 정해진 임기를 마치면 다시 돌아와야 했다.

고려시대에도 지방분권은 인정되지 않았다. 그러나 고려시대에는 외관이 파견되지 않은 군현이 적지 않았고, 외관이 파견되지 않은 군현에서는 토착 향리로 구성된 읍사가 군현의 업무를 수행하여 중앙의 지방통제력에는 한계가 있었다. 더욱이 한 군현에 속현이나 향·소·부곡 등까지 딸려 있어 일률적인 지방행정이 이루어지기 어려운 실정이었다. 이에 반해 조선시대에는 모든 군현에 외관이 파견되었고 중앙의 지방 통할이 손쉽게 이루어지도록 외관은 도별로 관찰사觀察使(=감사監司)가 감독하도록 했다. 즉 지방은 경기·충청·경상·전라·황해·강원·영안·평안의 8도로 나누고, 도 아래에는 부·대도호부·주·도호부·군·현 등의 행정기구를 두었다. 군주-관찰사-수령으로 이어지는 일사불란한 지휘체계가 마련된 것이다.

도의 장관으로 파견된 관찰사는 지방세력으로 변질되는 것을 막기 위해 임기를 1년의 단기로 제한하였다.[3] 군사지휘관으로는 2년 임기의 전임의 병마절도사兵馬節度使(=병사兵使)와 수군절도사水軍節度使(=수사水使)가 파견되었다. 그러나 민정 담당의 관찰사로 하여금 해당 도의 병마절도사와 수군절도사를 예겸例兼하게 하여 전임의 병사·수사를 견제할 수 있게 하는 동시에 문반 우위의 원칙을 살렸다. 도 아래의 부·대도호부·주·도호부·군·현에는 5년 임기의 수령이 파견되어 민정과 군정을 함께 담당했다. 수령의 품계는 종2품의 부윤에서 종6품이 현감까지 큰 차이가 있었지만 이들은 모두 관찰사에 직속되어 수령 서로 간에는 행정적으로 수평적 관계를 이루고 있었다.

지방분권을 방지하기 위한 상피제相避制도 주목할 만하다. 수령은 자신의 연고지—선산이 있는 고향이나 개인 소유의 전장田莊이 있는 생활근거지 등—에는 파견되지 못하는 상피제가 적용되었다. 이른바 본향本鄕상피다. 파견된 수령은 5년의 임기가 끝나면 중앙으로 돌아오거나 다른 지방으로 다시 파견되었다. 지방에는 수령 외의 외관도 있었지만 이들 역시 중앙에서 파견된다는 점에서 다를 바 없었다. 지방 관아에는 수령 외에 향리를 비롯한 많은 아전을

---

3) 도 행정 전반을 책임지는 지방장관으로서의 기능을 살리기 위해 관찰사가 수령직을 겸직하게 하는 겸목법兼牧法이 시행되는 경우 그 임기는 2년으로 늘어났다. 그러나 겸목법을 채택하게 되면 도내를 두루 순찰하면서 외관을 지휘하고 복무평가를 해야 하는 본연의 임무가 지장을 받지 않을 수 없었다. 평안도·함경도 외에는 겸목법이 정착되지 못한 것은 그 때문이다. 장병인, 「조선 초기의 관찰사」, 『한국사론』, 4, 1978.

두어 수령의 직무를 돕게 했다. 이들은 관직 없이 철저히 수령에게 예속되게 하였으므로 군현은 수령 1인이 전담하는 체제였다.

2절 관료제

근대 이전 사회에서 조선은 중국과 함께 가장 발달된 관료체제를 가지고 있었다. 조선시대 군주제하의 관료제는 오늘날 민주제하에서의 관료제와 국정 운영 면에서 근본적인 성격상의 차이가 있다. 그러나 관료제 운영의 기술적인 면에 국한해 본다면 이른바 '근대관료제'에 결코 손색이 없는 수준에 도달했던 것이다.

관료제는 대규모 조직을 관리하기 위해 설치된 기구에 의해 운영되는 행정체제라 할 수 있다. 한국의 관료제는 중앙집권적 관료체제가 성립되는 삼국시대까지 소급될 수 있으며, 고려시대에 오면 3성·6부라는 방대한 행정기구를 운용했다. 다만 한 기관에 이질적인 기능이 중첩되거나 비슷한 기능의 기관이 병립되는 등의 아직 미비한 점이 있었다. 조선시대에 들어와 강력한 중앙집권체제가 갖추어지면서 그에 부응하는 좀 더 체계적이고도 효율적인 행정체계가 요구되었던 것이다.

근대관료제의 특성에 대해서는 막스 베버가 그 이론적 토대를 닦아 놓은 바 있다. 베버는 근대 이전 관료제에 대한 근대관료제의 차별성을 '합리성'에서 찾았다. 베버가 상정한 합리성의 요체는 '몰주관성'(몰인격성)과 '효율성' 두 가지로 압축해 볼 수 있을 것으로 생각된다. 몰주관성이란 수장의 자의적인 명령이 아니라 미리 정해진 규칙에 따른 행정으로 업무의 예측가능성이라는 의미의 합리성을 지닌다. 효율성이란 도구적 합리성 즉 목적을 위한 적절한 수단의 실행이라는 의미의 합리성을 지닌다.

몰주관성을 나타내는 근대관료제의 구체적인 특성으로는 업무 수행에 대한 개인의 인격이나 주관의 작용을 차단하는 객관적 규칙의 존재, 수장과의 친소를 배제하고 능력과 경력을 기준으로 임용하는 실적제(merit system)의 운용 등이 있다. 효율성을 나타내는 특성으로는 명확한 업무의 분할, 계서적인 지휘·감독 체계(계층제), 행정의 효율성을 극대화하는 문서행정, 관료의 전업성과 전문성 등이 있다.

베버가 지적하는 이와 같은 '몰주관성'과 '효율성'은 조선시대의 관료제의 운용에서 유감없이 발휘되고 있었다. 이하 베버가 말한 근대관료제의 여러 특성이 조선시대 관료제의 실제 운영에서 어떤 모습으로 실현되고 있었는지 순차적으로 살펴보기로 한다.

1. 조선왕조의 관료제 1: 몰주관성

1) 법치주의 원칙과 법전의 편찬

근대 관료제가 지닌 몰주관성의 요체는 행정을 규율하는 객관화된 규칙의 존재에 있다. 조선시대의 행정 역시 법전에 등재된 규정에 따라 엄격히 시행되고 있었던 것이다. 강력한 법치주의 원칙의 산물이었다.

조선 건국의 주체들이 일찍부터 법치주의 원칙을 표방하였을 뿐 아니라 실제로 법령의 정비와 법전의 편찬에 나섰던 것은 주목할 만한 일이다. 한국에서 법치주의의 역사는 율령을 반포한 삼국시대까지 소급된다. 고려시대에도 중국의 율령을 기본으로 하고 고려 독자의 법령도 제정하였다. 다만 독자적인 법전 편찬은 이루어지지 않았다.

그러나 조선시대는 달랐다. 법치의 원칙은 여말선초에 와서 조선 건국의 주체들에 의해 유례없이 강조되었던 것이다. 법이란 '천하가 함께 공유하는 것(所公共)'이라는 표현이 이 시기에 집중적으로 나온다는 것이 그 좋은 예이다. 그리고 단순히 이데올로기적 표방에 그치지 않고 그 구체적인 실행에 착수했다. 태조는 즉위교서에서 공사 범죄를 『대명률』에 따라 판결할 것을 지시하고 태조 4년에 『대명률직해』를 간행했을 뿐 아니라, 건국 직후부터 고유의 법전도 간행하기 시작했다. 태조 3년에는 정도전이 국가 운영의 전반적인 틀을 제시해 놓은 사찬私撰 형식의 『조선경국전朝鮮經國典』이 나왔고, 태조 6년에는 조준의 주도하에 정부의 조직이나 행정법규를 담은 국가 편찬의 『경제육전經濟六典』이 나왔다. 이 『경제육전』을 모본으로 하여 태종·세종 대에 걸쳐 여러 차례 새로운 법령을 증보하는 형식으로 법전이 개수되었다. 세조 대에 이르러 마침내 영구히 준수할 법전을 편찬할 것이 결정되고, 세조 대에서 성종 대에 이르기까지 편찬과 개수를 거듭한 끝에 완성을 본 것이 바로 『경국대전』이다.

　『경국대전』과 이전의 법전은 편찬 방법이 달랐다. 『경국대전』 이전의 법전은 개별 수교나 시행 사례 등을 모아 육전체계에 따라 여섯 부분으로 기계적으로 분류한 것이고, 이후 수교나 판례가 새로 집적되면 이들을 기존의 법전에 추가하는 방식으로 새로운 법전이 편찬되었다. 반면 『경국대전』은 이제까지 집적된 각 법조문을 일반화·추상화하여 조직적이고 통일적인 법전으로 만든 완전히 새롭고도 본격적인 법전이었다. 행정의 '예측가능성'을 최대한 끌어올린, 완성도 높은 최초의 법전이라는 점에서 주목을 받는 법전이다. 『경국대전』 이후에도 법령의 개폐는 이루어지고 법전도 편찬되었지만 "선대의 임금이 만든 법(祖宗成憲)"의 모범으로서의 『경국대전』의 위상은 조선 전 시기에 걸쳐 변함없이 유지되었다. 법에 따른 통치라는 원칙 역시 변하지 않았음은 말할 것도 없다.

『경국대전』은 '율령律令' 중의 주로 '령' 즉 행정관계 법령을 담은 것이어서 형법의 경우는 『대명률』을 모법으로 삼았다. 태조는 즉위 직후 『대명률』의 준행을 지시했으며, 조선왕조의 국가체제 청사진을 제시했던 정도전도 『대명률』의 시행을 천명했다. 『대명률』을 우리 실정에 맞춰 변용하고 이두로 번역하여 태조 4년에 『대명률직해』를 간행하였다. 이처럼 『대명률』을 형법의 모법으로 한 까닭에 조선시대의 법전에는 형법의 경우 『대명률』의 규정과 다른 조선의 특별법만이 수록되었다.

2) 실적제에 의한 인사행정: 관원의 선발과 임용

① 선발: 초임자의 선발

조선시대 관원의 선발은 절대적으로 시험에 의존했다. 조선시대 관원의 선발방식은 과거·취재·천거의 세 가지였는데 과거는 말할 것도 없고, 취재 역시 시험이었으며 천거에서도 시험이 사용되고 있었던 것이다.

시험은 인재 선발의 만능은 못된다. 시험이 한 사람의 능력을 제대로 평가하기에는 역부족이기 때문이다. 또 시험의 평가에 공정성이 담보되는가도 문제이다. 그럼에도 불구하고 오늘날까지 시험이 널리 채택되는 것은 이보다 나은 대안을 찾기 어려운 탓이다. 시험이 가지는 한계는 당시 사람들도 잘 알고 있었다. 천거는 과거의 한계를 극복하기 위한 다른 하나의 방안이었다. 즉 천거는 일차적으로는 과거에 응시하지 않고 초야에 묻혀 있는 숨은 인재를 찾아내기 위한 것이었지만, 다른 한편으로는 성적에 글재주나 요행이 작용하는 과거로서는 개인이 지닌 참다운 학행이나 덕행을 측정하기 어렵다는 한계에 대한 반성 때문이기도 했다. 그러나 천거 역시 이미 관료를 지낸 경력이 있는 자이거나 과거에 급제한 경력이 있는 자가 아니면 시험을 거쳐야 했다.

　조선시대만큼 시험을 중시한 적은 없었다. 고려시대에도 과거는 실시되었다. 그러나 조선시대는 고려시대보다 시험이 질적으로나 양적으로나 대폭 강화되었다. 과거가 훨씬 중요시되고 활성화되었을 뿐 아니라 고려시대에 실시되지 않았던 무과를 시행하여 문무 사이의 균형을 맞추었다. 일정한 자격을 지닌 관원의 자제를 서용하는 음서에도 조선왕조는 '음자제 취재蔭子弟取才'라는 시험을 부과하였다. 조선시대에는 중앙 기관의 이서마저 시험으로 선발했다. 한마디로 조선시대에는 시험을 거치지 않고서는 관직을 취득할 수 없었다고 할 수 있다. 후기의 산림처럼 시험을 거치지 않고 관직이 부여되는 등 전혀 예외가 없는 것은 아니었다. 또 간혹 공로로 인한 상직도 있었다. 그러나 그 수는 극히 미미한 비율에 머물렀다.

　평가자의 주관에 좌우되지 않는 객관성이 평가에 담보되어야 비로소 시험이라는 실적제의 몰주관성이 관철될 수 있다. 오늘날 객관식 시험 방식을 선호하는 경향이 있는 것은 부분적으로는 채점에 소요되는 시간을 크게 단축할 수 있다는 이점 때문이지만 좀 더 근본적으로는 평가 과정에서의 불공정 시비를 불식시키는 이점 때문이다. 그러나 객관식 시험 역시 치명적인 약점을 갖고 있다. 창의성을 비롯한 응시자의 능력을 주관식만큼 깊이 있게 측정하기 어렵다는 점이다. 철저히 주관식 시험을 실시한 조선시대 사람들은 평가 과정에서의 공정성을 확보하기 위한 많은 노력을 기울였다. 이하 조선시대 관원 선발방법을 공정성 확보를 위한 방안에 초점을 맞추어 과거부터 순차적으로 살펴보기로 한다.

　｜과거｜ 과거는 '공도公道'의 상징이었다. 당시 사람들은 "삼대 이후에 공도는 오직 과거에 있습니다. 과거도 공정하지 않다면 공도는 다시 존재할 곳이 없습니다."(『중종실록』 37년 12월 10일)라고 말하고 있었다. 3년마다

치르는 정기시험인 식년시式年試 문과의 경우를 예로 들어 과거에서의 공
정성 확보 노력을 살펴보기로 하자. 응시자의 능력을 충분히 검증하기 위
해 다단계의 시험을 치렀다. 일차시험인 초시初試, 합격자를 확정하는 복시
覆試, 합격자를 대상으로 성적의 등급을 최종 결정하는 전시殿試의 3차례
로 나누어 시험을 치렀다. 초시·복시에서는 각각 초장·중장·종장의 세 단
계의 시험이 있었다. 초시의 초장에는 오경과 사서에 대한 각각 1편의 논
술을, 중장에는 2편의 작문시험 보았으며, 종장에서는 국정의 현안('시무時
務')에 대한 인식과 해결방안을 묻는 '대책對策'을 곧잘 부과했다. 복시의 경
우에는 응시자의 등록 과정에서 간단한 구술시험—『경국대전』과 『가례家禮』의
'강서講書' 시험인 '전례강典禮講'—을 거친 후에 본시험에 나갔고, 본시험은 초
시와 마찬가지로 3단계로 나누어 치렀는데 중장·종장은 초시와 같은 과목
으로 치렀지만 초장만은 제술 대신 강서 즉 4서3경에 대한 구술시험을 보
았다. 전시의 경우에는 대책·표表·전箋·잠箴·소頌·제制·조詔 가운데 한편
만을 시험하였다.

　　주관식 답안에서 평가자의 주관이 개입되는 것은 불가피한 일이다. 평가
과정에서의 공정성을 살리는 방안으로는 평가자의 주관성의 개입을 가능한
한 줄이려는 방안과 부정행위를 방지하는 방안으로 크게 나뉜다. 채점의 등
급 기준을 세워놓고[4] 시관들이 나누어 채점한 후에('분고分考') 입격한 답안을
합동으로 다시 검토한 것('합고合考')은 가장 대표적인 방안이다. 지역별·시소
별試所別 정원을 배정한 것도 마찬가지다. 각도 별로 초시의 선발 정원을 달
리 했는데 대체로 각도의 인구수에 비례하여 정해진 것이다. 한성시는 인구

---

4) 『경국대전』에는 제술시험에서는 上上에서 下下에 이르는 9등급으로, 강서시험에서는 通·略通·粗
　通·不通의 4등급으로 나누어 성적을 매기도록 규정했다.(「예전」, 제과)

에 비해 상대적으로 많은 수가 배당되었지만 가장 유생이 많았던 것을 감안하면 반드시 큰 특혜였다고 말하기 어렵다. 시소마다 동일한 인원을 뽑게 한 것도 편파 시비를 줄이기 위한 방편이다.

부정행위를 방지하는 방안은 대단히 다양하였다. 크게 과거 운영자가 저지르는 부정행위의 방지 방안과 응시자가 저지르는 불법행위의 방지 방안으로 나눌 수 있다. 과거 운영자가 저지르는 불법행위의 방지 방안 중 가장 중요한 것은 미리 시험문제가 사전에 누출되는 것을 방지하는 것이다. 출제 및 평가를 담당하는 시관과 응시자의 접촉을 차단하기 위한 다양한 방법이 활용되었다. 시관을 시험에 임박해서 선정하고, 시험이 종료될 때까지 연금 상태에 둔다든가, 시험관과 응시자가 '상피'의 범위에 해당하면 응시자를 다른 시소로 보내든가 하는 방법이 그것이다

시관이 응시자의 신원을 알 수 없도록 하는 방안도 이에 못지않게 중요했다. 시험답안지인 시권에서 응시자의 신상정보를 적은 부분을 밀봉하여 따로 떼어내어 채점이 끝날 때까지 이를 엄중 관리하도록 했다. 필체를 알아볼 수 없도록 답안 내용을 서리가 붉은 글씨로 이를 복사하게 하고 복사본으로 채점하게 하는 방안('역서易書')도 사용되었다. 입격자의 답안을 여러 사람이 재검하도록 한 것도 간접적인 부정행위 방지 방안이 될 수 있었을 것이다. 시험관과 응시자가 접하게 되는 구두시험의 경우는 서로 알 수 없도록 감독관이 배석한 가운데 시험관과 응시자 사이에 장막을 치고 경전 중의 시험할 부문을 적은 대쪽을 응시자가 통에서 뽑아 문답하게 하는 등의 방법을 사용하였다.

응시자의 부정행위를 막기 위한 방안은 녹명으로부터 시작되었다. 녹명은 응시 결격자를 가려내기 위한 것이었다. 시험장에 들어가는 인물을 감시하는 '입문관入門官', 책이나 자료 등의 부정 휴대물을 검사하는 '수협관搜挾

官', 대리시험이나 남의 답안 베끼기 등의 행위를 하거나 고사장 내에서 소동을 피우는 행위 등을 적발하고 제어하는 '금란관禁亂官' 등도 두어졌다.

물론 이상의 방법으로 과거시험이 완벽히 관리되지는 못했다. 부정행위는 끊임없이 일어났고 특히 조선 후기에는 여러 차례 과거 부정을 치죄하기 위한 옥사('과옥科獄')를 야기했다. 언제나 부정 수법은 방지의 수법을 능가하기 마련이기 때문이다. 그러나 공정하게 인재를 선발하기 위해 나름대로 심혈을 기울였던 덕분에 조선시대 사람들은 과거를 공도라 부르며 자부심을 나타낼 수 있었던 것이다.

┃ 취재 ┃ 취재(시취)는 과거 이외의 시험을 통칭하는 것이다. 다 같은 시험이면서도 취재는 과거와는 커다란 차이를 가졌다. 첫째, 녹사 거관자를 대상으로 한 수령 취재, 서리 거관자를 대상으로 한 역驛·도승渡丞 취재처럼 응시 대상자나 합격 후 나갈 관직이 미리 정해져 있었다는 것이 그것이다. 다시 말하면 특정 관직에 임용할 특정 자격자를 대상으로 치른 시험이라는 것이다. 둘째, 관원 선발과 무관한 시험도 있었다는 점이다. 특정 자격을 갖춘 후보자 중에서 수록受祿 대상자를 가려내거나 후보자들의 능력 개발을 자극하기 위해 마련된 경우이다. 셋째, 이조·예조·병조별로 취재를 행하되 시험의 종류가 많고 종류별로 시험방식도 제각기 달랐다는 점이다.

이조에서 행하는 취재의 대상과 사로는 다양하였다. 정식 관원은 아니면서 관아에서 복무하는 관속을 뽑는 서제書題·녹사錄事·서리書吏 취재가 있는가 하면, 소정의 근무일수를 채워 정해진 품계를 받고 복무를 마치는('거관去官'하는) 관속에게 정식 관원으로 채용될 기회를 부여하는 수령·역승驛丞·도승渡丞 취재도 있었다. 그 밖에 향교의 교관 요원을 선발하는 외교관外敎官 취재, 유음자손을 대상으로 하는 음자제蔭子弟 취재, 소격서의 잡직 요원 도류道流를 뽑는 취재 등이 있었다.

이조의 취재 중 가장 높은 직급의 수령 취재를 보면, 이 취재의 주 대상은 녹사 복무를 마친 자들이다. 녹사는 10년 가까운 근무일수를 채워 종6품계를 받고 복무를 마친 후, 4서1경·『대명률』·『경국대전』에 대한 구술고사에 합격하면 수령이 될 수 있었다. 천문학 습독관習讀官으로서 종6품으로 거관한 자에게도 수령 취재의 기회가 주어졌다.

예조에서 시행하는 취재는 유학·무학 외의 특수 분야를 전공하는 전문인을 대상으로 하였다. 예조의 취재는 새로운 관원을 선발한다기보다 이미 국가기관이나 학교에 적을 두고 있는 인원 중에서 취재 성적에 따라 녹봉을 받을 수 있도록 하기 위한 시험이라는 점에서도 이조·병조의 취재와 다르다. 이들 전문인들은 보통 의원醫員·율원律員처럼 전공분야를 표시하여 'ㅇ원'으로 불렸는데 취재에 합격하면 보통 체아직을 받았다.[5]

예조에서 행하는 취재는 매 계절의 첫 달 즉 1월·4월·7월·10월에 예조의 당상관과 전문직이 설치된 각 기관의 제조提調─제조가 설치되지 않은 경우에는 그 기관이 소속된 조의 당상관─가 함께 취재를 하였다. 전공에 따라 많은 과목이 설치되어 있었는데 구체적인 시험방법은 제대로 밝혀져 있지 않다.

병조에서 시행하는 시취(취재)는 종류가 많지만 이 중에는 기존 군사의 무예 연마나 승진을 위해 설치한 시취가 적지 않다. 초임자의 선발을 위한 시취로는 잡직이나 영직影職을 받는 자를 제외하면 내금위·별시위·친군위·갑사·장용위·촉호갑사·취라치·대평소의 취재가 있다. 도시都試는 가장 광범

---

5) 체아직은 정직처럼 한 사람이 계속해서 춘·하·추·동의 4차례에 걸쳐 지급되는 녹봉을 받는 것이 아니라, 그중 2차례나 1차례만 받게 하여 하나의 관직에 설정된 녹봉으로 여러 사람에게 지급하여 정부의 재정 부담을 줄일 수 있도록 한 관직을 가리킨다. 'ㅇ원'들은 복무의 장단에 따라 차례로 체아직을 받는 것이 아니라 정원보다 적은 체아직을 놓고 경쟁하여 취재 성적에 따라 체아직의 수직 여부와 고하 여부가 결정된다.

한 대상에게 실시하는 시취였으나 선발의 기능보다는 주로 군사로 복무하고 있는 자의 무예 연마를 독려하기 위해 가자加資 등의 혜택을 주는 것이었다. 그러나 군적에 올라 있지 않은 한량들을 갑사에 입속시키는 선발 기능도 가지고 있었다.

무과를 포함한 시취는 많은 사람들이 보는 가운데 치러지는 활쏘기 등의 실기의 비중이 크고 채점 기준이 명확히 정해져 있는 것이어서 평가 과정에서의 공정성이 거의 문제되지 않았다. 무과를 위시한 시취에서의 잡음은 대개 무자격자의 응시나 대리시험 등으로 빚어지는 것이었다.

┃ 천거 ┃ 천거 역시 중요한 입사로의 하나로서 시험제와 관련이 있었다. 『경국대전』에는 추천된 자 가운데 일찍이 '시재試才'를 거쳤거나 6품 이상의 현관을 역임한 자를 제외하고는 자원에 따라 4서 중 하나와 5경 중 하나로 '시취試取'하도록 규정되어 있었다.(이전 천거)

천거에는 정기적인 인사를 위한 기본 자료를 마련하기 위해 주로 전·현직 관원을 대상으로 하는 정기적 천거와, 군주의 명에 의해 부정기적으로 시행하는 천거가 있었다. 정기적인 천거는 보거保擧로 불렸는데 추천자인 거주擧主가 '보증하여 천거한다'는 의미였다. 3품 이상의 관원이 3년마다 1월에 시행하는 것으로 수령·만호를 선발하기 위해 매년 1월에 시행하는 것도 여기에 포함된다. 부정기적인 천거에는 유일遺逸을 대상으로 하는 천거(이하 '유일천거')와 효우절의자孝友節義者[6]를 대상으로 하는 천거(이하 '효절천거')가 있었다.

조선시대 천거제는 대략 그 윤곽이 드러나 있다.[7] 그러나 『경국대전』의

---

6) 『경국대전』에서는 효우절의자로 孝子·順孫·節婦·爲國亡身者·睦族·救患을 예시했다.(「예전」, 獎勸)

7) 정구선, 『朝鮮時代 薦擧制度硏究』, 초록배, 1995.

시취규정이 정기적인 천거와 부정기적인 천거 모두에 제대로 적용되었는지는 아직 분명하게 밝혀져 있지 않다. 보거와 유일천거를 중심으로 시취규정의 적용 여부를 간단히 살펴보기로 하자.

『경국대전』의 시취 규정은 일차적으로 '보거'를 받은 자 가운데 무직자를 겨냥하여 만들어진 규정이었다. 이는 보거의 대상이 무직자로 확대된 때를 맞추어 시취 규정이 제정되었다는 데서 짐작할 수 있다.[8] 보거에서는 시취 규정이 잘 준수되었다.(『중종실록』 35년 7월 25일) 그렇다면 부정기 천거 특히 유일천거와 같은 경우에도 서용을 위해 시재는 꼭 거쳐야 하는 것이었을까.

유일천거의 경우에는 이 규정을 적용하기 어려운 면과 똑같이 적용해야 할 양면이 상존한다. 시취를 적용하기 어려운 면은 유일천거가 군주를 도와서 함께 지치를 실현할 현인을 찾는 것이기 때문에 초빙의 예우를 갖추고 탁용해야 할 필요성이 있다는 점이다. 그러나 시험에 의한 관원 임용은 사대부 사회의 대원칙이어서 유일이라 하여 시취를 면제한다는 것은 법의 일관성을 해치는 일이 된다. 또 무직자를 대상으로 한 보거도 일종의 유일천거라 할 수 있는데[9] 부정기 유일천거의 경우만 시취를 면제하는 것은 법의 형평성이 문

---

8) 보거의 대상은 태종 4년에는 7품 이상으로 하였는데, 세조 14년에는 參上官 3명과 參下官 1명을 천거토록 하여 9품 이상까지 가능하게 되었다가, 성종 5년 이후에 무직자로까지 확대된 것으로 보인다. 즉 이때 효행으로 천거된 자 중에 문자조차 해독하지 못하는 자에게까지 관직을 주고 있었기 때문이다. 현재 전해지고 있는 성종 16년의 『경국대전』에는 효행 등으로 천거된 자에게는 상직말고도 상물이나 정표 및 복호 등의 혜택을 줄 수 있게 되어 있으니(『예전』, 장권) 시취규정이 마련된 이후에는 문자를 해독하지 못하는 자에게는 상직 대신 상물 등을 주었을 것으로 추측된다.

9) 보거의 대상을 무직자에까지 확대한 데는 전·현직 관원 외에도 숨어있는 인재를 발굴하라는 뜻이 담겨 있는 것이니 무직자의 보거 역시 일종의 유일천거라 할 수 있다. 정기적으로 이루어지는 천거이냐, 특명에 의해 부정기적으로 이루어지는 천거이냐의 차이만 있는 셈이다.

제가 될 수 있다. 이리하여 유일에 대한 시취 여부는 논란의 대상이 되지 않을 수 없었던 것이다.

결론부터 말한다면 시취규정이 만들어진 후 조선 전기까지는 유일로 천거되었다 할지라도 '유학幼學'은 시취를 거쳐 임용하는 것을 원칙으로 하였고[10] 조선 후기가 되면 시취가 면제되는 경우가 많아지게 되었다는 것이다. 유일에 대한 시취를 면제하고 관직을 높여 탁용하자는 주장이 채택된 것은 조광조를 위시한 사림파들이 활약하고 있었던 중종 13년의 일이었다. 경연에서 사헌부 집의 박호는 이렇게 주장하였다.

> 외방의 천거된 사람에 어찌 쓸 만한 사람이 없겠습니까. 관원임용 취재를 하지 않았다고 서용하지 못하고 있습니다. 현자라면 반드시 시재할 필요가 없을 것입니다. 자고로 유일의 인사는 알려지고 출세하기를 구하지 않는데 위에 있는 사람이 성심으로 찾지 않으면 틀림없이 자기를 굽히면서 오지 않을 것입니다. 하물며 시재하면서 (관직을) 구하겠습니까. 또 현자를 추천하면서 9품관에 제수한다면 온축蘊蓄한 것이 있더라도 어디에 그것을 펴겠습니까?(『중종실록』 13년 2월 24일)

이때 중종은 "진실로 현덕이 있는 자라면 시재하여 살펴보지 않고도 서용할 수 있다."라고 하였고, 조광조 역시 "위대한 현자가 있다면 하필 과거에 구애되어야 하겠습니까 …… 원컨대 주상이 성심으로 찾으소서."라며 거들었

---

10) 무직의 유일 가운데 유학만이 해당하는 것임은 생원·진사시 입격자는 '시재를 거친 자'로 간주되었기 때문이다. "大抵文武科生進士外 以吏才筮仕 此祖宗之法也" 『중종실록』 권38, 15년 3월 11일.

다. 이후 유일천거가 활발해지고 이른바 현량과賢良科의 설치로까지 이어진 것은 잘 알려진 사실이다.

기묘사화 이후 자취를 감추었던 유일천거는 중종 말년 이후에 다시 활성화되기 시작했다. 그러나 사림파의 영향 아래 잠시 시행된 유일에 대한 무시취·초서超敍 조치까지 부활된 것은 아니었다. 선조 11년 이전까지 취재의 원칙이 유지되었던 정황이 나타나고 있기 때문이다.[11]

조선 후기에 와서는 다소 변화가 일어났다. 무시취와 초서가 자주 시행된 것이 그것이다. 산림직까지 마련한[12] 산림의 경우가 특히 그러하다. 예컨대 윤휴는 유학으로서 시취 없이 출사할 수 있었다.[13]

한 가지 유의할 것은 조선 후기에 초서가 시행되었다 하여 이것이 벼슬의 전력이 없는 자를 곧바로 높은 직급의 관직에 탁용하는 것을 의미하는 것은 아니었다는 점이다. 일단 종9품의 초직을 주고 그 후에 초서하는 것이 하나의 관행이었다. 이를테면 송시열의 사례가 그것이다. 그는 이미 시재 요건을 갖춘 생원이었는데도 불구하고 초직은 일단 대군사부大君師傅(종9품)로 제수되었고, 관직에 나아가지 않은 채 지평·익선 등의 관직을 받다가, 효

---

11) 선조 11년, 이조는 남치리 등 8인의 천거자에 대해 취재를 면제하는 조치를 건의하였으니(『선조실록』권12, 11년 3월 13일), 이는 이 이전까지 취재의 원칙이 유지되고 있었음을 시사하는 것이다. 또 선조가 자신의 특명에 의해 천거한 것인데도 "관직은 가벼이 줄 수 없다."라면서 일단 이를 반려한 것은 취재 없이 다수의 인원을 임용하는 것을 꺼린 닷이라 보인다. 천거된 자들은 결국 대신의 동의까지 받고 나서야 임용되었는데 종9품직에 제수되었다. 이는 그동안 유일이라도 파격적인 탁용은 채택되지 않고 있었음을 보여준다.

12) 산림직에 대해서는 禹仁秀,「17세기 山林의 進出과 機能」,『歷史敎育論集』5, 1983 참조.

13) 윤휴는 처음에 사직참봉社稷參奉에 제수되었으나 사양하였고, 관직을 높여가며 거듭 徵召되었음에도 불구하고 오랫동안 나아가지 않다가, 숙종 원년에 산림직인 司業(종4품)으로 비로소 조정에 나아갔다. 『숙종실록』권2, 1년 1월 6일 을축;『숙종실록』권2, 1년 1월 8일.

종이 즉위하고 진선·장령을 거듭 받은 끝에 출사하였던 것이다.(『宋子大全』,
「부록」, 연보)

② 현직자의 임용 기준

현직에 있는 관원을 다른 관직으로 옮기거나 승진시키는 데도 몰주관성
이 관철되고 있었다. 정실의 작용을 배제하고 객관성을 확립하는 여러 가지
제도적 장치가 있었던 것이다. 1) 천직遷職이나 승진을 위한 복무일수의 요
건, 2) 인사고과의 기초자료가 되는 근무규정, 3) 복무성적 평가, 4) 보거 등이
그것이다.

┃ **복무일수** ┃ 천직이나 승진 그리고 품계의 상승을 위한 복무일수의 요건
은 7품 이하의 경우 450일, 당상관을 제외한 6품 이상은 900일이었다. 근무성
적이 우수하여 복무일수만 채우면 승진한다 하여도 종9품에서 정3품 당하관
까지는 상당한 시일이 소요된다. 그러나 세종 대에 시작되고 세조 대에 제도
로서 고착된 대가제나 업무를 훌륭히 수행했거나 근무시간을 초과하여 근무
했을 때 부여되는 특별 복무일수(別仕) 등으로 실제의 승진기간은 이보다 대
폭 축소되었다.

┃ **근무규정** ┃ 출퇴근 시간을 준수해야 하고 결근하지 않아야 했다. 집안
의 경조사나 간병을 위한 휴가 일수도 규정되어 있었다. 1년에 1개월의 범위
내에서 본인의 질병이나 개인적 사정으로 결근이 가능하였지만, 중병으로
장기 결근이 불가피한 경우에는 사직원을 내고 관직에서 물러나야 했다.

┃ **복무성적 평가** ┃ 승진이나 재임용을 위해서는 복무일수를 채우고 근무
규정을 준수하는 것 외에 또 하나의 조건을 충족해야 했다. 당하관이나 외
관은 반년마다 행해지는 업무수행 능력 평가인 '전최殿最'에서 좋은 성적을
받아야 하는 것이 그것이다. 전최 성적에 따라 승진·가계되기도 하고 수평

이동('平遷')하거나 무록관無祿官 서용·파면 등의 '포폄褒貶'이 이루어지는 것이다.

전최는 중앙관원의 경우 소속 기관의 당상관·제조 및 소속 조曹의 당상관이, 지방관의 경우에는 관찰사가 담당한다. 상·중·하 3등급으로 매겨지는 평가는 복무기간이 5년인 수령의 경우에는 10번의 평가에서 10번 모두 상의 성적을 받아야 비로소 품계가 한 단계를 올라갈 수 있었다. 반면 두 번만 중을 받아도 1년간 녹봉 없이 근무하는 무록관으로 좌천되고 3중이면 파직되었다. 중앙관원의 경우 5번·3번·2번의 평가 횟수에 관계없이 임기 중 1번이라도 중을 받으면 현재의 직책보다 더 좋은 직책을 주지 않으며 2번 중이면 파직된다. 하의 성적을 받는 경우에는 임기 중이라도 즉시 파직되고 문서에 기록될 뿐 아니라 2년이 지난 후에야 임용이 가능해진다.

이처럼 지나치게 평가 기준이 엄격하니 평가자는 자연히 대상자의 관력에 치명적인 타격을 입히는 중·하의 성적을 매기기 어렵게 되어 도리어 대상자에게 대부분 상의 성적을 매기는 결과를 낳고 말았다. 거의 모든 수령이 관찰사로부터 상의 평가를 받는 문제점을 해결하기 위해 성종 대에는 여러 방안을 강구한 바 있다. 그중의 하나가 절대평가를 상대평가로 바꾸는 방안이었다. 그러나 상대평가를 채택하게 되면 자질이 없는 수령이 좋은 평가를 받는다든가, 반대로 우수한 수령이라도 좋은 평가를 받지 못하게 되는 등의 문제가 지적되었다. 중의 성적을 받은 수령에 대한 제재를 완화하는 방안도 검토되었으나 치적이 신통치 않은 수령을 그대로 재임하게 하면 인민이 그 피해를 보게 된다는 문제점을 피할 수 없었다. 결국 기존의 규정을 고수하는 것으로 낙착되고 말았다.(『성종실록』 12년 11월 1일) 성종은 규정의 개정을 포기한 대신 관찰사가 부임에 앞서 사직 인사를 할 때마다 공정하고 엄격한 전최를 간곡히 당부하였다. 후기의 『속대전』에서도 규정은 개정되지 않은 채 "관찰사의 수령 포폄이 하등下等의 고과考課가 없는 경우 승정원이 조사하여 밝혀낸다."라는 규정만 추가되었을 뿐이다.(「이전」, 포폄)

┃ 보거 ┃ 관원이 승진하기 위해서는 보거를 통해 많은 추천을 받아야 했다. 승진자격을 갖춘 많은 후보자 중에 누가 어떤 관직에 임용되는가는 관원들에게 초미의 관심사였다. 적절한 인사를 위한 방안의 하나가 보거였다. 관원이 될 만한 자격을 훌륭하게 갖춘 사람을 추천하게 하여, 추천을 많이 받은 자를 관직후보자로 선정하게 하는 것이 보거제였다.

조선왕조는 건국직후부터 보거제의 시행을 중시하여 태조 6년의 『경제육전』에 3년마다 정기적으로 실시하는 식년式年 보거제를 명시했다. 이후 추천자 범위의 축소와 피천자 범위의 확대 등의 조정을 거쳐 『경국대전』의 보거 규정이 만들어졌다.[14] 중앙과 지방의 동서반 3품 이상은 3년마다 1월에 각기 3품에서 무직에 이르는 대상자 3인을 추천하게 하는 것이 그 골자이다. 아울러 보거가 정실에 흐르지 않고 공정하게 이루어질 수 있도록 제재 규정도 마련해 놓았다. 천거를 받아 임용된 자가 중대한 부정부패를 저지르는 '장오贓汚'나 오륜의 강상을 어그러뜨리는 '패상敗常'을 범한다면 그와 함께 추천한 거주도 함께 연좌시키는 '거주연좌擧主連坐'의 규정이 그것이다.

조선시대를 통틀어 보거제 자체는 잘 시행되었으나 보거라는 명목을 만족시킬 수 있는 거주연좌제는 제대로 시행되지 못했다. 거의 모든 왕대마다 이 법의 시행을 촉구하는 주장이 나온 것은 이 법이 유명무실한 상태로 이어져 왔다는 반증이다. 영조 즉위년에 사간원의 정언 김호는 "옛날에는 거주의 법이 있었는데 지금은 (시행되었다는 말을) 들을 수가 없습니다."라며 아예 옛날에 있었던 법으로 치부하기까지 하였다.(『영조실록』 즉위년 11월 5일)

---

14) 鄭求先,「朝鮮前期 薦擧制度에 관한 一考察」,『전통문화논총』 3, 2005.

조선시대의 인사제도가 만족할 만한 성과를 거두었다고 말하기는 어렵다. 그러나 중요한 것은 조선시대의 인사제는 몰주관성이 철저히 추구되고 있었다는 사실이다. 조선시대에는 인사제를 객관적이고도 공정하게 운용해야 한다는 사회적 합의가 이루어져 있었다. 미리 정해진 규칙과 공개경쟁에 의한 임용이라는 원칙이 확립되어 있었다. 모든 관원의 선발에 시험이 도입되게 된 것은 그 단적인 증거이다. 시험제의 한계를 지적하는 경우는 있으나 시험제 자체를 부정하는 경우는 드물다. 과거에서조차 부정행위가 자행되는 경우가 없지 않았으나 부정행위를 막으려는 노력 역시 집요하게 계속되었다. 비록 부정행위를 근절하기까지에 이르지는 못했으나 전체적으로 보면 적지 않은 성과를 보여 과거의 공정성에 대한 당대인들의 신뢰가 조선시대 내내 유지되었다. 조선시대의 인사제에서 찾을 수 있는 한계들은 사실상 그 대부분이 인간이 만든 인사제도가 가지는 한계여서 오늘날에도 극복하지 못하는 것들이라 할 수 있다.

2. 조선왕조의 관료제 2: 효율성

1) 업무 분할

국가업무를 효율적으로 수행하기 위해서는 무엇보다 업무와 권한을 나누어 맡는 것이 필요하다. 조선시대 국가기관들은 체계적으로 각자의 고유 업무를 분담하고 있었다. 조선시대에는 이를 흔히 "설관분직設官分職"이라 표현했다. 오늘날의 대부분의 국가는 국가기관을 삼권분립의 원리 아래 행정부·입법부·사법부로 크게 나누고 있다. 조선시대에는 국가기관의 역할·업무가 행정·입법·사법이라는 삼권분립의 원리에 의해 나뉘어 있지는 않았다. 이를테면 사법기관이 일반 행정기관과 별도로 존재하는 것이 아니라 행정기관이 사법기능을 수행했다. 그러나 조선시대의 국가기관도 나름대로 업무와 권한을 분할하기 위한 원칙을 가지고 있었다. 행정기관과 별도로 정책이나 법률개폐에 대한 심의기관을 두었고, 모든 기관과 관원의 활동을 감시하고 비리를 적발하는 감찰기관을 설치한 것이 그것이다. 국가조직의 중심을 이루는 행정기관부터 살펴보기로 한다.

① 행정기관

| 6조 | 조선시대 행정기관의 핵심은 6조였다. 당시에도 "일국의 서무는 모두 6조로부터 나온다."라고 하였다.(『세종실록』 13년 11월 1일) 오늘날 행정 각 부의 수는 18개에 달하지만 조선시대는 국가의 업무를 일단 6분야로 대분하여 6조를 두었다.[15] 6조는 국가행정 중 가장 긴요한 업무를 다룰 뿐 아니라 여타의 중앙 행정기관을 통섭했다.

다 같은 6전 체제라도 사대부시대 이전과 이후의 운영은 상당한 차이를 보였다. 첫째, 고려의 6부는 상서성에 소속되어 있었던 반면, 조선의 6조는 다른 기관에 부속되지 않는 독립 기관이었다. 둘째, 고려시대에는 6부의 장관인 상서尙書가 정3품으로 재상 축에 끼지 못했으나, 조선시대 6조의 판서는 재상에 해당하는 정2품으로 승격되어 있었다. 셋째, 고려시대의 중앙행정기관들이 6부와 비교적 독립적으로 운영된 데 반해, 조선시대에는 모든 중앙

---

15) 국가업무를 크게 6분야로 구분하는 6전 체제(기관 내의 업무도 6전 체제에 입각하여 'O房'의 이름으로 6으로 구분하는 경우가 많다. 이를테면 승정원의 승지나 군현의 향리들이 6방으로 나뉘며 조선 후기 한성부의 업무 역시 6방으로 나뉘었다)는 『주례』까지 소급된다. 하지만 이 체제가 확립된 것은 당 대에 이르러서였고 그 이후 명·청 대에 이르기까지 지속되었다. 한국의 경우 6전 체제는 고려시대 이전에도 부분적으로 영향을 주었으나 고려시대에 와서 확립되었다.

행정기관들이 6조의 속아문으로 규정되고 6조의 직접적인 통할을 받았던 것 등이다. 한마디로 명실공히 6조를 중심으로 국가업무가 수행된 것은 조선시대에 와서의 일이었던 것이다.

각조에는 다시 내부에 세 개 혹은 네 개의 부서('속사屬司')가 있어서 업무를 분장하고 있었다. 이조는 문반의 인사와 공훈자에 대한 예우가 주 임무였고, 호조는 호구관리와 재정·세무를 관장하였다. 예조는 외교·의례 및 시험·교육을 담당하였고, 병조는 무반의 인사와 국방·경비 업무를, 형조는 사법과 노비 업무를, 그리고 공조는 공역工役이나 물자의 생산·관리를 맡았다. 6조는 그 휘하에 각조 담당 분야의 업무와 연계되거나 좀 더 특화한 업무를 취급하는 속아문들을 두고 통할하였다.

｜6조의 속아문 ｜ 6조에 소속된 속아문의 숫자는 대단히 많았다. 『경국대전』에 나타난 중앙기관의 수는 도감과 같은 임시기구, 종학宗學이나 4학·향교와 같은 교육기관, 문소전文昭殿 등의 사당·능침과 같은 제사기관을 제외하고서도 60개를 상회했다. 이 가운데 심의기구·감찰기구와 같은 소수의 비행정기구를 빼고는 대부분 6조의 통할을 받는 6조 속아문이었다. 속아문이 소속되어 있는 조는 '앙조仰曹' 또는 '속조屬曹'라 불렸다.(이하 '앙조'로 통일하여 표현) 앙조와 속아문의 관계는 오늘날의 부部와 청廳의 관계와 비슷하다고 할 수 있다.

이조에는 내시부·내수사 등 다른 조에는 소속되기 어려운 특이한 업무나 관원을 가진 속아문들이 많이 소속되어 있는 것이 특색이다. 17개에 달하는 호조의 속아문의 절대다수는 왕실이나 국가기관에 바치는 물품을 걷고 관리하고 공급하는 재정관련 기관들이다. 예조는 30개에 달하는 가장 많은 속아문을 거느리고 있었다. 외교·의식을 담당하는 기관, 학문이나 문서·사서의 제작과 관련된 기관, 교육과 관련된 기관, 의료기관, 그리고 제사와 관련된 기관 등이 있다. 병조에는 5위와 같은 중앙 군사조직, 훈련·시취 기관, 경호부대, 무기제조를 맡은 기관 등이 소속되어 있다. 형조에는 노비소송을 맡은 장예원과 감옥·죄수를 관리하는 전옥서가 있다. 공조의 속아문은 물품이나 시설을 제조·수리하기 위해 수많은 공장이 소속되어 있다는 점에서 공통된다. 이상 6조와 속아문을 일별해 보면 조선시대에는 국가의 업무를 세분하여 많은 수의 기구를 설치했음을 알 수 있다.

② 비행정기관

| 심의–자문기관: 의정부 | 비행정기관은 행정기관에 비해 숫자가 아주 적지만 위상이나 기능은 자못 컸다. 재상으로 구성된 조선시대 최고의 기관인 의정부는 기본적으로 심의·자문기관에 해당한다. 『경국대전』에서는 그 업무를 "백관을 통솔하고, 여러 정사를 고르게 하며 음양을 다스리고 나라를 경영한다."라고 추상적으로 풀이하고 있는데 이 모두는 바로 군주가 하는 일이다. 이는 의정부가 군주를 총체적으로 보필한다는 것을 의미하는 것이다. 달리 말하면 의정부 고유의 구체적인 담당 업무라 할 만한 것은 딱히 없는 셈이다. 의정부의 역할은 어떤 특정 분야의 업무를 담당하는 것이 아니라 군주의 정책 자문에 응하거나 최종적인 국정 심의를 담당하는 것이다. 의정부란 명칭 자체가 행정기관이 아닌 의정기관임을 보여준다.

| 언론–감찰기관 | 대간으로 불리는 사헌부·사간원이 바로 언론–감찰기관이었다. 사헌부는 백관의 규찰을 담당하는 반면 사간원은 군주에 대한 간쟁을 맡도록 되어있다. 따라서 사간원을 감찰·사정기관으로 분류하기에 껄끄러운 점이 없지 않다. 그러나 간쟁의 사안은 관원의 임용이나 통제에 관련되기 십상이어서 사헌부와 업무를 명확히 구분하기 어려운 경우가 많고 실제로도 대간으로서 함께 행동하는 일이 많았다. 대간은 의정부 대신에 대한

탄핵도 서슴지 않고 행하여 정부의 기강을 세우는 한편, 관원들의 독직이나 권력남용 등에 대한 심리도 맡고 풍기문란도 단속하는 등 사회기강을 바로잡는 등 역할이 지대하였다. 그런데 사헌부 관원 30원 가운데 절대다수를 차지하는 정6품 감찰 24원이 특이하다. 이들은 여러 기관에 나누어 나아가 회계감사와 같은 감찰 업무를 수행하기 때문에 많은 인원이 필요했던 것이다. 오늘날의 감사원의 역할과 유사하다. 이들은 언론 활동을 하는 일은 거의 없어 대간 또는 언관이라 할 때는 감찰은 제외되는 것이 보통이다. 대간 내에서도 서로 탄핵할 수 있었으며 심지어 사헌부 관원이 그 수장인 대사헌을 탄핵하는 일도 있었다.

한편 대간과 함께 삼사三司로 칭해졌던 홍문관은 본래 감찰기관은 물론 언론기관도 아니었다. 학문의 진흥과 인재의 양성을 위해 세워진 집현전의 후신으로서 경연經筵의 일을 주관하는 것을 주된 임무로 삼고 있었다. 홍문관이 언론기관이 된 것은 경연이 단순히 군신이 경사를 함께 공부하는 곳에 그치지 않고 시정을 논하는 장소로도 활용되었기 때문이다. 성종 때 본격적으로 언론기관으로 자리를 잡게 된 홍문관은 점차 그 기능이 강화되어 이후 대간을 도리어 능가하는 언론기관으로 자리 잡게 되었다.

┃ 비서기관: 승정원 ┃ 대통령 중심제에서 비서기관의 역할이 증차대한 것처럼 조선시대에도 비서기관인 승정원의 역할이나 힘은 컸다. 승정원의 여섯 승지는 군주의 비서관으로서 왕명출납과 군주에 대한 각종 보고·건의·청원 등의 전달이 주 임무이다. 군주에 대한 보고·건의·청원 등은 원칙적으로 모두 승정원을 경유하게 되어 있었다. 승정원은 이를 기계적으로 전달하는 것이 아니라 때로는 선별하는 권능까지 행사하여 막강한 권력을 행사했다. 군주의 자문에 응하고 중요한 사안에 자신들의 의견을 피력했다. 승정원에는 모두 정3품 당상관인 6명의 승지가 이·호·예·병·형·공의 업무별로 담당

분야를 갖고 있었다.[16] 정7품의 주서注書 2직(후에 1직 추가)은 대표적인 청요직으로 『승정원일기』의 기록을 담당하였다. 궁궐 안에 위치한 승정원에서 승지들은 돌아가면서 숙직하였다.

| 기타 기관 | 조선시대에는 이상의 분류에 해당하지 않는 약간의 특수기관들이 있었다. 우선 특별법정으로서 의금부義禁府가 있었다. 조선시대에 일상적 사법업무는 지방의 경우 수령과 관찰사가, 중앙 내지 전국적 사안에 대해서는 형조가 맡았다. 그러나 역모 사건과 같은 중대 국가사범이나 일반인처럼 다룰 수 없는 관원의 범죄를 심리·처결하기 위해서 임시의 특별법정인의금부가 설치되었던 것이다. 의금부는 군주가 친국하거나 군주의 지명을받은 재판관인 '위관委官'이 심리를 맡았다.

이 밖에 6조의 통할을 받지 않는 몇 개의 예우기관이 있다. 국가가 우대를하지 않을 수 없는 사람들을 대상으로 하여 특별히 담당하는 일 없이도 관원으로서의 예우와 직급에 따른 녹봉을 받을 수 있도록 마련해준 기구이다. 문반기구로서 종친부·충훈부·의빈부·돈령부·기로소가 있고 무반기구로서중추부가 있다. 종친부는 군주의 내친內親을 위한 기구로서 군주의 4세까지의 자손이 소속되어 직급에 따른 녹봉을 받는다. 돈령부는 군주의 여러 친척들을 위한 기구로서 종친부에 소속되지 않는, 군주나 세자의 일정 범위 내의부계친·모계친·처친 등이 소속되는 기구이다. 의빈부는 군주의 사위들을 위해 설치한 기구이고 충훈부는 공신을 위한 기구이다. 중추부는 보임되지 못한 고위관인을 대우하기 위해 마련한 기구이다. 기로소는 관직에서 물러난원로대신을 예우하기 위한 기구이다.

중앙기관 가운데에는 오늘날로 보면 지방자치단체로 취급될 기관이 있

---

16) 홍순민, 「조선 후기 승정원의 직제와 공간 구조」, 『奎章閣』 49, 2016.

다. 중앙기관으로 간주된 한성부·개성부가 그것이다. 지방자치제가 실시되지 않던 조선시대에는 외관이란 수도가 아닌 곳에서 복무하는 관원이었으므로 신·구왕조의 수도를 관리하는 한성부·개성부는 외관이 아닌 경관으로 취급되었던 것이다.

2) 계층제

국가업무를 효율적으로 수행하기 위해서는 업무·권한의 분장이라는 수평적 역할 분담 외에 일사불란한 지휘통솔체계와 수직적인 역할 분담이 필요하다. 이러한 기능을 수행하는 것이 바로 계층제이다. 오늘날 국가의 행정기관이나 민간의 대기업 같은 큰 조직에서 근무하는 요원들은 크게 최고관리층-중간관리층-하위관리층-최하업무층의 상하 4개 정도의 층으로 나눌 수 있다.

조선시대의 정부기관의 구성도 기본적으로 이와 유사했다고 말할 수 있다. 기관의 구성원은 기본적으로 '장관長官'-'좌이관佐貳官'-'수령관首領官'-('이전吏典')의 '사등관四等官'제로 편성되어 있었던 것이다.(『경국대전』, 「형전」, 추단) 여기서 이전이란 관원이 아닌 이서들을 통칭하는 것이므로 이서들을 빼고 관원으로만 본다면 3등급으로 구성된 셈이다. 장관은 기관의 수장이니 운영책임자로서 해당 기관의 업무를 총괄적이고도 최종적으로 판정한다. 좌이관은 차관으로서 장관을 보좌하고 참모역할을 하며 장관 유고시에는 업무를 대행할 수 있다. 수령관은 행정관으로서 이서를 지휘하고 문서행정을 점검한다. 이러한 4등관제는 중국의 당대에 체계화된 것으로 명이 이를 답습하였는데(『대명률』, 「명례율」, 동료범공죄명례율同僚犯公罪名例律) 조선에서 이를 따른 것이다.(『세종실록』 17년 6월 24일)

모든 기관이 3등급의 관원을 갖추지는 못했다. 기관별로 배치된 직급이나 관원 수의 편차가 컸기 때문이다. 그러나 주요 기관들은 대부분 3등급의 관원으로 구성되어 있어서 기관 내의 전 관원이 회동할 때에는 장관은 북쪽, 좌이관 중 상급자가 동쪽, 하급자가 서쪽에 앉으며, 수령관은 남쪽에 앉는 것을 원칙으로 하고 있었다.[17] 관원은 당상·참상·참외라는 직급에 의해서도 직능이 구분되고 있었다.

직급이 낮고 관원이 적은 기관에는 3등급의 관원이 갖추어지지 못한 반면 4등급에 해당하는 말단의 이서는 모든 기관에 많든 적든 빠짐없이 배정되어 있고, 그 수도 적지 않다. 이서 밑에는 노비가 있는데 이들은 심부름이나 잡일을 처리하지만 때로는 이서를 도와 소속 기관의 업무를 수행하기도 하였다.

3) 문서행정

업무수행이나 정책결정이 문서를 통해 이루어지고 행정 문서가 관리·보존되는 체계를 문서행정이라 부른다. 업무의 분할 및 계층제를 토대로 구축된 관료조직은 문서라는 수단을 통해 행정의 효율성이 극대화될 수 있다. 출생에서 사망에 이르기까지 수많은 문서를 작성하여 문서생활에 충실했던 조선사회는 문서행정에서도 모범을 보였다. 문서의 작성·수수·보관 그 어느 하나 소홀히 하지 않았던 것이다.

조선시대 국가행정은 거의가 문서를 통해 이루어졌다. 군주와 신료 사이

---

17) 당상관 이상의 고위관원이 많은 1·2품 아문의 경우 수령관은 상관들과 다른 청사에 앉도록 되어 있었다. 『경국대전』, 「예전」, 京外官會坐.

의 업무처리든, 기관 사이의 업무처리든 마찬가지여서, 이들 사이에 오고간 공문서는 각기 국왕문서·관부문서로 불리는 것이 보통이다. 물론 국정수행이나 국가행정이 문서를 통해서만 이루어지는 것은 아니다. 회의·면담이나 구두의 보고·지시 역시 문서행정 못지않게 중요하다. 그러나 구체적인 국가행정은 최종적으로는 문서를 통해 행해지는 것이어서 구두의 업무보고나 승인·지시 역시 최종적으로는 문서에 담겨지고 문서로 전달되고 문서로 결재되는 것이다. 이 점에서 오늘날이나 조선시대나 다를 바 없었다.

국가행정이 문서를 통해 이루어지기 때문에 각종의 공문서의 서식양식이 제정되어 있었다. 예컨대 『경국대전』 예전에 25종의 서식이 등재되어 있는 것이 그것이다. 이외에도 상당히 많은 서식이 있었으니 『전률통보典律通補』 별편에는 '본조문자식本朝文字式'이라 하여 많은 문자식을 소개하고 있다. 관원들은 이러한 양식에 따라 문서를 작성하고 수수하면서 업무를 수행하였다.

군주에게 올리는 문서가 일단 승정원에 전달되면 승정원에서는 이것을 환관인 승전색承傳色을 통해 군주에게 전달하는 것이 보통이며, 군주의 답변이나 군주의 명령 역시 승정원을 거쳐 관계기관이나 관계인에게 전달하였다. 기관끼리의 문서전달체계는 발송기관이 서리를 통해 발송하고 접수기관 역시 서리를 통해 접수한다.

중앙과 지방을 막론하고 각 관아 문서는 유형별로 나누어 종합한 다음 쪽지를 달아('현첨懸籤') 검색하기 편하게 하였다. 문서 정리는 보통 발급관아와 문서명을 기준으로 성책·등록하고 날자 순으로 배열 기록하였다.

이처럼 각 기관이 문서를 관리하고 있었으므로 춘추관에서는 시정기時政記를 작성할 때 각 관아로부터 각종 중요 문서를 일괄 수집하였다. 각 기관에서는 단순히 문서를 정리하고 보관하는 것으로 그치는 것이 아니었다. 등록膳錄을 만들었던 것이다. 등록은 영구보존할 만한 중요한 것들을 대상으로 원문의 전체 또는 대강을 옮겨 적은 것이다. 보관된 문서들은 실록과 같은 연대기나 법전의 편찬의 재료가 되었으며 후일 업무의 기획이나 수행에 참고하였다.

4) 관료의 전업성·전문성

조선시대 관원들이 전업적으로 복무했음은 논란의 여지가 없는 자명한 사실이다. 복무의 대가로 직급에 따라 정액의 녹봉이 책정되어 있었다. 종래에는 근대 이전 유교문화권의 관원에 대한 비전문적인 성격을 지나치게 강조하는 경향이 있었다. 베버가 대표적이다. 오직 교양 즉 유교고전의 섭렵이나 문학적 소양에 대한 검증만으로 선발하였으며, 유교의 '군자불기' 사상이야말로 근대 관료제의 전문성을 부인하는 것이며 전문적 훈련이나 전문적 권한의 성립을 방해하고 그 실현을 부단히 저지하였다는 것이다.

그러한 지적은 일리가 없지 않으나 상당히 과장된 것이다. 적어도 조선시대의 관원은 나름대로 어느 정도 전문성을 갖추고 있었다고 할 수 있다. 우선 전문직의 관원이 그러하다. 그들을 위한 과거나 취재라는 선발시험이 곧 전문시험이었던 것이다. 잡과를 통해 의관·역관·음양관·율관을 뽑았고, 잡과로 개설하지 않은 분야에서는 취재라는 형식을 통해 전문영역의 기량을 검증하여 관원을 뽑았다.

이러한 시험들에 대비하여 전문교육과정이 개설되어 있었다. 국가가 왕도정치의 이념에 따라 민생을 적극적으로 챙겨야 하는 의무를 지닌 만큼 유학 이외에도 다양한 분야의 전문직 관인이 필요하였던 것이다. 우선 의학이다. 사람의 건강과 생명과 직결된 의학은 그 대표적인 분야였다. 유학 이외의 분야로서는 가장 많은 생도가 있었다. 전의감 50, 혜민서 30, 부 16, 대도호부 14, 목 14, 도호부 12, 군 10, 현 8로 총 정원은 3,196명에 달한다.

국가가 덕치를 표방하기는 했지만 국가는 본질적으로 법규범의 적용을 통해 유지되는 것이니 법률 특히 형률의 전문가를 다수 보유하지 않을 수 없었다. 그리하여 율학은 의학과 거의 같은 수의 생도를 두었다. 형조에는 40, 부 16, 대도호부 14, 목 14, 도호부 12, 군 10, 현 8의 생도 정원이 있어서 전국적으로 3,156명의 생도가 있었다.

역학 즉 외국어 전문가를 양성하기 위한 교육도 이루어졌다. 중국을 비롯한 다른 국가나 민족과의 교류도 불가결하였으니 중국어·몽고어·일본어·여진어의 교육이 이루어졌다. 중앙의 사역원에는 네 가지 전공이 모두 개설되어 있고 그 밖에 사신이나 외국인이 많이 통행하거나 거주하는 지역에도 학교가 설치되어 있었다. 각기 설치 지역과 정원을 보이면 다음과 같다. 한학(사역원 35, 평양 30, 의주 30, 황주, 30) 125, 몽학(사역원) 10, 여진학(사역원 20, 의주 5, 창성 5, 북청 10, 만포 5, 이산 5, 벽동5, 위원 5) 60, 왜학(사역원 15, 제포 10, 부산포 10, 염포 6) 41로 도합236에 달했다.

이외 분야의 경우에는 서울의 해당 관청에 부설되어 있다. 천문학 20, 지리학 15, 명과학 10을 관상감에 두었고 산학은 호조에 15, 화학은 도화서에 15, 도학은 소격서에 10의 정원을 두었다.

무반을 양성하기 위한 교육기관은 따로 두지 않았다. 문무양반체제를 표방하고 있었던 만큼 무반을 양성하기 위한 교육이 중요했으나, 말이라든가 갑옷과 같은 군장, 그리고 각종 병기 등의 장비 마련과 수많은 교관의 설치에 따른 인건비를 감당하기 어려웠던 탓으로 짐작된다. 교육기관은 설치되지 못했으나 무관을 선발하기 위한 무과나 그 밖의 각종 시취라는 일종의 전문 시험을 두었다. 시험에서는 전문적인 군사 지식과 함께 여러 분야의 무예를 검증하였다. 시취로 선발된 군사는 복무 중에 지속적으로 훈련하고 그 역량을 시험하였다.

가장 중요한 관원인 문관의 경우에도 단순한 교양인이 아니라 일정한 전문성을 구비하였다고 할 수 있다. 첫째, 경전에 관한 소양의 검증은 단순히 교양을 측정하는 것이 아니라 국정이나 사회를 운영하는 안목을 검증하는 수단으로서의 기능도 부분적으로 가졌다는 점이다. 논술로 치르는 이 과정에서의 시험은 단순한 문학적 능력을 시험하는 것이 아니라 논리·판단 등의 사고능력과 문서의 해독·작성 등 업무 수행을 위한 도구적 능력을 검증하는 것이었다. 오늘날 5급 공무원 공채의 1차 시험에서 언어논리영역, 자료해석영역, 상황판단영역, 영어, 한국사 과목의 시험을 치르는 것과 크게 다를 바 없다.

둘째, 문과에 합격하기 위해서는 관원이 되기 위한 여러 가지 능력을 검증했다는 점이다. 문과의 큰 비중을 차지하는 '대책'은 국정 현안에 대한 구체적인 안목을 검증하는 것이었다. 문과 복시의 '전례강'에서 『경국대전』에 대한 구두시험을 치름으로써 국가행정에 대한 기본 소양을 검증했다. 이 역시 공채 시험 일반행정직 2차 시험의 경우 필수과목으로 행정법, 행정학, 경제학, 정치학을 둔 것과 비견된다.

셋째, 문관은 과거 합격 이후에도 '전문 훈련'을 거쳤다는 점이다. 합격과 동시에 실직에 임용될 수 있는 갑과를 제외한, 을·병과의 합격자는 승문원·성균관·교서관으로 나뉘어 소속된다. 이른바 '분관分館'되는 것이다. 분관은 합격자가 실직에 나가기 전의 대기 과정의 의미를 가진다. 그러나 단순히 대기를 위한 것이 아니라 업무나 관료생활에 적응하기 위한 일종의 수습기간이었다. 이들은 분관되면 '권지權知'라는 직함을 가지고 소속 기관의 업무를 익혔다. 승문원의 권지는 외교문서의 서체를 익히고(『태종실록』 17년 3월

30일) 교서관의 권지는 대·소의 '전자篆字'와 '팔분八分' 같은 자체를 익히고 (『세종실록』 21년 7월 16일) 성균관의 권지는 사학생도 등에 대한 강의를 시행하여(『성종실록』 22년 4월 29일) 각각 소속 관아의 업무를 익혔다. 이들은 실직에 나갈 때 권지로 소속된 기관의 관로를 따라 승진하다가 참상직으로 나갈 때에야 다른 기관으로 옮기는 것이 보통이었다.

권지를 거치지 않고 실직에 곧바로 배치되는 갑과합격자의 경우는 직무 훈련이 어떻게 이루어졌는가. 갑과 즉 1등인 '장원壯元'은 종6품직에, 2등 '방안榜眼'과 3등 '탐화探花'의 경우에는 정7품직에 바로 임명되었는데, 업무내용이 단순한 부서에 발령되어 행정 업무를 익히게 하였다. 장원은 간혹 '문한文翰'직이나 대간직에 임용되는 경우도 있었지만 보통 상공上供 기관의 부사副使나 주부主簿 등의 관직을 맡았다. 모두 행정경험이 적어도 담당할 수 있는 직책이어서 큰 어려움 없이 관료생활을 시작할 수 있었다.

이상 베버가 말한 근대 관료제의 특성이 조선시대 관료제에서 어떻게 구현되고 있었는지 살펴보았다. 베버는 조선시대 관료제에 대해서 직접 논급하지 않았지만 조선시대 관료제와 상당한 유사성을 갖고 있는 중국 역대의 관료제에 대해 가산관료제家産官僚制의 일종으로 파악하면서 대단히 폄하하고 왜곡하였다. 베버의 가산관료제론은 크게 세 가지 문제점을 가지고 있다. 첫째, 가산관료제론 자체가 지닌 이론상의 문제, 둘째, 논의의 배경에 깔려 있는 시각의 문제, 셋째, 대상 지역의 역사적 사실에 대한 오해나 오판의 문제이다. 이 중 사실에 대한 오해·오판은 차치하더라도 이론상의 문제나 시각상의 문제는 반드시 짚고 넘어갈 필요가 있다.

이론상의 문제점은 무엇보다 이론 구성이 무척 방만하여 내용이 판이한 각 시대 각 사회의 관료제가 일률적으로 같은 성격의 관료제 즉 가산관료제로 단순화되어버린다는 것이다. 그 결과 진·한 이래 명·청에 이르는 장구한 시기에 걸쳐 이룩된 중국 관료제의 발전은 완전히 무시되어 버렸다. 기원전 2000년대 파라오 시대의 이집트의 고졸한 관료제와 기원후 1000년대 사대부 시대의 중국의 발달된 관료제가 가산관료제로 함께 묶여 버린 것이다.[18]

시각상의 문제점이란 가산관료제론에 반영되어 있는 서구중심주의적 시각을 말한다. 베버 학문의 중심적인 관심은 근대 서구의 합리주의, 특히 근대인의 생활을 지배해 나가고 있는 가장 운명적인 힘으로서의 "경제적 합리주의" 곧 "합리적 자본주의"의 성립과정을 해명하고 그 특성을 밝혀내는 것이다. 그가 비교사적 연구를 진행한 이유도 바로 여기에 있었다. 지역마다의 특성과 의미를 파악하기보다는 합리적 자본주의가 왜 서양에만 성립되고 다른 지역에는 성립되지 못했는가를 확인하고 증명하려는 데 있었던 것이다.

근대 이전의 모든 지역에서 본질적으로 동일한 성격의 가산제가 실시된 것으로 취급하면서도 유독 유럽의 가산제만은 다른 지역의 그것과 다른 특성을 가진 것으로 파악한 것, 그리고 진의 천하통일 이전에 존재했던 중국 봉건제의 의의를 상대적으로 높이 평가하고 천하통일로 인하여 봉건제가 폐기된 것을 서구적 합리주의의 발전을 방해한 최대 요인이라 주장한 것은 서구중심주의를 떠나서는 설명할 수 없다. 서구의 중세 봉건제가 근대로 이행하는 징검다리 역할을 한 것으로 단정한 결과임이 명백하기 때문이다.

중국의 과거제가 근대적 관료제의 특성 일부를 갖고 있음을 인정하였음에도 과거관료는 가산제적 행정의 체현자에 지나지 않는 것으로 폄하하면서 과거제가 근대 관료제의 성립에 도리어 방해가 되는 존재임을 역설한 것도 마찬가지이다. 과거제는 제국의 중앙집권적 통일성에 이바지하여 가산관료

---

18) 막스 베버 지음, 금종우·김남석 공역, 「가장제적 지배와 가산제적 지배」, 『지배의 사회학』, 한길사, 1981, 124~132쪽 참조.

제에 적대할 수 있는 봉건적 신분층의 형성을 저지할 뿐 아니라, 가산관료제의 정당성을 대중의 의식에 침투시켰다고 강변했던 것이다.

조선시대의 관료제가 가산관료제의 성격을 가진 것이 아니라 그가 강조한 근대관료제의 성격을 그대로 가진 것임은 별로 의심할 바 없을 것이다. 법치주의 원칙 아래 객관화된 규칙을 가지고 행정을 규율했을 뿐 아니라, 공정하게 인재를 선발하기 위해 나름대로 심혈을 기울인 점에서 조선시대 관료제는 베버가 말한 몰주관적인 합리성을 유감없이 보여주었다. 수장의 자의적이고 즉흥적인 명령에 따라 행정이 운용되고, 수장과의 친소관계에 따라 가족·친족이나 노예·환관 등의 예속인이 관료로 임용되는 가산관료제의 행태와는 전혀 달랐던 것이다.

효율성의 면에서도 근대관료제의 성격을 여실히 보여주었다. 관료들은 업무별로 세밀하게 분할된 수많은 기관에 나뉘어 근무한 것, 4등관제에 입각한 계층제가 운용된 것, 철저한 문서행정이 실시된 것, 전업성과 전문성을 갖추고 전문 훈련을 받은 전업적 관료 등이 복무한 것 등 근대관료제에 손색이 없었던 것이다.

2장
권력구조: 군주의 권능과 권력분립

조선왕조가 장수할 수 있었던 비결은 안정된 권력분립을 이루었다는 데서 찾을 수 있다. 국가권력이 어느 한 곳에 과도하게 쏠려 있으면 일시적으로는 강력한 힘을 행사할 수 있겠으나 이러한 체제를 장기적으로 유지하기는 어렵기 때문이다. 권력분립이란 국가권력의 행사 주체들 사이에 견제와 균형을 말한다. 조선시대에는 국가기구 사이의 수평적 권력분립 외에 수직적 분립이 있었고 이것이 조선시대 권력분립의 핵심이었다. 군주-고위관원-중소관원의 3축 사이의 권력분립으로 장기적인 정치적 안정을 달성할 수 있었던 것이다. 왕조 제1의 권력주체인 군주를 다른 2축이 어떻게 견제할 수 있었나. 군주의 권능에서부터 논의를 시작한다.

1절 군주의 권능과 그 제한

1. 군주의 위상과 권능

1) 위상

조선의 군주는 명분상으로 본다면 유일한 주권자이며, 형식상으로 본다면 전제군주(절대군주)였다. 군주가 명분상의 유일한 주권자였던 것은 조선의 군주가 천명을 받은 통치자로 상정된 데서 연유한다. 태조 이성계가 천명을 받아 새로운 왕조를 열었다고 천명되고 있었던 것이 그것이다. 후대의 군주들은 태조가 받은 천명을 승계한 자들에 해당된다. 반정反正 때는 새로운 군주가 천명의 새로운 수명자受命者로 표방된다.(『중종실록』 1년 9월 3일)

그런데 천명의 수임자라는 조선 군주의 위상에는 한 가지 껄끄러운 부분을 가지고 있었다. 조선의 군주는 중국의 황제로부터 분봉分封을 받은 제후諸侯라는 또 다른 위상을 가지고 있었기 때문이다. 중국의 책봉冊封체제하에 놓여 있었던 것이 바로 그것이다. 천하에 천명을 받는 자는 중국의 천자 단 한 사람에 그치는 것인가, 아니면 천명을 받은 군주가 여럿 있을 수 있는 것인가.

중국 측에서는 천자 한 사람만이 천명을 받아 천하를 다스리는 것으로 주장하고 통교하는 국가에 대해 이러한 사실의 인정을 요구하였다. 조선의 군주가 천명의 수임자로 자처하면 마찰이 빚어질 수 있었다. 실제로 조선 건국 벽두부터 이러한 마찰이 야기되었다. 명 태조 주원장朱元璋은 이성계가 천명을 받아 새로운 왕조를 열었다는 조선 측의 역성혁명론에 대해 "주紂의 일을 인용하여 더욱 무례하였다."라면서 조선 군주의 인신印信과 고명誥命을 주기를 거부하며 표전表箋의 작성자를 압송하라고 다그쳤던 사건이 그것이다. 주의 일이란 말할 것도 없이 천명을 받은 주나라의 무왕이, 자신이 섬기던 상나라의 주왕을 몰아낸 혁명을 가리키는 것이다.

그러나 이 문제는 실제로는 외교상의 큰 장애물이 되지 않았다. 수교국이 중국이 요구하는 책봉체제를 수용하기만 하면 그것으로 끝나는 문제였기 때문이다. 수교국이 중국에게 대놓고 우리 군주 역시 천명을 받은 천자라고 떠벌이면서 직접 자극하지 않는 한, 천신의 자손이 세운 독립국이라는 주장을 중국이 굳이 따지고 들 일이 못되었다. 책봉은 내정간섭을 하지 않는다는 묵계 아래 행해지는 하나의 통교상의 의례였던 것이다. 명 태조가 벌인 사단은 조선이 요동 지방을 넘보지 못하도록 손을 쓴, 어디까지나 일회적인 사건이었다. 즉 중국 측이 강력한 요동진출론자로 지목하고 있었던 위험한 인물 정도전을 제거하기 위해 벌인 사건이었다.[19] 대외적으로나 대내적으로나 자신의 전제권을 강화하기 위해 수많은 사단을 일으켰던 명 태조도 조선의 군주가 조선 고유의 습속과 법도에 따라 조선을 통치할 것을 선선히 허락했다. 즉 조선이 엄연한 자주국·독립국임을 인정한 것이다.

조선의 군주가 천명을 받은 자 또는 그 계승자라는 사실은 조선왕조 위정자들에 의해 논란의 여지가 없는, 국가 존립의 이념적 기초로 받아들여졌다. 이는 오랜 전통이었다. 고려왕조의 군주는 '해동천자海東天子'임을 자임하기도 하였다.[20] 문제가 된 것은 국정운영 과정에서 군주의 위상을 어떻게 설정할 것인가 하는 것이었다.

사대관계를 성실하게 지켜야 할 도덕적 의무가 있다는 것은 조선 위정자들의 공통된 생각이었다. 비단 관료들만이 아니라 때로는 군주가 앞장서서 주장하기도 하였던 것이다. 천명을 받은 군주로서 제천행사의 거행을 촉구하는 변계량의 주장을 태종이 제후로서의 예를 벗어난다면서 거부한 것이 그 대표적인 예이다. 조선시대의 위정자들은 사대관계 즉 중국의 황제와 조선의 군주 사이의 책봉체제를 중국과 평화를 유지하기 위한 단순한 외교상의 양보를 넘어서, 군신상호관계로서 성의를 다해서 그 의리를 지켜야 할 것으로 주장하기 일쑤였다. 조선 초기에 간간이 치르던 '원구단圜丘

---

19) 박원호, 「명과의 관계」, 『조선왕조의 성립과 대외관계』, 한국사 22, 국사편찬위원회, 1995 참조.

20) 노명호, 『고려국가와 집단의식: 자위공동체·삼국유민·삼한일통·해동천자의 천하』, 서울대학교 출판문화원, 2009 참조.

壇'에서의 제천행사를 결국 중단하고 만 것도 그 때문이었다. 제후는 산천에게만 제사할 수 있고 하늘에 대한 제사는 천자만이 지낼 수 있다는 중국의 예법을 자발적으로 수용한 것이다. 그러나 조선의 위정자들은 책봉체제가 조선 군주의 천명의 소유자로서의 지위까지 박탈하는 것으로 인식하지는 않았다.

책봉과 천명 사이의 괴리를 메울 방도가 하나 있었다. 바로 조선은 중국의 '번국藩國' 즉 울타리 나라라는 논리였다. 울타리는 집안과 집밖을 나누는 경계선이다. 집안임을 강조할 수도 있고 집밖임을 강조할 수도 있다. 중국과의 문화적 동질성을 주장할 때는 조선은 중국과 같은 천하의 영역에 소속되고, 핏줄을 논할 때는 중국과 다른 외국이 된다.

조선 초기부터 단군을 국조로 받들어 국가에서 제사한 것은 조선의 군주가 중국의 황제와 다를 바 없이 하늘의 자손임을 천명하는 것이다. 조선의 군주들은 역성혁명으로 나라를 세운 태조의 후손으로서 천명을 승계한 것이었고, 실정失政으로 민심이 떠나갔을 때 다시 새로운 천명을 받은 군주가 등극했다. 반정을 이룬 중종이나 인조가 모두 천명을 받았음을 강조한 것이 그것이다. 원구단에서의 행사는 중단했지만 '풍운뇌우단風雲雷雨壇'에서 제천의 례를 행했고, 중국으로부터 군주의 시호를 받았지만 중국의 황제처럼 조·종祖·宗의 '묘호廟號'를 사용할 수 있었다. 조선의 군주는 조선의 역내에서는 천명을 받은 유일한 주권자였다.

2) 권능

군주권(왕권)은 군주의 권리, 군주의 권한, 군주의 권력 등 여러 가지 의미로 사용될 수 있다. 여기서는 항상적인 국가권력의 구조적인 틀을 파악하기 위해 군주의 권능이 형성되는 데 중요한 역할을 하는 군주 개인의 학식이나 덕망, 정치력 등의 개인적 요소들은 제외하고, "법제나 신민에 의해 통상적으로 수용되는 국가수장으로서의 권능"이라는 의미로 사용하고자 한다.

명분상·관념상으로만 아니라 형식상·제도상으로도 조선의 군주는 전제군주의 위치에 있었다. 『경국대전』에 군주의 직위와 직무에 대한 아무런 언급이 없는 것은 군주의 위상이나 권한을 법을 넘어서는 초월적인 것으로 설정한 때문이며 『주례周禮』로부터의 전통이다. 당시의 법제나 관행에서 군주는 행정·입법·사법의 3권을 모두 쥐고 있는 듯한 외관을 보인다. 행정권부터 보자.

행정권의 요체는 국가의 정책을 결정하고, 국가의 업무를 집행하며, 관원을 임용하는 권한에 있다. 정책의 발의 자체는 누구나 가능하지만 보통은 육조를 중심으로 하여 발의되고 의정부의 검토를 거쳐 군주에 의해 결정된다. 국가기관에서 집행하는 통상적인 업무는 관례에 따라 처리할 것이나, 새로운 업무나 조치는 군주의 재가를 얻어서야 시행될 수 있었다. 업무를 지시하고 필요한 지침을 내리고 업무의 수행을 감독하는 것도 군주의 일이었다. 관원은 군주가 임명하고 언제든 파면할 수 있다. 군주가 과거에서 친시를 치른다든가 합격자가 군주에게 '숙배肅拜'하는 것도 군주가 관원의 임명권자임을 상징적으로 표현하는 것이다. 군통수권도 당연히 군주의 권한에 속했다. 오직 군주만이 국가—최종적인 물리적 강제력을 행사할 수 있는 유일한 합법적 주체—의 군대를 동원할 수 있고 최고의 지휘권을 행사할 수 있었던 것이다.

입법권도 행사했다. 제정법의 기초가 되는 것은 군주의 명령이다. 군주의 명령은 교지敎旨라 불리며 이것을 각처에 하달하면 전지傳旨가 되고 각 부서에서 교지를 받은 것이 수교受敎이다. 이 중 영구히 준수해야 할 중요한 법령

으로 간주되는 것은 『경국대전』과 같은 법전에 수록하게 된다. 이러한 점에
서 군주의 말이 곧 법이라고 할 수 있다.

군주가 지닌 사법권은 어떠한가. 범법자를 지목할 수 있고 수사를 지
휘·감독할 수도 있으며, 재판과정에 개입할 수도 있고 판결이 내려진 뒤에도
형벌을 가감할 수 있으며, 형이 확정된 범죄인에 대한 형 집행을 중단시킬 수
있다. 특별법정인 의금부를 개설하도록 명령하고 자신이 직접 심리할 수도
있다. 사죄死罪에 대해서는 누구를 막론하고 무조건 군주에게 보고하게 하
고 최종 재가를 받아 확정하도록 하였다. 기소권·수사권·재판권·행형권·사
면권 등 모든 사법적 권한을 행사할 수 있었던 것이다. 그렇다면 과연 조선의
군주는 무소불위의 전제권을 실제로 행사할 수 있었던 것인가.

2. 군주권의 제한: 제한군주적 면모

조선의 군주제는 제한군주제의 성격을 띠고 있었다. 군주는 명분상·형
식상 전제군주의 위상과 권한을 갖고 있었지만, 군주에게 실제상·내용상으
로 많은 제약이 가해지고 있었기 때문이다. 체계적으로 설치된 여러 국가 기
관의 권한과 기관 상호관계 및 활동범위를 규정하는 국가조직법이 확립되어
있었다. 뿐만 아니라 군주의 전제권 행사를 방지하고 신민의 보편적 권리를
인정하는 강력하고도 다양한 이념적·법제적 장치들을 구비하고 있었다.

조선의 군주제가 가진 제한군주제적 면모란 물론 시민혁명 이후의 서구
근대의 입헌군주제의 경우와는 차이가 있다. 성문화된 헌법이나 선거에 의
해 구성되는 의회가 없었고, 인민의 기본권의 보장과 같은 법조문이 구비되
어 있지 못하기 때문이다. 그러나 제한군주가 반드시 서구 근대와 같은 조건
을 갖추어야 한다고 말할 수 없으며, 영국처럼 성문화된 헌법을 갖고 있지 않

는 국가도 있다. 군주의 권능에 대한 법제와 관행상의 제한이 명확히 설치되어 있다면 '제한군주'의 범주에 넣어 이해하는 것이 충분히 가능할 것으로 생각된다. 이하 조선시대에 군주의 권능을 제약하였던 원리상·제도상의 장치들을 순차적으로 살펴보기로 한다.

1) 원리·원칙상의 제한

① 공공성 이념에 입각한 제한: 위민·민본이념과 국가

국교인 성리학은 군주의 자의적 국정운영을 막을 수 있는 중요한 억제력으로 작용할 수 있었다. 군주의 결정에 대한 반대나 관원 탄핵의 가장 중요한 기준이 바로 위민·민본정치의 배치 여부였다. 군주를 위해서 인민이 존재하는 것이 아니라 인민을 위해 군주가 존재한다는 민본 이념은 관념으로만 그치는 것이 아니라 국정운영에 적지 않은 영향을 미쳤다. 군주의 역할은 위민·민본정치의 실현으로 못 박혀 있었던 것이다.

이러한 점은 서구 절대주의 시대의 군주들과는 다르다. 물론 서구 근대 초기의 절대군주들도 국교의 윤리나 교리에 따라야 했다. 그러나 당시의 왕권신수설에 의하면 그들은 신에게만 책임을 지면 될 뿐 인간 즉 신민에 대한 책임은 없다는 것이다. 심지어 군주는 신이 점지했으므로 오류를 범할 수 없다고 주장되기까지 하였다. 이와 달리 왕도정치이념에서는 하늘이 혁명으로 군주를 갈아치울 수 있는 것으로 상정했을 뿐 아니라, 혁명의 실제 기준을 민심의 향배에서 찾았다. 군주의 절대성을 주장하는 성리학 국가인 조선에서 군주를 갈아치우는 반정이 두 차례나 발생한 것도 민심의 향배에 정당성의 근거를 두고 있었다.

이러한 이념은 국가조직이나 국가운영 면에서 군주와 국가의 구분으로 나타났다. 군주는 명분상 유일한 주권자로서 군주가 곧 국가라 할 수 있는 면을 분명히 가지고 있었다. 이를테면 군주의 선조들에 대한 제사가 한 개인이나 가문의 제사가 아니라 가장 중요한 국가의례가 된 것은 그 단적인 예다. 집안을 일으켜 나라를 세웠다는 '화가위국化家爲國'이라는 말도 그러한 사정을 반영하는 말이다. 그러나 다른 한편 군주와 관계없이 국가는 별도로 존재한다는 인식이 확고히 정착되어 있었다.

군주도 국교에 충실하고 국익을 추구하며 국법을 따라야 한다는 논리는 기본적으로 군주와 국가의 구분을 전제로 하는 것이다. 인민은 존귀하고 사직은 다음이며 군주는 가볍다는 맹자 식의 사고는 조선시대 위정자들에게 철저히 각인되어 있었다. "종묘·사직은 국가 만세의 종묘·사직이지, 전하가 홀로 사사로이 할 수 있는 것이 아니며, 형법은 국가 만세의 형법이니 이 역시 전하가 홀로 사사로이 할 수 있는 것이 아닙니다."(『세조실록』 1년 윤6월 16일)와 같은 류의 주장은 어렵지 않게 찾아볼 수 있다. 뒤에서 살펴볼 바와 같이 국가재정을 왕실재정과 엄격히 구분하여 운용하고 있었던 것도 군주와 국가를 구분한 데서 온 조치였다.

② 법치주의 원칙에 의한 제한

제한군주적인 면모를 거론할 때 가장 중요한 것은 법치주의 원칙에 따른 법의 운용이다. 군주의 자의적인 권력행사를 제어하는 근본적인 수단이 되기 때문이다. 오늘날의 법치주의는 인민의 대표에 의해 제정된 법을 전제로 하여 논의한다는 점에서 조선시대의 법치주의와 근본적으로 다르다. 그러나 법치주의를 소박하게 "미리 제정된 법에 의거하여 국가가 통치한다는 원칙"이라 규정한다면 조선시대의 법치주의 원칙은 확고부동했다고 할 수 있다.

자의적인 공권력 행사를 배제하여, 법전을 편찬하고 법령에 따라 국가행정을 수행했을 뿐 아니라 죄형법정주의 원칙을 지키고 있었다. 그리고 누구보다 군주가 솔선하여 법치주의를 천명함으로써 법치주의 원칙은 쉽게 정착될 수 있었다는 점에도 유의할 필요가 있다. 역대의 군주들은 "선대에 만들어진 법은 가볍게 고칠 수 없다."(祖宗成憲 不可輕改)라면서 기존 법의 존중을 외치기 일쑤였고 법전의 제작에도 적극적이었다. 태조는 즉위하면서 형정刑政에 『대명률』을 따를 것임을 선언하였고, 태조 이래 『경제육전』 등의 법전 편찬 작업이 꾸준히 이루어지다가 마침내 세조에 의해 영세 법전집인 『경국대전』이 편찬되기에 이르렀다. 새로운 법이 마련될 때 시행일에 앞서 새 법을 미리 예고하고, 시행일 전까지 구법이 적용됨을 명시하는 경과규정을 두는 관행에서도 법치주의 원칙을 지키려는 확고한 태도를 엿볼 수 있다. 다음은 군주의 입법·사법·행정·군통수권에 대한 구체적인 견제책을 순차적으로 살펴보기로 하자.

2) 제도상의 제한

① 입법상의 법·관행과 군주 입법권에 대한 견제

법은 누구나 발의할 수 있었고 관원의 심의와 서경을 거쳐 확정되었다. 제정법의 기초가 되는 것은 군주의 명령이어서 군주의 말이 곧 법이라 하지만 이는 군주가 마음대로 법을 제정할 수 있음을 의미하는 것은 아니다. 현재 우리나라의 경우 입법부인 국회만이 아니라 행정부도 법안을 발의할 수 있는 특색을 지니고 있다. 행정부 각처에서 마련된 법안이 법제처의 심사와 국무회의의 심의 및 대통령의 재가를 거쳐 국회에 제출되는 것이다. 조선시대에는 이보다도 훨씬 발의의 범위가 넓었다. 조선시대에는 군주를 제외하면 딱히 발의권을 가지고 있다고 할 만한 부서나 직책을 지목하기 어렵다. 법안은 누구든지 군주에게 제안할 수 있었기 때문이다.

　군주는 제안된 법안이 검토할 만하다고 생각되면 이것을 보통 의정부와 해당 조로 하여금 심의하게 한다. 심의를 마치고 군주의 최종 재가를 거쳤다 하여 새로운 법이 바로 시행될 수 있는 것은 아니다. 대간의 서경, 즉 '의첩서 경依牒署經'을 거쳐야 했다. 서경은 이제까지 시행되고 있던 법을 폐지하는 경우에도 마찬가지로 해당된다.

② 행정·군사상의 법·관행과 군주 행정권·군통수권에 대한 견제

｜ 정책과 견제 ｜ 정책은 누구나 제안할 수 있었다. 군주가 새로운 정책을 홀로 입안하기는 사실상 쉽지 않은 일이고 그러한 경우도 드물었다. 군주가 먼저 제안하는 형태를 띠더라도 그 정책을 고안하고 제안하기까지 여러 사람, 여러 경로를 통해 그 타당성을 타진해본 경우가 대부분이다. 통상적으로 정책은 신료들에 의해 제안된다. 정책 건의야 말로 모든 신료들의 상언의 중심이 되는 사항이었다. 정책 건의자의 대부분은 관원들이기는 했지만 일반 백성도 상언을 통해 정책 건의가 가능했다.

　정책은 의정부·육조의 심의가 필수적이었다. 여러 경로를 통해 접수된 건의 중 검토할 만하다고 생각되는 것은 보통 의정부와 6조의 해당 기관에 보내어 심의하게 하며 승지들과도 사전·사후 긴밀하게 협의한다. 대다수 신료들의 반대의견에도 불구하고 군주가 독단적으로 어떤 정책을 밀고 나간다면 큰 정치적 위기를 초래하게 된다.

　정책이 채택되고 시행되기까지 공론의 검증을 받았다. 군주가 정책의 시행을 최종 결정했다고 하여 바로 실행에 옮겨질 수 있는 것은 아니다. 새로운 정책을 시행하자면 관련 법령을 개폐해야 하거나 새로운 재원을 확보해야 하는 경우가 적지 않다. 법령 개폐의 경우 입법과정을 거치지 않으면 안 된다. 이 정책이 큰 문제를 안고 있다고 여겨질 경우에는 정책이 결정된 후에도 대간·홍문관을 비롯한 언론 삼사의 완강한 항의나 관직 사퇴, 조야를 막론한 파상적인 여론 공세는 계속 이어지게 된다. 새로운 재원 마련에도 상당한 논란과 기일이 소요되지 않을 수 없고 이 과정에서 채택된 정책이 포기되기도 하였다.

｜ 인사권과 견제 ｜ 군주의 인사권은 매우 제한되어 있었다. 동서고금을 막론하고 행정권의 가장 핵심적인 권한은 인사권이다. 오늘날 삼권분립에도 불구하고 행정부가 입법부나 사법부보다 강한 권력을 갖게 되기 쉬운 이유의 하나도 행정수반이 가진 광범한 인사권에 있다. 조선시대에 모든 관원에 대한 임명권은 군주 고유의 권한으로 표방되었다. 관원의 임명장인 고신告身에도 군주의 명령임이 명시되어 있었다. 그러나 실제에 있어서는 군주는 인사에 아주 제한된 권한만을 행사할 수 있었다.

첫째, 조선의 군주는 인사규정 상의 유자격자 내에서만 임용할 수 있었다는 점이다. 관원은 공채시험을 통해 선발하였고 다시 일정한 경력을 쌓아야 승진할 수 있었다. 둘째, 군주의 인사권은 자격자 내에서의 선발의 경우에도 보통 관료들에 의해 추천된 후보자 중의 하나를 고르는 방식으로 행사되는 데 불과했다. 셋째, 이러한 과정을 통해 선정된 후보자마저 다시 인사의 적절성 여부가 관료들의 심사 대상이 되었다.

● **의망권** : 군주는 구체적으로 어떻게 인사권을 행사하는가. 당하관 직의 경우 문반은 이조가 무반은 병조가 보통 '삼망三望'이라 하여 한 관직 당 세 사람의 후보자를 선정해 명단을 올리면('의망擬望') 군주는 그중 한 사람의 이름에 점을 찍어 결정('낙점落點')하였다. 선정과정에서 적격자가 없다고 판단되면 두 사람이나 한 사람만 올리는 경우도 있었다. 흔치는 않지만 후보자가 많아 세 사람을 넘기는 경우도 있었다('장망長望'). 삼망에 든 후보자 중 누구를

골라도 무방했지만 특별한 일이 아니면 주로 제일 첫머리에 이름이 오른 사람 즉 수망首望에 든 사람을 선택하였다.

이·병조의 의망권은 당상관직의 경우에도 적용되는 것이 보통이었다. 당상관은 본래 당하관과 달리 추천(보거)의 대상이 아니며 포폄의 대상도 아니다. 임기가 정해져 있는 것도 아니다. 이조나 병조가 후보자를 선정할 제도적 근거가 없었던 셈이다. 그러나 당상관직 역시 군주 혼자서 일방적으로 임명하는 일은 거의 없었다. 도리어 국정의 최고 원로인 3의정이나 인사를 담당하는 전조銓曹의 수장인 이·병조 판서 정도를 제외하면 통상 당하관처럼 이·병조가 삼망을 갖추어 의망하였다.

당상관 중에서 가장 중요한 관직들에 대해서도 이·병조가 의망한 사례를 쉽게 찾을 수 있으니, 의정 다음의 지위인 종1품 찬성과 정2품의 참찬과 같은 의정부의 당상관(『중종실록』 35년 4월 14일), 6조의 당상관들, 언관의 수장인 대사헌(『정조실록』 19년 9월 1일)과 대사간(『중종실록』 12년 5월 15일), 그리고 임금의 '후설喉舌'로 불리는 승지(『영조실록』 47년 1월 4일) 같은 요직도 보통 이·병조에서 의망하였다.

의정의 경우는 의망 단자를 들이지 않고 군주의 특명으로 임명하다가 점차 현직의 의정이 의망하는 방식으로 바뀌었는데[21] 이를 '복상卜相' 또는 '매복枚卜'이라 불렀다. 전조의 수장인 이조·병조판서의 경우는 의정으로 하여금 의망하게 하는 것이 정식화되어 갔다.[22]

---

21) 최동원, 「조선 중기(선조~현종) 三公·六卿職의 인사운영」, 『한국 역사상 관료제 운영시스템에 관한 연구』, 국민대 출판부, 2010.

22) "祖宗朝舊規 則吏兵判外 大臣無薦望之事"(『인조실록』 권37, 16년 10월 25일)에서 이조·병조판서를 의정이 천망하는 관행이 이미 성립되어 있음을 볼 수 있다. 여기서의 대신은 구체적으로는 의정을 가리킨다.

의망은 모든 관원을 낱낱이 알기 어려운 군주에게 적절한 대상자를 소개하는 기능을 갖고 있었고 바로 그것이 의망의 명분이었다. 그러나 의망이 관행으로 굳어지게 되면 군주는 추천된 후보자 이외의 인물을 발탁하기 어려워지고 신료들이 관원 선발권에 큰 몫을 차지하게 된다. 이는 군주의 인사에 대한 견제권으로서 의망권(또는 전주권銓注權)이라 부를 수 있다.

물론 군주는 자신이 가진 본연의 권한을 행사할 수 있었다. 기존의 관행을 무시하고 일방적으로 특정 관원을 직접 임명하거나(이른바 '중비中批'), 의망에 포함시킬 것을 지시하기도 하고, 의망할 때에 특별한 조건을 부여할 수 있었다. 신료들이 반발하면 군주는 인사권이 군주의 대권이라는 점을 상기시키곤 했다. 이를테면 사간 이정겸이 중비는 아름답지 못한 일이라 상소하자 숙종은 "악덕한 인물까지 중비로 제수한다면 간쟁하는 것이 옳지만 그렇지 않다면 사람을 알아 직임을 맡기는 것은 본디 인주의 큰 권한인데 어찌 중비를 가지고 다툼의 실마리를 삼는가?"라고 반박하였다. 이어서 중비로만 임명하는 것도 옳지 않지만 모두 의망으로만 하는 것도 옳지 않다면서 "그 사람이 어떠한 지는 말하지 않고 중비라서 안 된다고 하니 만약 그렇다면 사람을 알아 직무를 맡기는 인주의 대권大權·대병大柄이 폐하여 행해지지 않아야 하는가?"라며 승정원에 불평을 토로했다.(『숙종실록』23년 5월 25일) 군주가 자신의 고유의 권한을 행사하기가 쉽지 않은 상황이었음을 엿볼 수 있는 사례이다. 비슷한 사례는 영조 23년에도 찾아 볼 수 있다. 의정들의 이조판서 의망이 지연되자 영조가 이전의 명단에다 박문수의 이름을 추가해 넣었다. 군주가 자신의 권한을 행사한 것인 데도 불구하고 군주가 인사에 간여한 것을 두고 이때의 사관은 국체의 손상이라고 개탄하는 사평을 달기도 하였다.(『영조실록』23년 2월 29일) 그만큼 의망권은 신료의 권한이라는 인식이 굳어져 있었던 것이다.

● **서경권과 간쟁권** : 군주가 이·병조의 의망과 무관하게 어떤 자리에 특정 인물을 앉히려 작정을 한 경우라도 사전에 승지나 몇몇 대신들에게 인물의 적절성 여부를 타진해보는 것이 보통이었다. 인선을 마쳤다 해도 아직 관문이 하나 더 남아 있다. 고신에 대간이 동의하여 서명하는 절차인 '고신서경告身署經'을 거치거나 대간의 간쟁을 거쳐야 했던 것이 그것이다.

물론 모든 관원이 대간의 고신서경의 절차를 거쳐야 했던 것도 아니고 대간이 자의적으로 거부권을 행사할 수도 없었다. 4품 이상 관원의 경우는 고신서경 없이 군주가 임명 사령장('관교官敎')을 지급하게 할 수 있었으며, 대간 서경의 기준은 기본적으로 정해진 결격 사유의 유무였다.

4품 이상의 관원만 서경에서 제외하게 한 것은 조선시대에 와서의 일이었다. 고려시대에는 모든 관원에 대해 서경하게 했던 것이다. 조선에 들어와서 신료들의 반대를 물리치고 4품 이상의 관원을 서경을 거치지 않고 발령하는 관교법이 시행되었다. 이 점에서 조선시대 군주의 인사권이 고려시대보다 한층 강화되었다고 할 수 있다.

그러나 군주의 인사 권한의 신장은 겉보기보다 크지 않았다. 우선 군주가 관교로 임명할 수 있는 4품 이상의 관원은 4품에 오르기까지 승진 때마다 신료들에 의한 의망과 서경의 절차를 줄곧 통과한 자들이었다는 점이다. 또 서경권을 행사하지 못한다 하여 대간이 그들의 임명에 반대하지 못하는 것은 아니다. 실록에는 법적인 하자가 없는데도 군주의 인사에 대간이 반대한 기록이 무수히 나오며[23] 군주가 이들의 집요한 반대에 못 이겨 결국 자신이 내

---

23) 대상자의 世系上의 瑕系 유무가 대간 서경의 초점이 되었지만 그와 같은 하자가 없더라도 그의 전력이나 도덕적 품행이 거부의 이유가 될 수 있었다. 언관들은 대상자의 재능이나 '분경奔競' 행위, 전관前官이나 군주와의 친분에 따른 정실 인사 등을 비판 대상으로 삼기도 했다.

린 결정을 철회한 경우도 부지기수다.

| 군통수권에 대한 견제 | 조선왕조에서는 군주가 군대를 지배하거나 자의적으로 이용하는 것이 제도적으로 극히 어렵게 되어 있었다. 조선왕조는 강력한 중앙집권체제를 통하여 중앙정부를 위협하는 지방 할거세력이 등장할 여지는 사전에 봉쇄할 수 있었다. 그러나 군주가 군대와 밀착한다거나 군대를 손아귀에 넣는 일은 애당초 가능하지 않았다. 무엇보다 다른 지역의 군주에서 볼 수 있는 것과 같은 군대에 대한 군주의 개인적 경제지원이 이루어질 수 없었기 때문이다. 국가재정과 왕실재정이 엄격히 분리되어 군주가 국가재정을 마음대로 쓸 수 없었던 것이다.[24] 조선시대의 국가재정은 거두는 수취량이 정해져 있었고 지출의 경우에도 사실상 거의 고정되어 있었다. 군주가 재량권을 행사할 여지가 극히 적었던 것이다. 군주가 보유한 자산으로는 군대 양성 비용으로 출연하기는커녕 자신의 족친들을 돌보는 일에서조차 어려움을 겪었다.

조선의 군주가 군대를 지배하거나 군대를 군주권의 기반으로 삼을 수 없는 요인은 재정적 요인말고도 다양하였다. 위민정치와 덕치를 표방하는 국가이념 아래서 군주가 사병이나 용병을 두는 일은 애당초 가능하지 않았다. 군주의 경호부대를 포함한 모든 군사는 군주의 군대가 아닌 국가의 군대였다. 조선왕조의 국방력의 주축은 징병제에 의해 동원되는 의무군사였다. 의무군사는 전국의 국방상 요처를 지키고 외침 시 적과 싸우는 주 병력이었다. 또 그 일부는 서울에 와서 도성의 경비와 치안의 임무까지 맡았다.

---

24) 이에 비하면 서구 절대주의 시대에는 국가재정과 군주재정 그리고 국가의 군대와 군주의 군대의 구분이 불분명했다. 잘 알려진 대로 절대군주는 과세를 통해서 때로는 매관매직을 통해서 확보한 자금을 전쟁의 비용이나 상비군 유지 비용으로 충당했다.

군주의 시위侍衛와 궁궐의 경비를 담당하는 직업군사의 경우에도 군주가 자신의 친위부대로 양성하기 어려웠다. 직업군사의 선발과 복무는 규정에 따라 이루어지며, 무반의 의망권은 병조가 쥐고 있었던 것이다. 그것은 금군禁軍 수장의 경우에도 마찬가지였다. 군주는 추천된 인물 가운데 마음에 드는 인물을 고를 수 있고 때로는 자신이 지명할 수도 있긴 하지만 항시 행할 수 있는 일은 못 되었다. 더구나 오위도총부 도총관·부총관, 오위장, 금군의 수장과 같은 중앙의 고위 지휘관은 겸직제로 운영되었으며, 모두 1년의 임기제여서 한 자리에 오래 있지도 못했다. 여기에다 병권을 쥐는 관직은 일반 관직보다 훨씬 광범한 상피제가 적용되고 있어서, 가까운 일족은 소속 기관이 달라도 같은 시기에 병권을 갖는 직책을 맡을 수 없도록 되어 있었다.

조선시대에는 군대가 강한 권력을 가지기 어려운 구조였다. 군대의 권력 장악의 결정적 장애는 문반에 의한 무반의 통제에 있었다. 무반의 의망권을 가진 병조의 관직 자체가 문반직이며 병조의 관원 역시 보통 문관이 임명되었다. 당하관의 경우에는 문관만 임용하도록 아예 못 박아 두었다.

문관에 의한 무관의 통제는 지휘계통을 장악하는 데서도 뚜렷이 나타난다. 지방의 최고 지휘관을 겸직하는 관찰사는 보통 문관으로 보임되며 병사나 수사의 경우에도 문관이 임명되는 일이 흔하다. 전란의 경우에 중앙에서 파견되어 병사나 수사를 지휘하는 도체찰사都體察使·체찰사體察使·도순찰사都巡察使·순찰사巡察使 등 2품 이상의 최고 지휘관 역시 문관이 많다.[25] 전쟁에서 최고 지휘관을 문관으로 임명하는 것은 고려 이래의 전통

25) 서태원, 「조선전기 유사시 지방군의 지휘체계—중앙 군사지휘관의 파견과 관련하여」, 『사학연구』 63, 2001.

이었다.

정부의 가장 중추적인 부서인 6조·삼사·승정원 등은 모두 문반의 관직이었다. 대부분이 이른바 '청요직淸要職'에 해당되는 이들 관직에는 문관만 쓰도록 못 박혀 있는 경우가 많고[26] 무관의 임용이 가능한 관직이라도 문관이 압도적 다수이다. 중추부를 비롯한 무반의 관직을 문관이 차지하는 경우가 적지 않았다. 겸사복·내금위 같은 금군의 수장을 문관이 맡기도 했다. 물론 무관도 문반직을 맡는 것이 가능했다. 그러나 무관이 문반직을 맡는 경우는 적은 반면 문관이 무반직을 맡는 경우가 월등히 많았다. 반면 무반직의 경우에는 무관만 쓰게 되어 있는 경우는 극히 드물다.[27] 이리하여 조선시대의 3의정은 무신은 거의 드물고 대부분 문신이었다.

조선시대에는 군 동원 방식 면에서도 군주는 아주 소극적인 자세를 취했다. 군주가 언제라도 군을 신속히 동원하고 사용하는 데 역점을 두기보다 군사를 거느린 자나 제3자가 함부로 병력을 이용하여 국가와 군주를 위태롭게 하지 못하도록 감시하고 제어하는 데 중점을 두었던 것이다. 군주가 군대를 자신의 권력기반으로 만들 별다른 수단도 없고 자신의 권력 확장을 위해 군대를 이용하기에도 여러 가지 장애물이 많았기 때문이다.

진관鎭管 체제 하의 지방 육군의 동원 방식을 보자. 도별 최고 책임자인 병사가 평소 거느리고 있는 영군營軍은 몇 백 명에 불과하였고, 도내 각 군현에 소속되어 있는 군사를 소집하려면 여러 단계를 거쳐야 했다. 군사 소

---

26) 문관 또는 문신은 문과를 거쳐 입사한 사람을 가리키는데 『경국대전』에 문관만 임용하게 되어 있는 관직 중 핵심이 되는 것은 다음과 같다. ① 의정부: 당하관, ② 이·예·병조: 당하관, ③ 승정원: 당하관, ④ 사간원: 모두 문관, ⑤ 경연: 영사·참찬관만 제외하고 모두 문관, ⑥ 홍문관·예문관·성균관·춘추관·승문원·교서관·세자시강원: 모두 문관, ⑦ 봉상시 正 이하.

27) 무관으로만 임명한다고 규정되어 있는 기관으로는 훈련원이 있다.

집 명령을 확인하는 징표인 발병부發兵符를 좌우 둘로 쪼개어 우측 부신符信인 우부를 미리 병사와 각 군현의 수령에 주고, 좌부는 궐내에 보관하고 있다가 군사를 동원할 때에는 군주가 교서와 함께 좌부를 병사에게 보내면 병사가 다시 좌부를 군현에 보내어 동원하는 방식이었다. 혹시 기밀이 누설될까 우려하여 이와는 별개로 밀부密符를 만들어 이를 병사에 지급하기도 했다.

전임의 병사가 있음에도 겸임의 병사인 관찰사에게도 발병부나 밀부를 주어 병사의 독자적인 군 동원을 감시하게 했다. 관찰사와 병사는 중앙의 관원으로 임명하고 임기는 1~2년으로 제한하였다. 이러한 군 동원 방식과 지휘체계는 군주 이외의 자가 지방군을 이용하는 것을 방지하고 지휘관과 휘하 군사의 밀착을 막아 군지휘관이 지방의 할거세력으로 성장하는 것을 막는 데는 효과적이었겠으나, 군주가 남몰래 지방의 병력을 이용하는 것을 거의 불가능하게 하는 것이었다.

③ 사법에 대한 법·관행과 군주 사법권에 대한 견제

│ 법치의 원칙과 군주의 사법권 │ 일반적으로 모든 소송은 사법기관이 정해진 법률에 따라 처리함으로써 군주의 자의가 사법영역에 개입될 여지는 거의 없었다. 조선시대에 법치의 원칙은 확고하였다. 형사상의 범죄나 민사상의 분쟁은 군주의 명령이나 뜻이 아니라 보통법으로 인정한 『대명률』 규정과 조선 독자의 특별법에 따라 처리되었다. 형법상의 대원칙은 죄형법정주의였고, 민법상의 대원칙은 문서에 의한 증거주의였다. 이러한 원칙은 군주라 하여 비켜 갈 수 없었다.

법치주의 원칙은 군주가 임의로 처벌하지 못하게 제어할 수 있었다. 죄인을 법전에 규정된 죄목과 형량에 따라 처벌한 것이다. 군주가 판결된 형량을 조정하는 경우가 없지는 않았지만, 이 경우 보통 가형이 아닌 감형이었고, 군주의 관용을 보이거나 억울한 처벌이 일어나지 않도록 신중을 기하기 위한 것이었다.

사죄의 경우 세 번에 걸쳐 심사하는 '삼복제三覆制'와 삼복이 시행되는 동안 국왕 단독으로 결정을 내리지 않고 판결이 적당한지 의정부 대신들의 의견을 듣는 '상복제詳覆制'를 시행하여 무고한 생명을 해치지 않도록 특히 조심했다.[28] 조선시대에 금고형이 없고[29] 판결도 단기간에 내리도록 규정되어 있었는데도[30] 간혹 몇 년씩 감옥에 갇혀 있는 죄수들이 발생했던 것은 대개 명확한 증거가 없는 사형수들에 대한 최종 판결이 삼복제에 의해 미루어진 탓이었다.

┃ 사법체제와 군주의 사법권 ┃ 조선시대에는 사법기관이 상설되어 있어 이들 기관이 재판을 담당했다. 조선시대의 사법기관으로는 중앙의 4법사法司가 있었고, 지방에서는 수령과 관찰사가 있었다.

● **형조** : 사법을 고유 업무로 하는 기관이며 실제로도 조선시대 사법기관의 중심이었다. 전국의 모든 범죄를 총괄하는 곳이며, 형조로 집결된 사건·사안의 조사나 재판을 다른 사법기관에 배당하기도 한다. 전국 형사 사건의 상고심이나 사형에 해당하는 범죄를 다룬다는 점에서도 형조는 중요하다. 형조는 법률가를 보유하고 양성하는 기관이기도 하다. 형조에 설치

---

28) 정순옥, 「조선전기 의금부 죄수의 三覆과 의정부 詳覆 시행 논란」, 『역사학연구』 29, 2007.

29) 당시의 형벌은 이른바 5형으로서 각기 크기가 다른 매와 다른 횟수로 볼기를 때리는 태형과 장형, 타지로 이송하여 일정 기간 강제 노역에 종사하게 하는 도형, 유배지에서 무기한 떠나지 못하게 하는 유형, 그리고 사형이 있었다.

30) 대사(사죄)는 30일, 중사(도형·유형)는 20일, 소사(태형·장형)은 10일이었다. 부득이 기일을 넘기게 되면 보고해야 했다.

된 율학에서 율관을 육성했는데, 율학을 통해 율학취재나 율과에 합격한 율관들은 형조에 소속되어 형조의 업무를 도우며 의금부나 지방에도 파견된다.

● **의금부** : 군주의 법정이라 할 수 있는 의금부의 경우에도 군주의 사법권 행사는 제한적이었다. 우선 군주가 재판에 관여하는 경우는 한정되어 있다. 의금부를 따로 설치한 이유는 1) 단순한 형사 사건으로 처리하기에는 정치적으로나 사회적으로 파장이 큰 사건인 반역과 같은 반국가범죄, 2) 자식이나 처첩의 부모나 남편에 대한 시해 같은 강상綱常범죄, 그리고 3) 관원의 범죄, 이 세 가지를 다루기 위해서다. 의금부 재판을 담당하는 당상관직은 다른 직책을 맡고 있는 관원들이 겸직하게 되어 있었다. 죄목과 형량은 이들 재판관들이 조율하여 보고하고 재가를 받게 된다.

물론 조선시대에도 군주가 특별히 별도의 위관委官을 지정하여 주재하게 하고 재판이 진행되는 동안 자신의 의견을 피력하고 반영할 수 있다. 반국가 범죄의 경우에는 정치적인 성격을 띠고 있는 경우가 많아서, 법 적용이나 연루자의 확정에 군주 개인의 감정이나 의견이 개입할 가능성이 없지 않았던 것이다. 아예 친국親鞫에 나설 수도 있다. 이는 군주국이라는 국체國體를 유지하는 한 피할 수 없는 일이다. 그러나 이러한 경우에도 군주 개인이 초법적으로 권한을 행사하기는 결코 쉽지 않은 일이었다. 판결을 두고 맞서는 여러 의견 중의 하나를 채택하는 것이 보통이다.

통상적인 재판에서 군주의 재량권은 주로 재판기일을 늦추거나 앞당기는 데서, 그리고 신문 강도를 높이거나 낮추는 데서 발휘된다. 특별한 경우가 아니면 '호생지덕好生之德'과 같은 유교적 덕목에 따라 가급적 사형을 피하는 것은 물론, 사건 연루자를 확대하는 것보다는 축소하고, 고문의 강도나 횟수를 강화하는 것보다는 완화하고, 그리고 죄목을 넓히고 형량을 높이는 것보다 좁히거나 낮추는 경향을 보였다.

관원의 범죄를 의금부가 다루게 된 것은 관원이 군주에 의해 임명되고 국가의 특별 예우를 받는 자였기 때문이다. 수금·신문·조율에 이르는 재판의 각 단계에서 일일이 군주에게 보고하고 재가를 받아야 했으므로 군주의 법정에서 재판받는 것이 명분에도 부합되고 재판의 진행에도 편리했던 것이다.

● **사헌부** : 사헌부가 사법기관이 된 데도 이유가 있었다. 백관에 대한 규찰과 아울러 사회기강의 유지라는 역할에서 연유한 것이다. 백관규찰의 일환으로 전개되는 사헌부의 사법 활동은 '원억을 펴게 한다(伸冤抑)'는 역할에서 말미암은 것이다. 백관규찰과 신원억은 원래 다른 역할이라 할 수 있으나 같이 엮이는 경우가 많다. 원억은 대개 약자가 강자에게 억눌리는 데서 발생하는데 강자는 관원층일 가능성이 많고, 또 원억이 발생했을 때 이를 바로 잡아야 할 관원들이 제 책임을 못하는 데서 또 다른 원억을 발생시키기 때문이다. 이리하여 관찰사가 법을 어기고 부당하게 판결하여 억울함을 당했다고 주장하는 자는 사헌부에 호소하게 되는 것이다.

사회기강을 유지하기 위한 사헌부의 사법 활동은 민간의 금령·금제 위반 행위를 단속하는 비교적 경미한 사안부터 역모나 강상범죄와 같은 엄중한 사안까지 넓게 펼쳐져 있었다. 사헌부에 의해 적발된 역모 사건은 의금부로 이관되어 의금부에서 처리하는 것이 보통이며, 강상범을 다루는 경우에는 통상 의금부에서 의정부와 대간이 공동으로 재판에 참여하는 이른바 '삼성추국三省推鞫'이 이루어진다. '삼성'에 해당하는 기관은 시기에 따라 다소 다르게 나타나지만 대간만큼은 반드시 포함되었다. 이상과 같은 사법활동으로 인하여 사헌부는 자연스럽게 법사의 하나로 지목된 것이다.

● **한성부** : 한성부도 중요한 법사 가운데 하나였다. 한성부가 비단 서울

만이 아니라 전국의 송사를 담당한 것은 다소 이색적이다. 그러나 이 역시 한성부 본래 소임의 연장선상에서 이루어진 것이다. 서울의 치안을 담당하는 한성부가 방범활동을 하고 풍속사범까지 취급하며, 한성의 5부에서 올라온 사건의 2심을 담당하는 것은 당연하다고 볼 수 있다. 그런데 서울을 넘어 지방의 민사소송까지 담당하게 된 것은 업무량이 많은 형조의 업무 일부를 한성부에 넘기게 된 데서 연유했다. 이는 한성부가 전국의 호적을 관장할 뿐 아니라[31] 전국에 토지와 노비를 가지고 있는 관원층이 집주하는 곳이며, 최대도시 서울의 시장과 주택을 관리하는 등 민간의 경제생활과 밀접한 업무를 수행하여 여러 모로 민사소송을 담당하는 데 적합하였기 때문이다. 이리하여 형조가 서울의 형사사건 중에서 중형에 해당하는 사건과 민사사건 중에서 공공성이 큰 것만을 맡는 반면, 한성부는 일반 민사사건을 맡고, 형사 중의 가벼운 사안, 개인적인 성격의 범죄를 맡는 업무의 분업이 이루어졌다.

┃ 심급제 ┃ 심급제審級制는 군주의 사법상의 권능을 보여주는 것이자 그것을 제약하는 기제가 되기도 했다. 관원의 판결은 번복될 수 있다는 것을 시사함으로써 최종적인 판결을 내릴 수 있는 군주의 권능을 상대적으로 과시할 수 있기도 하지만, 재판은 어디까지나 미리 정해진 법령과 절차에 따라 이루어져야 함을 의미하는 것이기도 하기 때문이다. 여러 차례의 심리를 거치는 동안 담당 관원에 의해 적절한 죄목과 형량을 조율하기 위한 많은 고심과 논의가 이루어진 결과를 군주라 하여 간단히 무시할 수 없게 된다.

공정한 재판을 위해 여러 단계의 재판을 거칠 수 있게 하는 심급제는 조

---

31) 한 연구에 따르면 한성부 청사 면적의 73%가 호적에 관련된 공간이었다고 한다. 원영환, 『조선시대 한성부 연구』, 강원대 출판부, 1990, 69쪽.

선에 들어와서 비교적 확실한 모습을 갖추게 되었다. 고려시대에도 계수관이나 안찰사에 의한 재심 등 심급제라 할 만한 요소가 없지는 않았다.[32] 그러나 속현이 많고 도의 장관이 없는 등 지방통치제제가 미흡하여 인민이 항소권을 행사하기 쉽지 않았던 것으로 보인다.

조선 태종 대의 신문고 설치는 심급제 발달의 중요한 계기가 되었다. 종래에는 신문고의 이용이 엄격히 통제되어 실제 효능이 거의 없었다고 보는 경향이 있었다. 그러나 평민 이하의 사람들이 실제로 신문고를 얼마나 많이 이용할 수 있었나 하는 것도 중요하지만, 신문고의 설치가 사법제에 미친 영향에 주목할 필요가 있다. 신문고의 설치는 인권의 향상과 심급제 확립에 크게 기여했던 것이다.

변칙적으로 방법으로 왕위를 차지한 태종이 다분히 정략적인 의도를 가지고 신문고를 설치한 것임은 짐작하기 어렵지 않다. 즉 민원의 최종적인 해결자가 자신임을 과시하려는 것이었다. 그러나 신문고의 설치는 다른 한편 인민은 '자기원억'의 해결을 철저히 추구할 권리가 있다는 것, 관원의 판결이 공정하지 않을 수 있다는 것, 그리고 이에 대한 불복은 정당하다는 것을 공식적으로 천명하는 의미를 가졌다. 또한 신문고를 함부로 두드리는 사태를 방지하기 위해 정상적인 단계를 뛰어넘는 고소 즉 '월소越訴'의 금지 원칙도 심급제의 확립을 촉진할 수 있었다. 마침내 수령에 대한 불복은 관찰사에, 관찰사에 대한 불복은 사헌부에, 그래서도 해결되지 않으면 신문고를 치라고 법전에 명시하게 되었던 것이다.(『경국대전』, 「형전」, 소원訴冤)

신문고의 설치는 수령고소의 관행을 성립시키는 계기가 되었다. 지방 통

---

32) 윤경진, 「고려시대 按察使의 기능에 대한 재검토—군사 및 사법 기능을 중심으로」, 『한국문화』 65, 2014.

제를 통해 강력한 중앙집권체제를 구축하려 노력하였던 조선 초기 위정자들은 그 실현 방안의 하나로 수령권의 강화를 도모하였다. 수령권 강화를 위한 중요한 수단의 하나가 된 것이 수령에 저항하는 지방 토호를 겨냥한 '부민고소部民告訴' 금지였다. 그런데 부민고소금지법은 수령의 불법이나 비리에 대해 모든 부민을 침묵하게 만듦으로써 인민의 원억 해소라는 왕도정치의 추진 방향과 정면으로 충돌하는 면이 있었다. 부민고소금지법을 둘러싼 논란은 뜨거웠고 그 치폐도 잦게 되었다. 그러나 결국은 '자기원억'에 한한다는 단서를 붙여 수령고소를 허용하게 되었다. "수령고소 관행의 확보는 민의 정치적 지위의 확보에 일획을 긋는 매우 중요한 변화"라 할 수 있다.[33]

1심의 경우 수령이 일차적으로 재판을 담당하며—서울은 5부의 '주부主簿'—형사사건이라면 태형까지는 수령이 집행할 수 있다. 장형 이상의 중죄에 해당하는 범죄라면 관찰사에게 이첩하게 되며, 수령의 판결에 불복하는 경우 관찰사에 항소할 수 있다. 2심은 관찰사의 지시에 따라 수령에 의해 진행된다. 관찰사는 유형까지 직단直斷할 수 있다. 관찰사가 직단할 수 없는 사죄는 형조로 이관하게 되어 있었다.

관찰사의 판결에 불복하면 다시 사헌부나 형조에 상고한다. 이때 형사사건은 사헌부에, 민사사건은 형조에 고소하는 경우가 많았을 것으로 생각된다. 다만 사헌부가 형사사건만을 접수하는 것도 아니고, 접수된 모든 형사사건을 사헌부가 취급하는 것은 아니었던 것으로 보인다. 즉 고의적으로 부당한 판결을 내린 혐의가 있는 사건만을 주로 취급하였다는 것이다. 사헌부에 고소하는 사안이 '원억'으로 표현되어 있고 백관규찰이라는 사헌부의 본래

---

33) 최이돈, 「조선 초기 민의 수령 고소 관행의 형성과정」, 『한국사연구』 82, 1993, 114쪽.

의 기능에 비추어 보아서도 그러하다. 사헌부에 접수된 사건이라도 관원의 비리와는 무관한, 단순히 증거나 법리를 다투는 사건이라면 사헌부가 이를 다시 형조나 한성부에 이관했을 것으로 여겨진다.

사헌부가 취급하는 사건이라 하더라도 사헌부의 궁극적인 역할은 재판에 있는 것이 아니었다. 사헌부의 역할은 어디까지나 억울한 사건의 고소·고발을 수리하고, 풍문을 수집해 가며 수사하며, 혐의가 있는 관원을 탄핵하는 데 있다. 관원 범죄의 경우 사헌부가 수사·기소라는 검찰의 역할을 맡고 의금부가 심리·판결이라는 법원의 역할을 맡아 그 임무를 분담한다고 할 수 있다.

형조 역시 민·형사사건 모두를 접수할 수 있었다. 그리고 접수된 사건 모두를 재판하는 것이 아니라 민사사건 중 상당수는 한성부로 이관하였다. 이를테면 세종 10년, 한성부가 사헌부와 형조에서 이송되는 공사가 많다면서 관속의 증원을 요청한 것은 그러한 사정을 방증한다.(『세종실록』 10년 1월 6일)

④ 기타의 군주권 견제책

│ 군주의 소유권 제한 │ 조선시대에는 이상의 입법·행정·사법상의 여러 가지 제도적 장치 외에도 군주의 권능을 제한할 수 있는 다양한 장치와 방안이 있었다. 그 가운데 먼저 지적할 것은 군주의 소유권 제한이다. 왕실의 사적 재정과 국가의 재정을 엄격히 구분하였을 뿐 아니라 아예 군주의 순수한 사적 재정마저 부정하는 주장도 심심치 않게 제출되었다. 국가의 모든 자산은 군주의 자산이므로 특별히 군주 개인의 자산('사장私藏')을 챙길 이유가 없고 군주를 비롯한 왕실의 수요는 국가가 마련해주면 된다는 논리이다. 뒤에서 살펴보는 바와 같이 왕실의 수요를 충당하기 위한 기관이 다수 설치

되어 있었지만 이는 일반 관료들이 왕실재정을 공적으로 관리하기 위한 것이었다.

고려시대에 비한다면 조선시대의 군주의 재정상의 권능은 많이 축소되었다. 고려시대만 하여도 장莊·처處라 불리는 많은 왕실 토지를 소유했고, 왕실의 사유재산을 관리·운영하는 사장고私藏庫도 많이 지니고 있었다. 이것이 조선에 와서는 대폭 축소되고 제한되었다. 정도전은 『주례』에 근거하여 군주를 위한 경비 지출은 담당기관들을 두고, 군주가 아닌 재상이 이를 통제해야 한다는 주장을 강력히 피력한 바 있으며,[34] 실제로 조선에 들어와서 왕실의 사장고가 축소되고 공상기구가 정비되어 국가재정의 공공성과 합리성이 증대되었음이 밝혀져 있다.[35] 개개 왕실인사의 재정을 돌보았던 '비주부妃主府'·'왕자부王子府' 등은 국가의 경비가 모두 인군의 소용이므로 인군은 사장을 갖지 않는다는 이념에 의해 군주의 사재정이 부정되면서 조선 세조대를 기한으로 역사적 임무를 다하게 되었다.[36] 군주의 사인으로서의 성격이 약화되고 공인으로서의 성격이 강화되었던 것이다.

태조는 자신의 재산을 포함하여 넘겨받은 고려 왕가의 재산도 국가에 내놓음으로써 이후 두고두고 칭송의 대상이 되었다. 그러나 왕가의 모든 자산을 기부한 것은 물론 아니었다. 사적 재산 하나도 없이 국가재정에 손을 내밀게 되면 아무래도 왕실의 생활은 쪼들리고 군주의 체모마저 유지하기 어려울 것이기 때문이다. 군주가 자신 및 왕실의 자산을 확대하려는 욕구와 국가

---

34) 한영우, 「부국론」, 『정도전사상의 연구』, 서울대학교출판부, 1987, 228쪽.

35) 송수환, 『조선전기 왕실재정 연구』, 집문당, 2000.

36) 이정란, 「고려·조선전기 王室府의 재정기구적 면모와 운영방식의 변화」, 『한국사학보』 40, 2010, 340쪽.

재정의 손실을 우려하는 관료들의 제지 사이의 갈등이 조선시대 내내 빚어졌다. 비록 군주의 사재정 운영을 막지는 못했으나 군주의 사장은 옳은 일이 아니라는 명분은 군주의 국가재정 잠식을 막는 데 크게 일조하였다.

┃ 종친·내관의 정치 참여 금지 ┃ 군주와 긴밀한 사적 관계를 가진 종친·내관의 정치 참여 금지 역시 조선시대 군주의 전제권 행사를 제약한 결정적인 요인의 하나였다. 군주의 4세손까지 일반 관직에 나갈 수 없게 한, 다시 말하면 정치에 참여할 수 없게 한 명분은 종친이 정사를 담당하다가 잘못을 저지른 경우 이를 처벌하면 군주가 가까운 혈육을 처벌한 셈이 되어 육친의 의리에 저촉되며 이를 처벌하지 않으면 법의 형평에 어긋나니 아예 정사를 맡기지 않는다는 것이었다. 종친이 권력을 키워 군주에게 도전할 가능성을 차단하여 군주권의 안정에 도움이 되는 면이 없지 않지만 군주가 혈족의 도움을 얻지 못하고 고립무원의 형세에 빠질 가능성을 안게 된다. 그만큼 군주권을 견제하는 기능을 연출하게 된다는 것이다.

내관 즉 궁내에서 왕실의 수발을 드는 환관宦官도 정치에 참여할 수 없도록 했다. 그들 역시 늘 군주 가까이에서 생활하므로 군주의 측근세력이 되기 쉬웠다. 따라서 그들을 관계에서 배제하는 것은 군주권의 견제하는 데 효과적인 수단이 될 수 있어 내시부라는 특수기관에만 소속시켰다. 다시 말하면 내시부 외의 다른 관직으로 이동이 불가능했고 일반 정무도 맡을 수 없었다. 중국의 경우 환관이 정권을 농단하고 군권을 장악하는가 하면 황제가 환관을 정보원으로 적극 활용하여 전제권을 강화하기도 하여, 비교적 효과적으로 이들을 제어할 수 있었던 조선의 경우와 뚜렷한 대조를 보였다.

┃ 언로의 개방 ┃ 언로의 개방도 군주권을 제약하는 요인이었다. 유교가 민심을 천심으로 여기는 만큼 민심의 소재를 파악하기 위한 언로의 개방은 누구도 거부할 수 없는 원칙이었다. 언로의 개방은 언관에게만 해당하는 것이

아니다. 관원은 물론 유생, 그리고 일반 평민까지도 상언이 가능했다.

성균관 유생의 경우 국정에 큰 불만이 있으면 강경한 투쟁을 벌이는 것도 가능했다. 성균관 유생들은 시국에 대한 성명서를 발표하는가 하면 성균관 뜰에서 농성에 돌입하기도 했다. 좀 더 강도를 높이려면 권당捲堂이라 하여 식당에 들어가지 않는 방법이 있었다. 당시 성균관 유생들은 아침·저녁으로 식당에서 출석 확인을 해야 했으니 식당에 들어가지 않는 것은 수업거부를 의미하는 것이었다. 좀처럼 문제가 해결될 기미가 없으면 공관空館까지 서슴지 않았다. 아예 성균관을 떠나는 동맹휴학으로서 지방에서 올라온 유생들은 낙향해 버렸다. 성균관 유생들이 들고 일어나면 조정에서는 대간은 물론 대신들도 군주에게 고집을 꺾을 것을 권유하기 마련이다.

재난 같은 것이 닥치면 구언求言이라 하여 군주가 직접 나서서 시정에 대한 재야의 비판이나 건의를 종용했다. 공법貢法 시행을 앞두고 세종이 공식적으로 여론을 조사하도록 한 것은 이례적인 것이기는 하지만 언로를 개방하여 공론을 수렴하려는 위정자의 자세를 보여주는 것이라 할 수 있다.

┃사관의 설치┃ 국정을 기록하는 임무를 맡은 사관은 군주가 국정을 공개적으로 수행하도록 하는 기능을 연출했다. 궁중 내에서의 사생활을 제외하고는 언제 어디서나 군주를 수행하면서 언행을 기록으로 남겼던 것이다. 사관에는 광의의 사관과 협의의 사관이 있다. 광의의 사관은 다른 기관의 본직을 가진 채 영사領事·감사監事·지사知事·동지사同知事·수찬관修撰官·편수관編修官·기주관記注官·기사관記事官 등의 직함을 띠고 춘추관에 소속되어 있었다. 영사·감사가 되는 3의정을 비롯하여 승정원·홍문관의 모든 관원, 의정부 낭관, 예문관의 참외관, 사헌부 집의 이하, 시강원 당하관, 사간원·승문원·종부시·6조 당하관 각 1원 등 한마디로 국가 중요 기관의 중요 직책 담당자들을 1인 이상씩 거의 망라한 것이다. 저마다 소속 기관의 업무

의 기록과 그 보존·관리에 만전을 기하라는 의미를 가진다. 예컨대 승정원의 겸직 사관들은 매일 일지를 작성하며, 이 일지를 모아놓은 것이 바로 『승정원일기』이다.

협의의 사관은 광의의 사관 가운데 예문관의 참외관 즉 정7품 봉교奉敎 2원, 정8품 대교待敎 2원, 정9품 검열檢閱 4원 등 8인이 전임 사관이다. 비록 참하관의 낮은 직급이지만 이들 전임 사관은 어떠한 국정 회의나 국가 행사에도 참석하여, 참석자의 언행을 기록하게 되어 있고, 실록을 편찬할 때까지 비밀을 유지하게 하여 외부의 간섭을 차단하였다. 사관의 설치는 군주와 소수인이 밀실에서 음모할 여지를 사전에 예방하는 기제였다. 만약 사관의 배석 없이 군주가 어떤 신하를 불러 은밀히 논의한다면 이를 '독대獨對'라 하며 대간의 신랄한 비난을 면하기 어렵다. 사관이 기록한 '사초史草'는 군주라 하더라도 열람할 수 없으며 군주가 죽은 이후에야 실록 편찬 담당자에게 공개될 뿐이다. 사적 공간에서의 군주의 사생활을 제외한 군주의 발언이나 일거수일투족이 모두 기록되니 언행에 조심하지 않을 수 없다. 청사에 빛나는 것을 가장 명예롭게 여기던 당시의 문화풍토에서 사관의 설치는 군주의 권능에 대한 강력한 견제 기능을 발휘할 수 있었다.

| 경연·세자시강원의 설치 | 경연經筵과 세자시강원世子侍講院은 각기 국왕과 왕세자가 신료와 함께 공부하는 학습기관이지만 동시에 정사를 논의하는 장이다. 일종의 세뇌기관 노릇도 할 수 있었다. 담당 관원은 대개 의정이나 언관을 비롯한 중요한 직책을 가진 자들로서 여기서 강조되는 것이 왕도정치와 군주 수기의 당위성일 것은 말할 것도 없다. 독단적 군주에 대한 성토 역시 빼놓지 않았을 것이다. 정사의 당부를 판단하는 기준을 공론에 둘 것이 역설되는 장이기도 했다.

| 혁명권 | 법제나 관행 그 어느 것도 군주의 전횡을 막는 데 효력이 없을

경우 최후에 남는 저지 수단은 혁명권이다. 조선왕조에서 역성혁명은 일어나지 않았지만 혁명에 준한 '반정'이 있었다. 군신관계는 천리로 표방되었지만 조선시대에 2명의 군주가 신하에 의해 쫓겨났던 것이다. 축출된 군주가 다른 군주처럼 조祖나 종宗의 묘호를 받지 못하고 군君으로 불리게 되었고, 그 치세의 실록마저 실록이 되지 못하고 '일기'로 폄하되는 운명을 맞은 것은 잘 알려진 사실이다.

조선시대의 군주는 관념상·형식상으로는 전제군주의 모습을 보이지만 실제로는 제한군주에 가까운 존재였다. 조선의 군주는 민본·위민이념과 미리 정해진 법의 테두리 안에서 통치하게 되어 있었으며, 입법·행정·사법상의 법규와 관행에 따라 권능은 큰 제약을 받았다. 군주의 재산과 국가의 재산도 엄격히 분리되어 있었다.

전체적으로 공인으로서의 군주의 위상이 한껏 높아진 반면 사인으로서의 군주의 권능은 엄격히 제한되었다. 그것이 바로 사대부계급이 희구하던 군주였고 또 실제로 만들어 놓았던 체제였다. 그렇다면 조선이라는 군주국에서 국가의 권력은 어떻게 배분되고 권력의 축 사이의 견제와 균형이 어떻게 이루어지는 것인지 살펴볼 차례이다.

2절 권력분립

1. 권력분립과 권력의 3축

1) 수평적 권력분립과 수직적 권력분립

조선시대에는 국가 권력이 수평적으로 분립되어 있을 뿐 아니라 수직적으로도 분립되어 있었다는 데 특색이 있다. 의정부와 같은 자문-심의기구, 6조와 속아문으로 이루어지는 일반 행정기구, 사헌부·사간원·홍문관의 언론-감찰기구 등의 구분은 수평적 권력분립을 보여준다. 그러나 수평적 권력분립만으로는 정치적 안정을 가져올 수 없다. 군주의 권능을 제어하기 어렵기 때문이다.

오늘날 많은 국가가 채택하고 있는 삼권분립은 입법·행정·사법부라는 3개의 축으로 국가권력을 분할한 수평적 권력분립의 한 형태이다. 대통령제의 경우 대통령이 이끄는 행정부는 입법부와 사법부의 견제를 받게 된다. 그러나 조선왕조와 같은 군주국의 경우 군주가 초월적인 위치에서 모든 국가기구에 군림하고 있기 때문에 신료가 담당하는 국가 기구 사이의 수평적 분립은 신료의 권능만 크게 약화시키게 된다. 이것이 바로 수평적 분립과 함께 군주의 권능을 제약하는 수직적 분립이 필요한 이유다.

2) 수직적 권력분립과 권력의 3축

조선시대의 수직적 권력분립이란 군주-고위관원-중소관원의 3축 사이의 권력분립을 말한다. 조선시대에는 이 3축 사이에 견제와 균형이 이루어짐으로써 장기간의 정치적 안정이 가능했던 것이다. 어느 한 축의 권능이 비대해지면 나머지 두 축이 제휴하여 그것을 견제하는 형태였다. 우리가 앞에서 보아온 군주권에 대한 입법·행정·사법상의 제한 장치들은 바로 고위관원과 중소관원이 제휴하여 활용하는 장치인 것이다.

종래는 조선시대의 권력구조와 권력변동을 왕권과 신권이라는 2축을 중심으로 설명해 왔다. 이러한 왕권-신권의 2항론은 고위관원과 중소관원이 제휴하여 군주권을 제어하는 측면만 가지고 조선시대 정치사를 설명하는 뼈대로 삼은 것이다. 권력의 축을 셋이 아닌 둘로 잡음으로써 종래의 설명에는 큰 문제점을 야기하지 않을 수 없었다.

첫째, 왕권-신권론은 권력관계에서 나타나는 세 방면의 양상 중 오직 한 방면의 양상만 부각시킨다는 점이다. 즉 고위관원과 중소관원이 제휴하여 군주를 견제하는 측면만을 부각시킬 뿐, 군주와 고위관원이 제휴하여 중소관원을 제압하거나 군주와 중소관원이 제휴하여 고위관원을 견제하는 양상은 간과하거나 소홀히 취급하게 된다는 것이다. 재상권이 막강했던 고려 문벌사회의 경우에는 군주·신료(재상)의 2항적 대립구도를 설정할 수 있다. 그러나 조선 사대부사회의 경우에는 위계상으로 낮은 중소관원의 권능이 크게 증대되어 권력의 한 축을 담당하게 되었던 것이다.

둘째, 2항적 대립구도는 군주와 신료의 상호의존의 면은 묻히고 대립만이 강조되기 쉽다는 점이다. 군주권의 최대 지지자는 다름 아닌 신료들이었다. 군주와 신료 양자는 국정의 협력자이자 궁극적으로 사대부지배체제를 떠받치는 두 개의 축이다. 즉 양자의 이해관계가 부분적으로는 배치될 수 있지만 전체적으로는 일치하는 것이다. 왕권-신권의 2항 구도로 조선시대의 정치사를 설명하는 논자들 역시 다른 한편에서는 군주와 신하가 협력관계에 있음을 강조하지 않을 수 없는 것도 그 때문이다.

군주권이 그 핵심 토대를 신료의 지지에 두고 있었음은 설사 군주의 독단적인 국정 운영이나 과도한 권력 행사가 문제가 될 때조차 적지 않은 신료가 군주 편에서 활동하는 데서 쉽게 알 수 있다. 군주라는 초월적인 존재는 그만큼 사대부계급에게 절실한 존재였기 때문이다. 군주를 지지하는 부류는 단순히 군주의 소수 측근이나 간신에게만 해당되는 일도 아니고, 일시적인 특수 상황에서만 나타나는 것도 아니다. 군주의 권능의 적정선을 둘러싼 신료들 간의 의견 대립은 매우 일상적인 일이었다. 조선 후기 서인과 남인 사이에 군주의 위상을 놓고 벌어진 '천하동례天下同禮' 대 '왕자례부동사서王者禮不同士庶'의 논쟁은 그 좋은 예의 하나다.

셋째, 왕권-신권의 2항적 대립구도로는 실제의 정치적 상황이나 흐름을 설명하기 어렵다는 점이다. 2항 구도에서는 왕권이 강화되면 신권이 약화되고 신권이 강화되면 왕권이 약화되어야 한다. 그러나 실제로는 그렇게 단순하지 않았다. 군주와 고위관원이 제휴할 경우 중소관원의 권능은 약화되지만 고위관원의 권능은 군주와 함께 강화되고, 군주와 중소관원이 제휴할 경우 고위관원의 권능은 약화되지만 중소관원의 권능은 강화된다. 또 뒤에서 보는 바와 같이 왕권을 견제할 수 있는 법제는 동시에 신료 측의 권력을 견제하는 것으로도 쓰일 수 있는 양면의 날이 되는 경우가 적지 않다. 또 신료들 사이의 이해가 항상 일치하는 것도 아니다. 동료인 동시에 경쟁자였기 때문이다. 서로 간의 견제는 왕권의 견제 못지않게 중요했다. 이하 군주 외의 두 축을 담당하는 고위관원과 중소관원의 권능을 차례로 살펴보기로 하자.

2. 고위관원의 권능

1) 고위관원의 구성과 권능의 배경

고위관원이란 구체적으로 '당상관堂上官'을 말한다. 국정을 심의하는 정당政堂에 오르는 관원이라는 뜻에서 유래한 것으로 보이는 당상관은 관품으로는 정3품의 두 개의 자급인 통정대부通政大夫와 통훈대부通訓大夫 중 상위 자급인 통정대부 이상의 관원을 통칭하는 것이다. 고려시대의 고위관원은 2품 이상의 관원인 재상이었는데 조선시대에 와서 한 자급 더 낮은 관원까지

고위관원으로 포괄된 셈이다.

일상의 국정운영에 큰 역할을 하는 당상관의 수는 무반의 당상관, 그리고 문반 중의 예우직이나 겸직, 그리고 경관을 지닌 채 파견되는 지방관을 제외하면 40명 남짓으로 헤아려지는데 그 설치기관으로는 의정부·6조·한성부·개성부·사헌부·승정원·장예원·사간원·홍문관·성균관 등이 있다.

이들 당상관이라는 권력주체의 핵심을 이루는 관원으로는 의정부 3의정·6조판서와 특히 인사권을 가진 이·병조의 당상관과 승정원의 6승지를 꼽을 수 있다. 대사헌이나 대사간의 경우는 고위관원의 권력핵심에서는 제외하는 것이 낫다고 생각된다. 대간이 만장일치의 '원의圓議'를 중시하여 대간의 의견은 통상 당하관 대간의 의견을 반영하게 되기 때문이다.

당상관은 고관으로서 복식이나 탈 것, 그리고 관원끼리의 영송이나 회좌會坐 시에 관품에 맞는 일정한 예우를 받으며 여름에는 '반빙頒氷'의 혜택도 누린다. 퇴임 후에는 '봉조하奉朝賀'가 되어 녹봉을 받으면서 조하朝賀에 참여할 수 있었다. 관원으로서의 복무에 있어서도 승진에 일정한 복무일수가 요구되지 않으며 서로간의 상피관계에도 제약을 받지 않을 뿐만 아니라 복무평가 같은 것도 받지 않는다. 오로지 군주에게만 책임을 지는 것이다.

2) 국정심의권

고위관원은 국가의 최고 관리층으로서 국정의 최종적인 심의를 담당했다. 의정부야말로 대표적인 심의기구이다. 기관의 이름 자체가 국정을 의론한다는 뜻을 담고 있다. 의정부는 군주에게 건의할 자체 안건을 심의하는 동시에 다른 행정기구로부터 이첩받거나 군주의 의뢰를 받은 사안을 심의하였다. 신법을 제정하거나 기존의 법을 바꿀 경우에는 의정부의 심의를 거치는

것을 명문화하였다.(『경국대전』,「예전」, 의첩조)

비서기구인 승정원도 심의기능을 수행하였다. 각 기관이나 개별 관원의 의견까지 모두 총괄하여 군주에게 전달하고 보고하는 승정원은 전달·보고의 과정에서 간단히 자체 심의한 의견을 피력하기도 하며, 군주가 현안에 대해 자문하거나 심의를 요청하는 경우가 많았다. 군주가 어떤 사안을 의정부나 6조에 심의하게 할지 여부를 사전에 승지들에게 묻거나, 올라온 의정부·6조의 의견에 대한 가부를 묻기도 하였다.

행정기구 역시 국정의 심의기능을 수행했다. 다만 행정기관의 대표인 6조의 심의기능은 주로 소관업무에 관련한 사항을 중심으로 이루어진다는 점에서 의정부나 승정원과 다르다. 즉 6조는 자체 안건을 심의하거나 속아문에서 올라오는 안건의 심의를 맡았다. 군주나 다른 기관이 의뢰한 안건도 심의하였다. 의정부·6조는 합동하여 중요한 안건을 심의하는 경우도 적지 않았다.

군주가 의정부·6조 등의 심의 결과를 반드시 수용해야 할 의무는 없다. 그러나 심의 결과를 거부하는 것은 결코 간단한 일은 아니었다. 심의자들의 불만을 사거니와 무엇보다 언관들의 비판을 감수해야 한다. 사안이 중요할수록 반발의 강도나 기간도 길어지며 저항도 당하관들이나 심지어 재야사대부나 유생에까지 확장될 수 있다. 군주는 독단적인 결정이라는 비난을 완화시키기 위해서는 지난한 설득 작업을 벌어야 한다. 승지들과 의논하여 자신의 입장을 부연 설명하여 이해를 구하기도 하고, 군신 합동의 재논의의 자리를 마련하기도 하고 수정안 내지는 타협안을 제시하기도 한다.

6조직계제하에서는 군주가 의정부에게 반드시 심의를 의뢰할 필요가 없다. 그러나 6조직계제의 실시 목적은 군주가 좀 더 적극적으로 국정을 수행해 나가기 위한 것이지 의정부의 심의기능을 없애려는 것이 아니었다. 6조직계제하에서도 6조의 일상적인 업무가 아닌 것은 의정부에 알리게 하며 군주는 6조의 안을 의정부에 자문하였다. 승정원에는 정식 자문보다는 공식적인 절차를 생략하고 가볍게 수시로 자문하는 경우가 많았다. 당상관들이 가진 심의기능은 군주권에 대한 견제가 되기도 하지만 군주와 함께 국정의 전체적인 방향을 결정하는 의미를 가진다.

3) 기관별 정책결정·운영·대표권

기관별 정책이나 업무의 결정은 최고관리층에 해당하는 당상관들이 담당하였다. 당상관들은 기관의 장관이나 부장관 또는 장관의 참모였으며 당상관이 두어지지 않는 기관의 경우에는 타기관의 당상관이 겸직하는 제조라는 직책이 설치되어 그들 당상관이 해당 기관의 정책을 결정하고 업무를 총괄하였다.

당상관들은 담당 기관을 대표하며 기관과 군주를 연결하는 기능을 가졌다. 당상관은 군주와 접견할 기회가 자주 있었다. 군주가 부르는 경우도 많고 당상관들 스스로 담당 기관의 업무를 가지고 수시로 승정원을 통해 군주와 면담을 신청하거나 문서를 전달했다. 공식적인 업무수행 외에도 군주와의 접견이 자주 이루어졌다. 궁궐에서 근무하면서 밤낮으로 군주를 시종하는 승지는 말할 것도 없고 의정부나 언론 삼사 등 주요기관의 당상관들은 상참 등의 기회를 통해서도 정례적인 만남의 자리를 가졌다.[37]

---

37) 물론 당상관만이 군주와 소통할 수 있는 것은 아니다. 사헌부·사간원의 각 1원, 경연의 당상·당하 각 2원은 돌아가며 상참에 참석하고, 上奏할 일이 있으면 正殿에 올라가 계를 올렸던 것이다. 의정부·6조의 당직 당하관과 사헌부 감찰도 상참에 참여했다. 그 밖의 일반 관원들도 '輪對'나 상언 등을 통해 군주와 소통할 수 있었다. 『경국대전』, 「이전」, 朝儀.

본직의 당상관이 설치되는 않은 6조의 다수의 속아문들은 겸직의 당상관인 제조를 통해서 군주와의 연결이 이루어진다. 제조는 담당 아문의 앙조와 수시로 업무 조율을 하며 긴요한 일은 직계하였고, 그 밖의 일상적인 일은 앙조에 보고하여 처리하게 되어 있었다.(『경국대전』, 「이전」, 용문자식用文字式)

4) 평가권와 추천권

당상관은 6개월에 한 번씩 휘하 관원에 대한 복무평가를 했다. 당상관이 두어지지 않은 기관에서는 겸직 당상관인 제조가 앙조의 당상관과 함께 복무평가를 했다. 이 복무평가로 관원의 포폄이 결정되었음은 전술한 대로이다. 당시 사람들은 포폄으로 말미암아 "아래 관원이 장관을 경외하고 부지런히 업무에 종사한다."라고 인식하고 있었다.(『세종실록』 14년 5월 18일)

서울과 지방의 동서반 3품 이상 관원은 보거를 시행했다. 즉 3년마다 정월에 3품에서 무직자를 대상으로 임용후보자를 3인씩 추천하고, 매년 정월에 동반 3품 이상·서반 2품 이상은 각기 수령이나 만호의 직책을 감당할 수 있는 자를 3인 이내로 추천했다. 추천은 승진에 필수적이었으므로(『단종실록』 즉위년 8월 19일) 중소관원에 대한 포폄과 함께 무엇보다 강한 통제력을 발휘하는 권한이다.

5) 군지휘권

중앙군과 지방군의 최고 지휘관이 된다는 것도 당상관의 중요한 권능이라 할 수 있다. 중앙의 5위도총부·5위·금군의 장관, 그리고 지방의 병·수사 모두가 당상관이다. 당상관의 군지휘권은 유사시 군주에게 적지 않은 견제력이 될 것이다. 또 그의 직접적인 지휘를 받는 무반은 말할 것도 없고 일반 중소관원에게도 큰 권능으로 작용할 수 있다.

6) 기타

사죄의 최종적인 '검복檢覆'을 담당하거나 의금부의 재판관이 된다는 것 등 당상관의 사법상의 권능도 간과될 수 없다. 이 역시 군주의 자의적인 사법 권 행사를 견제하거나, 중소관원에 대한 일정한 통제력을 발휘할 수 있다.

3. 중소관원의 권능

1) 중소관원의 구성과 권능의 배경

중소관원이란 정3품 당하관 이하 종9품에 이르는 관원을 말한다. 중소관 원에는 여러 등급의 관원이 있었다. '○○大夫'라는 산계명散階名을 가진 4품 이상의 관원과 '○○랑郎'이라는 산계명을 가진 5품 이하의 관원의 구분이 있 다. 6품 이상의 참상관參上官과 7품 이하의 참하관參下官의 구분도 있다. 참 상관과 참하관의 명칭은 고려시대부터 조회의 참여 여부에 따른 구분이었 다. 참상관과 참하관을 구분하는 6품과 7품의 경계선은 매우 중요하였다.(『성 종실록』 18년 1월 23일) 공문 형식에서도 참상관과 참외관이 구분되었을 뿐 아 니라[38] 6품 이상이 되어야 목민관(수령)이 될 수 있는 중견관원으로 대우되었

---

38) 상위 기관에서 하위 기관에 보내는 공문은 '관關'이라 형식을 사용하는데 7품 이하 기관에는 '첩牒'을 썼다. 『경국대전』, 「예전」, 용문서식.

으며 중앙기관 최고관리층의 하한선도 참상관이었다.[39]

중소관원에는 그 내부에 여러 등급이 있었지만 국가권력의 행사에는 하나의 축을 형성했다고 말할 수 있다. 각 관서에서 당상에 대응하는 낭청이라는 회의체를 구성한다든가, 청요직자에 의해 그들의 입장이 대변되고 결속이 이루어진다거나 하는 등이 그것이다. 중소관원은 중앙의 문반의 수만 해도 500명에 달하지만 그 핵심이 되는 문반 청요직자의 면면은 다음과 같다. 의정부의 사의司議·검상檢詳, 이조·병조·예조의 정랑·좌랑, 홍문관·사헌부·사간원의 당하관 등이 그것이다. 이밖에 참외관이지만 예문관의 봉교 이하 8명의 사관은 대표적인 청직으로 꼽혔고, 승정원의 주서 역시 협의의 사관에 준하는 중요한 사관으로서 청직에 해당되었다.

중소관원의 권능은 제도적 보호 장치와 여론의 지지를 배경으로 한다. 관료제와 법치주의에 의해 군주의 자의로부터 보호됨으로써 권능이 발휘될 수 있다는 점은 중소관원과 고위관원의 경우가 같다. 그러나 고위관원과 중소관원의 권능의 배경에는 뚜렷한 차이도 있다. 고위관원의 권능이 기본적으로 관료제의 위계질서 내의 높은 위치에서 오는 것이라면, 중소관원의 경우에는 '공론'·'청의淸議' 등으로 불리우는 사대부계급 내에서 조성된 여론의 지원이 큰 힘이 되기 때문이다. 그들이 권능을 발휘할 수 있도록 마련된 제도적 장치 역시 근본적으로는 여기에서 유래한다. 중소관원의 핵심적인 관직들이 '청요직'이라 불리는 자체가 공론·청의의 소산이다.

청요직은 고위관원의 영향력을 차단할 수 있는 제도적 장치를 가지고 있

---

39) 참상관으로의 진출은 사로에서 중요한 관문의 하나가 되었으므로 6품직의 취득을 '출륙出六'이라고 불렀다. 과거급제자의 경우에는 복무기간 동안 특별한 하자가 없는 한 출륙을 기대할 수 있는 반면 그 외의 입사로는 그 통과가 쉽지 않았다.

었다. 청요직 중에서도 그 대표직이라 할 수 있는 대간직이 상관으로부터 복무평가를 받지 않게 되어 있다든가(『경국대전』, 「이전」, 포폄) 사관, 이·병조의 전랑, 홍문관원 등 청요직의 상당수가 자신의 후임을 추천하게 하는 자천제自薦制를 획득함으로써[40] 고위관원의 강력한 중소관원 제어수단인 복무평가와 추천제를 무력화시키고 있었던 것이다. 구체적으로 중소관원이 가진 권능의 면모를 살펴보자.

2) 기관 내의 협의·동의권

낭관들은 소속 기관의 정책이나 업무를 결정하는 데 협의권 내지 동의권을 가지고 있었다. 국가기관의 운영 권한을 쥔 것은 당상관이었지만 이들이 일방적으로 해당 기관의 모든 정책과 업무를 결정한 것은 아니었다. 당상은 낭청과 협의했으며 대체로 낭청의 동의를 필요로 했다. 다시 말하면 당하관이 당상관의 명령에 무조건 복종하는 수직적인 관계는 아니었던 것이다.

조선시대에는 보통 기관마다 당상관들의 집무처와 당하관들의 집무처를 명확히 구분했다. 아예 별채로 짓기도 했다. '당상대청堂上大廳'과 '낭청대청郎廳大廳'을 따로 설치한 것이 그것이다. 집무장소만 다른 것이 아니라 독자적으로 회의를 하여 각자의 의견을 모으기도 했는데, 통상 기관마다 당상관과 낭청 양측의 합의를 존중했다. 중소관원은 당상관과의 협의 또는 당상-낭청 연석회의에서 자신들의 의견을 당당히 주장하였으며, 끝내 합의가 이

---

40) 최이돈, 「중종조 사림의 郎官 정치력 강화과정」, 『조선 중기 사림정치구조 연구』, 일조각, 1994; 오항녕, 「여말선초 사관 자천제의 성립과 운영」, 『역사와 현실』 30, 1998.

루어지지 않으면 경우에 따라 당상관의 제안을 거부하기도 하였다. 현재까지는 조선시대에 당상과 낭청의 협의가 어느 범위의 기관에까지 일상화되어 있었는지, 그리고 협의과정에서 합의가 이루어지지 못했을 때는 어떻게 처리했는지 상세히 밝혀져 있지 않다. 그러나 중소관원의 핵심 관직인 청요직이 분포되어 있는 기관에서는 일찍부터 협의·동의권을 확보하고 있었던 것은 분명하다. 가장 대표적인 것이 대간이다.

대간에서는 일찍부터 둥그렇게 둘러 앉아 의견의 일치를 볼 때까지 숙의하는 '원의'의 관행이 자리 잡고 있었다.[41] 대간의 원의는 사헌부나 사간원의 자체 내에서만 이루어지는 것이 아니라 사헌부·사간원이 합동으로 이루어지는 경우도 적지 않았다. 이러한 경우 대사헌이나 대사관이 홀로 중의를 거부하고 자신의 견해를 고집하는 것은 거의 불가능했다. '다시茶時'라는 독특한 모임을 가진 것도 합의제의 단면을 보여준다. 원의는 자신들의 합의된 의견을 강력히 밀어붙이는 데 도움이 되었으며 최초의 발의자나 정보의 출처를 보호하는 기능을 가졌다.

행정기구의 중추가 되는 6조의 경우도 중요한 사안은 당상-낭청의 원의에 의해 결정되었다. 6조 중에서도 관원의 인선을 맡는 이조·병조의 경우가 가장 철저했다. 일찍부터 당상·낭청이 함께 의논하여 주의하게 되어 있었다.(『세종실록』 4년 9월 28일) 인사의 잘못에 대해 당상과 낭청을 함께 문책한 것은(『세종실록』 23년 7월 4일) 낭청이 단순히 명령을 따르는 존재가 아니었기 때문이다.

이조나 병조의 정랑(정5)·좌랑(정6)의 경우 16세기에 와서는 의망에 대한

---

41) 이미 태종 3년 당시 원의한 일은 먼저 알린 자를 묻지 않는다는 관행이 성립되어 있었다. 『태종실록』 권6, 3년 7월 10일.

거부권을 행사할 수 있는 관행이 성립하기에 이르렀다. 이리하여 그들을 전주권을 가진 낭관이라 하여 전랑銓郎이라 불렀다. 동서분당의 계기가 된 것은 이조 전랑에 누구를 앉히느냐 하는 다툼에서 연유한 사실은 잘 알려져 있다. 16세기 이후에는 당하관의 의망, 그중에서도 청요직의 경우에는 전랑이 전담하는 관행이 성립되었으니 당하 청직에 대한 추천권은 동의권이 확대된 결과이다. 전랑의 과도한 의망권은 영조 대에 가서야 제동이 걸릴 수 있었다.

홍문관에서 정기적으로 홍문관원 후보를 미리 선정하여 그 명단('홍문록弘文錄')을 작성할 때에도 중소관원이 반드시 참여하였다. 부제학을 제외한 직제학 이하 나머지 선정자가 모두 당하관이어서 사실상 중소관원이 후보자 선정을 좌우하였다.[42]

3) 서경권

협의·동의권이 소속 기관 내에서 발휘되는 중소관원의 권능이라면, 서경권은 타 기관에게 발휘되는 권능이다. 고신·의첩서경의 권한은 군주의 인사 행정권이나 입법권에 대한 견제이자 고위관원의 추천·의망권 및 국정 심의권에 대한 견제가 된다. 고신서경의 대상 범위가 공식적으로 5품 이하라 하여도 군주·고위관원의 인사에 대한 대간의 견제는 자못 컸다. 5품까지 도달하기까지 여러 차례 서경의 관문을 통과해야 했으며, 관교에 의하는 4품 이

---

42) 선정자로는 부제학·직제학, 그리고 교리와 수찬 가운데 각기 1인 이상이 참여하여 추천대상자 이름 위에 '권점圈點'(○표)을 쳐서 권점을 가장 많이 받은 사람이 선정된다. 최승희, 「弘文錄考」, 『大丘史學』 15·16 합본, 1978.

상에 대해서도 얼마든지 인사에 대한 문제제기가 가능했기 때문이다. 서경권의 행사나 인사에 대한 문제 제기는 관원에 대한 탄핵과 더불어 삼사의 가장 중요한 활동이라 할 수 있으며 대간이 인사문제로 조야 전체를 떠들썩하게 하는 파문을 일으킨 사례는 매거할 수 없이 많다.

4) 감찰·비판·탄핵권

국가기관이나 관원에 대한 감찰·비판·탄핵권은 중소관원이 행사하는 가장 강력한 견제수단이 된다. 언론 삼사의 막강한 권한은 군주의 전횡을 견제하는 것이기도 하지만 고위관원을 겨누는 것이기도 하다. 삼사의 권한은 그 수장이 당상이었지만 중소관원이 가진 권한이라 보아 무방하다. 수장만이 당상관인 언론 삼사는 원의를 가장 활발히 수행한 기관으로서 중소관원이 논의를 주도했다. 더구나 언론의 힘은 여론의 지지에서 나오는 것이어서, 상대적으로 고위관원보다 교류의 범위가 넓은 중소관원은 그만큼 여론을 잘 반영하고 더 많은 지지를 받는 것이 보통이다.

사헌부와 사간원은 명목상으로는 각기 관원과 군주를 대상으로 한 직무를 띠고 있었지만 실제로는 특별한 구분 없이 언론활동을 하였으며 아예 합사하여 만장일치를 지향하는 경우가 적지 않았다. 대간 관원은 수장의 포폄을 받지 않을 뿐 아니라 문제가 발견되면 수장이라 하여 그냥 넘어가는 법이 없어 대사헌이나 대사간도 아무 제약 없이 탄핵하였다.[43]

---

43) 사헌부에서 수장인 대사헌 吳陞을 탄핵한 실례를 소개한다. 세종 13년, 세종의 큰아버지인 양녕대군의 妾女가 자주비단 고삐를 사용했다가 사치금지의 법령을 어긴 죄로 풍속단속을 맡는 사헌부의 禁亂書吏에게 적발되었다. 여러 다리를 거쳐 청탁을 받게 된 오승은 사건을 은폐하려 한 혐의로 휘하 관원의 탄핵을 받았다. 오승의 변명은 수용되지 않고 파면되었다. 사헌부의 서리

사헌부의 중요한 임무의 하나가 감찰이었다. 이를 위해 사헌부에는 24명에 달하는 감찰직이 설치되어 있었다. 이들 감찰은 질서유지를 위해 국가행사에 입회했으며 재화를 다루는 기관에 파견되어 국고출납을 감시했다.

언관의 가장 중요한 임무는 관원의 비리적발과 탄핵이었다. 군주에서부터 말단 관원에 이르기까지, 국가정책에서부터 업무처리에 이르기까지 직위나 사안의 제한 없이 삼사는 자신의 임무를 수행하였다. 언관의 자유롭고 기탄없는 활동을 보장하기 위한 갖가지 배려도 베풀었다. 구체적인 증거 없이 풍문만으로 탄핵할 수 있는 '풍문거핵風聞擧劾'이 허용되었으며 정보의 출처를 묻지 못하게 하는 '불문언근不問言根'의 전통도 수립되어 있었다.

5) 기록·평가권

조선시대에 발달했던 기록 문화는 공인에 대한 사회적 감시 역할을 톡톡히 했다. 참하관인 전임사관은 국정의 현장에 빠짐없이 참여하고 참가자의 언행을 세밀히 기록하는 임무를 담당했다. 군주가 공식적인 만남 외에 따로 대신을 불러 상의할 때에도 이들이 참석하여 기록하는 것이 보통이었으며 대신을 부르는 군주의 전갈의 임무도 통상 이들의 몫이었다. 겸임사관은 물론 사관으로 지정되지 않은 중소관원들도 휘하 관속을 지휘하여 기관별로 회의 내용을 기록하고 각종 문서를 관리할 책임을 가졌다.

실록과 같은 자료는 일반에게 공개되지 않는 자료였으나 군주나 고위관

가 알리지 말라는 소속 기관 수장의 당부를 저버리고 집의에게 이실직고한 것이나, 사헌부 관원들이 즉각 수장을 탄핵한 것이나, 당시 사헌부의 서슬 퍼런 기강을 잘 보여주는 사례라 하겠다. 『세종실록』 권54, 13년 11월 10일.

원 같은 중요 공인의 행적은 기록과 동시에 매일 발행되는 조보를 통해 즉각적으로 널리 공개되었다. 날씨를 비롯해 군주의 동정이나 관원의 인사문제, 군주에게 올라가는 보고, 군주에서 내려오는 전교, 그리고 각종 상소나 차자 등의 내용도 실렸다. 여론 정치를 반영한 대간의 주장은 조보에 소개되어 새삼 새로운 논의의 장을 열었다.

국가기관 사이에 업무나 권한을 나누는 수평적 권력분립은 제도적으로 명시되고 항상적으로 작용하는 양성적인 권력분립이었다. 이에 반해 수직적 권력분립은 법제적으로 그 권력 주체가 명시될 수 없는 성질의 것이었다. 평소에는 잠복해 있다가 권력의 균형이 위협을 받게 될 즈음에 모습을 드러내고 작동하는 음성적인 권력분립이었다.

수직적 권력분립이 조선 전 시기에 한결같은 모습을 유지했던 것은 아니었다. 조선 초기에는 군주나 고위관원의 권능에 비해 중소관원의 권능이 훨씬 미약했고 조선 후기에는 붕당이 발달하면서 고위관원 대 중소관원이라는 권력분립보다는 한 붕당의 고위관원과 중소관원이 힘을 합쳐 다른 붕당의 고위관원·중소관원의 통일체에 대립하는 양상이 나타났던 것이다. 그러나 그럼에도 불구하고 3축의 정립이라는 권력구조 모형은 조선 사대부시대의 권력구조 모형으로 상정하는 것이 가능하다. 비록 중소관원의 권능이 강화된 16세기에 그 전형을 이룬다 하여도 이미 3축 정립의 모형으로 지향하는 추세가 여말부터 진행되었고, 17세기 이후 점차 모습이 흐려지기는 했지만 조선 후기에도 영조 대에 청요직의 자천제와 전랑의 의망권이 혁파되기까지 상당 기간 권력분립의 틀로 존속했기 때문이다.

끝으로 조선시대 권력 3축 사이의 분립이 원활히 이루어지는 데 도움을 준 경연의 역할을 지적해 두고 싶다. 경연은 단순한 경사經史의 강론장을 넘어 국정의 중대사나 시국 현안을 논의하고 간쟁이나 진언하는 곳으로 적극 활용되었다.[44] 경연은 권력 3축 사이의 완충기구가 되어, 권력의 균형을 깨고 갈등을 일으키기보다 모두가 같은 공동운명체임을 자각하고 협의하는 정치를 지향하도록 유도하는 일정한 역할을 수행할 수 있었다. 그러한 역할은 무엇보다 경연에 권력의 3축이 항시 모여서 서로의 의견을 피력할 수 있고, 이견이 노출되더라도 파국이 오기 전에 미리 조정할 수 있는 기회를 가질 수 있었던 데서 가능했다. 홍문관이 언론 삼사 가운데서도 핵심 기관이 될 수 있었던 요인의 하나도 경연의 정치적 기능이 컸던 데 있었다고 할 수 있다.

44) 南智大,「朝鮮初期의 經筵制度─世宗·文宗年間을 중심으로」,『韓國史論』6, 1980 참조.

5부
조선시대의 경제구조

1장

소유제와 토지정책

1절 왕토사상과 그 존재 의의

한 사회의 경제체제를 이해하는 데는 소유제의 파악이 관건이 된다. 조선 사회의 소유제는 기본적으로 오늘날처럼 사유재산제를 기초로 하고 있었다. 그러나 일제강점기 이래 해방 이후까지도 상당히 오랫동안 토지국유론이 횡행하였다. 한국 전통시대 토지사유권의 존재를 부인한 것이다. 그 주된 근거의 하나는 조선시대에 모든 국토는 왕의 토지라는 왕토사상이 존재했다는 데 있었다.

왕토사상이 하나의 이념으로 존재했고 실제의 토지정책에도 영향을 미친 것은 틀림없는 사실이다. 그러나 왕토사상은 군주의 토지소유권이나 토지국유제와는 거의 관계가 없었다. 왕토사상의 존재 의의는 어디까지나 토지 공공성의 강조에 있었던 것이다.

1. 왕토사상과 토지국유제

왕토사상과 토지국유제는 무관했다. 일제강점기 식민사학자들은 국가의 모든 땅을 왕토王土 또는 공전公田이라 지칭하는 관행들을[1] 토지국유제의 명백한 증거로 간주했다. 원시공동체사회의 유제가 강하게 남아 있었던 것으로 해석했던 것이다. 전형적인 정체성론이라 할 수 있다.

식민사학자뿐만 아니었다. 한국인 연구자 중에도 토지국유제를 주장한 이들이 없지 않았다. 아시아에 있어서 국가가 곧 지주였다는 마르크스의 명제 때문이었다. 동아시아 전제군주제의 물질적 기반을 군주의 국토 소유에서 찾은 것이다. 토지국유론자들도 조선시대에 토지가 매매되고 상속되고 있었던 사실을 모르고 있었던 것은 아니었다. 그런데 그들은 "하늘 아래 모두 왕의 토지가 아닌 것이 없다."라는 관념적 표방이 당시의 국법이었던 것으로 상정하고, 현실에서 나타난 매매·상속의 사유 행태는 법을 벗어난 불법적인 행위로 간주하였던 것이다.

왕토사상이 토지국유제와 직접 관련되지 않는다는 것은 이미 충분히 해명되어 있다. 왕토나 공전으로 지칭된 땅의 상당수가 엄연한 사유지로 존재했음이 입증된 것이다. 자유롭게 매매·상속되고 있었고 공증제도까지 운용하며 국가가 법으로 보장하고 있었으니 더 이상 논란의 여지가 없다. 그러나 유의할 것은 그렇다고 왕토사상이 단순한 수사적 허구에 불과한 것은 아니었다는 점이다. 왕토사상은 나름대로의 역할과 존재 의의를 가지고 있었던 것이다. 도대체 조선시대의 위정자들은 '왕토'를 어떻게 인식하고 있었을까. 그 용례부터 확인해 보기로 하자.

---

1) 『시경』의 "하늘 아래 두루 왕토가 아님이 없고, 땅 끝까지 왕신이 아님이 없다."(「小雅」, 北山)라는 구절을 곧잘 인용하는 왕토사상은 한국에서도 고대부터 나타난다. 조선시대에도 '왕토'나 '공전' 이라는 용어는 다양한 문맥에서 사용되었다.

2. '왕토'의 용례

『조선왕조실록』에 나타나는 왕토의 용례를 살펴보면 크게 세 가지의 의미로 사용되는 것으로 나타난다. 첫째, 왕토는 군주가 다스리는 영토에 속하는 토지라는 상징적인 의미이다. 국토와 같은 의미로 사용된 경우이다. 이 용례는 가장 빈도가 높은데 단순히 국토를 왕토라 바꾸어 부른 데 불과한 것으로 소유권과는 아무런 관련이 없다. 그런 의미에서는 국가의 상징인 군주의 지고한 지위에 대한 칭송을 나타내는 의례적인 용례에 지나지 않는다.

그러나 국토라는 의미로 쓰면서도 나름대로의 의도를 가지고 '왕토'를 사용한 경우들도 적지 않았다. 1) 왕법이 적용되지 않는 곳이 있어서는 안 된다는 사실을 상기시키기 위해 군이 왕토라는 표현을 동원한 경우가 있고,(『태종실록』 13년 7월 12일) 2) 영토 내의 모든 땅은 아무런 구분이나 차별 없이 동등하게 취급해야 한다는 사실을 강조하는 경우 등이 있다.(『영조실록』 12년 11월 8일) 3) 왕토는 통상 조선왕조의 영토를 가리키게 되지만,(『선조수정실록』 22년 4월 1일) 중국과의 대화에서 사용할 경우에는 조선을 넘어 천하의 토지를 가리키게 된다.(『현종개수실록』 7년 7월 17일)

둘째의 용례는 왕토가 문자 그대로 왕의 토지, 즉 국왕 소유의 토지라는 의미로 왕이 모든 국토의 궁극적인 소유자임을 표현하는 경우이다. 이러한 용례는 아주 드물게밖에는 나오지 않지만 1) 군주의 소유권을 노골적으로 주장하는 경우와 2) 수취를 정당화하기 위한 명분으로 내세우는 경우로 다시 세분된다. 국토를 마치 군주의 사유지처럼 간주한 것은 연산군이었다. 두 차례의 사화를 자행하여 신료의 기세를 꺾은 연산군이 멋대로 신민의 사유권을 제한하거나 박탈하면서 그 땅은 본래 왕토라 주장했던 것이다.(『연산군일기』 10년 8월 7일) 예외적인 경우이다.

다음으로 수취를 정당화하는 왕토의 용례이다. 오늘날 왕토사상의 현실적 의미를 수취의 명분에서 찾는 연구자는 적지 않다. 원래 국토는 왕토이기 때문에 신민은 군주나 국가에 대해 부세를 납부해야 한다고 수취의 정당성을 주장하는 것이라는 것이다. 그러나 실제로는 이러한 의미로 쓰인 왕토의 용례는 희소하며 그 주장의 강도도 매우 약하다. 왕실이 나서서 자신들에 대한 진상進上을 줄이라고 지시했을 때 신하들이 이를 만류하면서 내세우는 문맥에서 간혹 나타난다. "온 나라의 신민이 …… 왕토를 경작하여 먹고 사는데 …… 봉상奉上하는 물품을 올리지 못하게 하려 하십니까?"(『명종실록』 5년 11월 20일) 왕토는 부세에서 면탈되는 토지와 대칭되어 국가가 수세하는 토지임을 나타내는 데 사용된 경우도 눈에 띈다.(『고종실록』 6년 8월 20일) 이처럼 부세와 관련하여 왕토가 쓰이지 않은 것은 아니지만 정작 조선시대 위정자가 내세운 부세 수취 명분은 오늘날과 크게 다르지 않았다. 국가의 수요를 충당하기 위해 걷는다는 것이다.

왕토의 세 번째 용례는 군주가 공익에 맞게 이용되도록 잘 관리해야 하는 토지라는 의미로 사용되었다. 빈도수가 중간에 해당하며 토지의 공공성에 대한 인식을 반영하고 있다. 공익과 사유권의 갈등이 잠재되어 있는 경우다. 이를테면 사유권 행사를 막으려 하든가, 공공 목적으로 민간 토지를 수용하려 하면서 '왕토'를 들먹인 것이 그것이다. 그러나 실제로는 공익을 이유로 사유권을 침해하는 경우는 극히 드물었다. 한두 가지 예를 보기로 하자.

성종 2년에 광평 대군 부인 신씨가 남편이 죽은 후에 머리를 깎고 토지와 노비를 자신이 세운 절에 시납하자 논란이 일었다. 대사헌 한치형 등은 "개인 집의 시납은 국가에 해가 되지 않는다."라는 주장에 맞서 신씨의 토지와 노비도 왕토·왕신에 속하는 것이라며 다음과 같이 비판하였다. "(개인) 집에 일이 일어나도 국가에 해가 되는 경우가 있으니, 만약 아들이 불효하고, 노예가 불순한 것이 어찌 한 집안의 일이 아니겠습니까마는 그것이 점차 자라나면 반드시 국가에 해가 되지 않을 수 없는데 어찌 사사로운 일이라 하여 이를 다스리지 않겠습니까?'(『성종실록』 2년 9월 14일) 국가의 이념에 어긋나는 일에 대해서는 개인의 재산권 행사도 막을 수 있다는 논리를 폈던 것이다. 이후에도 여러 차례 요청이 계속되었지만 성종은 "내가 합당하게 참작하여 헤아리겠다."라고 완곡히 거절하였다.

또 하나의 예는 영조 7년, 새로운 능을 조성하면서 능역에 포함된 민전의 처리를 둘러싼 이견에서 나타났다. 당초 영조는 민전을 매입할 것을 지시하였으나 개인의 땅(사전) 역시 왕토―국왕이 관리·처분권을 가진 토지―라면서 구례에 따라 소유자에게는 다른 땅으로 지급하자는 의견이 나왔고, 다시 이에 대해 사대부라면 몰라도 땅을 부쳐 살아가는 하천下賤들에게는 매입하는 것이 옳다는 반론이 나왔다. 영조는 매입해야 한다는 의견에 손을 들어주었다.(『영조실록』 7년 6월 9일) 비록 실행되지는 않았으나 국용의 부지를 확보하기 위해 임의로 사유지를 대토代土하려 시도했던 것이다.

3. 왕토사상의 존재 의의

왕토사상을 내세워 사유권을 무시하거나 침해하는 일은 좀처럼 일어나지 않았다. 조선시대의 사유권은 비교적 철저히 보호되고 있었던 것이다. 그렇다면 왕토사상의 존재 의의는 어디에 있는 것일까. 한마디로 토지의 공공성을 구현하고자 하는 데 있다.

왕토사상은 군주나 위정자가 지향하는 이념이 아니라, 개혁사상가들이 자신들의 이념을 실현하기 위한 활용 도구였다. 농민에게 토지를 고루 나누어 주고자 할 때 국가의 모든 토지가 왕토임을 내세움으로써 사유지 타파의

정당성을 확보하려는 것이다. 정전제를 중시하는 민생주의 왕도정치론은 왕
토사상과 맥을 같이 하는 것이다. 밑으로부터의 혁명을 추구하지 않는 이상,
개혁사상가는 토지개혁의 주체를 군주 또는 국가에 설정하는 외에 다른 방
법이 없었다. 군주를 개혁의 주체로 설정하고 군주의 권력을 빌어서야 토지
개혁을 정당화하고 그 실현을 기대할 수 있었다.

기존의 소유권을 타파하는 토지개혁은 현실에서 실현되기 어려운, 어디
까지나 이상론에 불과했다. 그러나 왕토사상에 잠재되어 있는 토지 공공성
의 이념은 토지정책에 일정하게 반영될 수 있었다. 조선시대 위정자들은 소
유권을 침해하지 않으면서도 농지와 비농지 모두에서 공공성을 담은 토지정
책을 추구했던 것이다.

여기서 한 가지 유의하지 않으면 안 될 사항은 소유권과 공공성은 반드시
배치되는 것은 아니라는 점이다. 소유권의 보호 그것 자체도 공공성을 가질
수 있다. 농지에 대한 사유권 보호는 일차적으로 지주인 지배계급의 이익을
보호하는 것이라 할 수 있지만 동시에 자작 농민의 토지소유권에 대한 보호
도 될 수 있기 때문이다. 고려시대에는 농민의 자작지에 자신의 사전이 설치
된 것을 기화로 관원이 여러 가지 수단으로 그 땅을 자신의 사유지로 만드는
일이 비일비재하였다. 특히 여말에는 토지를 잃은 농민이 권세가의 농장에
투탁하는 사태가 만연하였다. 이를 광정匡正한 것이 바로 여말의 전제개혁이
었다. 전제개혁을 통해 출범할 수 있었던 조선 왕조에서는 농민 토지에 대한
소유권 보호가 전 시대보다 훨씬 강화되었던 것이다. 조선시대에는 토지를
비롯한 모든 재산이 소유자 개인의 자유로운 관리·처분에 맡겨지고 소유자
의 권리는 법과 관행에서 보장되었다. 이는 당시의 매매·상속 규정이나 관행
에서 간단히 확인할 수 있다.

2절 사유재산제와 매매·상속의 법·관행

1. 매매 규정과 관행

조선시대의 법제와 관행 모두 자유로운 매매를 보장하고 있었다. 개인 사이에 토지·가옥·노비와 같은 주요 재산이 매매되는 경우 이 사실을 공시하는 '문기文記'(='문권文券'·'문계文契') 즉 매매문기가 작성되었다. 매매문기에는 일정한 형식이 있었다. 가장 먼저 매도일자와 매수인 이름을 적고, 매매하게 된 이유, 본 재산에 대한 권리가 전해져 온 유래, 해당 재산의 소재처, 매도 대금과 그 수취의 사실, 영구적으로 매도한다는 구절을 기재하고, 앞으로 분쟁이 있을 경우 이 문기로 관아에서 바로 잡으라는 구절을 차례로 적는다. 맨 마지막에는 매도인·증인·문기작성자의 이름을 적고 서명을 한다.[2]

조선시대에는 매매의 효력을 보증하고 소유권 분쟁의 예방과 해결을 위해 공증제도가 시행되고 있었다.[3] 공증 문서는 '입안立案'이라 불렸는데 『경국대전』에 "전지田地와 가사家舍의 매매는 15일을 기한으로 하여 (그 기한이 지나면) 변경하지 못하며, 모두 100일 안에 관에 보고하여 입안을 받는다. 노비의 매매도 같다. 우마牛馬의 경우는 5일을 기한으로 하여 고치지 못한다."

---

2) 오늘날의 문서와 다른 것은 매매하게 된 이유, 본 재산에 대한 권리가 전해져 온 유래를 적는 관행이다. 소유권을 보장하는 이용 사실의 명시와 함께 매매의 사실 여부를 확인할 때 참고가 될 수 있는 이점으로 말미암아 하나의 형식으로 굳어지게 된 듯하다. "앞으로 분쟁이 있을 경우 이 것으로 관아에서 바로 잡으라."라는 특이한 구절도 이에 상응하는 것이다.

3) 매매에 대한 공증을 강제한 것은 약자의 원억을 예방하기 위한 것이었다. 『세조실록』 권46, 14년 6월 18일.

라고 규정되어 있다.[4] 여기서 매도한 재산을 일정 기한 내에서 도로 물릴 수 있게 하는 '환퇴還退' 규정은 근대 이전의 많은 사회에서 보이는 관행인데 조선에서는 환퇴의 조건을 비교적 까다롭게 하였다. 이에 대해서는 잠시 뒤에 다시 살펴보도록 하자. 매매에 대한 100일 내의 입안 규정은 얼마 뒤에 상속이나 증여의 입안 기간과 마찬가지로 1년으로 통일되었다.[5]

공증제도는 강제적인 것으로 반드시 기한 내에 관에 신고하게 하며, 신고하지 않고 개인 간에 임의로 이루어진 매매에 대해서는 물건과 대금을 몰수하게 되어 있었다. 그러나 현재 남아 있는 조선 후기의 기록이나 고문서들을 통해 당시의 매매관행을 보면 매매문기는 반드시 작성하였지만[6] 토지·주택 매매에서 공증 절차를 밟지 않는 경우가 적지 않게 발생했다. 토지·주택과 달리 노비의 경우는 공증이 철저한 편이었다. 이는 부동산과 달리 노비의 경우에는 상대적으로 농간을 부리기 쉬워, 노비의 신원이나 매매 사실의 확인에 그 만큼 어려움이 있었을 뿐 아니라, 압량위천 등 노비의 불법적 점탈에 대한 국가의 단속이 철저했기 때문으로 짐작된다.

입안과 같이 행정기관의 인증이 붙은 관서문기官署文記에 대해 개인 간에 작성된 사문서는 백문기白文記라 불렸다. 매매가 이루어지면 그 사실을 공시하는 동시에 증명하는 수단으로 신문기를 작성하고 이전의 문서인 구문

---

4) 『경국대전』 호전 買賣限. 『속대전』에서는 "전지와 가사의 매매는 비록 15일의 기한 내에 문서를 올렸더라도 30일이 넘도록 송사에 나가지 않으면 심리를 하지 않는다."라고 되어 있다.(「호전」, 매매한)

5) 『대전속록』에서는 1년 내에 소지를 제출하면(=신청해 두면) 1년 후에라도 발급받을 수 있게 되어 있다.(「형전」, 사천)

6) 부자간이나 형제간에도 매매문기를 작성하는 경우가 많았다. 박병호, 『한국법제사고: 근세의 법과 사회』, 법문사, 1974, 148쪽.

기도 함께 인도하였다. 구문기를 분실했을 경우 입안을 받아 신문기와 함께 인도하였다.[7]

2. 상속 규정과 관행

상속 역시 매매와 마찬가지로 법제와 관행에 의해 철저히 보장되었다. 『경국대전』의 상속규정을 보면 자식에게 균분상속하게 하였다.(「형전」, 사천) 이 규정은 생전에 배분하지 못하고 사망한 재주의 유산을 자녀가 상속할 때 적용되는 규정이다. 그러나 정부가 일방적으로 제정한 규정이 아니라 당시의 상속 관행을 바탕으로 한 것이었다.

『경국대전』에서는 '승중자承重子'에게는 제사비용을 고려하여 본래의 몫에 20%를 더 지급하도록 하고 있다.[8] 또한 적자녀와 첩자녀 사이에는 각기 상속 몫의 차등을 두어 적자녀·양첩자녀·천첩자녀는 각기 1 : 1/7 : 1/10의 비율을 책정했다.[9]

적어도 고려시대부터 이어온 전통적인 남녀균분상속 관행은 세계에서

---

7) 위의 책, 54쪽.

8) 균분하되 더 이상 나눌 수 없는 자투리의 노비가 있다면 우선 승중자에게 지급하고 그래도 자투리가 있으면 성별에 관계없이 나이 순서대로 차례로 지급하게 하고 있다. 예컨대 50명의 노비를 장녀-장남-차남의 세 자녀가 상속한다면 봉사조에 해당하는 3명을 제외하고 각각 15명씩 받는데, 배분할 수 없는 2명의 노비가 남게 되므로 우선 장남에게 주고 아직도 남은 노비 1명은 장녀에게 주어 장녀는 최종적으로 16명, 장남은 19명, 차남은 15명을 받게 된다.

9) 첩자녀나 '의자녀義子女'·'양자녀養子女'의 경우 모두 부의 유산인가, 모의 유산인가, 그리고 모가 낳은 자녀의 유무 등에 따라 각기 상속분의 차이를 두었다. 다만 적자녀에 대한 균분상속을 제외한 나머지 자식들에 대한 상속분 규정은 민간의 관행과 무관한 하나의 정부 지침에 불과하다고 할 수 있다. 첩자녀 등에 대한 민간의 실제 상속 내역은 개인에 따라 차이가 크며 시기에 따라서도 많은 차이를 보이기 때문이다.

상당히 희귀한 예에 해당한다.[10] '분재기分財記'를 통해서 확인된 당시의 관행을 보면, 조선 전기까지는 재주에 의해 배분되지 않은 재산을 상속하는 경우는 물론, 재주가 생전에 미리 재산을 분배하거나 상속에 관한 유언을 남길 때도 균분의 원칙은 잘 지켜지고 있었다. 상속자의 성별이나 연령, 기·미혼, 생·사를 불문하고[11] 재산을 균분하였다. 그것도 단순히 동일한 수량을 기계적으로 배분하는 양적 균분이 아니라 실질상으로 공평한 배분이 될 수 있도록 노비의 연령이나 토지의 비옥도의 차이까지 고려하였다. 재주가 생전에 자녀에게 노비를 분배할 때 상속인의 불평이 나오지 않도록 많은 신경을 썼던 것이다.

부모 사후에 자녀가 미처 분재되지 않은 부모의 재산을 나누어 가질 때에는 누구도 불평할 수 없는 좀 더 철저한 균분방식을 추구했다. 노비는 노老·장壯·약弱의 연령별로, 토지는 고膏·척瘠의 비옥도에 따라 무리를 지어 분류한 후, 각 무리별로 '제비뽑기(執籌)'를 시행하여 나누어 가졌던 것이 그것이다. 제비뽑기 결과 어느 한 자녀에게 아주 불리한 결과가 나오게 되면 다시 이를 보정해 주기도 하였다.[12]

재산을 자식에게 균분하는 것이 당시의 일반적 관행이기는 하였으나, 매매·증여·별급과 같은 재주의 재산처분권 또한 인정되었다. 궁핍으로 인한 매도, 보답을 위한 증여, 포상을 위한 별급과 같은 충분히 수긍할 수 있는 처분은 말할 것도 없고, 타당치 못한 처분이라도 이를 무효화할 수 없었다.

---

10) 유럽의 중세에는 단독상속이 많았고, 중국은 균분은 대개 아들 사이에서만 이루어졌다. 우리와 비슷하게 남녀균분상속이 이루어지는 곳은 월남을 비롯한 동남아시아 등 극소수 지역에 국한된 것으로 알려져 있다.

11) 자녀가 죽었을 경우 오늘날처럼 죽은 자녀의 자녀에 의한 '대습代襲' 상속이 인정되었다.

12) 이종서, 「朝鮮前期 均分意識과 執籌」, 『古文書研究』 25, 2004.

부모의 처사에 대한 자손의 항의는 인정되지 않았다. 소유권의 침해에 앞서 효에 어긋나는 행위이기도 했기 때문이다. 이 점에서는 '유류분遺留分' 제도를 인정하는 오늘날에 비해 조선시대는 사유권 행사가 더 철저한 면이 있었다.

조선시대 사유제의 존재는 이론의 여지가 없는 확고부동한 것이었다. 그러나 서구 근대 사회에서 나타난 바와 같은 절대적 사유권과는 약간 차이가 있었다. 이용하지 않는 재산에 대한 소유권은 일정한 제한을 받고 있었던 것이다. 과연 제한의 내용은 무엇이며 제한을 가한 이유는 무엇이었을까. 조선시대의 토지정책 속에서 공공성이 어떻게 추구되고 있었고 소유권은 어떻게 제한되고 있었는지 살펴보기로 하자.

3절 토지정책과 토지소유·이용권

1. 비농지 정책과 토지소유·이용권

소유권과 관련한 조선시대의 토지정책은 농지에 대한 정책과 비농지에 대한 정책으로 나누어 볼 수 있다. 왕토사상이 내포한 토지의 공공성은 특히 비농지 정책에서 명료히 드러난다. 농지에는 사유권을 철저히 보장한 반면 비농지는 개인의 사유를 허락하지 않고 만인에게 개방하여 누구나 이용할 수 있게 한 것이다.

비농지란 농지 외에 자연의 자원을 채취하거나 농림수산물을 산출할 수 있는 모든 공간을 가리키는 것으로서 '산림천택山林川澤'이라 통칭되었다. 여기에는 산지·황무지·개펄 등 토지만이 아니라 물고기를 잡을 수 있는 내·못·강·해안까지도 포괄되었다. 국가는 산림천택에 대한 사유권을 일체 인정하지 않았으므로 산림천택은 굳이 소유자를 따지자면 국가라 할 수 있다. 그러나 국가가 직접 사용하는 곳 외에는 원칙적으로 누구나 이용할 수 있도록 개방된 공간이었으므로 국가의 소유지라기보다는 무주지 또는 국가가 관리·처분권을 갖고 있는 토지라고 말할 수 있다.

산림천택을 누구나 이용하도록 개방한다는 원칙은 통상 '선왕의 제도'로서 "산림천택은 인민과 함께 공유한다."(山林川澤, 與民共之.)라는 관용적인 표현 속에 담겨 있다. 이 원칙은 『예기』와 같은 경전에서 찾아 볼 수 있다.[13] 산림천택의 자유로운 이용을 보장하기 위해서 사유를 금지함은 물론 사점·독점도 금지한다는 대원칙을 가졌다. 법전에는 사점에 대한 처벌이 규정되어 있다. 이를테면 산림에 대해서 『경국대전』에 "땔감을 구하는 곳이나 목초지를 사점하는 자는 장 80이다."(『형전』, 금제)와 같은 규정을 설치해 둔 것이 그것이다.

산림천택의 사적 이용을 허락하는 경우는 농지로 개간하는 경우가 해당된다. 소유자가 없는 비농지는 개간한 사람에게 국가가 아무런 대가를 받지 않고 그 소유권을 내주었다. 농지 개간의 경우가 아니라면 산림천택을 누구나 자유롭게 이용할 수 있게 하기 위해서 사유는 물론 독점이나 사점을 금해야 했다. 그러나 비농지의 경우에도 불법적인 독점·사점의 행태가 나타났으며, 국가가 그 독점·사점을 허락하는 경우도 있었다. 독점과 사점은 의미가 서로 중첩되기도 하지만 일단 독점은 특정 공간을 '이용하기 위해' 배타적으로 점유하는 것으로, 사점은 특정 공간을 '수익을 거두기 위해' 배타적으로 점유하는 것으로 나누어볼 수 있다.

독점이 허용되는 경우는 택지나 묘지와 같은 경우이다. 특정 공간을 먼

---

13) "林麓川澤以時入而不禁"(『禮記』, 「王制」); "山林藪澤之利 所以與民共也"(『春秋穀梁傳』, 莊公 28년).

저 차지한 사람이 그 공간을 무기한 독점적으로 사용하게 된다. 조선 초기에 새집을 지으려는 사람은 관품에 따라 책정된 부지 면적의 상한선 내에서 공한지를 선정하여 절급을 신청하면 정부는 별다른 제한 없이 입안을 내주었다.[14] 후에 인구 과밀로 어려움을 겪었던 한성부의 경우 공한지가 아니더라도 절급받은 지 2년 넘도록 집을 짓지 않은 경우 절급된 땅 가운데 집 짓기를 희망하는 곳에 사방의 표지를 기록해서 청원하면 입안을 내주었다. 한성부가 아닌 지방에서 택지 문제로 분쟁이 일었던 사례는 찾아보기 쉽지 않다. 택지를 찾기가 어렵지 않은 때문이다. 조선 초기에 '난원欄園'이나 '농사農舍'의 규모에 대한 상한선을 책정한 일이 있었으나(『태종실록』 13년 11월 11일) 『경국대전』에 외방의 택지에 대해 아무런 금제를 설치하지 않은 것도 별다른 분쟁이 발생하지 않았기 때문일 것이다.

묘지의 경우도 선점한 자의 독점적 이용이 불가피한 곳이었다. 묘지로 인하여 생활공간이 장애를 받지 않도록 한양 도성 밖 10리인 '성저십리城底十里'까지 그리고 인가에서 백보 내에서는 매장이 금지되었다. 그 밖의 지역에서는 품계에 따라 면적을 달리하여 허용하였고, 묘역 내에서는 경작이나 목축을 금지시켰다. 다만 묘역으로 선정된 곳이라도 타인이 이미 경작·개간하고 있다면 이를 금지시키지 못하게 하였다.(『경국대전』,「예전」, 상장喪葬) 가장 넓은 묘역이 허락된 1품의 종친의 경우 가로 세로 200보까지인데, 1보는 126cm 정도이므로 한 변 최대 252m가 허용된 셈이다.

---

14) 허가 전에 算士와 관상감 관원을 보내 묘역의 크기가 한도를 넘지 않는가, 예정지가 금기하는 곳에 해당하는가 여부를 조사하였다. 점차 도성 내의 공터가 없어져 도성내 산지나 고지대에 허가를 내주거나 도성 밖으로 거주지를 확대하기도 하였으나, 택지 부족 문제를 해결하지 못하여 중기 이후 차입이나 세입이 발생하게 되었다. 柳承烈, 「15~16세기 한성부의 주택 문제와 정부의 대응」, 『사학연구』 49, 2009.

공간의 실질적인 이용을 위해 독점을 인정하는 경우로 '어전漁箭'을 들 수 있다. 어전을 설치하기 위해서는 적지 않은 재화와 용역이 투여되는 까닭에 어전 설치자에게 일정한 독점권을 주지 않을 수 없는 것이다. 그러나 독점 기간이 설정되어 있었다. 빈민에게 어전(사용권)을 주되 3년이면 교체한다는 규정이 그것이다.(『경국대전』, 「호전」, 어염)

합법적인 사점은 처음부터 국가에서 정책적으로 수익권을 절급하는 경우였다. 조선 중기 이후 특히 후기에 '궁방宮房'과 '아문衙門'에 개간지를 비롯하여 어전이나 '염분鹽盆' 등 농지·비농지를 가리지 않고 허여한 경우들이 해당된다. 왕실인사를 경제적으로 지원하기 위한 궁방토의 절급은 양란이후 재정의 궁핍이 심화된 다른 아문에까지 확대되었고 절수 대상도 농지만이 아니라 산림천택에까지 미치게 되었다. 그러나 후기에 토지정책의 기조 자체가 바뀐 것은 아니었다. 궁방·아문을 막론하고 불법적인 독점·사점 행위를 단속하였고, 합법적인 독점·사점이라도 규모가 지나치게 커지지 않도록 부단히 제한을 가하고자 하였다.

불법적인 사점은 합법적으로 독점적 사용권을 인정받은 기회를 이용하여 수익을 꾀하는 방식이 가장 흔했다. 묘를 쓴 '분산墳山'에서 산림의 이익을 독점하는 행위가 그것이다. 법이 허용한 묘역의 범위를 넘어 분산은 물론, 그 주위의 산에 대해서까지 타인의 장례나 수목 벌채를 일체 금지하는 일이 자행되었다. 조선 후기에 가문의식과 풍수사상이 강화되어 묘역이 넓게 인정되게 되면서 이를 기화로 타인의 산림 이용권을 침해하는 일이 잦아진 탓이다. 이것이 조선 후기 대표적인 소송이었던 산송이다.[15] 그 밖에 어장을 점거하고 이용자에게 세를 걷는 행태도 벌어졌고 타인의 명의로 어전을 등록하

---

15) 김선경, 「조선 후기 山訟과 山林 所有權의 실태」, 『동방학지』 77·78·79 합집, 1993.

여 합법을 가장하는 수법도 있었다.

조선시대에 국가가 자유로운 산림천택 이용권을 억제한 대표적인 부문은 광물 채취의 경우였다. 종래 민간의 광물 채취 금지는 국가의 광업 독점경영과 상공업의 억압책과 관련되었음을 강조하는 경향이 있었다. 그러나 여기에는 유의할 점이 있다. 하나는 다른 자연물의 채취처럼 광물 역시 몇몇 종류를 빼고는 원칙적으로 누구에게나 개방되어 있었다고 보인다는 것이고, 다른 하나는 광물 채취의 금지가 상공업의 억압책과 직접 연관되는 것은 아니라는 것이다.

오해가 생긴 원인은 특정 지역·시기의 특정 광물에 대한 개발·이용의 제한을 모든 지역·시기의 모든 광물로 확대해석한 데 있다. 사적인 채굴을 막고 국가가 독점적으로 이용하려 한 대표적 광물은 금·은·옥과 같은 보물이었다. 『경국대전』에서는 보물이 나오는 곳을 공조와 본도·본읍의 장부에 등재하여 간수하도록 하고 있다.[16]

금·은의 채취에 대한 통제가 가해졌던 이유는 무엇이었나. 무엇보다 민폐를 끼치지 않고 국가의 부를 늘릴 수 있기 때문이다. 부세로 국가재정 수입을 늘리는 일보다는 마음 편한 일이다. 보물의 채취를 막을 수 있었던 명분은 보물은 생활필수품이 아닌 사치품이라는 데 있었다. 정도전은 백성이 쓰는 데 보탬이 되지 않는 금·은·주옥과 백성이 살아가는 자료인 곡식와 포백을 대비시킨 바 있다.(『조선경국전』, 「부전」, 金銀珠玉銅鐵) 폐농으로 이어진다는 주장

---

16) 『경국대전』 공전 보물. 여기서 한 가지 유의할 점은 보물이라고 해서 무조건 민간의 채취를 금하고 이를 어긴 자를 처벌하는 상황은 아니었다는 것이다. 민간에서 자발적으로 국가에 채취한 보물을 바치든가 그 산지를 알리는 일이 곧잘 일어나는 것도 그 때문이다. 보물의 좋은 산지가 알려지면 비로소 그곳에서의 민간의 채취를 금하는 금령을 내리고 국가에서 시험적으로 채굴해 보는 과정으로 진행되는 것이 보통이다.

도 있다. 민생에 필요하지 않는 것을 채취하게 허락하여 이익의 샘을 열어 놓게 되면 이익을 다투어 농사를 저버리게 된다는 것이다.(『중종실록』 37년 윤5월 20일)

금·은 채취의 금지는 조선 초기에 있었던, 중국에 대한 '세공歲貢' 문제와도 관련이 있다. 중국에 보낼 세공량을 채우기 위해 당시의 정부는 많은 인력을 동원하여 금·은 채굴에 나섰던 것이다. 세종 11년에 마침내 조선의 청원대로 세공의 금은은 다른 물품으로 대체되었다. 그러나 그 이후에도 금·은의 국외 유출을 엄격히 통제했을 뿐 아니라 민간의 채취 행위까지 강력히 통제하였다. 금·은 세공의 면제를 청원한 이유가 금·은이 나지 않는다는 것이어서(『세종실록』 11년 12월 13일) 금은이 산출된다는 사실이 중국에 알려질까 두려워 한 탓이었다.

같은 광물이라도 철이나 구리의 경우는 보물과 달랐다. 정도전은 금·은·주옥과 달리 철이나 구리는 생활용구나 농기구로 쓰인다는 점을 강조하여 철 생산지에서 민정을 동원해서 철을 생산하면서도 민간의 제련에 과세하지 않았던 고려의 정책을 지지한 바 있다. 비슷한 기조는 조선시대에서도 지속되었다. 철을 자유롭게 이용할 수 있게 하되 민간의 제련에 대해는 수세하였다.[17] 이상을 보면 조선 정부의 광물 채취에 대한 제한과 상공업에 대한 억압을 서로 연관시키는 것은 타당성을 찾기 어려운 것임을 알 수 있다.

2. 농지 정책과 토지소유·이용권

조선시대의 농지정책은 농지 이용에 관한 정책과 농지 소유권에 관한 정

---

17) 『경국대전』, 「호전」, 雜稅. 『대전속록』에서는 국가기관에 소속된 正鐵匠의 경우에도 수세하는 것으로 규정하였다.(「호전」, 支供)

책으로 크게 나누어볼 수 있다. 농지 이용에 관한 정책은 '진지리盡地利' 즉
땅이 제공하는 이익을 모두 거두자는 정책으로 대표된다. 인민의 풍족한 삶
과 국가의 부세 수입의 증대를 겨눈 것이다. '진지리'의 방법으로는 비농지를
농지로 개간하는 것, 농지를 묵히지 않고 부지런히 경작하는 것, 진전陳田—경
작하지 않고 묵히는 농지—을 시급히 복구하는 것, 그리고 정부가 역농을 권장하
고 농업기술을 보급하는 것 등이 있다.

농지 소유권에 관한 정책은 토지소유권을 인정하면서도 소유권에 일정
한 제한을 두고자 하는 정책이었음이 일찍부터 지적되어 왔다. 소유를 현실
적 이용과 결부시켜 농지를 경작하지 않고 내버려 둔다면 타인에게 이용권
이나 소유권이 넘어갈 수도 있다는 것이다. 이상은 대부분의 연구자가 동의
하는 내용이다. 다만 종래의 이해에는 재고해야 할 부분이 없지 않다. 하나
는 과전법에 초점을 맞추어 이해한 나머지 조선 초기 토지소유권의 미약성
을 지나치게 부각시키는 것이고, 다른 하나는 소유와 이용을 결부시키는 관
행을 조선사회의 미성숙과 연관시키는 것이다. 그러나 조선 건국 직전의 전
제개혁을 계기로 조선시대의 토지소유권은 이미 확립되었고, 토지의 소유와
그 현실적 이용의 결부는 반드시 사회의 미성숙과 연관시킬 문제는 아니라
고 생각된다.

과전법에서 전객佃客—농지 소유자—의 소경전所耕田—소유지—의 매매나
양도를 금지하였고, 조선 초기에 병작을 금지시키고자 하는 움직임이 나타
난 것은 사실이다. 전제개혁이나 과전법의 자세한 내용에 대해서는 다른 기
회로 미루지만 여기서 과전법은 조선왕조가 지향하는 농지정책의 기본 방향
을 담은 것이라기보다 어디까지나 전제개혁 중의 일부분에 불과하며, 전제
개혁에 대한 반발을 완화시키기 위한 타협안으로 마련된 것이라는 점을 환
기해 두고 싶다. 과전법은 사전이 설치된 경기도를 중심으로 시행되는 일시

적인 조치의 내용을 많이 담고 있다. 이를테면 소경전의 매매·양도의 금지도 경기도 사전지私田地의 본주인 전객에게 주로 해당되는 규정이었다는 것이다. 세종 초까지 보이는 '병작' 금지와 같은 토지 이용권의 제한 같은 것도 피역자를 용은容隱하는 불법적인 행태를 규제하는 데 주안점을 둔 것이며, 원론적 문제제기나 엄포 수준에 그친 것이어서 소유권의 본질적 제한을 가져온 것은 아니었다고 보인다.

조선 건국기에 토지의 공공성을 내세워 소유권에 대한 일정한 제한이 시도된 것은 사실이나, 도리어 전제개혁을 통해 한국의 소유권 역사상 일대 진전이 있었던 것은 주목할 만하다. 전제개혁을 계기로 여말에 수조권을 빌미로 광범하게 자행된, 자작농과 중소지주층의 소유권에 대한 권세가들의 침해가 제거되고 자작농·중소지주층의 소유권이 정부의 적극적인 보호를 받게 됨으로써 토지소유권이 확립될 수 있었던 것이다.

조선 초기에 미약했던 토지소유권이 시간의 흐름에 따라 강화된 증거도 찾기 어렵다. 『속대전』에 『경국대전』에 없던 "한광처閑曠處—주인 없는 미개간지—는 기경起耕한 자를 소유주로 삼는다"는 규정이 등재되기는 했지만(「호전」田宅) 조선 후기에 와서 개간자의 소유권이 강화된 때문은 아니다. 개간한 자에게 소유권을 준다는 정책은 고려시대부터 시행되었다. 이것이 『경국대전』에 등재되지 않은 것은 등재할 필요가 없는, 너무나 자명한 원칙이었기 때문이다. 한 번도 바뀐 일 없는 이 원칙이 새삼스레 후대의 법전에 명시되게 된 것은 조선 후기에 권력을 가진 기관이 명목상의 소유권을 내세워 사실상의 소유자를 침해하는 사태가 크게 문제가 되었기 때문이다. 즉 잘 알려진 대로 궁방을 위시한 권력이 미개간지에 대한 입안만 받아놓고 개간하지 않거나, 이미 경작되고 있는 땅을 무주지로 신고하고 절급받아 경작권을 빼앗는 행위 등이 횡행하였던 것이 그것이다. 『속대전』의 규정은 이러한 비리에 대한 조정에서의 성토와 시정을 거쳐 비리를 근절하려는 정부의 의지를 법전에 명시한 데 불과한 것이었다.

조선 초기에 토지소유자가 자신의 토지의 이용권이나 소유권을 상실하는 것은 아주 제한된 경우에 국한되었다. 이용과 결부시켜 소유권을 제한하는 것은 주로 진전의 경우에 해당되는 것인데 토지를 묵힐 만한 타당한 사유가 있는 '유고有故' 진전은 조선 초기에도 진전 본주의 소유권이 적극적으로 보호되고 있었다. 아무 까닭 없이 묵힌 '무고無故' 진전은 이용권이나 사용권의 상실을 초래할 수 있지만, 진전 중의 비중도 작고 대부분 소유의 정당성을 갖지 못한 토지였던 것이다.

무고 진전은 자작농과 같은 직접생산자의 농지에서는 발생하기 어렵다. 농사를 생업으로 하는 사람이 까닭 없이 농지를 묵히는 일은 없기 때문이다. 농번기에 초상을 당하거나 중병에 걸려 경작이 어려운 불가피한 사정에서 진전이 발생한다. 재해로 농지가 큰 손상을 입게 되면 장기적으로 농지를 묵히게 되는 것이 불가피하지만 이 경우도 유고 진전으로 간주된다. 유고로 인정되면 땅을 묵혀도 본주는 농지의 소유권을 잃지 않음은 말할 것도 없다.

유고 진전의 소유권에 대한 정부의 보호 의지는 투철하였다. 과전제도의 유지를 위해 경작하지 않는 농지에 대한 강한 제재를 가하였던 경기도 농지의 경우에도 '유고'임이 인정되면 빼앗은 토지를 본주에게 환급하게 할 뿐 아니라, 진전을 대신 경작하게 된 자라 하더라도 최대 5년까지만 이용할 수 있을 뿐, 본주에 다시 돌려주도록 한 것은 그 좋은 예이다.(『세종실록』 3년 1월 19일)

무고 진전은 실상 호강자의 농지에서, 그것도 예외적으로 발생할 수 있는 것이었다. 호강자의 농지는 노비나 소작농이 경작하는 것이므로 자작농의 경우와 달리 지주의 신변에 문제가 발생해도 경작이 중단될 이유가 없다. 무고 진전이 발생하는 경우는 애당초 개간이 쉽지 않은 척박한 황무지를 많이 점거해 놓고 방치하는 데서 빚어지는 경우가 대부분이었을 것으로 보인다. 즉 욕심을 부려 점거해 놓기는 하였으나 노비를 시켜 경작하기도 타산이 안 맞고 척박한 땅을 개간하려는 소작농을 구하기도 어려운 경우이다. 그러면서도 방치된 땅을 제3자가 개간하지 못하게 막아 여말 이래 지속적으로 지탄의 대상이 되었다.

여말의 이른바 '모수사패冒受賜牌'한 자들의 경우가 그에 해당하며, 과전법 상의 "(경작하고도) 남는 농지를 많이 점유하여 고의로 황무지로 만드는 자" 역시 주로 호강한 지주에 해당되는 사항이다. 조선 초기에 입안이라는 공증제도를 이용하여 작폐한 자들의 행태도 그러한 것이다. 이에 대해서는 일찍부터 정부는 확고한 방침을 세워두었다. 입안을 받았더라도 스스로 개간하지 않는 경우에는 농민이 개간하도록 하고 통렬히 다스린다는 것이었다.[18] 이 외의 무고 진전이 있다면 농민이 사정이 있어 묵히고 있는 것을 기화로 무고 진전이라 사칭하여 가로채는 불법행위 중에 나타날 뿐이다.

『경국대전』, 「호전」, 전택조에는 진전에 대한 정부의 입장이 지극히 간단하게 표명되어 있다. "3년을 넘는 진전은 타인이 고경告耕─신고하고 경작─할 수 있게 한다(개펄의 경우에는 10년을 기한으로 한다)"가 그것이다. 이 규정 속의 '고경'은 여러 가지 의미를 복합적으로 지니고 있다. 첫째, 이용권에 관한 규정임을 의미한다.[19] 3년이 넘도록 묵힌 농지는 타인이 경작할 수 있게 한다는 것이다. 둘째, 경작에 앞서 신고하게 한 것은 3년이 넘도록 땅을 묵혔다 하

---

18) "延安都護府使鄭復周言: "凡有可耕陳地 豪富廣占 徒受立案 累年不墾 雖有欲墾者 以爲己受立案之地 公然禁耕 民畏其勢 不敢告爭 自今雖受立案 不自開墾者 許民開墾 違者痛治 …… 皆從之" 『세종실록』 권10, 세종 2년 11월 5일.

19) 소유권에 관한 규정은 '고경' 규정 바로 다음에 나오는 "무주전無主田은 타인에게 옮겨준다"가 해당된다.

여 무조건 이용권을 박탈하지 않겠다는 것이다. 셋째, 3년을 넘는 진전의 이용 문제를 수령으로 하여금 기계적으로 처리하게 하기보다는 구체적인 사정을 다각적으로 검토하여 바르게 처리하도록 위임한다는 뜻이다. 개개의 사안마다 복잡다단한 사정이 있기 때문에 사전에 획일적인 규정을 두는 것은 공정한 처리를 저해할 우려가 있다고 판단한 때문일 것이다.

진전의 소유권을 타인에게 이급하는 것은 아주 제한된 경우에 국한된다. "무주전은 타인에게 옮겨준다"는 규정에는 다음과 같은 주가 달려 있다.

군역이 있는 자가 사망·이사하였으면 교체되어 입역하는 자에게 준다. (군)역이 없는 사람이(사망·이사하였으)면 농지가 적은 사람에게 준다. 이사한 자가 5년 안에 돌아오면 돌려 준다. (진전을) 차지하여 경작하던 자가 원래 토지가 없었다면 2/3를 돌려준다.

타인에게 진전의 소유권을 주는 것은 사망한 경우와 이사한 경우로만 명시되어 있다. 여기서의 사망은 단순한 사망이 아니라 상속자 없이 사망한 경우—이른바 절호絶戶의 경우—를 말한다. 또 이사도 홀연히 자취를 감추는 유이流移를 가리키는 것이다. 단순한 이사라면 전답을 모두 처분하고 미리 떠날 것이기 때문이다.[20] 이처럼 소유자가 없어지거나 소유권이 포기된 경우에는 남겨진 농지는 무주전으로 간주되어 타인에게 소유권이 넘겨지게 된다. 이사한 자가 5년 내에 돌아와 원래의 농지를 환급받을 때, 무전자가 경작하였던 경우에는 그 몫으로 1/3을 남기고 돌려주게 한 것은 무전자가 갑자기 생계

---

20) 여기에서 이사자로서 군역부담자를 특기한 것은 군역부담자의 경우 피역하지 못하도록 토지의 放賣를 금지했기 때문이다. 『세종실록』 권29, 세종 7년 8월 30일.

가 어려워질 것을 우려한 때문임을 말할 것도 없으며, 동시에 피역 등의 목적으로 유이한 행위에 대한 징벌의 의미도 된다. 5년이 지나서 돌아오는 경우 원칙적으로 소유권을 잃게 되므로 정부가 유이한 자들을 고향에 돌려보내 정착시키는 정책을 펼 때는 다른 무주 절호전이나 속공전屬公田으로 토지를 지급할 수밖에 없었다.(『성종실록』 2년 3월 14일)

『경국대전』의 이용·소유권 규정이 너무 간단한 탓으로 명종 대에 『경국대전주해』를 만드는 과정에서 좀 더 상세한 규정으로 보완되었다. "비록 (농지를) 묵히더라도 (국가가) 세를 거두고 있거나, 힘이 부쳐 전부 경작하지는 못했어도 경작한 곳이 있다면 모두 고경함을 허락하지 않는다"(『경국대전주해』, 「호전」, 전택), "3년을 넘는 진전은 타인이 고경할 수 있게 한다는 것은 영원히 지급한다는 것이 아니라 본주가 돌려 달라 할 때까지 잠정적으로 경작하여 먹고 살도록 허락하는 것이다"(『수교집록』, 「호전」, 諸田)가 그것이다. 진전이라도 본주의 소유권을 함부로 박탈하지 않았던 관행을 반영한 것이다.

4절 조선시대 소유권의 특성: 비교사적 위치와 평가

조선사회 소유권은 다른 어떤 지역 못지않게 그 절대성이 강한 편이었다. 확고한 소유의식에 따라 사유와 관련된 용어도 만들어져 있었다. 사유재산 일반에 대한 '기물己物', 사유 자체를 가리키는 '기유己有' 등의 표현이 그것이다. 조선사회의 토지소유권은 "전면적 지배권성, 배타성, 통일성, 탄력성을 가진 영구적 권리"였고, 토지소유가 현실적 이용과 밀접하게 결부되어 있었지만 "(소유권은) 현실적인 물건지배의 사실과는 관계없이 관념적으로 물건지배를 정당화하는 법적 근거인 권원에 의해 보호되고 그렇게 의식하고 있었

다."라고 일찍이 지적된 바 있다.[21]

반면 근대 이전의 다른 사회에서는 그렇지 못하였다. 이를테면 서구 중세 사회에서는 한 토지에 영주의 소유(상급소유)와 농노의 점유(하급소유)가 대립적으로 설정되어 있었다. 배타적인 소유권 즉 일물일권적인 소유권이 확립되지 못한 이른바 '중층적重層的 토지소유'이다. 공동지의 경우에는 소유권의 소재가 더욱 불분명했다. 영주는 곧잘 공동지에 대한 자신의 소유권을 주장했고 농민들은 이에 격렬하게 저항했다. 중국의 경우도 '일전양주—田兩主'의 관행이 일찍부터 형성되었다. 소작인들은 자신의 소작지에 대한 권리를 영원히 향유한다는 이른바 '영전권永佃權'을 가지고 있어 역시 중층적 토지소유의 존재를 찾아볼 수 있다. 그러나 조선의 경우 지주와 소작인이 소유권을 분점하는 제도나 관행은 거의 나타나지 않는다. 말하자면 조선은 근대 이전 사회 가운데에서 배타적 소유권이 상대적으로 확고히 성립되어 있던 사회에 해당하였던 것이다.

조선의 상대적으로 강한 소유권은 이미 매도했던 토지를 후일 도로 물려 되찾아 오는 '환퇴'의 법제와 관행에서도 확인된다. 『경국대전』에서는 토지·가옥의 부동산은 매매 후 15일이 지나면 물리지 못하게 되어 있다. 동산 가운데서 노비도 마찬가지이며 우마의 경우는 5일로 되어 있다. 매도할 때 환퇴할 수 있음을 특약한 환퇴매매의 경우에는 기간의 제한이 없었으나 그 기간은 보통 1년에서 5년으로 짧았다는 것이다. 이는 매도자의 친족이 사들일 수 있게 하고 그 기간도 30년이나 되는 프랑스나, 환매가 일반적이며 특약이 없더라도 환매기간이 30년이었던 중국에 비한다면 무척 짧은 것이었다.

---

21) 朴秉濠, 「근세의 토지소유권에 관한 연구」, 『한국법제사고: 근세의 법과 사회』, 법문사, 1974, 232~233쪽.

이상과 같은 여러 면을 감안하면 "조선 후기 토지소유구조나 매매관습은 서구에서 근대적 개혁이 일어난 이후의 그것과 유사"하다는 주장까지 제기되고 있는 실정이다.[22]

조선시대 토지소유권의 존재 자체에 대해서는 이제 거의 이론이 없다. 그러나 토지소유권의 일정한 제한, 즉 간혹 농지의 소유권을 실질적 이용과 결부시키는 조선시대의 관행을 사회적 미발달과 연결시키는 사고방식은 여전히 남아 있다. 이러한 인식은 다분히 서구중심주의적 선입견 때문에 빚어진 것이라 생각된다. 현실적 이용 여부가 소유에 아무런 영향을 미치지 않는 이른바 소유권의 '관념성'의 정도를 그대로 사회발달의 정도를 측정하는 척도로 삼는 것은 서구 근대의 소유권 유형을 소유권이 지향하는 보편적이고도 최종적인 목표로 상정하는 것이기 때문이다. 과연 소유권의 '관념성'의 정도를 사회발달의 정도를 측정하는 척도로 설정할 수 있는 것인가.

물론 우리 역사의 경우에도 시대에 따라 소유권이 강화되는 추세를 보이기는 했다. 고려시대보다 조선시대의 소유권이 좀 더 확고해졌다. 앞서 언급한 바와 같이 전제개혁을 거치면서 수조권을 기화로 한 권세가의 횡포에서 벗어나 중소지주나 자작농의 소유권은 강화될 수 있었던 것이다. 조선에 들어와서는 소유권의 공증제와 같은 것도 시행되었다.

고려시대보다 조선시대에 사유의식이 좀 더 투철해졌던 것은 근본적으로 문벌계급보다 사대부계급의 경제적 기반이 취약하여 그만큼 소유지에 집착하지 않을 수 없었던 데에서 연유한다. 그런데도 정부가 소유권에 대한 제한을 끝내 폐지하지 않은 데에는 나름의 이유가 있었다. 소유권에 대한 일정한 제한은 도리어 정당한 소유권을 보호하고 사회 공공성을 발휘할 수 있었

---

22) 배항섭, 「조선 후기 토지소유구조 및 매매관습에 대한 비교사적 검토」, 『한국사연구』 149, 2010.

기 때문이다. 이를테면 조선 건국기에 일시적으로 토지의 매매를 금지한다든가, '병작竝作'을 못하게 하는 정책이 강구되었던 것은 여말에 호강자에게 침탈되었던 농민의 소유권 회복 방안의 일환이었던 것이다.

조선시대 농지에 대한 소유권 정책은 "정당한 소유라면 적극적으로 보호한다"로 간추릴 수 있다. '정당한 소유'란 무엇인가. 농지 취득의 적법성이 전제 조건이 된다. 매매나 상속, 그리고 무주지의 개간 등이 그것이다. 그러나 그것만으로는 충분하지 못했다. 소유를 위한 소유, 공공성에 위배되는 소유가 아닐 것이 요구되었다. 소유의 목적에 합당한 소유 즉 이용을 위한 소유가 그것이다. 이용은 반드시 직접 경작하는 것을 의미하지는 않는다. 사대부는 수기치인에 전념하기 위해 경작에는 타인의 노동력을 비는 것이 불가피하다. 그러나 소유 자체를 위해 소유하는 것을 넘어서 이용하지 않으면서도 타인의 농지에 대한 접근을 방해하여 '진지리'를 구현하지 못하게 하는 행위까지는 용납할 수 없다는 것이다.

소유권의 제한으로 정당한 소유권을 보호한다는 역설은 피지배계급에게만 적용되는 것은 아니었다. 관계에 진출하여 권력에 접근하지 못하였던 대다수의 사대부들 역시 국가의 소유권 보호가 철저하지 못하면 권세가에 침탈될 여지가 있었다. 농지든 비농지든 이용권이 개방되어 있지 않다면 권세가라는 불로소득자에게 독점·사점의 이득이 돌아갈 수밖에 없는 것이다.

사회 발달과 소유권 강화가 늘 병행된다고 말할 수 없고, 소유권 강화가 반드시 좋은 것도 아니다. 오늘날 공공의 목적을 위해 개인의 사유권을 제한하는 일이 종종 일어나는 것은 그 좋은 예다. 조선시대에는 소유권을 확고히 보장하는 가운데서도 공공성을 해치는 과도한 소유권 행사는 허용하지 않았다는 점에서 균형 잡힌 소유권 정책을 유지하고 있었다고 평가할 수 있다.

조선시대에 정당한 소유가 실제로 얼마나 보호될 수 있었을까. 조선시대에도 소유를 이용과 결부시키는 정책을 악용하여 농민을 침해하는 경우가 적지 않았다. 농민이 입안이라는 공증제도를 이용했더라면 호강자로부터의 침해를 사전에 어느 정도 예방할 수 있었을 것이다. 그런데 왜 조선시대의 많은 농민이 입안을 받지 않았던 것인가. 물론 입안 발급은 비용이 들고 번거로운 일이다. 그러나 입안 없이는 자신이 애써 가꾼 농지, 특히 많은 비용과 노력을 들인 개간지를 잃기 십상이었다면 어떻게 하든 입안을 발급받았을 것이다. 많은 농민이 입안 발급에 소극적인 이면에는 입안을 받지 않아도 사회적으로 자신의 정당한 소유가 존중될 것이라는 기대, 설사 분쟁이 나거나 침해를 당해도 합당한 판결로 바로 잡힐 것이라는 기대가 깔려 있었을 것이다. 그것이 공증제도가 시작된 조선 초기부터 상당한 세월이 흐른 후기에 이르기까지 많은 농민이 입안을 발급받지 않는 중요한 이유의 하나일 것이다.

2장
국가재정과 부세제

1절 국가재정

1. 국가재정의 용도와 재정 운영 원칙

1) 용도

국가재정의 내역을 통해서 국가의 성격과 위정자의 국정 인식을 확인할 수 있다. 새로 개창된 조선왕조의 국가설계자였던 정도전은 '부賦'를 군국이 필요로 하는 것의 총괄적 명칭이라 정의한 후 '부'의 용도로 상공上供·국용國用·녹봉祿俸·군자軍資·의창義倉·혜민전약국惠民典藥局의 6가지를 꼽았다.(『조선경국전』, 「부전」, 摠序) 조선시대 국가재정의 용도 가운데 오늘날과 비교해 눈에 띄는 것은 '상공'과 '진휼賑恤'이다. 의례를 위한 비용이 재정의 큰 비중을 차지하는 것도 중요한 특징이었다.

① 상공

정도전이 처음으로 꼽은 재정 용도는 '상공'이었다.(상공은 '供上'이라고도 표현하는데 이하 '상공'으로 통일하여 표시하기로 한다) 군주 그리고 궁궐 내에 사는 군주 가족에 대한 지원 비용이었다. 사대부계급에게 군주의 존재는 필수

적이어서 국가재정의 큰 몫이 군주에 할당되는 것을 용인했다. 상공의 항목
으로는 '의복음선衣服飮膳', '비반匪頒', '진보珍寶'의 셋을 들었다. 의복음선
이란 입고, 마시고, 먹는 생활 자료를 군주와 그 가족에게 공급하는 것을 가리
킨다. 비반이란 군주의 명의로 신민에게 사여하는 데 필요한 재화이다. 진보
는 정도전이 군주가 즐기고 좋아하는 것으로 풀이하고 있다.

② 국용

상공 다음으로 꼽은 것은 국용이었다. 국가의 세출은 모두 "나라의 쓰임"
인 국용이 아닐 수 없는데 오늘날과 조선시대는 국용의 의미가 아주 달랐다.
예산 책정 방식이 다른 때문이었다. 오늘날에는 국가기관별로 예산이 책정
되고 그 기본 지출항목은 인건비·기본경비·사업비가 차지한다. 조선시대의
국가기관에는 딱히 사업비라 할 만한 것도 없고, '전곡錢穀' 관서라 불리던 재
정관계 기관을 제외하면 기본경비의 경우도 소소한 자체경비에 불과하다.
이를테면 근무하는 날의 점심, 지·필·묵 등의 사무용품 정도가 있었다.(『태종
실록』 3년 윤11월 29일) 인건비는 기관별 지출항목이 아니라 녹봉이라는 독립된
예산항목으로 설정되었다. 다만 국가기관 소속의 이서나 노비에게 다달이
주는 '월봉月俸'과 같은 급여는 기관별 지출항목에 포함되었다.

정도전은 국용으로 "제사·'빈객賓客'·'전역田役'·'상황喪荒'에 필요한 비
용"을 들었다. 제사는 예치가 유교국가의 기본 통치 노선인 까닭에 종류도 많
고 비용도 상당한 규모에 달했다. 빈객은 사신의 접대와 같은 외교비용으로
서 특히 중국과의 사대관계에 많이 소요된 비용이다. 전역이란 강무講武를
가리키는 것이다. 사냥으로 잡은 동물로 종묘에 제사를 지냈으므로 제사와
도 관련된다. 상황은 '상장喪葬' 및 '황년荒年'에 필요한 비용이다. 이상은 모
두 국가 오례에 관련된 비용이니 제사는 길례, 빈객은 빈례, 사냥은 군례, 상

황은 흉례에 해당한다.

③ 녹봉

녹봉은 관리들에게 지급하는 보수다. 녹봉은 호조가 이를 총괄하고 광흥창에서 지급한다. 조선왕조의 경우 『경국대전』에 춘하추동의 4차례에 걸쳐 직급별로 곡물과 피륙 등을 지급하는 녹봉이 규정되어 있다.

④ 군자 · 의창

군사의 식량이나 구황곡 역시 국가 재정의 중요한 몫을 차지했다. 국가의 첫째 기능은 국방과 치안이라는 안보기능이다. 조선시대에 국가를 흔히 '군국軍國'이라 표현한 것도 그 때문이다. 조선시대 군사비의 절대적인 비중을 차지한 것은 군자 즉 군사가 먹을 군량이었다. 조선시대의 군사는 평시에는 자기가 먹을 양식은 자기가 부담했다. 화포를 제외하면 활·칼 같은 무기도 개별적으로 지참했다. 따라서 군자라는 것은 평시가 아닌 비상시를 대비해 비축하는 것이었다.

군자가 비상시를 위한 비축이었기 때문에 자연스레 군자는 구황이나 종곡을 대비하여 곡식을 비축하는 의창과 관련을 가지게 되었다. 군자는 본래 군수를 위한 것이고 의창은 구황을 위한 것이지만, 실제 운용과정에서는 서로 연계되어 흉년이 들면 군자곡을 빼서 구황이나 대여곡으로 충당했으며, 다른 국가재정 영역의 적자분 을 보전하는 경우도 있었다. 중국이나 우리나라는 예부터 국가는 9년 치 먹을 양식을 비축함을 이상으로 여겼고, 3년 치의 비축도 못 가진 국가는 제대로 된 국가가 아니라고 말해왔다. 비축은 바로 군수와 기근을 대비한 것이었다.

환곡과 진휼의 두 가지 기능을 가진 의창은 고구려의 진대법에서 발원하여 고려시대를 거쳐 조선왕조에 승계되었다. 조선 초기에는 대대적인 노력을 기울여 수백만석의 원곡을 확보할 수 있었다. 봄·여름 사이에 곡식을 대여하고 추수 후에 회수하여 농사나 빈민을 돕는 한편, 묵은 곡식을 교체하는 부수적인 효과도 노렸다. 그러나 대여곡의 회수 부실, 진휼에 의한 무상 분배, 미곡 보관 중의 여러 가지 손실 등으로 원곡의 감소가 계속되면서 원곡의 손실을 군자곡으로 보충하는 일이 반복되었다. 의창의 부실을 막기 위해 민간이 주도하는 사창 등의 대안을 모색하기도 하였으나 별 효과를 보지 못했다. 의창이 폐지된 뒤에도 환곡 기능은 살아남았으며 환곡의 원곡은 늘 군자곡이었다. 본래 환곡은 이자 없이 회수하는 것이었으나 소모분의 보충을 명분으로 이자를 붙이고 다시 그 일부를 국가재정에 보태면서, 점차 상납분이 증가되고 본격적인 부세화가 진행되었다. 조선 후기에는 중앙·지방의 여러 기관에서 환곡을 운영하고 재정의 중요한 몫을 차지하게 되면서 이른바 삼정의 문란이라는 폐단을 자아내게 되었다.

⑤ 혜민전약국

정도전은 복지 부문에 대한 시책으로는 구황과 진휼 외에는 '혜민전약국' 하나만을 거론하는 데 그쳤지만 나름대로 작지 않은 의미와 이유를 담고 있었다. 우선 복지를 상공이나 국용 등과 나란히 국가재정의 중요 용도의 하나로 선정해 놓았다는 점이다.

복지 부문 가운데 의료복지에 초점을 맞춘 것에도 의미가 있다. 의료복지는 가장 대표적인 복지 분야로서 잘 운용한다면 그가 강조한 대로 국가의 '호생지덕'을 크게 발휘할 수 있는 부문이 아닐 수 없다. 또 그의 혜민전약국안이 국가의 출연 기금을 토대로 안정적이고 영구적인 양질의 공공 의료복지를 구상한 것이었다는 데도 큰 의미가 있다.

당시만 하여도 약재는 중국에서 수입해 쓰는 것이 많고, '향약鄕藥'이라도 특정 지역에서만 나오는 것이 많아 병자가 필요한 약재를 조달하기 어려운 형편이었다. 혜민전약국이라는 항목을 크게 내걸게 된 이유이다. 정부가 '오승포五升布' 6,000필을 출연하여 좋은 약재를 구비해 양질의 의료혜택을 제공하겠다는 것이다. 약값은 실비로 제공하되 안정적이고 영구적인 운영을 위해 10% 정도의 이문을 받도록 하였다. 그동안 정부에서 빈민에게서는 약값은 꼬박꼬박 챙기지만 권세 있는 자가 억지로 싸게 구매하는 것을 막지 못해 약값 재원은 줄어들고 빈민이 그 피해를 떠안는 폐단이 있었는데, 앞으로 이 사업을 맡는 자는 이러한 사태를 막아 국가의 '호생지덕'을 살리라는 당부를 남겼다.

2) 재정 운영 원칙

재정 운영 원칙에도 조선시대는 오늘날과 큰 차이를 보여준다. 조선시대 국가재정 운영의 대원칙은 절검의 원칙과 고정의 원칙이다. 절약과 검소에 최대 역점을 두는 것이다. '손상익하損上益下'와 '가혹한 정치는 호랑이보다 사납다(苛政猛於虎)'의 정신에서 온다. 왕도정치를 부르짖는 정부가 과중한 수취로 민생을 파탄시키는 일은 일어나지 않아야 한다는 것이다. 과중한 수취를 막기 위해서 관원들은 군주의 절검을 부단히 강조했다. 군주 스스로도 자신의 사유재산을 포기하거나 공납물을 감축하는 등 솔선수범을 보여주는 사례도 심심치 않게 나온다.

절검의 원칙은 재정을 고정불변하게 유지하자는 두 번째 원칙으로 이어졌다. 동서고금을 막론하고 국가가 늘 재정 부족을 느끼는 것이 항례이다. 재정을 고정시키는 것은 바로 수취나 소비를 억제하여 절검의 효과를 가져오는 것이다. 수취할 양을 고정시켜 놓고 수입의 한도 내에서만 지출한다는 '양입위출量入爲出'의 원칙은 바로 재정 고정의 원칙에서 파생된 원칙이다.

물론 고정의 원칙은 절약 때문만은 아니다. 재정의 항상성과 일관성을 확립하여 국민의 신뢰를 얻고 국가사무를 간편하게 하는 한편, 재정 운영 과정에서의 작폐를 예방하려는 효과를 노릴 수 있다. 그러나 절검이 무엇보다 그 중요한 이유가 아닐 수 없다. 정부가 항상적으로 수취할 물목과 수량을 기재한 '공안貢案'을 마련하고 지출 내역을 명시한 '횡간橫看'을 작성으로써 고정의 원칙을 실행하였다.

2. 국가재정과 왕실재정

1) 국가·왕실재정과 군주재정권의 내역

국가와 군주의 관계는 국가재정 면에서도 중요하다. 짧은 기간 국가재정을 담당하다가 임기를 마치면 떠나는 오늘날의 행정수반과, 주권자를 자임하면서 평생 통치하는 조선의 군주는 국가재정 면에서도 그 권능과 위상은 전혀 다르기 때문이다. 조선시대의 군주가 국가재정을 임의로 운용할 수 있었던 것인가. 조선시대 군주는 국가재정에 대한 일정한 재량권을 행사할 수 있기는 했지만 관원의 통제로 재량권의 폭은 상당히 제한적이었다.

국가재정은 크게 일반 재정과 특별 재정을 나눌 수 있다. 정도전이 제시한 국가재정의 용도별 항목 중 '상공'이 바로 특별 재정에 해당되고, 나머지 항목은 일반 재정에 해당한다. 왕실재정이란 왕실의 가장으로서 왕실을 위해 군주가 통할하는 재정이다. 왕실재정에는 왕실의 사유재산과 그것을 활용하여 얻어지는 재원을 토대로 운영되는 재정이 있고, 왕실에 대한 국가의 경제적 지원을 바탕으로 한 재정이 있다. 전자가 사적 영역의 왕실재정(이하 '왕실 사재정'이라면 후자는 공적 영역의 왕실재정('왕실 공재정')이라 할 수 있다. 왕실 공재정은 그대로 국가의 특별 재정과 중첩되는 것이다.

국가재정 가운데 일반 재정에 대한 군주의 권능은 일반 국정에 대한 군주의 권능과 다를 바 없다. 국정의 기조에 따라 국가재정이 운용되고, 권력의 3축 사이의 견제와 균형 속에서 군주의 권능이 발휘되는 것이다. 따라서 여기서의 초점은 두 가지다. 하나는 군주가 과연 국가의 특별재정인 상공 재정 운영에 얼마나 간여할 수 있는가. 다시 말하면, 상공 물품의 사용은 전적으로 군주에게 일임되었는가 하는 것이 하나이고, 상공 물목物目의 공여량을 증대하거나 새로운 물목을 추가할 수 있는가 하는 것이 다른 하나이다.

한 가지 덧붙여 살펴볼 것은 왕실 사재정에서의 재정권이다. 사유재산을 기반으로 한 왕실 사재정의 운용은 원칙적으로 군주의 재량의 영역일 것이다. 그러나 이 영역에서도 군주는 공인으로서 일정한 제약을 받았던 것이다. 이하 왕실 공·사재정에서의 군주의 재정권의 실상에 대해서 차례로 검토해 보기로 하자.

2) 왕실에 대한 국가의 지원

① 왕실 일반에 대한 지원

왕실에 대한 국가의 지원은 공식왕족 내에서도 군주와의 친소에 따라 차등이 있었다. '상공'하는 범위가 가장 좁았고 수조지·녹봉의 지급의 범위가 그 다음이었다. 상공에는 조세·공납·요역이라는 3가지 부세 가운데 공납의 대부분이 할당되었다. 상공의 대상은 상당히 제한적이었다. 군주를 비롯하여 왕비·대비와 자녀와 같은 가족에 국한되었다. 자녀의 경우에는 세자를 제외하고는 궁궐에 거주할 때 즉 혼인하여 궁궐을 떠나 독립('출합出閤')하기 전까지에만 한정되었다. 그러나 상공 이외의 지원책은 이보다 훨씬 넓었다.

왕실인사에 대한 국가의 경제적 지원 내용은 기본적으로 수조지('과전科田' 뒤에는 '직전職田')와 녹봉의 지급이라는 두 가지로서 관원의 경우와 마찬가지이다. 왕자가 성장하여 궐 밖으로 나가 독립된 생활을 하게 되면 상공에서 제외되는 대신, 종친부에 소속되어 일반 관원과 마찬가지로 규정된 직급에 따라 과전과 녹봉을 지급받았던 것이다. 왕녀는 의빈부에 소속되는 남편 부마를 통해 간접적으로 지급받았다. 그 외의 왕실 인사는 돈령부에 소속될 기회가 주어졌다. 이상에서 제외되는 나머지 공식왕족에게는 '복호'의 혜택과 '족친위' 소속의 혜택을 주었다.

② 군주에 대한 지원

│ 경제적 지원 │ 군주에 대한 국가의 지원은 규모 면에서 여타의 왕실인사와 비교할 수 없을 정도로 컸다. 그러나 수조지 분급과 정규적인 현물 공급이라는 지원 방식의 면에서는 관원과 유사했다. 유가들은 군주의 경우에도 치인자로서 농경을 대신할 수 있는 경제적 급부가 있어야 한다는 인식을 가졌던 것이다. 맹자는 주 왕조 시대의 작록제爵祿制를 설명하면서 제후국 군주는 소국·중국·대국 가릴 것 없이 경卿의 10배의 '녹祿'을 받아 몸소 경작하는 것을 대신했다고 주장했다.(『맹자』, 「萬章」 하) 실제로 조선 초기에는 관원의 과전에 해당하는 군주의 수조지가 설정되어 있었는데,(『태조실록』 6년 10월 13일) 군주 스스로도 자신의 수조지를 과전으로 인식하고 있었다. "내자內資·내섬內贍에 절속折屬시킨 토지 역시 과전의 부류이다."라는 발언이 그것이다.(『세종실록』 2년 7월 30일)

군주에 대한 녹봉은 설정되지 않았지만 '공물'은 녹봉의 대치물로 볼 수 있다. 녹봉처럼 정규적인 현물 급여라 할 수 있기 때문이다. 공물은 전국의 토산물을 상공 업무를 담당한 기관을 통해서 받았으며, 이것은 군주와 함께 궐내에 함께 거주하는 모든 군주 가족의 생활자원으로 사용되었다. 군주는 공물 외에도 지방 장관들로부터 예물의 형식으로 '진상進上'을 받았다. 『경국대전』체제를 기준으로 말하면 상공만을 담당하기 위해 설치된 기관이 8곳, 국용과 함께 상공을 함께 취급하는 기관이 8곳 있었다.

▎**기타의 지원** ▎ 군주에 대한 지원이 다른 왕실인사와 질적으로 다른 부문이 바로 군주의 재정활동을 돕는 국가의 업무지원이다. 즉 군주의 사유재산을 재원으로 하여 경제활동을 하는 내수사를 국가기관으로 편입하고 관원·이속을 배치하였다.

군주에 대한 의료지원도 중요한 지원의 하나이다. 4의사醫司 중의 가장 우수한 내의원內醫院의 의원들이 궐내에 상주하면서 군주를 돌보았다. 내의원은 궐내에 거주하는 군주 가족의 의료도 담당하였다. 궐내에 거주하는 군주를 비롯한 왕실인사의 생활을 돌보기 위해 내시부·액정서와 같은 기관도 설치되어 있었다.

3) 군주의 왕실재정권에 대한 국가의 통제

① 왕실 공재정권에 대한 통제: 상공을 중심으로

조선시대에 국가의 특별 재정인 상공에 대한 군주의 권능은 크게 제한되어 있었다. 첫째, 공안과 횡간을 토대로 공급과 소비가 이루어진 때문이고 둘째, 관원이 상공기관을 관리하면서 군주의 자의적 상공 사용을 통제하였기 때문이다.

| 공안과 횡간 | 공안과 횡간의 획정은 군주 재정권에 대한 제도적 제한이 자 재정권을 자의적으로 행사하지 않겠다는 군주의 약속이었다. 군주가 취득할 수 있는 양과 사용할 수 있는 양을 일정하게 고정한 것이기 때문이다. 각종 부세의 세입 명세를 적은 장부인 공안에는 군현마다 상납해야 할 상공 물품의 종목과 물량이 할당되어 있고 납부처가 지정되어 있었다.('각관공안各 官貢案') 기관 별로 수취할 군현과 물목 및 수량을 상세히 규정해둔 것이 '각사 공안各司貢案'이었다. 상공 기관 역시 예외가 아니어서 공안에 기재된 대로 물품을 수취하였다.

한번 작성된 공안은 좀처럼 바뀌지 않았다. 필요한 물품이 없거나 부족한 경우 군주는 새로운 물목을 요구하거나 기존의 물목의 공여량을 늘려 줄 것을 요구하는 것이 불가능하지는 않았다. 그러나 공안을 개정하지 않는 한 그러한 요구에는 근본적인 제약이 있을 수밖에 없었다. 상공 기관에 비축된 해당 물품이 없을 경우 추가로 공물을 부과하는 대신 다음 해에 걷을 물량을 먼저 걷어 충당하는 '인납引納'이라는 방식으로 대응한 것은 그러한 제약을 여실히 보여준다.

더구나 공물의 액수는 크게 감소되는 추세를 보였다.[23] 연산군 대에 공액이 다소 증액되었다고 하지만 16세기 군주들은 왕실재정의 궁핍을 크게 느끼고 있었다. "국가에서 상공하여 사용하는 경비는 횡간 이외에 별로 남는 물품이 없어서 만약 이것만 가지고 쓴다면 비록 1개월간이라 할지라도 지탱할수 있겠는가?"(『중종실록』 34년 6월 8일)라는 중종의 불만 토로는 왕실재정의 궁핍의 정황을 적나라하게 보여준다.

호를 단위로 한 현물 납부라는 전기의 공납제는 후기에 대동법의 시행으로

---

23) 소순규, 『朝鮮初期 貢納制 운영과 貢案改定』, 고려대 박사학위논문, 2017.

전결을 단위로 한 대동미·포·전의 납부로 수취 방식이 일대 전환을 보았다. 그러나 국가의 세입과 세출을 고정하여 국가재정의 항상성을 추구한다는 목표는 달라지지 않았다. 궁중宮中과 관부官府는 한 몸이라는 '궁부일체宮府一體'의 이념에 따라 관원들이 상공기관을 관리한다는 원칙의 추구 역시 마찬가지다.

┃ 관원의 상공 기관 관리 ┃ 국가재정 내에 왕실재정을 포섭하여 관원이 관리하는 것은 군주의 자의적 재정권을 견제하기 위한 것이었다. 군주는 왕실재정과 국가재정을 분리하기를 원한 반면, 관원들은 사재정을 포함한 왕실재정의 모든 영역을 국가기관에서 관장하게 하려 하였다. 한마디로 관원들은 자신들이 인정하고 지원하는 만큼만 왕실이 국가재정을 사용하게 함으로써 군주의 재정권을 관원이 완전히 통제하려 한 것이다.

정도전은 "인군은 넓은 토지와 많은 인민을 오로지하니, 거기서 나오는 부세로서 자기가 가지는 것이 아닌 것이 무엇이고, 무릇 나라의 경비로서 자기가 쓰는 것이 아닌 것이 무엇이겠는가. 그러므로 '인군은 사장私藏을 가지지 않는다'는 것이다."라고 하면서 『주례』의 '궁부일체'의 체제를 다음과 같이 풀이했다. 주나라에서 상공 기관을 두어 그 출입과 회계의 수를 담당하게 한 것은 인주에게 사치하는 마음이 생겨 쓰는 데 절제가 없어지고, 담당하는 관리가 멋대로 농간을 부리고 속여 물자가 빠져나가 없어지는 것을 우려한 때문이며, '총재家宰'로 하여금 그 업무를 맡게 한 것도 통제를 위한 것이라는 것이다.(『조선경국전』, 「부전」, 상공) 이 궁부일체의 원칙은 기본적으로 조선 초기에서 조선 후기까지 조선시대 내내 흔들림 없이 지켜졌다.

궁부일체의 원칙에 따라 관원이 상공 기관을 관리한다는 것은 대략 세 가지 의미를 지녔다. 첫째는 군주가 규정된 용도와 액수에 맞게 상공 물품을 사용하게 한다는 것이다. 다시 말하면 공안에 따라 상공 기관이 수취한 상공 물품을 횡간의 용도·용량에 맞게 군주에게 지급한다는 뜻이다. 둘째,

상공 물품의 횡령이나 도난이 없도록 관원이 물품의 출납을 감독하고 그 내역을 기록한다는 뜻이다. 셋째, 상공 물품을 군주가 생활하는 공간인 '대내大內'로 반입할 때에는 엄격한 행정절차를 거쳐 그 내용을 공증하게 한다는 것이다.

상공 물품은 군주나 왕실이 사용하기 위해 수취한 것이지만 상공 물품이라고 해서 군주가 마음대로 사용할 수는 없었다. 용도나 액수가 지정되어 있었기 때문이다. 이를 흔히 '경비經費'라 표현했다. 물론 부득이한 지출이나 부족이 발생하기도 한다. 이때 군주는 해당 기관으로 하여금 재고 물품을 반입케 하거나 '무납貿納—시장에서 구입하여 납부—' 또는 인납케 할 수 있다.(『중종실록』31년 10월 1일) 그러나 관원의 동의를 받아야 했고 일정한 행정절차를 밟아야 했다.

관원의 동의를 받기 위해서는 무엇보다 군주 요구에 납득할 수 있는 사유가 있어야 한다. 군주가 경비 외의 물품을 요구하려면 납득할 만한 사유를 제시해야 했다. 그렇지 않으면 당연히 관원들의 반발을 야기했다.(『선조수정실록』7년 3월 1일) 재고로 남아 있는 상공 물품조차 군주가 마음대로 처분할 수 없었다. 연산군이 편법에 의해 재고 물품을 대내에 반입한 사례는 군주가 재고 물품을 마음대로 쓰지 못했음을 반증하는 사례이다. 쓸모없는 상공 물품이라도 그대로 보관했다가 뒷날 국용에 보탬이 되도록 하자는 의정부의 요청을 연산군이 끝내 거부하고 반입시켰을 때의 상황을 사관은 다음과 같이 전하고 있다. "당시에 왕이 사치하여 쓰는 데 절제가 없었는데 상의원 제조 홍상과 구수영이 윗사람의 뜻에 순응하여 조금이라도 복어服御의 물품으로 부적합한 점이 있으면 모두 쓸 수 없는 물건이라고 하며 그 숫자를 올리면 (연산군은) 모조리 대내로 들이라 명하였다."(『연산군일기』3년 4월 14일)

군주가 규정에 맞게 요구하는 물품이라도 까다로운 행정절차를 거쳐 대내로 반입할 수 있었다. 그러한 절차를 '승전承傳'이라 불렀다. 군주가 필요한 물품의 반입을 '승전색承傳色'이나 '사알司謁'을 통해 승정원에 지시하여 승정원이 앙조와 해당 속아문(이하 '해사')에 전달하면 해사가 앙조와 승정원을 경유하여 계를 올리고, 군주가 여기에 '계啓' 자字 도장을 찍어 결재하고 승정원에 보내면('계하啓下') 승정원이 다시 이를 앙조·해사에 보내 물품을 반입케 하는 방식이다.(『태조실록』 1년 9월 21일; 『인종실록』 1년 4월 24일)

상공물품의 반입에 까다로운 행정절차를 밟게 한 데는 이유가 있었다. 반입에 앞서 용도와 액수가 적정한가를 검토하기 위한 것이며, 반입의 명확한 증거를 남기기 위한 것이다. 반입을 위한 계와 계하는 모두 조보에 실려 전국에 공개되고 군주의 요구가 부적절하다고 판단되면 언관을 비롯한 관원은 즉시 이를 저지하기 위한 계를 올릴 수 있었다.(『중종실록』 34년 6월 9일)

상공 물품에 대한 군주의 무리한 요구에 대해 관원들이 아무리 끈질기게 항의하고 까다로운 행정절차를 요구하여도 군주가 막무가내로 자신의 의지를 관철하려 하면 이를 저지하는 것은 불가능했다. 그리고 그러한 행태는 반드시 연산군과 같은 특수한 군주에게만 해당되는 것은 아니었다. 그러나 결코 자주 발생하는 일은 아니었고 군주가 끝까지 강행하기도 쉽지 않은 일이었다.

의영고 황랍의 대내 반입을 둘러싸고 군신 간 첨예한 대립을 벌였던 선조 7년의 사례는 군주가 상공 물품을 자의적으로 사용한다는 것은 결코 쉬운 일이 아니었음을 보여주는 좋은 사례이다. 이때 선조는 불사를 위해 황랍을 반입하려 하는 것이 아니냐는 사간원의 의혹 제기를 완강히 틀어막으면서 반입을 강행하였다. 그 뒤 불사를 일으킨 사실과 불사에 황랍이 사용된 정황이 드러나 언관 및 성균관 유생들이 들고 일어나자, 선조는 초를 만드는 데 사용하고 남은 것이라고 둘러대면서 마침내 반입한 황랍 500근 가운데 475근을 반납하고 말았다.(『선조실록』7년 5월 12일) 상공물품을 군주가 자의적으로 사용한다는 것은 결코 쉬운 일이 아니었음을 보여주는 사례이다.

② 왕실 사재정권에 대한 통제: 내탕과 내수사를 중심으로

군주의 재정권에 대한 통제는 왕실 공재정에만 한정되지 않았다. 조선시대에는 군주는 사장을 가지지 않는다는 '무사장'의 이념에 따라 사재정에 대해서도 일정하게 간섭하려 하였다. 물론 군주는 이러한 간섭에 순순히 따르려 하지 않았다. 왕실의 가장으로서의 체모와 의무를 저버릴 수 없기 때문이다. 뿐만 아니라 주권자로서의 국가재정에 대한 권능을 행사하고 싶은 충동을 간간이 느끼기 때문이다. 결국 왕실 공·사재정권을 둘러싼 군신 간의 실랑이는 불가피한 일이었다. 조선시대에 군주가 자유롭게 쓸 수 있는 재화는 '내탕'이라 불렀고 군주의 사유재산을 관리한 핵심 기관은 내수사였다. 시기에 따른 왕실재정의 상황, 그리고 내탕과 내수사에 대한 인식을 간단히 살펴보기로 하자.

┃ 왕실재정 상황의 변화 ┃ 조선 전기에는 왕실재정의 상황이 점차 악화되는 경향을 보였다. 군주의 의사와는 관계없는 이유로 재정이 축소된 면도 있지만 군주 스스로 조장한 면도 있었다. 본래 조선시대에 한 집안의 사유재산은 끊임없이 보충하지 않는 한 시간이 갈수록 점차 줄어들게 되어 있었다. 무엇보다 균분상속 때문이었다. 왕실의 경우도 마찬가지였다. 군주에게는 사재가 있었고, 앞의 군주에서 뒤의 군주로 이어지는 자산이 있었으며, 국가기관에 의한 공적 지원도 컸지만, 공적으로 쓸 곳도 많았고 사적으로도 상속이나 증여가 많았다. 더구나 국초 이래 군주가 앞장서서 왕실의 사유 재화를 보관하는 '사장고私藏庫'를 감축하여 국고에 귀속시키는가 하면, 공재정과 사재정을 구분하여 상공 물품의 사재정으로의 편입을 제한했으며, 공안과 횡간

을 획정하면서 공재정의 규모 자체를 대폭 줄이기까지 했다. 국용전제國用田制의 실시나 과전의 직전으로의 전환 및 지급 중지 등의 토지제도의 변화도 왕실재정의 축소를 가져왔다. 더구나 왕실재정의 악화를 막기 위한 자구책으로 벌이던 장리 활동은 신료들의 끈질긴 폐기 요구에 못 이기어 폐지되고 말았다.

그러나 조선시대의 왕실재정의 규모가 축소일로만 걸은 것은 아니었다. 내수사의 장리는 폐지되었지만 양·천을 막론하고 많은 자가 내수사 노비로 투탁하고 있었고, 국유지를 왕실 소유지로 바꾸거나, 민전을 왕실 수조지로 편입시키고 있었다. 조선 후기가 되면 이러한 현상이 급격히 확대되어 많은 토지가 궁방전으로 절수되었다. 왕실재정의 변통 방법을 마련한 것이다. 왕실재정의 상황 변화는 내탕과 내수사를 통해서도 구체적으로 확인할 수 있다.

┃ 내탕 ┃ 내탕內帑은 '어용의 창고'로서 군주가 사용하는 재화의 보관처를 가리킨다. 동시에 그곳에 보관된 재화 자체를 가리키기도 한다.[24](이하 내탕은 후자의 개념으로 사용한다) 내탕은 순수한 사유재라 할 만한 물품과 상공 물품에서 전용된 물품으로 구성되어 있었다. 사유재로는 우선 부모 등으로부터 개인적으로 상속받은 것과 군주로서 선대의 군주로부터 물려받은 것이 있다. 이를테면 "내가 내탕으로 보관하는 것을 모두 사여한다 하여 누가 막을 것인가. 그러나 가벼이 써서 없애버린다면 뒤의 왕은 어떻게 할 것인가?"와 같은 군주의 발언에서 내탕은 군주에서 군주로 전해지는 것임을 알 수 있다.(『중종실록』 14년 11월 4일) 사유자산에서 나오는 수입도 있다. 이를테면 군주의 소유지에서의 수입이나 내노비의 신공 등이 그것이다. 신민이 군주에

---

24) 이를테면 '内帑庫'나 '内帑을 내어주다'(『세조실록』 권37, 11년 12월 30일)와 같은 용례에서의 '내탕'의 개념이 그것이다.

게 바친 물건이나(『문종실록』 1년 6월 1일), 외국에서 군주에게 보낸 선물도 내탕에 들어갔다.(『성종실록』 25년 10월 28일; 『광해군일기』 중초본, 1년 6월 10일)

내탕에는 상공 물품도 포함되어 있었다. 그러나 상공 물품이 곧 내탕이 되는 것은 아니었다. 상공 물품 중에 대내로 반입되어 내고에 보관하고 있는 물품만이 내탕에 해당된다. 국초에는 아직 사장고와 상공 기관, 그리고 내탕과 상공 물품의 구분이 뚜렷하지 않았지만 점차 구분이 강화되면서 마침내 16세기에 이르러 양자는 확실한 구분을 보였다.

상공 물품을 사장고로 들여와 내탕으로 사용하던 고려 후기 이래의 관행은[25] 조선에 들어와서 점차 바뀌어갔다. 상공 물품과 내탕의 구분이 명확해져 가고 군주의 사유 물품을 상공 물품과 함께 상공 기관에 보관하던 관행도 점차 없어졌다. 태종 때만 하더라도 내탕기관으로 간주되던 내자·내섬시가 (『태종실록』 11년 1월 20일) 성종 때에 와서 내고로 간주되지 않게 된 것은[26] 그 좋은 사례이다.

상공 기관 가운데 가장 마지막까지 내탕 기관으로 간주된 것은 상의원이었다. 상의원은 우선 사옹원과 함께 각기 궁궐 안에 거주하는 왕실인사의 의식衣食을 담당하는 기관으로서 궁궐 안에 위치해 있었다. 그러나 상의원이 보관하는 상공 물품도 중종 대에 이르러서는 더 이상 내탕으로 간주되지 않게 되었다.[27] 그 결과 내탕은 상공 기관의 창고와는 별개로 궁궐 안에 마련된

---

25) 김재명, 「高麗後期 王室財政의 二重의 構造 —이른바 私藏의 변화 과정을 중심으로」, 『震檀學報』 89, 2000; 이정란, 「고려후기의 供上制와 왕실재정의 상관성에 대한 試論」, 『한국중세사연구』 56, 2019.

26) "司饔·內資·內贍等寺 雖供上衙門 非如尙衣院之例 不可謂之御府" 『성종실록』 권148, 13년 11월 1일.

27) 중종 19년에는 "궁궐 안에서는 상의원을 내탕으로 생각하지 않지만 궁궐 밖에서는 아직도 상의원을 내탕으로 여긴다."라고 하거나(『중종실록』 권51, 19년 8월 15일 丁未) "하나는 내탕에 보관

왕실 전용의 창고인 내고('내상고內廂庫'·'상고'廂庫'·'내탕고' 등으로도 불린다)에 보관된 물품만을 가리키게 된 것이다.

상공 물품과 내탕이 명확히 구분되게 되자 16세기의 군주들은 왕실 사재정의 궁핍을 타개하기 위한 방편으로 상공 물품을 내탕화하는 궁여지책을 강구하였다. 상공 물품을 내고로 반입하여 내탕으로 삼고, 그 반입을 쉽게 하기 위해 승전 대신 '감결甘結'이라는 행정절차를 밟는 편법이었다. 특히 중종 11년에 장리가 혁파되어 갑작스럽게 왕실재정이 축소되는 상황을 맞게 된 중종이 그러했다.

승전과 감결의 차이는 크게 두 가지이다. 첫째, 감결에서는 해사로 하여금 승정원을 경유해 정식으로 계를 올리는 과정이 생략된다는 점이다. 둘째, 감결은 정식으로 계하는 과정이 생략됨으로써 승정원이나 해당 기관 외에는 군주가 무슨 용도로 무엇을 얼마나 요구하는지 그 내역을 알기가 어렵다는 점이다.(『중종실록』 34년 6월 9일)

군주가 편법을 동원해 상공 물품을 내고로 반입하려는 것은 일단 내고로 반입한 뒤에는 아무런 관원들의 간섭을 받지 않고 마음대로 그 물품을 사용할 수 있게 되는 까닭이었다. 따라서 내탕은 단순히 군주가 사용할 수 있는 재화가 아니라 "관원의 직접적인 행정 관할에서 벗어나 군주가 자유롭게 처분할 수 있는 동산(또는 그 보관처)"이라 해야 할 것이다.

내탕이라고 문자 그대로 마음대로 쓸 수 있는 것은 아니었다. 용도가 사리에 어긋난다면 문제가 될 수 있다. 자녀들에 대한 지원이 과다하면 사치를 조장한다는 이유로, 불사 지원의 경우에는 이단의 신봉이라는 이유로 반대

하고, 하나는 상의원에 보관하였다."라고 말하는 것이 그것이다.(『중종실록』 권71, 26년 6월 11일 甲子)

에 부딪치지 않을 수 없었던 것이다.

내탕의 중요한 재원의 하나가 상공 물품이었기 때문에 신료들은 공익을 위해 내탕을 사용할 것을 기대하였다. 신료들의 요구 이전에 군주 스스로 내탕을 푸는 경우도 적지 않았다. 군사에게 내탕의 활을 내린다든가(『성종실록』 22년 4월 19일) 내탕을 사신의 접대에 충당한다든가 하는 예들이 산견된다.(『중종실록』 3년 1월 13일; 『인종실록』 1년 5월 29일)

내탕을 공익을 위해 사용하자는 것은 비단 그 재원의 상당 부분이 상공물품에서 나온 것이었다는 점에만 있는 것은 아니었다. 군주는 사장을 가지지 않는다는 이념, 그리고 군주가 성인이 되기를 추구하는 성학 군주의 이념 때문이기도 하였다. 이러한 이념은 군주의 순수한 사유재산을 관리하는 내수사의 운영에도 영향을 미쳤다.

▌내수사▐ 조선시대의 내수사는 군주의 사장고이면서 국가기관으로 설정되어 공·사 양면의 성격을 지닌 유일한 기구였다. 내수사는 군주의 순수한 사유재산을 관리했다는 점에서 명실상부한 사장고의 기능을 가졌다. 내수사가 보유한 재산이야말로 군주가 가장 자유롭게 처분할 수 있는 재산이었다. 내탕 중의 내탕이라 할 수 있다. 뜻밖의 '반정'으로 왕위에 오르게 된 중종이 즉위 전에 가지고 있던 '본궁本宮'의 노비·전답·장리를 내수사에 속하게 한 것은(『중종실록』 2년 2월 2일) 내수사의 사장고로서의 성격을 단적으로 보여준다. 내수사가 관리하는 자산의 구체적인 내역은 군주의 소유지, '내노비'라 불리는 소속 노비, 기타 군주 소유의 어전이나 염분 등이다.

내수사는 사장고에서 출발하여 국가기관이 되었다. 이성계 가문의 사유재산을 관리하던 본궁에서 출발한 내수사는 세종 조에 '내수소內需所'가 되고 세조 조에 관원을 확장하고 조직적인 체계를 갖추면서 내수사로 개칭되었다. 내수사가 사장고인데도 공적 기구로 만든것은 무엇보다 사적으로 운영하기에는 기능도 많고 규모가 커서 많은 인원과 경비를 감당하기 어렵기 때문이다. 국가기관이 되면 소속 인원의 임용과 대우를 체계적으로 할 수 있을 뿐 아니라[28] 작폐의 소지를 줄이고 회계를 투명하게 하는 데도 도움이 된다.

내수사의 출범에는 나름대로의 의미가 있다. 첫째, 왕실 재정기구를 하나로 통합했다는 의미를 지닌다. 고려시대에 많은 왕실인사에게 마련해 준 '부府'나 사장고가 내수사로 단일화된 것이다. 둘째, 궁부일체 이념과 체제 아래에서 군주의 이해와 신료의 이해를 함께 충족시키는 왕실재정·국가재정 공존의 접점을 찾았다는 점이다. 군주제를 수용하는 한, 광범한 친족을 거느린 군주의 왕실재정권을 어느 정도 인정하지 않을 수 없고, 사유제를 기반으로 한 사회에서 공인이라 하여 군주에게만 사유권 행사를 일체 금압하기도 어렵다. 차라리 공인하는 대가로 일정한 통제를 가하는 것이 합리적인 대안이 될 수 있다. 따라서 국가재정과 왕실의 사재정을 구분하면서 공·사 양면의 성격을 가진 내수사를 설치한 것은 궁부일체 체제 아래서의 타협책이자 절충점이었다고 할 수 있다.

『경국대전』에서는 내수사의 직무를 "궐내에서 사용하는 미·포 및 잡물·노비를 담당한다."(「이전」, 京官職)라고 했는데 내수사의 기능은 내탕 보관이나 군주 사유자산의 관리 외에도 여러 가지가 있었다. 첫째, 사유자산을 바탕으로 얻어진 수입을 재원으로 재산을 증식시키는 활동이다. 장리가 대표적이다. 둘째, 군주만이 아니라 궐내·외의 여러 왕실인사에 대한 재정 지원이나 물자 공급에 관여했다. 셋째, 조선 후기에 운용된 각 궁방을 지원하고

---

28) 태종 대에 내수소의 전신인 본궁 소속 畫題에게 관직을 주어 물의가 야기된 적이 있다.(『태종실록』 권36, 18년 7월 6일) 정식 국가기관으로 만들면 복무자의 임용과 대우 문제가 해결된다.

궁방의 대정부 행정 업무를 대행하였다.

내수사라는 기관의 운영은 매우 특수했다. 내수사도 하나의 공적 기구이므로 당연히 관원과 관속이 배치된다. 그러나 다른 국가기관의 경우와는 다르게 운영되었다. 첫째, 내수사 관원은 다른 일반 관원과 구분된다는 점이다. 정5품 이하 종9품에 이르는 8명의 관원 가운데[29] 오직 내수사에만 두어진 20명의 '서제書題'는 취재에 의해 따로 선발하며, 이들이 종7품 이하의 4직을 담당하게 되어 있다. 따라서 일반 관원이 내수사 관원으로 보임되지 못하고 동시에 내수사 관원이 다른 기관으로 보임되지 못한다. 이처럼 일반관원과는 달랐기 때문에 이조의 속아문이었음에도 불구하고 이조의 관원이 평소에 접촉하지 못했다.[30]

둘째, 내수사는 일반 기관과 달리 관원과 이서가 뚜렷이 구분되지 않는다는 점이다. 내수사에는 서제 외의 이서는 없으며, 서제는 『경국대전』, 계본啓本·첩정牒呈·관關 중의 하나, 해서楷書, 행산行算과 같이 행정에 필요한 과목으로 선발되었으므로(『경국대전』, 「이전」, 취재) 이서의 직능을 수행했음은 의심할 바 없다. 그러나 다른 기관의 이서와 달리 거관하기 전에 내시부 관직에 임용될 수 있다는 점이 특이하다. 관원과 이서를 겸했다고 할 수 있다.

셋째, 당상관이 두어지지 않는 정5품 아문이면서도 직제상의 제조를 두지 않고 그 운영을 환관에 맡겼다는 점이다. 환관이 내수사 운영의 총책임자라는 사실은 초기부터 말기에 이르기까지 조야의 공지 사실이었다. 세조가

---

29) 『경국대전』에는 정5품의 典需를 필두로 종6·7·8품에 副典需·典會·典穀 각 1원, 종9품에 典貨 2원을 두고 그 외 무록관으로 5품의 별좌나 6품의 별제를 합하여 2명을 두게 되어 있다.(「이전」, 京官職)

30) "具致寬啓曰 內需司 乃吏曹屬官 然本司別坐等官 非朝士例 不與相見 未知賢否 褒貶爲難 請以大臣爲提調" 『성종실록』 권6, 1년 6월 13일.

내수소를 개편하여 공적 기구로서의 면모를 갖춘 내수사를 출범시킨 이유도 환관들이 관원의 일정한 통제를 받게 하려는 데 있었던 것이다.(『세조실록』 3년 10월 2일)

직제상의 제조는 없어도 환관은 언제나 사실상의 제조 역할을 담당했다. 내수사의 총괄 운영을 담당한 환관을 때때로 공공연히 제조라 부르기도 하고, 명종 때는 제조의 인신까지 만들어줌으로써 공식화하기까지 했다. 연산군 때에 일시 일반 관원을 제조와 별좌에 임명한 것이 유일한 예외인데,(『연산군일기』 11년 1월 16일) 총신을 임명함으로써(『중종실록』 1년 10월 9일) 오히려 잡음 없이 행정을 신속하고 정확히 처리하려 한 것으로 보인다.

사실상의 제조를 두면서도 이를 정식 직제상의 직임으로 하지 않은 것은 『경국대전』의 규정과 전통을 지키고 관원들의 반발도 우려한 때문일 것이다. 후기에는 내수사를 관장하는 환관은 제조라 불리는 대신 주로 '차지次知'로 지칭된 듯하다. 차지는 '담당하다', '담당자'의 뜻인데 『육전조례』에서는 내수사의 정식 관원 위에 차지라는 직임을 두고 '내시'라는 주를 달아 놓고 있다.

조선시대에 환관은 왕실재정을 도맡았다. 내수사만이 아니라 내고 역시 환관이 관리했다.[31] 궁중에서 거처하거나 수시로 궁중에 출입하면서 왕실인사를 보살피고 궁속들을 지휘·감독하는 그들의 직능으로 보아 자연스러운 일이라 할 수 있다. 환관의 정식 임용처는 내시부였지만 내시부 소속의 환관은 내수사와 궁방의 직임도 맡았다.

관원들은 군주의 왕실 사재정권을 용인하기는 했지만, 국가의 수장이자 상징으로서의 군주의 위상에 손상되지 않도록 내수사에 일정한 통제를 가하려 했다. 내수사에 대한 관원의 통제는 크게 세 가지 방향에서 이루어졌다.

---

31) 환관이 내고의 문 개폐를 맡아 보았던 데서 알 수 있다. 『중종실록』 권60, 23년 1월 28일.

부단한 내수사 폐지 주장, 내수사의 활동이나 보유 내탕의 용도에 대한 공개 요구, 내수사 업무 수행에 대한 행정적 통제가 그것이다.

간헐적인 내수사 혁파 주장이 반드시 아무 도움이 되지 않는 원리원칙을 들먹이는 데 불과했던 것은 아니다. 사유재산이라도 군주는 공익이나 공공성에 위배되는 방식으로 사용되어서는 안 되며 이 원칙에 따라 관원의 일정한 동의와 통제를 받아야 할 것임을 끊임없이 환기시키는 효과가 있었다.

내수사의 활동에 대한 관원들의 통제의 대표적인 것은 장리였고 그 폐지를 관철시키고야 말았다. 왕실의 장리는 연 30%의 고리로 전국에 산재한 장리소에서 운용하였는데 군주가 인민과 이익을 다툴 수 없다는 논리 때문이었다.[32] 왕자녀에 대한 과도한 지원이나 불사 비용 같은 내탕의 용도도 문제가 되었다. 어전이나 궁방전 등의 소유나 절수도 마찬가지였다.

내수사에 대한 행정적 통제는 직계를 금지하고 승전을 받들게 하는 데 있다. 승전을 하게 되면 내수사의 활동 내역을 알 수 있고 용도에 대한 시비를 논할 수 있기 때문임은 두말할 나위가 없다. 군주와 내수사 측에서는 가급적 직계로 업무를 처리하고자 했고 관원들은 이를 저지하려 했기 때문에 조선시대에는 자주 이 문제로 마찰을 빚었다. 그러나 내수사의 행정절차를 둘러싼 군주·내수사와 관원 사이의 이견은 비교적 이른 시기에 타협을 찾았다. 내수사 고유의 업무인 곡식이나 노비와 같은 순수한 군주 사유재의 처리는 직계를 허용하고 다른 기관의 업무와 관련되거나 기존의 법규나 관행에 저촉될 소지가 있는 사항은 승전 절차를 밟게 한다는 것이었다.

조선 후기에는 내수사의 궁방 업무와 관련된 활동에 대한 논란은 많았으나 승전이 잘 수행되어 행정절차를 둘러싼 다툼은 많이 줄었다. 궁방 관련 사

---

32) 송수환, 「조선전기의 내수사」, 『조선전기 왕실재정 연구』, 집문당, 2000.

안은 내수사의 양조인 이조가 도맡아 처리하는 것이 아니라, 토지문제라면 이조를 경유하여 호조가 해당 도에 공문을 발송하게 되는 것이다. 이때의 승전 절차는 대략 궁방-내수사-이조-호조-승정원-계하-이조-호조-본도로 정리할 수 있다.[33]

　군주제를 인정하는 한, 군주의 일정 정도의 재정권 허용과 군주 및 왕실에 대한 국가의 지원은 불가피하였다. 조선시대에는 이러한 것들로 말미암아 국가운영이 큰 차질을 빚지 않도록 정부가 관리하고 통제하는 데 대체로 성공했다고 말할 수 있다. 무엇보다 '군주 무사장'이나 '궁부일체'의 원칙에 대하여 군주 측도 원칙적으로 수용했다는 점이다. 또 그러한 원칙이 이념이나 원칙에 그치지 않고 제도적 뒷받침도 어느 정도 이루어졌다는 점이다. 상공 기관과 상공 물품에 대한 관원의 통제가 궤도에 올라와 있었다. 내탕의 사용이나 내수사의 활동 역시 관원들의 일정한 통제를 받았던 것이다.

2절 부세제: 비교사적 특성

　이 책에서 '조세'(tax)라는 일반적인 용어 대신 '부세賦稅'라는 용어를 쓰는 이유는 두 가지다. 하나는 조선시대 조세 가운데에는 '조세'라는 별도의 종목이 있어서 양자의 혼동을 피하기 위해서이다. 다른 하나는 오늘날의 조세가 주로 화폐로 납부되는 데 반하여 조선시대에는 물납의 세와 함께 '요역

---

33) 대표적인 사례 하나를 소개한다. "憲府以寅平尉柴場革罷事連啓 上命戶曹査出柴場文案 戶曹啓 以今年四月 憲府請令諸道査出諸宮家各衙門漁箭柴草場 啓聞革罷 而各道査啓時未來到 今此淑徽公主 交河地柴場 甲午五月呈內需司啓下折受 吏曹反貼關 六月到本曹 自本曹移文本道矣 於是掌令尹飛卿·持平李整·大司憲蔡裕後 皆以失實引避 正言尹趾美 亦以與裕後有相避之嫌 不敢處置 引避 上泣答以勿辭 諫院處置 竝請出仕 從之』『현종개수실록』 권2, 즉위년 10월 17일.

徭役'과 같은 노동력을 징수하는 '부세賦' 역시 중요한 종목이었기 때문이다.

조선시대 부세제가 지니는 비교사적 특성은 거의 논의조차 이루어지지 못한 실정이다. 부세제의 내용 파악이 어려웠기 때문이 아니라 조선시대 부세제에 접근하는 시각이나 평가에 문제가 있었기 때문이다. 구체적인 분정의 기준·방식처럼 아직도 명확하지 않은 채 남아 있는 영역이 없지는 않지만, 조세·공납·요역의 3세로 이루어진 조선시대 부세제의 개략적인 내용에 대한 연구는 상당히 진척되어 있다고 할 수 있다. 그러나 가혹한 수탈로 인한 피지배계급의 고통, 공납제나 요역제가 지닌 불합리한 규정이나 관행, 수취 과정에서의 농간이나 비리 등을 파헤치는 데 역점을 둔 나머지 조선시대 세제가 지닌 나름대로의 장점이나 비교사적 특성에 대해서는 눈을 돌리기 어려웠던 것이다.

수탈의 가혹성·세제의 불합리성·수취상의 비리는 모든 시대·지역의 조세의 역사에서 공통적으로 나타나는 것이고, 각 시대나 지역 간의 선악·경중의 파악이 거의 불가능하다. 애당초 비교의 대상이 되기 어려운 점도 있다. 근대 이전의 모든 사회에서 조세의 수취는 빈곤층이 겨우 연명해 나갈 수 있는 정도, 다시 말하면 사회적으로 단순 재생산이 가능한 최저 수준까지 도달하는 것이 상례였다. 역대 어느 지역의 어떤 세제도 항상 불만과 원성의 대상이었고, 부세 수취나 납세를 둘러싼 부정·농간 역시 보편화되어 있었다. 한 시대에서 오직 시기적인 차이 정도를 차별화할 수 있는 것이 고작이다. 새로 건설되어 개혁이 진행한 시기는 비교적 공정하고, 사회적 모순이 노정되어 몰락의 길을 걷는 시기는 그만큼 비리가 심하기 때문이다. 전체로 말한다면 시대나 지역에 따른 큰 차이를 인정하기 어렵다. 그렇다고 세제에 대한 비교사적 연구가 무의미하다고 말할 수 없다. 세제에도 비교가 가능한 영역이 있기 때문이다.

조선시대 세제가 지닌 비교사적 특성은 대략 세 가지로 간추릴 수 있다. 첫째는 국가와 지배계급이 피지배계급에게서 거두는 수취 총량에서 국가의 수취가 차지하는 비중이 상대적으로 높다는 점이다. 강력한 중앙집권적 국가였기 때문이다. 지배계급은 자작농을 제외한 피지배계급의 일부로부터 제한된 명목으로만 수취할 수 있었으므로 지배계급에게 돌아가는 수취의 몫은 상대적으로 낮을 수밖에 없었다. 사대부계급은 국가가 자신의 계급 존립의 근본적 토대였기 때문에 국가가 전체 수취의 큰 몫을 차지하는 것을 양해했고 자신들의 납세까지 기꺼이 수용했다.

　　둘째는 포괄적이고도 상세한 세제가 마련되어 있었다는 점이다. 주곡의 징수는 물론 지방의 특산물의 수취나 노동력의 징발에 이르기까지 부세의 부과 및 분정기준에서 납세의 납부 방식에 이르는 비교적 상세한 규정이 제정되어 있었다. 조세청부업자에게 수취를 맡기는 경우가 많았던 서구와는 대비되는 부분이다. 이 역시 중앙집권적 관료제가 크게 발달되어 있었던 것과 관련이 있다.

　　셋째는 조세의 형평성 구현에 상당한 노력을 기울인 세제였다는 점이다. 실제로 얼마나 조세 정의가 실현될 수 있었는가하는 문제와 별도로 누구에게나 부에 비례하여 과세하겠다는 목표와 의지가 명확했다는 점이다. 즉 개세제皆稅制와 비례세比例稅를 원칙으로 한 세제를 일관되게 운용했던 것이다. 국가가 부과하는 부세의 비중이 높은 만큼 조세저항을 피하기 위해서도 조세 형평에 신경을 쓰지 않을 수 없었던 것이다. 또한 사대부계급이 조세 형평을 통해 지배의 안정을 기했기 때문이며, 자신들이 표방한 왕도정치 이념에 부합되는 원칙이기도 했다. 이하에서는 조선시대 세제가 지닌 비교사적 특성 중 조세의 형평성 면에 중점을 두어 조선시대 세제를 일별해 보기로 한다.

1. 부세 종목

조선시대의 부세는 조세·공납·요역을 근간으로 하고 그 밖의 잡세가 있었다. 유의할 것은 군역·잡색역 같은 신역은 부세 종목에 해당되지 않는다는 사실이다. 이제까지 흔히 조세·공납과 함께 '역'을 조선시대의 기본 세목으로 열거하면서 역에는 다시 신역과 요역이 있다는 식으로 설명해왔다. 현물이 아닌 용역의 형태로 국가에 제공해야 하는 의무라는 점에서 신역이나 요역을 다같이 '역'이라 부르는 자체는 잘못이 없다. 오늘날 연구자만이 아니라 조선시대 사람들도 종종 그렇게 표현했다. 문제는 신역을 요역과 같은 부세의 일종으로 파악한 데 있다. 신역을 부세로 파악하는 데는 여러 가지 문제가 있다. 당시의 사람들, 특히 당시의 위정자들은 신역을 부세의 하나로 생각하지 않았다.

1) 문제의 제기: 군역과 부세

신역, 그중에서도 가장 대표적인 신역인 군역을 부세 종목의 하나로 취급해 온 배경에는 서구중심주의사관이 있다. 즉 조선시대를 서구 중세의 농노제사회에 비정한 것과 관련이 있다는 것이다. 군역을 부세로 간주하는 관점은 국가의 토지를 빌려준 대가(지대)로 군역이라는 부역노동을 수취했다는 논리를 가지고 있다. 그러나 '무상으로 용역을 제공한다'는 점만으로 군역을 서구 중세 장원의 '부역'과 같은 것으로 볼 수는 없다. 만약 그렇다면 오늘날 우리 사회의 병역도 부역이라 해야 할 것이다.

조선시대의 군역과 지대는 아무 관련이 없다. 조선시대의 그 누구도 군역을 지대와 연관시킨 바 없다. 왕토사상이 군역 부과의 정당성의 논리로 활용된 일도 없다. 조선시대의 농지소유자가 왕의 토지를 차경借耕한 대가를 치르기 위해 군역을 부담한다는 의식을 가져본 적이 없고, 위정자 역시 국가의 토지를 차경했으니 군역을 부담해야 한다고 말한 일도 없다. 여말의 전제개혁방안에서 당초에는 모든 군역부담자에게 군전을 지급하려 구상한 것도 군역이 지대가 아니었음을 입증한다. 지대를 치르기 위해 군역을 부담하는 자에게 또다시 별도의 농지를 주어야 할 필요는 없을 것이기 때문이다.

조선시대의 군역은 본질상 오늘날의 병역의 의무와 같다. 조선시대의 군역 역시 공민으로서의 의무였다. 노동력의 수취가 목적이라면 굳이 천인을 제외한 양인에게만 군역을 한정시킬 이유가 없었다. 군역이 노동력의 수취를 목적으로 설치된 것이 아니기 때문에 국가가 필요로 하는 노동력을 수취하기 위한 세목은 따로 설정해 두었다. 그것이 바로 요역이다. 요역은 노동력 자체의 수취가 목적이기 때문에 군역과 달리 양·천을 가리지 않고 부과 대상으로 삼았다.

당시 사람은 신역과 요역을 '역'이라 하면서도 신역과 요역을 확실히 구분하였다. 우선 명칭부터가 그러하다. 신역은 공민이라는 개인 자격으로 지는 의무이므로 인신을 뜻하는 '신'역이었고 요역은 노역 제공을 위한 의무여서 노동을 뜻하는 '요徭'역이었다. 실록 기사 중 "유신즉유역有身則有役"이라는 표현에서의 역은 거의가 군역·잡색역의 같은 신역을 지칭하는 것이었다.[34] 그러한 신역은 직접 입역하든 납포하든 관계없이 국가에 대한 개인의

---

34) 『세종실록』 권33, 8년 8월 27일; 『중종실록』 권36, 14년 5월 6일. '유신즉유역'이 노비의 역을 가리키는 경우도 있었다. 『성종실록』 권170, 15년 9월 29일. 요역을 '신역'과 유사하게 표현한 사례로는 세종 8년의 다음 사례가 유일하다. "申商陳言 今有田則有租 有身則有役 有戶則有貢物 已合古者租庸調之法" 『세종실록』 권33, 8년 8월 27일. 조선의 부세가 당나라 부세제인 조용조를 원용하였음을 지적하는 대목에서 오직 한 차례 등장한 것이다. 이 외에는 조용조를 언급하는 대목

의무였고, 인신단위로 부과가 이루어졌으므로 명실공히 '신'역이었던 것이다. 신역과 요역은 그 부과 기준도 전혀 다르다. 공민의 의무로서의 신역은 개인 단위로 부과되었던 반면, 부세로서의 요역은 조세나 공물처럼 토지소유량을 기준으로 하여 일찍부터 "전8결 출1부"의 원칙이 확립되어 있었다.

조선시대의 군역을 부세로 볼 수 있는 근거로 고려할 수 있는 것으로는 16세기 이후의 '군포軍布'가 있다. 직접 입역하는 대신 포를 납부하는 납포제의 확산으로 조선 후기에는 납포가 대세가 되어버렸던 것이다. 납포는 조선 후기 양반계급의 군역 면제 묵인 방침과 함께 공민으로서의 의무라는 군역의 성격을 결정적으로 퇴색시킨 요인임은 분명한 사실이다. 그러나 이것 역시 조선시대의 군역을 부세의 하나로 간주하는 충분한 근거가 되기는 어렵다. 조선 후기에도 공민으로서 양인이 지는 의무라는 고유의 성격은 남아 있었기 때문이다. 즉 양반도 원칙적으로 군역을 부담해야 한다는 의식은 소멸되지 않아 양반에게도 군포의 부담을 지우려는 방안이 자주 제기되었고 그러한 방안이 부분적으로나마 균역법이나 조선 말엽의 호포제에 실현되었다. 반면 노비의 경우에는 모병의 대상으로 삼거나 속오군 같은 비상-훈련조직에는 집어넣었을망정 정규의 군역을 부과하지 않았다. 노비의 신공포身貢布 역시 군포와 마찬가지로 부세가 아닌 신역의 대치물로 보아야 할 것임은 말할 것도 없다.

2) 부세 종목

세계적으로 조세의 역사를 보면 시대나 지역 간 세제에 적지 않은 차이가

에서까지도 요역은 신역과 달리 '有身則有役' 대신 '有身則有庸'으로 표기되었다. 『세종실록』 권112, 28년 4월 30일; 『인조실록』 권28, 11년 2월 4일.

나타난다. 세제는 다음의 3가지 점에서 갈라진다. 무엇에 과세하는가(부세 종목), 얼마나 과세하는가(부과 기준), 누구에게 과세하는가(부과 대상)이다. 조선시대의 부세 종목에는 조세·공납·요역·잡세가 있다.

부세는 국가의 필요 경비를 충당하기 위한 강제적인 부과금이다. 조선시대의 부세도 그 점에서는 오늘날과 다를 바 없다. 다만 오늘날의 국가가 조세 수취의 명분을 특별히 내세우지 않는 데 반해, 조선시대는 나름대로 수취의 명분을 제시하려 애썼다. 정도전은 다음과 같이 주장했다.

> 맹자는 "야인野人이 없으면 군자를 봉양할 수 없고, 군자가 없으면 야인을 다스릴 수가 없다."라고 하였다. 옛날 성인이 부세의 법을 세운 것은 단지 인민으로부터 수취하여 자기를 봉양하자는 것은 아니었다. 인민이 서로 모여 살 때에 밖으로부터 음식과 의복에 대한 욕구가 일고, 안으로부터 남녀에 관한 욕구가 일어, (욕구가) 같은 무리라면 다투게 되고, 힘이 대등하면 싸우게 되어, 서로 해치기에 이른다. 윗사람이 법을 가지고 다투고 싸우는 자를 평화롭게 해 준 다음에야 민생이 편안해지는 것이다. 그러나 (윗사람이 그러한 일을) 농사를 지으면서 할 수 없는 것이므로 인민은 10분의 1을 내어 윗사람을 봉양한다. 거두는 값이 크기 때문에 윗사람이 봉양하는 자에 보답해야 하는 것도 중요한 것이다.("조선경국전』, 「부전」, 부세)

부세는 치자를 봉양하기 위한 것이라는 논리와 이러한 봉양에 대한 치자의 보답 책임을 강조한 것은 비단 정도전만이 아니라 유가의 공통된 주장이다. 피치자의 봉양을 대표하는 것은 "10분의 1"로 표현된 부세였다. 중국 고전에서의 십일세는 모든 부세를 포괄하는 단일 세였지만 후에는 세목이 증가하였다. 조선시대에는 부세를 총괄할 때 당의 세제를 빌어 '조용조' 3세로

지칭하는 경우가 많았는데 각각 조세·요역·공물을 가리키는 것이다. 기본 3
세 외에는 잡세로 통칭했다.

① 조세

조선 건국초에는 곡물을 생산하는 농지에 부과되는 세금을 '조租' 또는
'전조田租', 국가로부터 '조'를 받을 권리를 위임받은 '수조권收租權'자가 경작
자로부터 받은 '조' 중의 일부를 내는 세금을 '세稅' 또는 '전세田稅'로 구분하
였고 이 둘을 합쳐 '조세'로 불렀다. 과전이 직전으로 바뀌고 다시 소멸되어
가면서 조와 세의 구분이 사라지고 전조를 전세라고 부르게 되었다.

② 공납

공납에는 공물과 진상이 있었다. 공물은 이른바 '임토작공任土作貢'이라
하여 지역 단위로 왕에게 봉헌하는 토산물을 가리키는 것이었다. 당에서는
견絹 2장丈과 면綿 3량兩을 거두었으나 조선에서는 대동법이 시행되기 전까
지는 본의 그대로 다양한 토산물을 현물로 납부하는 것을 원칙으로 했다. 다
만 한 번 짜여진 공안이 좀처럼 개정되지 않아 이미 산출되지 않게 된 물품을
바치게 하는 폐단을 낳고 다시 그로 인한 대납·방납의 폐단을 낳게 된 것은
잘 알려진 사실이다.

'진상'은 원래 관찰사와 병·수사와 같은 각도의 고위 지방관들이 개인 자
격으로 왕에게 봉헌하는 물품이었다. 그러나 실제로는 봉헌할 물자를 휘하
의 지방관에게 할당하고 지방관들은 이를 다시 인민에게 분정하여 수취하게
되는 것이다. 진상물 역시 공안에 기재되어 있다. 공물이나 진상은 보통 민호
에서 현물을 납부했지만 민호가 마련하기 어려운 것은 노동력을 징발하여
지방 관아에서 생산·제조하기도 하고 아예 물품의 생산·제조·채취를 전담

하는 잡색역호를 지정하여 납부하기도 했다.

③ 요역

조선시대에는 국가가 노동력을 직접 수취하지 않으면 안 되는 일이 많았다. 조세나 공납물의 수송부터 노동력이 필요했다. 또 관아·성곽의 구축과 도로의 건설 같은 공공시설의 축조를 위한 토목공사는 물론이고, 사신을 비롯한 관원들을 영접하고 환송하는 '영송迎送'과 뒷바라지하는 '지대支待'에도 적지 않은 인력이 필요했다. 이러한 것들이 모두 요역이라는 명목으로 이루어졌다. 대동법 실시 이후 상당수의 요역은 대동미의 납부로 대체되었으나 일부의 잡역이 남아 있었다.

④ 잡세

조세·공납·요역이 농지를 가진 사람을 대상으로 부과되는 부세라면 잡세는 농업 이외의 생업에 종사하는 사람들에게 부과되는 부세이다. 어세漁稅·염세鹽稅·공장세工匠稅·공랑세公廊稅·행상노인세行商路引稅·선세船稅·신세포神稅布 등이 여기에 속한다.

2. 부과 기준

부에 비례하여 과세한다는 원칙은 전제개혁 시기에 확립되고 조선시대에 들어와서 빠르게 정착되어 조세·공납·요역·잡세 등 모든 세목에 적용을 보게 되었다. 우선 조세는 전결 단위로 철저히 정률세가 적용되었다. 잘 알려진 바와 같이 조선시대의 '결부結負'는 농지의 절대면적이 아니라 동일한 산출량을 내는 면적 단위였다. 납세량은 산출량×정률(1/10)이므로 전결당 산출량이나 납세량은 원칙상 어느 곳이나 동일하였다. 반면 1결의 절대면적은 비옥도에 따라 크게 차이가 났다. 세종 때 마련된 공법에서 가장 척박한 6등전의 면적은 가장 비옥한 1등전의 면적의 정확히 4배였다.

조선시대 조세는 수확량에 비례하는 수취를 실현하는 데 두어 가지 문제를 안고 있었다. 첫째 문제는 농지가 가진 생산성을 정확히 반영하지 못했다는 점이다. 생산성에 따라 6등급으로 나누어진 토지 등급이 정확히 매겨졌는가도 문제이지만, 20년마다 시행하게 되어 있는 양전을 제대로 시행하지 못한 것도 큰 문제였다. 토지대장인 '양안量案'에 시일의 흐름에 따른 농지의 등급의 변화를 기재할 수 없음은 물론, 새로 개간된 토지가 산입되지 못하는가하면 황폐된 농지가 그대로 수세 대상이 되는 등 토지의 생산성의 변화나 경작상황이 반영되지 못하는 결과를 낳았다.

다음으로는 작황에 따라 수세율을 조정하게 되어 있었지만 작황을 제대로 반영하지 못하였다는 점이다. 작황을 정확히 파악하기 위한 '답험법踏驗法'은 여러 차례 측정 방식을 바꾸었으나 그때마다 답험 결과의 부정확성과 답험과정에서의 작폐로 물의를 빚었다. 세종대에 답험손실법을 폐지하고 '공법貢法'을 실시하였지만 여전히 '연분구등年分九等'과 '전분육등田分六等'의 획정을 둘러싼 논란을 종식시킬 수 없었다.

마지막으로 조세는 가장 기본적인 세인 데도 수세액이 이례적으로 낮아지고 고정되어버렸다는 점이다. 수세액은 벌써 16세기부터 하중년이나 하하년에 해당하는 6두나 4두로 고정되어가다 조선 후기에는 마침내 4두로 확정되고 말았다.('영정법永定法') 수확의 다소에 따라 부과되는 수익세의 성격을 갖던 것이 전결수에 따라 부과되는 재산세의 성격으로 변화하고 만 것이다.

조세 수취액의 저하가 납세자의 부담 경감을 가져 온 것은 아니었다. 국가가 필요한 만큼은 반드시 부족을 채우고야 마는 것이 세제 역사상의 철칙이어서 조세 수입이 낮아진 만큼 반드시 다른 곳에서 보충하기 마련이다. 전세에 각종 부가세가 붙어간 것이나 환곡이라는 새로운 세목이 추가된 것 등이 그것이다.

요역이나 공납은 조선 초기부터 농지의 크기에 따라 차등 부과하는 방침이 적용되었다. 우선 요역의 경우 이미 건국 초부터 전결을 기준으로 부과한다는 원칙이 확립되어 있었고,[35] 성종 2년에는 정식으로 '농지 8결 당 한 사람의 인부를 낸다'는 '인민을 역사시키는 법식(役民式)'이 마련되었던 것이다.

공납의 경우 전결을 단위로 직접 부과되는 것이 아니라 본래 호적에 등재된 호(이하 '원호元戶')를 매개로 부과되는 것이었다. 여기서 유의할 것은 원호 역시 소유 전결의 다과에 따라 대·중·소 또는 대·중·소·잔殘·잔잔호殘殘戶 등으로 구분되는 '호등戶等'에 따라 차등 부과되었으므로 소유 전결에 정확히 비례하는 것은 못되어도 비례세의 정신이 담겨 있었다는 것이다. 세조대의 대대적인 호구 개혁으로 원호 수가 자연호 수에 상당히 근접하게 되자 호등제가 폐기되고 납세호의 재편성을 보게 되었는데 그 편성 기준은 요역과 같이 8결을 원칙으로 하게 되었다.

잡세의 경우에도 대체로 부의 크기에 비례하여 과세한다는 원칙이 적용되었다. 공장의 경우 규모가 큰 유철장鍮鐵匠이나 수철장水鐵匠은 설비의 크기에 따라, 상인 역시 규모가 큰 수상水商의 경우는 선박의 크기에 따라 차등 과세하였다.

시간의 흐름에 따라 조선시대의 부세제는 부세 종목마다 크고 작은 변화가 일어났지만 조선 초기에 확립된 비례세의 원칙은 흔들리지 않았다. 공납

---

35) 강제훈, 「조선 초기 요역제에 대한 재검토: 요역의 종목구분과 역민규정을 중심으로」, 『역사학보』, 1995, 145쪽.

제 상의 커다란 변화를 가져온 대동법이 초기 이래의 비례세의 원칙을 좀 더 철저히 실현한 것은 그 대표적인 예이다.

3. 부과 대상

조선사회 세제의 무엇보다 뚜렷한 비교사적 특성은 국민은 누구를 막론하고 국가에 납세해야 한다는 개세제가 철저히 시행된 데 있다. 계급·신분·지위를 가리지 않았다. 이 점에서 근대 이전에 조선사회에 필적할 만한 사회를 찾기 어렵다.

세계의 역대 세제에서 개세제를 대표하는 것으로는 개개인의 머리에 부과된다는 인두세가 있다. 그러나 실제의 인두세는 진정한 의미의 개세제와는 거리가 먼 경우가 많았다. 일부의 사람에게만 적용되거나 일시적으로만 시행되었기 때문이다. 즉 지배계급이나 지배민족을 제외한 피지배계급이나 복속민·예속민과 같은 특정부류의 사람들에게만 부과된다거나, 또한 전쟁과 같은 특수한 사정이 발생했을 경우 부과되었다가 상황이 종료되면 폐지되었다.[36]

반면 조선시대에는 모든 농지소유자에 대한 과세가 충실히 이행되었다. 조선시대의 개세제는 비례세와 결합하여 진가를 발휘했다. 비례세제는 오늘날의 누진세에 비한다면 조세 정의에 있어 다소 손색이 있는 세제이다. 또 근대 이전의 대부분의 지역에서 직접세를 거둘 때에는 빈부에 차등을 두었다.

---

36) 예컨대 로마의 경우에는 로마시민을 제외한 복속민에게만 부여했고 유럽 봉건사회에서는 농노가 영주에 대한 예속의 표시로 부담했다. 전태영, 『세금이야기』, 생각의나무, 2005; 안병우, 「수취제도」, 『역사용어사전』, 서울대 역사연구소 편, 서울대학교 출판문화원, 2015.

그러나 다른 지역의 직접세와는 내용적으로 큰 차이가 있다. 다른 지역에서는 흔히 부유한 지배계급이 국가의 과세대상에서 제외되어 국가의 조세와 무관했던 반면, 조선사회에서는 관원과 같은 지배계급도 피지배계급과 나란히 과세의 대상이 되었던 것이다. 또한 근대 이전 많은 지역에서 비례세를 적용한 것은 조세의 형평성을 고려한 때문이 아니라 담세 능력을 고려하지 않으면 수취가 불가능하기 때문에 부득이 채택한 방식으로 볼 수 있다. 반면 조선사회에서는 처음부터 조세 형평성의 구현이라는 목표를 가지고 비례세와 개세제를 함께 적용한 것이었다. 비례세는 개세제와 결합할 때에야 비로소 나름대로의 조세 정의를 실현할 수 있는 것이고, 농지를 가진 누구나 소유량에 비례하여 담세하게 한 것이 바로 조선시대 세제의 비교사적 특성이었던 것이다.

조선시대 위정자의 개세제 실시 의지를 한 눈에 확인할 자료로서는 「경국대전」, 「병전」, 복호조의 규정을 들 수 있다. '복호'란 국가가 포상이나 장려를 목적으로 해당 호의 요역을 면제해 주는 조치인데 이 규정을 통해서 역으로 개세의 원칙을 확인할 수 있다. 다소 장황하지만 규정 전문을 살펴보기로 하자.

내금위·별시위는 솔정 10구 혹은 농지 10결 이하, [여타의] 여러 명목의 군사는 솔정 5구 혹은 농지 5결 이하 경우 모두 복호한다.(무릇 복호는 원거주지에만 복호한다. ○ 내궁시인內弓矢人·사복제원司僕諸員·수릉군守陵軍·수묘군守墓軍·역리驛吏·역일수驛日守·조역助役·환관宦官·진부津夫·수부水夫·빙부氷夫·어부漁夫도 마찬가지다. 상·하번이 있는 자는 상번 때마다 복호한다) ○ 나이 80 이상의 대소인은 솔정 10구 혹은 농지 10결 이하 자를 복호한다.(평민과 공사천의 경우 솔정 5구 혹 농지 5결 이하 자 역시 복호한다) ○ 종실의 성을 가진 단문친과 [왕의] 외성 및 왕비 동성 시마 이상의 친족으로서 농지 15결 이하는

복호한다.(선왕·선후의 친족도 마찬가지다. 종사자 및 6품 이상 종사자의 자손〈2
품 이상이면 비록 한산자閑散者의 자손이라도 복호하지 않는다〉, 본인이 중죄를
저질러 사유의 혜택을 받지 못한 자, 무릇 불충·불효의 판정을 받은자의 자손은
모두 복호하지 않는다.) ○ 2품 이상의 직사를 실제로 수행하고 나이 70 이상으
로 [자기] 땅이 있는 향리에 퇴거한 재퇴거가 허락된 자는 복호한다. ○ 공적
인 일로 인하여 당사자가 죽은 경우에는 3년을 기한으로 복호한다.(전쟁에서
사망한 경우에는 5년을 기한으로 한다) ○ 새로 귀화해 온 사람은 10년을 기한
으로 복호한다. ○ 무릇 사찰은 공부의 외 요역을 면제한다.

*( )안은 원문의 주, 〈 〉안은 원문의 세주 [ ]안은 필자의 주

이 복호 규정에서 가장 주목할 것은 관원이 복호의 대상에서 제외되고 있
었다는 점이다. 치인자로서 항상 국가 예우의 일차적인 대상이었던 관원을
복호 대상에서 제외한 까닭은 녹봉을 받아 생활하는 여유가 있는 층이라는
이유를 빼놓고서 다른 이유를 찾기 어렵다. 물론 요역이 부과된다고 하여 사
대부들이 직접 입역하지는 않는다. 노비나 고공과 같은 예속인이 부담하기
마련이다. 그러나 지배계급의 호에 소유 농지에 비례하여 요역의 몫을 상대
적으로 많이 부담케 한 것은 조선시대 세제의 특성을 유감없이 보여주는 것
이다.

국가를 위해 복무하는 군사가 제일 먼저 복호 대상으로 거론되었다. 잡
색역자도 이에 준했다. 신역을 부담하고 있는 자가 최우선적인 복호의 대상
으로 고려된 것이다. 그런데 군사라 할지라도 솔정이나 농지라는 경제적 형
편을 고려하여 복호의 혜택이 주어졌다. 복호의 혜택을 받을 수 있는 상한선
이 책정되었던 것이다. 왕족에 대한 우대 규정에서도 이 원칙은 적용되었다.
왕족이라도 수직하여 녹봉을 받는 자는 혜택에서 제외하였고, 6품 이상의 종

사자의 경우에는 그 자신과 자손까지, 2품 이상이라면 퇴직한 자라 하더라도 자손을 복호의 혜택에서 제외하였다. 형편이 좋은 자에 대해서는 가급적 복호의 혜택을 주지 않으려는 것이다.

예외라 할 만한 것은 2품 이상의 실직을 역임하고 자신의 농지가 있는 향리에 퇴거한 재상이다. 고령자에 적용되는 80세의 기준보다 10세를 내려 적용하고, 솔정과 농지의 한도까지 없앴기 때문이다. 이는 군주가 특별히 국가유공자에게 그동안의 노고를 특별히 포상하는 조치였다.[37]

군사 중에 지위와 대우가 상대적으로 더 나은 내금위·별시위에게 일반 군사보다 복호 요건의 상한선을 높게 책정한 이유는 무엇인가. 내금위·별시위는 토지·노비를 넉넉히 소유한 집안 출신자로 선발하고 체아직이나마 더 높은 직급의 녹봉도 지급하였다. 그런데도 상한선을 일반 군사보다 2배 높인 것은 단순히 금군을 우대하기 위한 것만은 아니라 생각된다. 그들은 일반 군사보다 복무상의 악조건이 있었던 것이다. 일반 군사와 같은 보인의 지급이 없을 뿐 아니라, 당번도 나누지 않고 계속 근무하며, 군마와 같은 고가의 장비까지 자비로 마련해야 했다. 일반 군사와 같은 상한선을 상대적으로 많은 토지를 보유한 금군에게 그대로 적용하게 되면 복호의 혜택을 받게 되는 금군의 수가 대폭 줄어들 가능성이 있다. 다시 말하면 군사에 대한 복호라는 혜택의 부여 조치가 금군에게는 유명무실해져 버릴 가능성을 우려한 데서 연유한 것이다. 따라서 금군에 대한 복호 요건의 상한선을 높게 설정한 것이 비례세의 정신과 크게 배치되는 것이라 할 수 없다. 80세 이상의 대소인―대체로 공식사대부에 해당한다―에게 평민과 공사천보다 2배 높은 한도를 설정한 것도

---

37) 유승원,「朝鮮 太宗代 前衡官의 軍役: 受田牌·無受田牌의 服役을 중심으로」,『역사학보』210, 2011 참조.

마찬가지 이유에서 연유한 것일 것이다. 이상 복호규정에서 조선시대 부에 비례하여 부세를 부과하려는 국가의 방침과 함께, 위로는 관원으로부터 아래로는 평민·공사천에 이르기까지 모두 요역의 부과 대상이 되고 있었다는 사실을 확인할 수 있었다.

과연 고위관원의 호에 실제로 요역이 부과되었는가. 다시 말하면 원칙과 달리 현실에 있어서는 혹시 수령이 요역 부과 대상에서 제외하지는 않았는가 하는 문제를 따져볼 차례이다. 호적에 올라 있고 토지를 소유하고 있는 한, 예외 없이 요역이 부과되었다고 보인다. 이는 수령이 복호의 특혜를 베풀어야 할 대신에게 도리어 요역을 부과하여 이의 부당성을 지적하고 시정을 요구한 아래의 사례에서 입증된다.

성종 22년, 경연에서 김일손金馹孫은 다음과 같이 아뢰었다. "대신을 높여 예우하는 것은 왕도정치가 먼저 하는 것입니다. 지금 노자형盧自亨과 이약동 李約東은 모두 조정의 노신이온데 늙어 하루아침에 땅이 있는 마을(전리田里)로 물러가니 그 읍의 수령이 그 집에 역을 지워 (여타의) 호적에 올라있는 백성과 똑같이 봅니다. 대신을 존경하는 뜻에 어긋납니다." 이에 성종은 재상이 관직을 떠나 전리로 퇴거하면 잡요를 지우지 않는데 수령이 역을 지운 처사를 의아해 하면서 해당 기관에 조사·보고시키도록 하겠다고 답했다.(『성종실록』 22년 3월 21일)

노자형과 이약동은 각기 성균관 대사성과 이조참관이라는 요직을 역임한 바 있는 대신이었는데도 그들의 그러한 경력은 군현에서 요역을 부과하는 데 영향을 미치지 않았다. 그렇다고 수령이 두 대신에 대해 무슨 특별한 원한을 품고 행한 조치라는 흔적은 전혀 없다. 만약 그랬다면 해당 수령은 대간의 탄핵을 받게 되었을 것이고 실록에 틀림없이 관련 기록을 남기게 되었을 것이다. 그렇다면 이러한 일은 누구든 농지를 소유한 자에게는 요역을 부과하는 것이 오랜 관행이었던 탓으로, 해당 고을에서 미처 치사한 재상에 대한 예외 조치를 챙기지 못하고 기계적으로 요역을 배당하다가 빚어진 실수로 보아야 할 것이다.

4. 부세제와 사대부계급

1) 과세 원칙과 실제

조선시대 세제는 개세제를 토대로 한 비례세제로 나름대로 조세 정의를 추구하고 있었다. 문제는 정부의 과세 원칙들이 현실에서 과연 얼마나 구현되고 있었을까 하는 데 있다. 그것을 정확히 가늠하기는 불가능하다. 다만 원칙과 실제가 어느 정도 간격이 있었을지라도 양자가 동떨어진 수준은 아니었을 것으로 여겨진다.

사료에서 지배계급이 관권과 결탁하여 교묘히 부세를 피하거나 경감 받았던 사례를 찾을 수 있다. 다음은 많은 연구자에게 주목되었던 대표적인 사례이다. 농지 8결을 기준으로 한 사람의 역부를 낸다는 역민식이 제정된 후에도 지방관아에서 처음부터 특정인을 동원 대상에서 빼 주는 일도 있고, 동원 대상에 넣는다 해도 '궁민窮民'의 1결과 '세가世家'의 7결을 묶어 8결 단위로 편성하는 꼼수를 부려, 세가의 노자는 빠지고 잔민이 홀로 요역을 부담하게 되는 일이 있다고 호조가 지적했던 사례이다.(『성종실록』 6년 7월 4일)

그러나 조선시대에 발견되는 그와 같은 부정이나 농간의 사례들을 당시의 극도로 부패한 시대상을 그대로 반영하는 것으로만 받아들이는 것은 온당치 않다. 그러한 사례들이 남게 된 데는 반드시 극심한 부정이나 농간이 횡행했던 때문만이 아니라 그것을 적발하고 시정하려는 노력이 컸던 덕분으로 이해할 수도 있기 때문이다. 여기서 유의할 것은 조선시대의 위정자들이 균등한 담세를 위한 방안을 부단히 강구했고, 이에 부응하여 일찍부터 수령 이하 군현민이 자치적으로 보유 전결을 기준으로 요역이나 공납을 분정하는 관행이 생겨나고 정착되고 있었다는 사실이다.

앞의 기사에는 농간의 작태를 폭로한 대목에 바로 이어서 요역 인부를 균등하게 차출할 수 있는 호조의 방안이 제시되어 있다. 골자는 요역의 동원 방식에 경기도민의 요역의 하나였던 '납초納草'―조세를 납부할 때 벼와 함께 벼를 베고 남은 짚도 함께 납부하도록 한 것―에서 적용하고 있던 동원 방식을 적용하자는 것이었다. 즉 군현의 결수에 따라 차출 인부의 수를 미리 산정하여, 그 액수만큼의 인정 명단을 작성한 다음, 인부 차출 시에 이미 차출되었던 자는 제외하고 아직 차출되지 않은 자에게 차례로 부과하고, 인정의 동원이 한 차례 다 돌아가면 처음부터 다시 시작한다는 것이다. 8결 당 1인의 인부를 내게 하는데, 작은 필지는 여럿을 합쳐 8결로 만들어 인부를 내게 하고, 관찰사 순행 시에 그 준수 여부를 점검하게 하자는 것이다. 납초 의무를 수행하는 데 나름대로 담세력에 따른 합리적인 배분 방식을 도출하고 있었음을 알 수 있다.

조선 초기에 이미 자율적으로 전결을 기준으로 한 공물 분정이 이루어지는 지역이 나타나고 있었다. 전결에 따른 공평한 분정은 비단 요역에만 해당하는 것이 아니었다. 공물의 경우에도 호등에 따라 부과하는 방식에서 요역의 역민식처럼 납부 단위를 8결로 하고,[38] 전결을 기준으로 부과하는 추세가 빠르게 확산되고 있었던 것이다. 성종 8년에 장령 이경동이 방납으로 인한 농민의 피해를 막는 방법으로 소개한 모범 사례는 그 좋은 예이다. 즉 주현

---

38) 박도식, 「貢物分定 基準의 推移」, 『조선전기 공납제 연구』, 혜안, 2011; 이성임, 「16세기 지방 군현의 공물분정(貢物分定)과 수취―경상도 성주(星州)를 대상으로」, 『역사와 현실』 72, 2009.

가운데에는 인민의 요청에 따라 공물의 시가를 따져서 액수를 산출하고 전
결의 다과를 따라서 분담액을 책정하는 주현들이 있다면서 이러한 모범사례
를 전국적으로 확대하기를 요청한 것이다.(『성종실록』 8년 4월 13일)

　　공납제는 다양한 현물을 납부해야 하는 특성으로 인해 공평한 분정이 원
초적으로 어려운 기술적인 문제를 안고 있었다. 그러나 그것도 하나씩 해결
되어 가고 있었다. 그 방법의 하나는 앞에서 본 '윤회분정輪回分定'의 방법이
었다. 특정 호만 부담이 큰 물품을 배당받지 않도록 각 편성호에 품목을 돌아
가면서 배당하는 방법이다. 윤회분정만으로 문제가 모두 해결되지 않았다.
해마다 다른 공물을 납부해야 한다든가, 차례에 따라 배당받은 공물의 가치
가 달라질 수밖에 없다든가 하는 문제들이 있었기 때문이다.[39]

　　부담을 좀 더 공평하고도 효율적으로 배분하는 방법으로 채택된 것이 대
동법에 앞서 일부 군현에서 자체적으로 시행한 '사대동私大同'이었다.[40] 전
결 수에 비례하여 현물 대신 미·포로 걷어서 대납하면 훨씬 잡음 없이 배분
문제가 해결될 수 있기 때문이다. '사대동'의 의의는 단순히 대동법의 선구
가 된다는 점에 있지 않다. 사대동은 어디까지나 농지의 전결 수에 비례하여
부담을 배분하는 관행 위에서 성립이 가능하다는 점, 수령과 군현민이 협동
하여 자치적으로 시행하였다는 점, 특히 지배계급과 피지배계급이 합심하여
조세 형평성을 구현한 관행이었다는 점은 주목할 만하다. 사대동의 출현 시
기는 16세기 중엽 정도로 알려져 있지만 비례세 구현을 위해 수령과 군현민

---

39) 이정철, 「조선시대 공물분정 방식의 변화와 대동의 어의」, 『한국사학보』 34, 2009.

40) 사대동에 대해서는 고석규, 「16·17세기 공납제 개혁의 방향」, 『한국사론』 12, 1985; 김덕진,
　　「16~17세기의 私大同에 대한 一考察」, 『전남사학』 10, 1996; 박현순, 「16~17세기 貢納制 운영의
　　변화」, 『한국사론』 38, 1997, 참조.

이 자치적으로 협동한 시기는 앞에서 본대로 훨씬 소급되고 있고, 이러한 활동이 나타난 지역도 광범했을 가능성은 충분하다고 여겨진다. 근대 이전에 관민이 협동하여 자치적으로 누구를 막론하고 소유 토지의 다과에 따라 납세액을 배분한 사례는 세계사적으로 거의 유례를 찾기 어렵다는 점에서 이의 규명은 앞으로의 시급한 과제가 된다.

2) 부세제와 사대부계급

조선시대 세제의 핵심은 지위와 계급을 막론하고 모든 토지소유자에게 소유한 농지의 면적에 비례하여 부세를 부담하게 한다는 것이었다. 근대 이전 다른 지역의 지배계급과 달리 조선의 사대부계급은 어떻게 이러한 세제를 운영할 수 있었을까. 이러한 세제는 궁극적으로는 사대부계급의 이해에 부합되는 것이기 때문에 가능했다. 중소지주적 기반을 갖고 있는 사대부들이 자작농적 기반을 갖고 있는 평민에 비해서 더 많은 액수를 납세해야 하므로 목전의 이해로만 본다면 사대부계급에게 달갑지 않다. 그러나 그들의 존립에 필수 불가결했던 국가의 경제적 토대를 단단히 구축하기 위해서 불가피한 일이었다. 대지주보다는 상대적으로 적은 부담을 질 수 있다는 것도 위안이 된다. 더구나 사대부계급도 피지배계급과 나란히 빈부의 차등에 따른 비례세에 참여한다면 조세 형평성의 구현을 통해 자신들의 지배 정당성을 높일 수 있다.

중국이나 한국에서는 복잡하지만 비교적 체계적이고 정교한 세제를 발달시켜 왔다. 중국이나 한국의 세제 역시 비합리적이고 비효율적인 부분을 모두 제거하지 못했다. 그러나 조세 형평성의 구현이라는 목표 아래 부세 종목·기준·대상의 세 측면 모두에서 나름대로 정연하고도 세밀한 규정을 마련해 두고 있었다. 또한 수세를 위한 기초 자료를 구비하고 수취 과정에서의 부정이나 비리를 막기 위한 정부의 노력도 적지 않았다. 이러한 점 역시 다른 지역과 많은 차이를 보인다. 서구에서는 고대의 그리스·로마를 비롯하여 절대주의 시대에 이르기까지 민간의 세금징수업자에게 조세수취의 업무를 맡기는 경우가 많았던 것이다. 체계적이고 정교한 세제는 아마도 중국과 한국이 다른 어떤 지역보다 중앙집권적 국가체제를 오래 유지하는 데 일조할 수 있었을 것이다.

중국과 한국 사이에도 차이가 있었다. 개세제라는 측면에서 조선사회는 중국의 명·청사회보다 좀 더 철저하였던 것이다. 조선의 관원에게는 명·청사회의 신사층에 대한 요역 '우면권優免權' 같은 특혜가 주어지지 않은 것이 그것이다.[41] 관원에 대한 부세상의 특혜가 소멸된 것은 조선사회와 명·청사회의 차이이자 고려사회와 조선사회의 차이였다.

---

41) 전통적으로 관인층에게 주어지던 요역의 우면권은 청대에 들어와서 일부분을 제외하고는 법적으로 폐지되었지만 그들은 여전히 세역상의 특권을 계속 누려 나갔다. 김홍길, 「세역제도」, 『명청시대 사회경제사』, 이산, 2007.

6부
종합과 전망

1장
요약

1절 조선시대에 대한 기존의 통념과 연구의 반성

우리 역사에 대한 우리 사회의 인식은 어두운 편이다. 우리 역사에 대한 사회의 부정적 인식은 사실에 기초한 것이라기보다 기본적으로 식민사관과 그 배후에 있는 서구중심주의사관에서 유래한 것이다. 특히 조선시대의 역사는 오랫동안 가장 심하게 왜곡되거나 폄하되어왔다. 우리 사회가 그동안 식민사관과 서구중심주의사관을 무비판적으로 수용하면서 자국사를 혹평하게 된 것은 외세의 침략으로 인하여 식민지로 전락되고 만 데서 온 충격과 민족적 열패감에서 비롯된 것이다.

역사에 대한 자기반성은 식민지 전락의 책임이 있다고 여겨진 조선시대 역사를 넘어 과거 역사 전체에 대한 자기부정으로 발전하게 되었다. 외세·외래문화에 대한 열패감으로 인한 민족적 자존심의 상처와 자학의 감성에 식민사관·서구중심주의사관이 파고들었던 것이다. 자국사에 대한 자기부정이 역사적 파행 속에서 일제강점기를 거쳐 남북이 분단된 해방 이후까지 장기간 지속되면서 부정적인 역사인식은 우리 사회의 통념으로 굳어지게 되었다.

부정적인 역사인식이 사회적 통념으로 자리 잡게 된 데는 일부 '지도층' 인사나 지식인의 책임도 적지 않다. 역사적 난관에 직면하여 암울한 현실을 극복하여 나갈 만한 안목이나 의지를 갖지 못했던 인사들에게는 과거에 책임을 돌리는 것이 자신의 무능에 대한 면죄부를 발행할 수 있고 현실 순응을 정당화·합리화하는 수단이 될 수 있었던 것이다.

서구중심주의사관을 수용한 역사학계도 그 책임을 면할 수 없다. 서구사의 경우에는 변화에 주목하고 그 발전적 의의를 강조하는 반면, 한국사의 경우에는 변화의 한계의 지적이나 그것이 가져온 역기능의 설명에 역점을 두었던 것이다. 이로써 우리 역사에 나타났던 변화나 발전은 매몰되고, 우리 역사에 대한 부정적 사회 통념이나 서구중심주의사관은 재생산되었다. 그 가장 대표적인 사례가 양반=귀족론(양반=특권신분론)이다. 일본인 관찰자가 내놓은 지극히 피상적인 견해가 1세기 이상 조선시대 신분제에 관한 통설적 지위를 차지할 수 있었던 것은 서구중심주의사관의 영향말고는 설명하기 어렵다. 조선시대의 양반은 서구 중세의 귀족과 같은 특권신분이었음을 믿어 의심치 않았던 것이다.

그러나 실제로는 이미 나말여초에 세습귀족은 소멸되었고 조선시대의 평민은 지배계급과 똑같은 사환권仕宦權·부거권赴擧權을 가지고 있었다. 평민의 권리가 법제적으로 보장되는 것임이 분명히 밝혀진 다음에도, 평민의 대다수가 '사실상' 그러한 권리를 활용할 형편이 되지 않았다는 이유만으로 동등한 권리 향유가 지니는 의미를 대수롭지 않게 취급하는 풍조가 아직도 강하게 남아 있다. 본서는 한국사의 진정한 내재적 발전을 규명하기 위해 분야별로 핵심적인 두어 가지 주제를 가지고 조선사회의 구조적 특성을 찾아본 것이다.

2절 사대부의 계급적 속성과 조선시대의 사회구조

조선사회는 사대부가 지배계급으로서 국가와 사회를 주도적으로 운영해 나갔던 사대부사회였다. 사대부는 중소 규모의 토지 및 노비 소유를 표준적인 경제적 토대로 하는 지식계급으로서 정치의 주체로서의 의식을 강하게 지닌 부류였다. 사대부는 무엇보다 특권신분이 아닌 지식계급이라는 점에서 귀족과 같은 다른 지역의 지배계급과 달랐다. 사대부는 귀족처럼 고귀한 혈통에서 오는 위세·커다란 부·강력한 물리적 강제력과 같은 지배계급으로서의 단단한 기반을 가지지 못했다. 역대의 다른 지역 지배계급에 비해 수가 많고 상대적으로 높은 교양을 지닌 반면, 지배계급으로서의 개별적인 지배기반이 미약했던 사대부계급은 다른 지역·다른 시대의 지배계급과 뚜렷이 구분되는 독특한 성향과 독특한 지배방식을 보일 수밖에 없었다.

전국에 산재한 사대부들 가운데에는 선대에 걸출한 명사나 다수의 고위 관원을 배출한 문벌門閥의 후예도 있었지만, 내세울 만한 아무런 문지門地를 갖지 못한 한미한 집안의 사람들도 적지 않았다. 경사經史를 익히고 마음을 수양하여 치자로서의 소양을 갖춘 뒤 관원으로 진출하여 그동안 온축한 경세의 경륜을 펴보는 것은 사대부들의 한결같은 꿈이었다. 출세를 마다하고 초야에 묻혀 유유자적하게 지내는 소수의 은일지사隱逸之士를 제외한다면, 대다수 사대부들의 초미의 관심사는 과거에 합격하는 것이었다.

사대부는 선천적으로 우수한 자질을 갖고 태어나는 혈통이나 가문이 있다고는 생각하지 않았다. 과거는 문지에 상관없이 누구에게나 개방되고 공정하게 평가되어야 한다고 생각했다. 과거급제의 이력은 사대부의 평생을 따라다녔다. 조선 후기에는 선대의 문벌을 자랑하고 문지만으로 양반을 자처하는 자들이 많이 나왔지만, 사대부의 인물 평가 기준은 어디까지나 학식이나 교양, 품행이나 인망, 그리고 경세의 안목과 지략의 유무에 있었다.

근대 이전 지배계급의 개별적 지배기반이었던 혈통·부·물리적 강제력이 한결같이 미약했던 사대부들은 피지배계급에 대한 독특한 지배방식을 추구했다. 피지배계급을 평민과 노비로 양분하여 분할지배를 도모하는가 하면, 직접적인 지배 대신 국가나 군주에 의한 간접적 지배를 추구하였다. 물리적 지배 대신 명분이나 윤리로 사회질서를 유지하고 지적·인격적 우위를 내세워 피지배계급의 순응과 복종을 유도하고자 하였다. 사대부계급이 잠재적 계급에서 양반이라는 대자적 계급으로 발전하면서부터는 같은 지역에 거주하는 사대부계급들은 연대하고 힘을 합쳐 자신들이 살고 있는 향촌에서 집단적인 지배를 실현하고자 하였다.

사대부계급의 성향과 이해관계는 그대로 각 분야의 사회구조에도 그대로 반영되었다. 보편적인 권리·의무체계를 추구하면서도 노비만은 영구히 배제하는 양천신분제를 유지한 것, 민본·위민 이념을 신봉하면서도 정작 왕도정치 실현 방안으로서는 민생보다 수기를 앞세운 것, 군주를 정점에 두는 강력한 중앙집권적 관료체제를 구축하면서도 제한군주제를 추구하고 수직적 권력분립을 모색한 것, 소유권을 강화하는 한편 조세상의 형평성을 실현하려 한 것이 그 대강이다.

1. 사대부의 계급적 속성과 조선시대의 신분·계급구조

조선시대의 신분은 양인과 천인 둘로 나뉘어 있었다. 천인은 곧 노비였고 모든 비노비자는 양인에 속했다. 사대부와 평민은 동일한 양인 신분 소유자였던 것이다. 지배계급과 피지배계급이 나란히 같은 신분 소유자가 될 수 있었던 것은 모든 인민은 천명을 받은 군주의 보편적 신민臣民으로 동일한 위치에 있다는 유교적 이념에서 비롯된 것이다. 평민도 사대부처럼 사환·부거권 같은 공민권을 누렸으며, 국가에서 제공하는 공교육을 무료로 받을 수 있는 권리를 지녔다. 사대부도 학교에 적을 두거나 사환하고 있지 않으면 원칙적으로 군역의 의무를 부담해야 했다. 모든 양인은 국가의 공민으로서 신분적으로 동일한 권리와 의무 즉 신분적 제일성齊一性을 가졌던 것이다. 노비는 중죄인이라는 이유로 신민의 자격을 박탈했다. 따라서 노비는 공민으로서의 권리가 부여되지 않았으며, 군역이라는 공민으로서의 의무도 부과되지 않았다. 노비는 남녀 모두 징벌로서 천역을 부담해야 했다.

양천 2분법적 구분과 양인의 신분적 제일성을 특징으로 하는 조선시대 신분제는 사대부의 계급적 속성의 산물이었다. 양인 이외에 노비라는 천인 신분을 둔 것은 노비가 사대부계급의 존립에 필수불가결한 생활 기반이었기 때문이다. 노비제의 유지를 위해 죄인의 처자는 연루시키지 않는다는 유교적 윤리도 외면하고 노비의 자손을 영구히 천인 신분에 묶어놓았다. 사대부계급은 노-주 사이의 명분이나 의리가 사회적 예의와 질서를 확립하는 바탕이 된다고 주장하면서 노비제 유지의 필요성을 강변하였다.

양인의 신분적 제일성 역시 사대부의 계급적 속성과 무관하지 않았다. 특별한 하자가 없는 한 누구에게나 경쟁의 기회를 부여하는 것은 평민에게만 그 혜택이 돌아가는 것이 아니었다. 사대부들 역시 출생과 동시에 혈통에 따른 특권을 보장받지 못하기 때문에 공개경쟁 시험이 아니고서는 사환할 수 없었다. 설사 문벌이 높은 집안의 후예라 할지라도 음서는 과거보다 불리하였고, 모두가 음서의 혜택을 누릴 수도 없었다. 사대부들도 치열한 경쟁으로 인해 언제나 낙오될 위험을 갖고 있었으므로 재기의 발판을 마련해 두는 것은 필요한 일이었다. 더구나 기회의 균등은 지배의 정당성을 높이는 것이자 모든 인민은 군주의 신민이라는 유교 이념에도 부합되는 사항이었다.

조선시대의 사회계급은 생산관계만 가지고 그 성격을 규정하기 어렵다. 서구사에서 도출된 노예소유자-노예, 영주-농노와 같은 범주로는 더욱 그러하다. 근대 이전의 대부분 사회에서는 사회적 역할로 현실의 계급 질서를 설명하고 정당화하였는데, 통치는 바로 근대 이전 지배계급의 공통적인 사회적 역할이었다. 다만 통치 역할 담당을 정당화하는 방식에서는 지배계급의 유형에 따라 차이를 보였다. 귀족은 그 정당성을 혈통의 고귀함과 군사적 임무의 수행에서 찾은 반면, 사대부는 현능이라는 자질과 사회적 공공성의 구현에서 찾았다. 조선시대의 피지배계급은 평민과 노비로 양분되어 각각 사회적 생산과 지배계급의 부양이라는 역할을 떠안고 있었다.

조선 후기에는 사대부·평민·노비라는 기본계급 외에 또 다른 사회적 구분이 생겨났다. 전문인·서얼·향리로 이루어진 '중간집단군'이 그것이다. 조선 초기까지만 해도 사대부계급은 사람들의 머릿속에 관원 집안사람들로 막연하게 존재하는 잠재적 계급에 지나지 않았다. 그러나 16세기에는 사림파의 향약보급운동을 필두로 한 대자적 계급화를 통해 양반이라는 사회계급으로 재탄생하였다. 중간집단군의 발생이라는 현상은 양반 계급 탄생의 부산물의 하나라 할 수 있다.

양반계급이 확립되어 반상의 차별이 심화되자 사회적 위계에 대한 사회적 감수성은 예민해지게 되고 사람들은 자신과 함께 살고 있는 동시대의 사람들을 위계에 따른 계층으로 구분하는 현상이 자주 나타났다. 다양한 집단이 중간계층으로 지목되었으나 지역마다 시기마다 사람마다 중간계층의 구성은 한결같지 않았다. 중간계층으로 지목된 다양한 집단들 가운데 기본계급과 중첩되지 않고 독자적인 사회적 경계선을 갖는 집단이 바로 전문인·서얼·향리로 구성된 중간집단군이었던 것이다.

조선사회는 적지 않은 법제적 불평등을 가지고 있었다. 인구의 높은 비율을 차지하는 노비를 천인 신분에 묶어놓고 자자손손 열악한 지위를 세습하도록 한 것이 대표적이다. 서얼과 세습적 천역자에게 가해지는 자손의 금고禁錮나 반역 자손을 비롯한 장리贓吏 자손, 재가-실행부녀의 자손에 대한 연좌제의 시행도 법제적 평등을 저해한 사례들이다.

그러나 조선시대의 양천신분제가 가진 양인의 신분적 제일성의 특성은 주목할 만하다. 형식적 평등의 성취는 실질적 평등으로 나아갈 수 있는 계기가 될 뿐 아니라 그 자체가 실질적 평등의 중요한 한 부분을 이루기 때문이다. 양천제의 확립은 여말선초에 달성한 사회적 진보를 표상하는 것이자 사회 전체의 평등의식과 능력주의 원칙을 고취하였다. 실제로 평민의 권리와 지위를 신장하는 여러 제도·정책이 시행되었고 노비의 지위도 향상되었다. 노비는 인격의 소유자로 간주되어 재산권은 물론 생명권이나 가족권 같은 인권도 어느 정도 지켜졌으며, 노비주의 가혹한 침해에 대해서는 일정한 제재가 이루어질 수 있었다.

조선시대의 신분·계급구조는 비교사적으로 뚜렷한 특성이 드러난다. 귀족이라는 특권신분이 없다는 것, 반면에 상당한 수의 노비가 존재했다는 것이 무엇보다 중요한 특성이다. 평민과 노비로 양분된 피지배계급이 각각 상이한 사회적 역할을 담당한 것과 조선 후기에 '중간집단군'이라는 독특한 집단이 계급구성의 한 자락에 끼어든 것도 간과할 수 없는 특성이다.

2. 사대부의 계급적 속성과 조선시대의 의식구조

맹자의 왕도정치론은 유교이데올로기의 초석을 놓았다. 다시 말하면 '사士'라는 유교적 지식계급이 표방한 이데올로기의 이론적 기초 틀을 제공했다. '사'가 추구하는 사회이념적 목표는 왕도정치를 통하여 인륜이 잘 지켜지는 도덕사회를 건설하는 것이었고, 체제의 정당화 논리는 사대부계급 지배의 정당화와 세습군주제의 정당화에 초점이 맞추어져 있었다.

맹자는 치자계급으로서 정치의 주체가 되는 '사'의 존재 이유를 마련했다. 현능賢能이라는 자질을 갖춘 '사'가 정치를 전담하여 생산자를 통치하는 것은 양자에게 모두 도움이 되는 사회적 분업이라는 것이다. 평범한 군주도 인의예지의 좋은 품성을 타고 태어나므로 본인이 노력하고 현능한 신하가 도운다면 얼마든지 인정仁政을 시행할 수 있다는 논리로 군주제를 정당화했다. 성왕에서 성왕으로 선양되는 것이 이상적이지만 평범한 군주도 인정을 시행할 수 있으므로 악정으로 민심이 완전히 이반되지 않는 한 세습은 하늘이 용인한다는 논리로 세습제를 정당화했다.

성리학은 군신관계를 절대화하는 한편, 능력에 따른 사회이동의 가능성과 당위성에 대한 형이상학적 기초를 마련함으로써, 기존의 이데올로기가 사대부계급의 이해에 좀 더 부합될 수 있도록 강화하였다. 군신 사이의 의리를 부자 사이의 의리와 대등한 천리天理로 설정함으로써 군신관계를 절대화하였다. 군주는 사대부가 지배계급의 지위를 유지하는 데 필수불가결한 존재이기 때문이다. 기질지성氣質之性의 차이로 말미암아 사대부계급에 의한 지배라는 현존의 계급 질서가 형성되었음을 시사하였다. 그러나 다른 한편으로는 본연지성本然之性으로 기질지성의 제약을 극복하여 누구든 군자가 될 수 있음을 강조함으로써 개인의 노력에 따라 얼마든지 계급 이동이 가능하다는 능력주의 원칙을 천명할 수 있었다.

사대부가 꿈꾼 사회는 성군의 지치至治에 의해 인륜이 준수되는 도덕사회였다. 사대부를 발탁하여 사대부의 통치를 가능하게 하는 군주가 존재하며, 사대부계급에 의한 피지배계급 통치가 순조롭게 이루어질 수 있는 덕치·예치가 실현되는 사회이다. 이러한 사회의 전형이 바로 요순삼대의 사회였다.

요·순·우·탕·문·무의 왕도정치에 대한 사대부계급의 인식은 크게 두 가지로 나뉘어 있었다. 하나는 공자류의 '무위이치無爲而治'로 성왕이 인위적인 정사를 펼치지 않아도 성덕의 감화를 받아 지치가 이루어졌다는 인식이었고, 다른 하나는 맹자류의 '유위이치有爲而治'로 민생을 위한 훌륭한 제도와 빼어난 치적에 의해 지치가 이루어졌다는 인식이었다.

사대부계급의 왕도정치론이란 사대부계급이 꿈꾸는 요순삼대의 지치를 복구하는 방법론이다. 조선시대의 왕도정치론에는 공자류의 '무위이치'의 왕도정치 인식에 기반한 '수기주의 왕도정치론'과 맹자류의 '유위이치' 인식에 기반한 '민생주의 왕도정치론'이 있었다.

왕도정치의 실현을 위해서 무엇보다 치인자의 수양이 선행되어야 한다는 논리에 입각한 수기주의는 다시 조광조·송시열의 수기우선주의적 수기주의와 이이로 대표되는 수기·치인 병진적 수기주의로 나뉘어진다. 민생 기반의 확충을 위한 제도나 정책의 마련에 국정의 우선순위를 두려는 민생주의는 다시 정도전의 민본주의적 민생주의와 하륜의 국가주의적 민생주의로 나누어진다.

조선시대에 민생주의 왕도정치론보다 수기주의 왕도정치론이 왕도정치론의 기조가 된 것은 민생주의는 사대부의 계급적 이해와 충돌할 수 있기 때문이었다. 반면 수기 우선을 내세우는 것은 성리학적 논리와 명분에도 부합될 뿐 아니라 자신들의 사회적 존재감을 과시할 수도 있고 군주를 제어할 수단으로도 활용할 수 있었다. 수기주의 왕도정치론의 입장을 가진 주자의 의식을 계승하는 의미도 지녔다. 국초의 민생주의 왕도정치론이 전면에 나왔다가 점차 수기주의 왕도정치론의 위세에 밀린 것은 사대부계급의 보수화 때문이었다. 사대부사회로의 전환과 체제구축 작업이 일단락되자 계급적 안정을 추구한 것이었다.

수기주의 왕도정치론은 언로를 개방하고 공론을 중시하는 데 나름의 역할을 했으며, 언로의 개방과 공론의 중시는 다시 공개적이고 투명한 국정의 운용을 실현하는 데 크게 기여했다. 또 수기 중시로 말미암은 치자의 자격과 도덕성에 대한 높은 요구는 자기성찰을 통한 공도公道의 추구를 유도했고, 지배계급의 비리나 비행에 대한 가차 없는 비판과 응징으로 부정부패를 막는 성과를 낳기도 했다. 그러나 수기라는 관념적 방안으로는 애당초 국정의 가시적인 성과를 달성하기 어려운 것이었다. 도리어 당면한 사회적 모순·위기를 사회구조나 제도의 문제이기보다 흐트러진 정신이나 잘못된 관념의 문제로 호도할 소지도 있었다. 조선시대 공론이 지니는 결정적인 한계는 사대부의 계급적 이해만을 반영하기 쉬운 의견이라는 점이다. 또 사대부계급 내에서도 공론의 일치를 보기 어려웠을 뿐 아니라 붕당이 벌이는 정쟁의 소재가 되기도 했다.

조선시대 민생주의 왕도정치론이 가진 본질적 한계는 말할 것도 없이 정전제와 같은 토지분급제를 실행해 내지 못한 데 있다. 그러나 민본·위민이념과 민생에 대한 관심에 따른 성과가 있었다. 공민권·공교육 수혜권의 강화나 소송권의 확보와 같은 인민의 지위와 권리 신장을 가져왔을 뿐 아니라, '억강부약抑强扶弱' 원칙에 의한 피지배계급의 보호가 일정하게 이루어질 수 있었다. 비농지에 대한 자유로운 이용권을 부여한 것, 과도한 소유권 행사에 제동을 건 것, 부세에 개세제·비례세를 적용한 것, 진휼을 위시한 복지 시책을 편 것도 민생주의 왕도정치론의 성과라 할 수 있다.

중국이나 한국의 전통사회에서 민생주의 왕도정치론이 나름대로 역할을 발휘할 수 있었던 것은 지배계급의 수가 많고 자유 소농의 비중이 컸기 때문이다. 이전 시대의 지배계급에 비해 수적 규모가 대폭 커진 사대부계급은 자작농이나 소작농과 같은 자유 소농과 평화로운 공존의 방도를 모색하지 않고서는 사대부사회 체제의 유지가 어려웠던 것이다.

3. 사대부의 계급적 속성과 조선시대의 정치구조

조선사회는 중앙집권체제와 관료제의 양면에서 근대 이전 그 어떤 사회도 필적하기 어려울 정도의 완성도를 드러내 보였다. 사대부는 그 계급적 속성상 강력한 국가와 군주를 필요로 하였고, 실적제를 통해 두터운 사대부층에서 관원을 정선하여 임용하였으므로, 견고한 중앙집권적 관료체제 구축은 그 필연적 결과였다. 중앙에서는 육조가 속아문을 통할하고 군주는 육조를 통할함으로써 군주–육조–속아문으로 이어지는 정연한 행정체계가 이루어졌고, 지방에서는 군주–관찰사–수령으로 이어지는 일원적 명령체계가 이루어졌다. 군주의 비대해진 국정운영의 업무를 돕기 위해 강력한 비서기구가 운용되었고 오랜 국정 경험을 축적한 재상들은 항시 군주의 자문에 응했다.

베버는 중국 사대부시대의 발달된 관료제까지 이집트 파라오시대의 고졸한 관료제와 함께 가부장제적 성격을 가진 가산관료제의 범주로 묶어버린 바 있다. 그러나 베버의 가산관료제론은 시대적·지역적 차이를 간과한 이론적 방만성, 서구중심주의사관에 의해 크게 편향된 시각, 사실에 대한 많은 오해와 오판 등으로 점철되어 있다. 조선시대의 관료제는 적어도 기술적인 면에서 서구 근대 관료제의 이상형에 가까운 것이었다. 베버가 말한 근대 관료제의 합리성 즉 몰가치성과 효율성이 조선시대 관료제에 그대로 발휘되고 있었던 것이다. 행정을 규율하는 객관화된 규칙이 존재하고 실적제에 의한 인사행정이 이루어진 것은 조선시대 관료제가 지닌 몰가치성의 증거이다. 기관별·관원별로 업무와 권한의 명확한 분할이 이루어진 것, 전업적이고 전문성을 가진 관료들이 계층제 아래에서 철저한 문서행정을 운영한 것 등은 조선시대 관료제가 지닌 효율성의 증거이다.

사대부는 군주를 절대적으로 필요로 하였지만 국가 운영의 구심점으로서 그리고 공공성을 실현하는 공인으로서의 군주를 바란 것이지, 사익을 꾀하고 전횡을 일삼는 사인으로서의 군주를 바란 것은 아니었다. 다양한 견제 장치를 통하여 군주권을 제한하고 군주를 잘 교도하도록 힘썼다.

조선의 군주는 전제군주가 아닌, 제한군주의 성격을 가졌다. 조선의 군주는 민본·위민이념과 법치주의 원칙에 따라 자의적인 권력행사가 결정적인 제약을 받고 있었던 것이다. 더구나 입법·행정·사법의 각 부문별로 군주권을 제약하는 많은 제도와 관행이 있었다. 그 밖에도 소유권 제한·종친 및 내관의 정치 참여 금지·언로의 개방·사관의 설치·경연의 운영 등 다양한 견제 장치가 있었다. 혁명권은 군주의 전제에 대항하는 최후의 보루였다.

지배기반이 미약하여 국가에 의존할 수밖에 없는 사대부에게 국가의 정치적 안정은 계급의 사활이 걸린 일이었다. 더구나 국가는 그들이 유일하게 출세할 수 있는 터전이기도 했다. 철저하고 안정된 권력분립은 그래서 이루어질 수 있었다. 의정부와 같은 심의기구, 육조와 속아문으로 이루어지는 일반 행정기구, 사헌부·사간원·홍문관의 언론-감찰기구 사이에 수평적 권력분립이 이루어졌다.

신료의 힘을 분산시킬 수 있는 수평적 분립의 취약점을 보완할 수 있는 수직적 권력분립도 이루어졌다. 군주·고위관원·중소장관원의 3축 사이에 상호 견제가 이루어지고, 어느 한 축의 힘이 커지면 나머지 2축 간의 제휴가 이루어짐으로써 국가권력은 균형을 잡을 수 있었다. 이를테면 군주권에 대한 입법·행정·사법상의 제한 장치들은 바로 고위관원과 중소관원이 제휴하여 활용하는 장치였다.

당상관으로 이루어진 고위관원은 국정심의권·담당기관 정책결정권·복무평가권 및 추천권·군지휘권 등을 가지고 있었으며, 당하관에서 참외관에 이르는 중소관원은 소속기관 내에서의 협의-동의권·서경권·감찰 및 탄핵권·기록 및 평가권 등을 가지고 있었다. 권력의 3축이 잘 돌아갈 수 있도록 윤활유 역할을 한 제도적 장치의 하나가 바로 경연이었다. 경연을 통해 권력의 각 축은 균형을 깨고 갈등을 일으키기보다 공동운명체임을 자각하고 협의하는 정치를 이루어 나갈 수 있었다.

4. 사대부의 계급적 속성과 조선시대의 경제구조

조선시대의 소유제와 토지정책 역시 중소 규모의 토지·노비 소유자였던 사대부의 이해에 잘 부합되었다. 토지소유권을 잘 보호할 수 있는 철저한 사유제를 시행하면서도 과도한 사유권 행사에는 일정한 제동을 걸었던 것이다. 전통시대에 존재했던 왕토사상은 한때 토지국유제를 반영하는 것으로 간주되었다. 그러나 조선시대의 왕토사상은 군주의 토지소유권이나 토지국유제와는 무관하였다. 토지 공공성 이념의 상징으로서 존재한 것이었다. 왕토사상은 개혁사상의 발판이 되었을 뿐 아니라 정부의 농지정책과 비농지정책에서 공공성을 구현하는 데 일조했다.

조선시대에는 토지를 비롯한 모든 재산이 소유자 개인의 자유로운 관리·처분에 맡겨지고 소유자의 권리는 법과 관행으로 보장되고 있었다. 재산이 매매되는 경우에는 일정한 형식을 갖춘 매매문기가 작성되었고 공증제도가 시행되었다. 재산을 성별이나 기미혼의 구분 없이 모든 자식에게 골고루 나누어주는 균분상속은 조선 전기까지는 일반적 관행이었고, 재주가 생전에 분할하지 않고 죽었을 경우에 법이 규정한 상속률이기도 했다. 균분관행을 따르지 않는 자유로운 재산처분권 또한 인정되었다. 조선 후기에는 사대부의 양산과 함께 균분상속 관행은 약화되어 갔지만, 상속이라는 행위에 대한 법적 보호 자체는 달라질 까닭이 없었다.

왕토사상이 지닌 토지의 공공성은 비농지인 산림천택 정책에서 잘 발휘되었다. 즉 "산림천택은 인민과 함께 공유한다."라는 정신에 입각하여 전국의 비농지에 대한 민간의 사유·독점·사점을 원칙적으로 금지하고 이를 개방하여 누구나 이용할 수 있게 한 것이다. 다만 정당한 이유가 있을 때에는 제한적으로 사유·독점·사점이 허용되었다.

비농지를 농지로 개간하는 경우에는 아무런 대가 없이 개간자의 소유권을 인정해 주었다. '지리地利' 즉 땅이 주는 이익을 늘려 민생에 도움을 주려는 정책이었다. 택지나 묘지로 사용하는 경우에는 독점이 허락되었다. 재화와 용역을 투여해야 이용이 가능한 경우에도 조건부 독점이 가능했다. 조선 후기에는 재정적 지원을 위해 궁방과 아문에 사점을 허락하기도 했다. 산림천택에서의 자원 채취는 자유로웠지만 금·은·옥과 같은 귀금속의 채취는 예외였다.

농지 정책에도 공공성을 구현하려는 의지가 반영되어 있었다. 대표적인 것으로는 오래 묵힌 진전陳田을 타인이 관에 신고하고 경작할 수 있게 한 것이 있다. 국가의 생산량을 늘리고 빈농의 생계를 돕기 위한 것이다. 조선시대에 소유권의 '관념성'이 무조건적으로 보장되었던 것은 아니었던 것이다.

그러나 토지를 이용하지 않았다 하여 본주의 토지소유권이 쉽사리 상실되는 것은 아니었다. 아무 까닭 없이 토지를 묵히는 경우는 아주 드물었고, 토지를 묵힐 만한 타당한 사유가 있는 경우에는 본주의 소유권이 적극적으로 보호되었기 때문이다. 아무 까닭 없이 토지를 묵혀 이용권을 상실하는 경우는 주로 척박한 황무지를 욕심껏 차지해 놓고 방치하는 데서 빚어지는 경우가 해당된다. 소유권이 타인에게 이급되는 경우란 대체로 본주가 상속자 없이 사망한 경우나 전택을 포기하고 유이하여 농지가 무주전으로 간주되는 경우로 한정된다. 조선시대 농지에 대한 소유권 정책은 한마디로 "정당한 소유―소유를 위한 소유가 아니라, 직접 경작하든 대신 경작하게 하든 이용을 위한 소유―라면 적극적으로 보호한다."라는 것이었다.

여말 대토지겸병의 폐해를 경험했던 많은 사대부들은 몰락하는 자작농의 소유권을 보호하기 위해, 그리고 취약한 자신들의 경제기반을 지켜나가기 위해서 소유권 강화의 필요성을 느꼈다. 조선 건국 직전의 전제개혁을 통해 수조지가 축소·폐지되면서 사대부계급의 소유권에 대한 집착은 좀 더 강화되었다. 그리하여 조선시대의 소유권은 확고부동한 것이 되었다. 조선사회의 소유권은 비교사적으로 보아 근대 이전 다른 어느 지역의 소유권에 못지않게 강한 것이었다. 일물일권적인 소유권이 확립되어 있었고 매매한 토지의 환퇴還退도 아주 제한적으로만 인정되었던 것이다.

왕실재정을 국가재정에 포함시킨 것은 가산제국가였기 때문이 아니라 신료가 군주의 자의적 재정권을 견제하기 위한 것이었다. 군주제를 채택한 이상 국가는 왕실의 생활기반을 마련해 주지 않으면 안 된다. 그러나 군주가 사익을 위해 국가재정을 멋대로 이용하지 못하게 해야 한다. 왕실재정을 국가재정 내에 포섭하여 관원의 통제하에 두려는 것이 인군은 사유재산을 가지지 않는다는 '무사장론無私藏論'과, 궁중과 관부는 한 몸이라는 '궁부일체론宮府一體論'을 주창한 이유였다. 국가재정의 상당 부분이 왕실을 위한 상공에 할애되었지만 군주는 상공 물품을 마음대로 사용할 수 없었다. 정해진 목적과 물량에 맞추어 사용해야 했던 것이다. 부득이 일상적인 경비에 벗어나는 수요가 발생할 때는 관원의 동의를 받아 '승전承傳'이라는 복잡한 행정 절차를 거쳐야 했다. 군주가 가장 자유롭게 처분할 수 있는 내수사의 재산마저도 공공성을 해치지 않는 선에서 운용되어야 했다.

조선시대 세제의 비교사적 특성은 세 가지였다. 전체 사회적 수취에서 국가의 부세가 차지하는 비중이 상대적으로 높았다는 것, 어느 지역보다 포괄적이고도 상세한 세제를 마련했다는 것, 조세의 형평성 구현에 상당한 노력을 기울인 세제 즉 개세제皆稅制를 토대로 한 비례세제였다는 점이다.

조세의 형평성에 많은 신경을 쓴 것도 사대부계급의 계급적 속성이나 이해관계와 관련이 있다. 전체 인민 중에서 상대적으로 부유한 편에 속하는 사대부들로서는 농지면적에 비례하여 세를 부담하는 것이 그리 달갑지 않은 일일 것이다. 그러나 장기적인 왕조의 안정을 위해서, 그리고 지배의 정당성을 위해서 불가피한 일이었다. 그들은 어느 지역보다 전체 인구수에서 차지하는 비중이 높아, 그들이 빠지고 농민들만 세를 부담한다면 국가의 재정 수요를 충족하기 어렵거니와 농민들이 파산하게 될 우려가 컸기 때문이다. 납세가 불가피하다면 비례세가 가장 합리적이다. 사대부의 대부분이 중소지주의 처지에 있었고 빈한한 자도 많았으니, 대지주들보다 상대적으로 적게 내는 것으로 위안을 삼아 비례세를 감내하였다. 비례세는 국가재정기반을 안정시키고 피지배계급의 호응을 이끌어 낼 수 있으니, 단기적으로는 손해일 망정 장기적으로는 사대부계급 전체의 이익이 될 수 있었다. 조선시대의 괄목할 만한 조세형평성의 제고는 이렇게 하여 이루어질 수 있었다. 관민이 협동하여 자치적으로 소유 토지의 다과에 따라 납세액을 배분하는 관행이 일찍부터 나타났던 것도 세제의 역사에서 주목할 만한 부분이다.

2장

조선사회가 달성한 역사적 성과와 약간의 전망

1절 조선사회의 한계

조선의 사회체제는 철저히 사대부계급의 이해에 기초하여 구축되었다. 따라서 조선사회의 한계는 사대부계급의 한계를 반영한 것이기도 하다. 오늘날의 관점에서 보면 조선사회의 많은 문제점을 발견할 수 있다. 무엇보다 천인 신분을 설정한 것과 같이 아직 신분제 사회를 탈피하지 못하였다는 점이다.

조선사회는 인구의 적지 않은 비율의 사람을 천인 신분에 묶어 놓고 영구적인 차별을 가하였던 사회였으므로, 천인이 아닌 양인이라 하여 모두가 명실공히 평등한 지위를 누리기는 어려웠다. 지배계급의 자의적인 윤리적 판단으로 차대를 정당화하는 일은 천인만이 아니라 양인에게도 적용되었다. 양인 내의 차등은 성취에 따른 차등에 국한되지 않았다. 양인 중에서도 생래적인 법제적 차등을 면치 못하는 자들이 적지 않았던 것이다. 서얼에 대한 신분적 제한과 장리·재가-실행부녀의 자손에 대한 연좌제의 시행 같은 것은 자의적인 윤리적 잣대를 휘둘러 법제적 평등을 저해한 대표적인 사례들이다. 세습적 천역자의 경우도 마찬가지다. 정부의 필요에 의해 일방적으로 신역의 세전이 강요되고 권리까지 박탈되었다. 조선시대에 만연한 국가주의의 대표적 폐해의 하나라 할 수 있다.

형식적 평등과 실질적 평등의 괴리를 메우기 위한 노력도 부족했다고 할 수 있다. 평민이 기성 사대부계급과의 경쟁을 뚫고 관원으로 진출하기란 지난한 일이었다. 그런데도 과거응시를 허용하고 향교의 문호를 개방하는 것으로 그치고 만인을 위한 의무교육 같은 데는 큰 관심을 두지 않았다. 성취에 대한 보상이라는 형식을 띠고 있다 하더라도 보상이 과중한 것이 적지 않았다. 음서제와 대가제를 비롯한 기존 관원의 자제에 대한 정부의 유형·무형의 배려 등은 평민층의 상승이동을 그만큼 어렵게 만드는 요인이 아닐 수 없다. 매거할 수 없는 다양한 요인이 계급 고정화를 촉진했다.

　　군주제라는 왕조의 태생적 한계를 차치하더라도 조선사회 인민의 정치적 무대는 협소했다. 비록 사대부가 왕도정치이념을 내세워 민본·위민정치의 구현을 자신들의 사명으로 표방했지만, 치자계급과 피치자계급을 명확히 구분하고, 치자계급만이 정치를 전담해야 할 것으로 생각하는 선민의식의 한계를 넘지 못했다. 피치자가 치자로 올라설 수 있는 기회를 열어두었다 하더라도 발탁된 소수의 사람들이 국정의 방향을 결정하고 다수의 사람들에게 거기에 순종할 것을 강요하는 것은 명백히 민주주의 원리와는 배치된다. 여기서 유교적 민본이념과 오늘날의 민주이념은 명확하게 갈라진다.

　　조선시대 지배계급의 층이 상대적으로 두터웠던 것에도 명암이 있었다. 능력주의 원칙을 견지했던 것이 밝은 면이라 한다면, 어떻게 하든 지배계급에서 밀려나지 않으려는 안간힘은 어두운 면이었다. 조선 후기에 들어서게 되면 양산된 사대부의 존재는 각종 사회문제의 가장 근본적인 원인이었다. 사대부사회의 존립을 위태롭게 하는 것은 누구보다 사대부 자신들이었다. 양반계급의 성립으로 사대부의 수가 급격히 확대되자 '양역의 폐'가 심화되고 붕당 간의 대립이 격화되었던 것이다. 사림파와 함께 등장한 성리학 근본주의가 오랫동안 지속되고 널리 확산된 배경에도 사대부의 양산이 자리하고

있었다. 처음에는 성리학 근본주의가 기성 관원에 대한 정치적 물갈이 수단
이 될 수 있었지만 양반계급이 확립된 후에는 다른 붕당을 경쟁에서 탈락시
키는 구실을 하게 되었다.

사대부의 양산은 항상 일어나는 현상이었지만 양산을 크게 촉진하는 역
사적 계기가 있었다. 사림파의 양반계급 이데올로기 창도가 그것이다. 사림
파는 전국에 산재한 재야사대부들을 위해 관직의 유무나 고하보다는 학식이
나 덕망이라는 치자 자격에 대한 새로운 판정 기준을 제시하였다. 대자적 계
급으로서의 양반계급의 확립과 함께 사대부의 양산은 가속화되었고, 양반계
급의 성원이 될 자격은 곧 문지로 바뀌었다. 교양도 없고 품성도 갖추지 못한
많은 양반의 후예들이 조상을 들먹이며 양반 행세를 하게 된 것이다.

문지로 양반 여부를 가르는 풍조는 지적·인격적 우위에 입각한 사대부
지배의 정당성을 기저에서부터 무너뜨리고 사대부의 사회적 위신을 실추시
켰다. 조선 후기의 양반들은 족보를 간행하여 가문의 위신을 높이려 하였지
만 도리어 위신의 실추를 가속화시킬 뿐이었다. 향약의 보급·유향소 활동 같
은 것이 양반의 기득권을 유지하기 위한 것임이 분명히 드러나게 되면서 양
반에 대한 피지배계급의 더 큰 반발을 불러왔다. 16세기 이래 후기에 이르는
사회사의 전개는 사대부사회가 지닌 구조적 모순의 현재화顯在化 과정이라
집약해 표현할 수 있다.

2절 조선사회가 달성한 역사적 성과
: 고려사회와 조선사회의 대비

오늘날의 관점에서 보면 조선사회는 많은 문제점을 지닌 사회였음은 틀
림없는 사실이다. 그러나 그러한 문제점들이 조선사회의 낙후성을 반영하는

것이라 말할 수 없다. 근대 이전의 모든 사회는 신분제를 비롯한 많은 문제점을 가지고 있어서 조선사회가 다른 사회에 비해 유독 더 많은 문제를 가지고 있는 사회라 평가할 근거가 뚜렷하지 않기 때문이다. 타 지역 사회와의 무리한 비교는 일단 지양하기로 한다. 현재의 연구 상황에서는 비교과정에서 요소주의적 오류나 선입견의 개입을 피하기 어렵기 때문이다. 여기서는 고려시대와의 비교를 통해 조선사회가 달성한 역사적 성과를 더듬어 보는 것으로 대신하기로 한다. 양 사회의 전면적인 대비는 후일로 미루고 앞에서 다룬 주제에 관련된 것에 한정하여 논의를 진행하기로 하겠다.

조선시대의 사회체제는 철저히 사대부계급의 이해에 기초하여 구축되었다. 바로 그러한 점이 조선사회를 고려사회보다 한 단계 성숙한 사회로 만들었다. 새로운 지배계급은 사회발전의 성과를 반영하여 옛 지배계급에 비해 상대적인 진보성을 갖기 때문이다. 더구나 여말에 있었던 신구 지배계급 사이의 계급투쟁에서 승리하기 위해서라도 사대부계급의 전위세력은 피지배계급에 대한 일정한 배려 방안을 강구하지 않을 수 없었다. 그리고 이러한 방안들은 본격적인 사대부사회 체제의 구축 과정에서 상당 부분 수용되었다.

1. 신분·계급구조

조선사회가 달성한 역사적 성과 중 무엇보다 뚜렷한 것으로는 모든 비노비자를 동일한 양인 신분으로 포괄하고, 양인 사이에는 법제적으로 신분적 제일성을 확립한 것을 들 수 있다. 고려시대에는 비노비자 사이에도 향리와 같은 '직역職役'을 부담하는 자, 일반 군현에 거주하는 평민층인 '백정白丁', 향·소·부곡·진·역 등의 특수 지역에 거주하는 '잡척雜尺' 사이에 신분적 간격이 있었다. 양천제의 단초가 열리기는 했지만 고려시대의 신분제는 4분법적 신분체계 위에 양천제적 요소가 가미된 형태의 신분제로 보는 것이 타당할 것으로 생각된다. 조선시대에 들어와 비노비자에 대한 신분적 차등이 해소되고 양인의 신분적 제일성이 확립되면서, 평민은 비로소 지배계급과 온전한 법제적 평등을 누리게 된 것이다. 그리고 평민의 사회적 지위의 향상은 노비의 사회적 지위의 향상에도 영향을 미쳤다. 인민의 권리와 지위의 전반적인 향상을 가져왔다고 할 수 있다.

조선의 사대부계급이 고려의 문벌계급보다 상대적으로 더 유화적인 계급관계를 모색한 것에도 유의할 만하다. 지배계급과 두 개의 피지배계급으로 이루어져 있다는 점에서 고려와 조선의 계급구성 자체는 다르지 않다. 그러나 양 사회 계급의 존재 양태나 성격에는 큰 차이가 있었다. 특히 지배계급의 경우가 그러하다. 지배계급의 분포나 두께가 다를 뿐 아니라 사회의식과 행태 등에서도 적지 않은 차이가 나타난다. 고려의 지배계급이 누대적으로 개경에 터를 잡고 사는 관원층으로 구성된 얇은 층의 문벌계급이었다면, 조선의 지배계급은 방방곡곡에 산재한, 관직 없는 한미한 인사까지 망라한 두터운 층의 사대부계급이었다.

양 사회 지배계급의 사회적 의식이나 행태의 차이를 다소 과장하여 대비해 본다면, 고려의 문벌계급이 승자독식의 사고방식을 가지고 관원에 대한 국가의 대대적인 특혜를 경쟁의 승자에 대한 당연한 보상으로 여긴 반면, 조선시대의 사대부계급은 관직을 국가와 인민을 위해 봉사하고 희생해야 하는 자리로 간주했다고 할 수 있다. 이를테면 관원에 대한 수조지의 지급이나 요역의 면제가 없어진 것 등 관원에 대한 특혜가 고려시대에 비해 크게 축소되었던 것이다.

고려의 문벌계급이 기득권을 장기적으로 유지할 수 있는 여러 장치를 마련하고 그것을 적극 활용하였다면, 조선의 사대부계급은 능력주의에 따른 공개경쟁을 강화하고 공개경쟁에 참여할 수 있는 기회를 확대하는 데 나름 노력하였던 사실을 들 수 있다. 고려시대에 음서제를 광범하게 시행한다든가 부조의 관위에 따라 입학할 학교를 달리하는 규정은 고려시대의 문벌의식이 조선시대보다 훨씬 강하였음을 보여준다. 말하자면 고려시대에는 전 시대의 세습귀족제를 폐기하고 과거와 같은 공개경쟁 체제를 채택하는 커다란 사회 전환을 달성하는 데는 성공했지만, 고위관직을 차지한 자들이 국가의 혜택을 독점하면서 강력한 권력을 행사하는 것을 당연시하는 풍조까지는 미처 청산하지 못하였다고 할 수 있다.

2. 의식구조

유불공존의 시대에서 유교를 유일한 국교로 하는 시대로 바뀐 데서도 의미를 찾을 수 있다. 고려시대에도 유교는 숭상되었으나 지배계급은 강렬하고 합의된 정치-사회이념을 가지고 있지 못하였다. 고려시대에는 지배계급의 상당수가 불교신앙을 가졌으며, 이름난 유학자가 불교의 사회적 기능을 인정하는 경우도 없지 않았다. 고려시대의 지배계급이 유교를 치도의 방술이라는 차원에서 활용했다면, 조선시대의 지배계급은 유교의 사회이념을 체제이데올로기로 삼았다고 할 수 있다.

여말의 사대부들이 사회개혁의 의지를 담은 왕도정치이념을 그들 계급 공통의 정치-사회이념으로 삼게 된 것은 성리학의 수용과 관련이 있다. 그러나 성리학의 수용이 자동적으로 사대부로 하여금 그러한 왕도정치이념을 신봉케 한 것이라 말할 수는 없다. 성리학 자체가 사회개혁의 구체적인 방안을 가지고 있는 것은 아니기 때문이다. 사회혁신을 자신들의 역사적 사명으로 자각하고 있던 사대부계급의 선구적인 세력이 때마침 수용된 성리학의 이념에 공명共鳴하게 된 것이 아닌가 한다. 그들은 자신들의 추진하고자 하는 사회개혁의 당위성과 정당성을 강화할 수 있는 이념과 논리를 성리학에서 찾아냈다고 보는 것이 좀 더 합리적인 이해가 될 것이다.

삼대 정치를 구현하기 위한 왕도정치이념은 언로를 넓히고 공론을 중시하게 했으며 관원의 비리를 엄정하게 단속하는 성과를 가져왔다. 위정자들의 민본·위민의식을 제고시켜 국가 공공성을 강화하고, 위정자의 자격이나 도덕성의 요구 기준을 높였다. 또 인민의 권리와 지위를 향상시키고 국가로 하여금 피지배계급의 보호와 민생을 위한 일련의 시책을 실행하는 데 일정하게 공헌했다고 할 수 있다.

3. 정치구조

조선사회는 국가체제와 권력구조 모두 고려사회와 큰 차이를 보였다. 고려의 국가체제 역시 중앙집권적 관료제의 형태를 취하기는 했다. 그러나 중앙집권체제나 관료제 모두 조선에 비한다면 상당히 미흡한 수준이었다. 잘 알려진 대로 고려시대에 국가기관들을 직접 통할하는 것은 군주라기보다는 재상들이었다. 또 지방에는 외관이 파견되지 않은 속현이 많았으며 토착세력인 향리가 속현을 다스렸다. 관료제 역시 여러 가지 불합리한 모습을 보였다. 비슷한 기능을 하는 기구가 중첩되어 있는가 하면, 행정을 담당하는 상서 6부의 판서를 중서문하성의 재상이 맡는 등 업무의 분담이 선명하지 못했다.

조선에 들어와서 모든 군현에 외관을 파견하고 권원의 인사에는 좀 더 철저한 실적제가 시행되었다. 법치주의 원칙도 확립되었다. 당과 송의 법령 중에서 적당한 것을 골라 채택하고 고려 독자의 법령을 첨가하여 사용한 고려의 법제에 비한다면, 행정법의 『경국대전』과 형법의 『대명률』로 대표되는 조선의 법제는 정연하였다. 무엇보다 조선시대에는 군주 자신부터 법치 원칙을 천명하고 법전 편찬을 독려하였다. 몰주관적이고 예측 가능한 국가 운영의 의지를 보여준 것이다. 삼국시대부터 추진되어 왔던 중앙집권적 관료제는 고려시대를 거쳐 조선시대에 이르자 마침내 그 완성을 보게 된 것이다.

고려의 정치체제는 재상중심체제여서 권력분립은 군주와 재상이라는 2축 사이에서 이루어졌다. 고려시대 재상의 권력은 막강하여 그들의 권력을 견제해야 할 언관들까지 재상의 영향력 아래에 있었다. 고려시대에 재상을 재신과 추신으로 나누어 각각 중서문하성과 중추원에 배치한 것과 같은, 재상의 권력을 분산시키기 위한 장치나 노력이 없었던 것은 아니었다. 그러나 재추가 합좌하는 경우가 많았고, 후기에는 삼사까지 가세한 도평의사사가 만들어지면서 재상권은 군주권을 압도하게 되었다. 시기에 따라 문벌의 성격은 약간 달라지기는 했지만, 고려를 통틀어 재상으로 대표되는 문벌이 국권을 농단하는 경우가 많이 나타나는 것은 피하기 어려운 일이었다.

이러한 문제는 조선시대에 들어와 권력의 3축 사이의 수직적 권력분립이 확립되면서 해결될 수 있었다. 군주-고위관원-중소관원이라는 권력의 3축에 의한 수직적 권력분립은 사대부사회에 이르러서야 성립될 수 있는 것이었다. 중소관원이라는 권력의 축은 재야의 두터운 사대부층을 발판으로 해서야 만들어질 수 있는 것이기 때문이다. 수직적 권력분립에 의해 왕조의 정치적 안정은 한층 더 확고해졌고 국가 운영은 좀 더 효율적으로 이루어질 수 있었다.

4. 경제구조

조선에 들어와 소유권이 강화된 것은 중요한 사회적 변화라 할 수 있다.

지배계급의 소유권만 보장된 것이 아니라 피지배계급의 소유권 역시 보장되는 것이기 때문이다. 고려시대의 주 생산자였던 자작농의 지위나 권리는 불안정하였다. 문벌세력이 국가권력을 이용하여 자작농을 침해할 소지가 항상 존재하고 있었다. 수조권을 고리로 하여 그들의 토지를 겸병한 현상은 그 대표적인 사례이다. 자작농은 국가의 안정과 국가기반의 유지를 위해서도 반드시 필요했지만 고려 중기 이후 자작농의 몰락으로 고려왕조는 위기에 직면하게 되었다. 자작농의 소유권을 보호하는 일이 중요한 과제로 대두하게 된 것이다. 중소지주에게도 소유권 강화는 필요한 일이었다. 중소지주도 권력자에 의해 토지가 침탈될 여지가 없지 않았기 때문이다. 여말의 전제개혁은 소유권 강화의 분수령이 되었다.

조선시대에 국가재정과 왕실재정이 엄격히 분리되고 군주의 재정권에 대한 관원의 통제가 강화되어 국가재정이 좀 더 투명하고 체계적으로 운영될 수 있었던 것도 놓칠 수 없는 부분이다. 고려시대에는 군주는 물론 수많은 후비·왕자·왕제를 비롯해 군주의 사위나 장인에 이르기까지 수많은 '부府'를 세워주어 그들의 재정 운영을 돕게 하였고, 고려 후기 왕실은 많은 사장고를 운영했다. 그러나 조선에 와서 관원이 돌보는 왕실의 사장고로는 오직 내수사 한 곳만 남게 되었다. 많은 국가기관이 상공을 위한 업무에 종사했지만 공안과 횡간을 작성하여 국가재정의 안정성과 효율성을 높이고 재정 절감의 효과도 보았다.

소유권의 강화와 함께 가장 주목할 만한 경제 면에서의 변화는 부세상의 변화였다. 고려의 관원에 대한 특권적인 과세 면제가 조선에 와서 개세제에 입각한 비례세제로 바뀐 것이 그것이다. 고려시대에는 관원에게 막대한 수조지를 지급하는 한편 과세를 면제해 주었지만, 조선시대에 이르러 관원도 예외 없이 소유 전결에 따라 부세를 부담하게 한 것이다. 이로써 새 시대의 사대부계급은 구시대의 문벌계급보다 지배의 정당성을 강화하고 상대적으로 더 진보적인 계급임을 유감없이 과시할 수 있었던 동시에, 이를 통해 자신들이 의존하는 국가의 기반을 좀 더 안정되고 탄탄하게 유지할 수 있었다.

3절 약간의 전망

조선 후기에는 사대부사회가 그 구조적 모순을 드러내면서 서서히 붕괴해 가는 양상을 보였다. 조선 말에는 사대부계급의 사활이 달려 있던 노비의 세습제가 폐기됨으로써 신분제사회는 그 종말을 보게 되었다. 신분제의 폐기를 근대 성립의 세계사적 기준으로 설정할 수 있다면 조선사회는 자생적인 근대를 성립시킬 수 있었던 셈이다. 그렇다면 사대부사회의 다음 사회는 과연 어떤 형태의 사회가 예정되어 있었던 것일까.

외부의 침략으로 자생적인 사회 전환을 이루지 못하였고 그 뒤에도 장기간 파행적인 역사를 겪어야 했던 우리가 오늘날에 와서 조선 후기 사회가 지향하고 있던 사회의 모습을 짐작하기란 용이한 일이 아니다. 그러나 다음과 같은 사실 하나는 분명히 말할 수 있다. 서구의 근대 시민혁명에서 표방한 바와 같은, 만인의 법제적 평등을 목표로 하여 구축되는 사회체제와는 아주 달랐을 것이라는 사실이다.

조선의 평민은 지배계급과 함께 신분적 제일성 즉 법제적 평등을 누린 지이미 오래였다. 더구나 조선 말에는 신분제까지 폐지되었다. 따라서 '법 앞의 평등'이란 구호는 아무런 감동을 주지도 못했을 것이고, 만인의 법제적 평등이란 목표로써는 별다른 사회혁신도 기대할 수 없을 것이다.

논리적으로 추론한다면 이미 법제적 평등을 상당히 확보하고 있던 사대부사회의 다음 사회는 단순히 법제적 평등=형식적 평등을 구현하는 사회를 넘어 일정한 정도의 실질적 평등까지 구현하는 사회가 예정되어 있었다고 할 수 있다. 이러한 사회의 달성은 그 자체로 지난한 과제가 아닐 수 없다. 더구나 식민지로 전락되면서 이러한 과제의 수행은 불가능했을 뿐 아니라, 발전의 싹들까지 짓밟힌 경우가 적지 않았다. 그러나 내재된 모든 발전의 가능성이 사라졌다고 할 수는 없을 것이다.

조선 말에 토지개혁의 요구가 나오고 해방 이후 남북한 모두에서 토지개혁이 시행될 수 있었던 것은 결코 우연한 일이 아니다. 실질적 평등이 시대적 과제로 대두되어 있었던 것이다. 우리 사회에서 나타난 역동적인 민주화 운동이나 위기 때의 공동체의식 같은 것도 실질적 평등을 지향해 나갔던 조선시대 유산의 한 자락일 수 있다. 우리 역사에 나타난 참다운 내재적 발전의 규명이야말로 우리가 시급히 해결해야 할 과제가 아닐 수 없다.

| 가 |

교화(教化) 132,182,190,239,244,268~270,
273,281
구활(救活)노비 171,234
구황(救荒) 295,410,411
국가신분제 229
국가주의적 민생주의 274,276,460
군관(軍官) 187,191
군국(軍國) 408,410
군역 11,53,72,76,77,79,80,83,86,90~94,
137,139,141,146,148,150,156,160,
183,191,196,205,226,402,433~435,
456
군자(君子) 190,203,254,257,328,436,459
군자(軍資) 183,408,410
군주 24~25,70,86~88,95,124,125,171,179,
182,193,203,205,216,222,239~242,245,
248~254,258,259,261,268,270~273,275,
278~279,283,284,298~302,322~324,326,
327,334~371,375~378,382~387,408,409,
412~426,428~430,455,459,462,463,466,
474~476
☞ 세습군주
☞ 입헌군주
☞ 절대군주
☞ 제한군주
군주권 24,67,222,300,337,339,348,358,
360,364,365,369,463,475
군주세습제 251
군통수권 338,342,343,348
군포(軍布) 93,94,435
궁방(宮房) 395,399,426~430,465
권당(捲堂) 361

권력분립 334,363,364,378,455,463,475
☞ 수직적 권력분립
☞ 수평적 권력분립
권력의 3축 ☞ 3축
권상(權常) 176,177
권점(圈點) 375
권조(權操) 177
권지(權知) 330,331
귀족계급 35,67,229
귀족사회 6,25,34,36,107,227
귀족신분 36,67,89
귀족제 25,35,57,112,125,230,234,245,
248,473
균분상속 144,390,391,421,464
균역법(均役法) 93,435
균전제(均田制) 276,288
근거리 이동 104
근수(根隨) 215
금고(禁錮) 84,99,195,196,210,211,352,
457
금군(禁軍) 157,188,349,350,370,444
기상(記上) 172,173,180
기술관 39,40,53
기자(箕子) 288,289
기질지성(氣質之性) 257,459
김구(金鉤) 184
김석형 48,109,110,167,168
김의정(金義精) 97,98,105
김정실 43,44,45
김필동 110,111

| 사 |